FRIEDRICH MÜLLER

Normstruktur und Normativität

AF889545

Schriften zur Rechtstheorie

Heft 8

Normstruktur und Normativität

Zum Verhältnis von Recht und Wirklichkeit in der juristischen Hermeneutik, entwickelt an Fragen der Verfassungsinterpretation

Von

Dr. Friedrich Müller

DUNCKER & HUMBLOT / BERLIN

Alle Rechte vorbehalten
© 1966 Duncker & Humblot, Berlin
Gedruckt 1966 bei F. Zimmermann & Co., Berlin 30
Printed in Germany

Für Mascha

Vorwort

Diese vor allem verfassungsrechtlich und verfassungstheoretisch belegte Studie zur juristischen Hermeneutik setzt die neuere Methodendebatte in ihren Grundzügen voraus und bemüht sich, rational nachprüfbare, verfassungstheoretisch begründete und für die Rechtspraxis geeignete Hilfsgesichtspunkte der Konkretisierung verfassungsrechtlicher Vorschriften zu entwickeln. Sie versucht dies in Beschränkung auf das ebenso ungesicherte wie unumgängliche Problem des Verhältnisses von Recht und Wirklichkeit. Dabei werden weder ontologische, phänomenologische, normlogische, positivistische, dezisionistische oder soziologistische Ausgangspunkte gewählt noch Mittelwege eines harmonisierenden Methodensynkretismus, dialektischer, polarer oder korrelativer Vermittlung begangen. Der hier gemachte Vorschlag strebt Rationalität an, indem er die Frage nach „Norm und Faktum" zu der nach Normativität und Normstruktur ändert und sie somit als hermeneutische statt als allgemein rechtstheoretische behandelt. Er hat zum Ziel, durch die damit skizzierte Neubestimmung des Normbegriffs Einsichten der bisherigen Methodendiskussion für Dogmatik und Rechtspraxis brauchbarer zu machen. Dieser Ansatz der Ausarbeitung gilt dem Verfassungsrecht; die Grundfrage nach dem Gesetz als einer sachbestimmten Anordnung ist den Rechtsdisziplinen gemeinsam. Um der Normativität der Norm und um der Rechtswissenschaft als einer Normwissenschaft willen müssen die normativen Sachgehalte als Bestandteile der „Auslegung" und „Anwendung" öffentlichrechtlicher wie zivil- und strafrechtlicher Vorschriften rationalisiert werden. Dabei geht es zunächst weniger um Einzelheiten der methodischen Regeln als im Dienst einer reflektierten Praxis um die grundsätzlichen Bedingungen der Konkretisierung von Rechtsnormen und um Möglichkeiten und Grenzen der Jurisprudenz angesichts dieser Aufgabe.

Inhalt

Abkürzungsverzeichnis

Abs.	Absatz
AcP	Archiv für die civilistische Praxis
Anm.	Anmerkung
AöR	Archiv des öffentlichen Rechts
ARSP	Archiv für Rechts- und Sozialphilosophie
Art.	Artikel
BaWüVBl.	Baden-Württembergisches Verwaltungsblatt
Bd.	Band
BGB	Bürgerliches Gesetzbuch
BGH	Bundesgerichtshof
BGHSt	Entscheidungen des Bundesgerichtshofs in Strafsachen
BGHZ	Entscheidungen des Bundesgerichtshofs in Zivilsachen
BRD	Bundesrepublik Deutschland
BVerfG	Bundesverfassungsgericht
BVerwG	Bundesverwaltungsgericht
DÖV	Die öffentliche Verwaltung
DVBl.	Deutsches Verwaltungsblatt
E	Entscheidung(en)
EG	Einführungsgesetz
GewStG	Gewerbesteuergesetz
GG	Grundgesetz für die Bundesrepublik Deutschland
GR	Die Grundrechte, Handbuch der Theorie und Praxis der Grundrechte, hrsg. von Bettermann, Nipperdey, Scheuner
HdSW	Handwörterbuch der Sozialwissenschaften
HessVerf	Hessische Verfassung
Hrsg., hrsg.	Herausgeber, herausgegeben
i. V. m.	in Verbindung mit
JöR	Jahrbuch des öffentlichen Rechts der Gegenwart
JR	Juristische Rundschau
JZ	Juristenzeitung
Ls	Leitsatz
NJW	Neue Juristische Wochenschrift
NF	Neue Folge
Öst. Ztschr. f.ÖffR	Österreichische Zeitschrift für öffentliches Recht
Polit. ViertJSchr	Politische Vierteljahresschrift
RGG	Die Religion in Geschichte und Gegenwart, Handwörterbuch für Theologie und Religionswissenschaft

Rspr.	Rechtsprechung
s.	siehe
Staatslexikon	Staatslexikon, Recht-Wirtschaft-Gesellschaft, hrsg. von der Görres-Gesellschaft
StGB	Strafgesetzbuch
U.	Urteil
UStDB	Durchführungsbestimmungen zum Umsatzsteuergesetz
Verf.	Verfassung(en)
VGHE	Entscheidungen des Bayerischen Verfassungsgerichtshofs
VVDStRL	Veröffentlichungen der Vereinigung der deutschen Staatsrechtslehrer
ZSR	Zeitschrift für Schweizerisches Recht
Ztschr.	Zeitschrift
ZZP	Zeitschrift für Zivilprozeß

I. Einleitung:

Zur Differenz von Natur- und Geisteswissenschaften

Die Rechtswissenschaft ist auf besondere Weise um ihren Gegenstand verlegen. Wird sie, wie vielfach, als wirklichkeitsbezogene normative Geisteswissenschaft[1] aufgefaßt, so stellen sich ihr die Fragen nach Objektivität und Allgemeingültigkeit, nach ihrem Bezug zur Wirklichkeit und nach der Struktur rechtlicher Normativität je auf spezifische Art. Von der „Objektivität" der Naturwissenschaften trennt sie ihr „geschichtlicher" Stoff, von der Arbeitsweise der „verstehenden" Geisteswissenschaften ihre Bindung an „geltende" Rechtsnormen. Diese geläufige Fragestellung zeigt, wie leicht wissenschaftstheoretische Probleme den Hintergrund dogmatischer und hermeneutischer[2] Erörterungen in Rechtslehre und

---

[1] Vgl. z. B. *Viehweg*, Zur Geisteswissenschaftlichkeit der Rechtsdisziplin, Studium Generale 1958, 334, 338, 340; allgemein etwa *Gadamer*, Art. Geisteswissenschaften, RGG, 3. Aufl., Bd. II, 1304; ders., Wahrheit und Methode. Grundzüge einer philosophischen Hermeneutik, 1960; *Rombach*, Art. Geisteswissenschaften, Staatslexikon, 6. Aufl., Bd. III, 664. Allgemein zur juristischen Interpretation beispielsweise *Betti*, Zur Grundlegung einer allgemeinen Auslegungslehre, Festschrift für Rabel, Bd. II, 1954, 79 ff.; ders., Di una teoria generale dell' interpretazione, Bari 1957; *Zweigert*, Juristische Interpretation, Studium Generale 1954, 323 ff.; *Engisch*, Einführung in das juristische Denken, 2. Aufl. 1956; *Klug*, Juristische Logik, 3. Aufl. 1966; *Wieacker*, Gesetz und Richterkunst, 1958; *Coing*, Die juristischen Auslegungsmethoden und die Lehren der allgemeinen Hermeneutik, 1959; *Larenz*, Methodenlehre der Rechtswissenschaft, 1960; *Viehweg*, Topik und Jurisprudenz, 3. Aufl., 1965, m. w. Nw., vor allem aaO, 3; ferner etwa *Boehmer*, Grundlagen der bürgerlichen Rechtsordnung, Bd. II 1 und 2, 1951/52; *Bartholomeyczik*, Die Kunst der Gesetzesauslegung, 1951; *Scheuerle*, Rechtsanwendung, 1952; *Esser*, Grundsatz und Norm in der richterlichen Fortbildung des Privatrechts, 1956, jetzt auch in unveränd. 2. Aufl., 1964; ders., Zur Methodenlehre des Zivilrechts, Studium Generale 1959, 97 ff.; ders., Wertung, Konstruktion und Argument im Zivilurteil, 1965. Weitere Nachweise z. B. bei *Ehmke*, Prinzipien der Verfassungsinterpretation, VVDStRL 20 (1963), 53 ff. — Die vorliegende Untersuchung wurde am 21. 3. 1966 abgeschlossen. Seitherige Veröffentlichungen wurden nach Möglichkeit in den Anmerkungen berücksichtigt.

[2] Unter „Hermeneutik" wird hier nicht wie bei *Esser*, Grundsatz und Norm (Anm. 1), 116, und ihm folgend *Lerche*, Stil, Methode, Ansicht. Polemische Bemerkungen zum Methodenproblem, in: DVBl. 1961, 690 ff., 692 Fn. 20, die traditionelle rhetorische Kunstlehre verstanden; vielmehr wegen der besonderen Verbindlichkeitsanforderungen im Verfassungsrecht das Verfahren juristischer (Verfassungs-)Gesetzeskonkretisierung unter grundsätzlicher Bindung an die Norm. Dabei geht es zunächst weniger um die methodischen Einzelheiten der Auslegungsregeln als — gleichfalls im Dienst der Rechtspraxis — um die grundsätzlichen Bedingungen juristischer Konkretisierung. Diesem Verständnis von „Hermeneutik" entsprechend ist „topisches" Problemdenken hier keineswegs nur im Sinn der Rhetorik gemeint. — Zu diesem neuen Be-

Rechtspraxis bilden können. Dabei erweisen sich einige den rechtswissenschaftlichen Positivismus kennzeichnende Abstraktionen als besonders dauerhaft; so die Trennung von „Norm und Wirklichkeit", der hermeneutisch die Gleichsetzung von Norm und Normtext entspricht. „Norm und Wirklichkeit" ist jedoch nicht die einzig mögliche Formulierung der rechtswissenschaftlichen Grundfrage. Diesseits rechtsphilosophischer Allgemeinheit sollten Normstruktur und Normativität im Recht als Gesichtspunkte der Rechtskonkretisierung in den Vordergrund rücken.

Damit würde eine notwendige Folgerung aus neueren Einsichten der Wissenschaftstheorie gezogen. Geläufige Kriterien zur Abgrenzung der Naturwissenschaften von den Geisteswissenschaften, wie absolut und relativ, objektiv und subjektiv, quantifizierend und qualifizierend[3], haben sich als von beiden Seiten nicht haltbare Vergröberungen erwiesen. Auch „Natur" und „Geschichte" haben die scheinbar in sich ruhende Eindeutigkeit bloßer Entgegensetzung verloren. Rationale Unterscheidungen sind damit nicht überflüssig, nur schwieriger geworden.

Den Naturwissenschaften gelingt es nach herkömmlicher Ansicht dank einer spezifischen Objektivität, die Person des Erkennenden beim Erkennen aus dem Spiel zu lassen. Nur deshalb lassen sich die für sie angenommene Methode des Erklärens, das Arbeiten mit „Ursache und Wirkung", lassen sich Notwendigkeit und Evidenz solchen Kriterien der Geisteswissenschaften wie etwa der Methode des „Verstehens", der Verknüpfung von „Grund und Folge", der Grundverfassung von Freiheit und stets nur relativer Gewißheit unterscheidend entgegenhalten[4]. Daß aber auch die exakten Naturwissenschaften ohne qualitative Bestimmungen nicht auskommen[5], ist als gesichert anzusehen. Nicht nur in den Geisteswissenschaften hängt die Begriffsbildung von der Stellung der Probleme ab; nicht nur in ihnen ist die Qualität eines erforschten Vorgangs oder Sachverhalts durch die Richtung des Erkenntnisinteresses bedingt[6]. Auch der Naturforscher hat seinen wissenschaftlichen Gegen-

---

griff der Hermeneutik in den Geisteswissenschaften vgl. vor allem *Gadamer*, Wahrheit und Methode (Anm. 1); dort zur Beispielhaftigkeit juristischer Hermeneutik bes. 307 ff. Zu *Essers* Arbeit vgl. etwa *Wieacker*, JZ 1957, 701 ff.

[3] Nachweise etwa bei *Hollerbach*, Auflösung der rechtsstaatlichen Verfassung?, AöR 85 (1960), 241 ff., insbes. 260. — Vgl. hingegen allg. den Versuch von *Nakamura*, Die methodologische Beziehung zwischen Rechtswissenschaft und Naturwissenschaft. Entwurf einer von der Naturwissenschaft angeregten neuen Ordnung im System der Rechtswissenschaft, ZZP 68 (1955), 401 ff. — Allg. zur Erkenntnistheorie der Naturwissenschaften z. B. *Popper*, The Logic of Scientific Discovery, 1959; dt. Die Logik der Forschung, 1966.

[4] *Hollerbach*, AöR 85, 241 ff. (Anm. 3), 260.

[5] Vgl. hierzu schon Max *Weber*, Die „Objektivität sozialwissenschaftlicher und sozialpolitischer Erkenntnis", in: Gesammelte Aufsätze zur Wissenschaftslehre, Hrsg. Winckelmann, 2. Aufl. 1951, 146—214, 173.

[6] Vgl. insoweit Max *Weber*, Die „Objektivität", Wissenschaftslehre, 146 ff. (Anm. 5), 161; auch 166 und bes. 207.

standsbereich notwendig vorentworfen[7]. Mögen sich bei seiner Arbeit auch die Ergebnisse als grundsätzlich zuverlässig verifizierbare Erfahrungserkenntnis von der Erfahrung des einzelnen ablösen lassen[8], so ist doch das jeweilige Untersuchungsfeld auch des Naturwissenschaftlers durch Leistungen des erkennenden Bewußtseins mitgeprägt. Die Auswahl des zu untersuchenden Ausschnitts der Wirklichkeit, die Bestimmung der Fragerichtung, die Deutung der festgestellten Einzeldaten in bezug zur Frage modifizieren nicht nur den Gegenstand der Erkenntnis. Dieser wird vielmehr erst durch — quantitative wie qualitative — begriffliche Schematisierung zum naturwissenschaftlichen „Objekt" und ist als solches durch die Leistung des Forschers geradezu konstituiert[9]. Dem vorentworfenen Modell eines Ausschnitts der Wirklichkeit werden im Rahmen der gebrauchten Begriffe die Einzelheiten der Erfahrungserkenntnis eindeutig zugeordnet. Das „Objekt" ist somit auch von der exakten Wissenschaft nicht vollständig objektivierbar. Messung greift schon als solche in ihren Gegenstand ein. Heisenbergs Unschärferelation und die Bemühungen um Theorien der Meßanordnung zeigen darüber hinaus, daß die durch die Messung erzeugten Veränderungen nicht grundsätzlich überschaubar sind[10].

Der Gegenstand an sich ist auch der Naturwissenschaft nicht zugänglich. Der Einfluß der Fragestellung wie der Versuchsbedingungen beim Messen relativiert die Richtigkeit der Befunde auf das ihnen zugeordnete Begriffsschema. Nur in diesem Sinn sind Naturgesetze objektive Aussagen; dabei ist von praktischen Schwierigkeiten und Unvollkommenheiten der Beobachtung abgesehen[11]. Auf extreme Ansichten, wonach etwa in der Atomphysik das Teilchen oder die Welle durch die eingreifende Messung überhaupt erst gegenständlich erzeugt werden, ist nicht einzugehen. Auch ist gegenüber Behauptungen eines Zusammenbruchs des mechanistischen Weltbildes und gegenüber voreiligen philosophischen oder theologischen Folgerungen Vorsicht am Platz[12].

Jedenfalls ist die Berechtigung der herkömmlichen Abstraktionen auch in den Naturwissenschaften fragwürdig geworden. Bestimmungen

---

[7] Vgl. *Gadamer*, Wahrheit und Methode (Anm. 1), 428.

[8] *Gadamer*, Wahrheit und Methode (Anm. 1), 208 nach Dilthey.

[9] Vgl. *Bechert*, Objekt und Objektivität in der Naturwissenschaft, in: Objekt und Objektivität in der Wissenschaft, Protokolle der Mainzer Universitätsgespräche 1959/60, 5 und ff.

[10] *Bechert*, Objekt und Objektivität (Anm. 9), 7. — Zu *Heisenbergs* Unbestimmtheitsrelation vgl. etwa *Popper*, Logik der Forschung (Anm. 3), v. a. 167 ff.

[11] *Bechert*, Objekt und Objektivität (Anm. 9), 9.

[12] C. Fr. v. *Weizsäcker*, Beziehungen der theoretischen Physik zum Denken Heideggers, in: Martin *Heideggers* Einfluß auf die Wissenschaften, 1949, insbes. 172; W. *Heisenberg*, Wandlungen in den Grundlagen der Naturwissenschaft, 7. Aufl. 1947, 36; hierzu *Fechner*, Rechtsphilosophie. Soziologie und Metaphysik des Rechts, 1956, 191. Vgl. auch die 2. Aufl. 1962.

der Eigenart der Rechtswissenschaft vor dem Hintergrund des abstrakten Trennungsdenkens erscheinen als nicht mehr angemessen. Auch hat sich der Abstand zwischen Geschichtlichkeit der Sozialwelt und bloßer Wiederholung im natürlichen Bereich[13] verringert. Die Zeitkomponente läßt es in der Naturwissenschaft nicht länger zu, einen Versuch für absolut identisch wiederholbar zu halten. Trotz solcher Einsichten, die gegenüber herkömmlichen Vereinfachungen als das Aufweichen prinzipieller Unterscheide erscheinen mögen, bleibt die sachliche Verschiedenheit der Disziplinen erheblich. Nach absoluten Kriterien zu suchen, ist ohnehin eine wissenschaftlich sinnlose Frage. Entscheidend ist die genaue Fassung der graduellen Unterschiede und Unterscheidungen. Von hier aus gesehen, interessiert für die Rechtswissenschaft weniger die herkömmliche Abgrenzung gegenüber der Naturwissenschaft als vielmehr die Eigenart rechtlicher Normen und ihrer spezifischen Normativität. Auch damit wird der Blick auf die Grundlagendebatte der Wissenschaftslehre nicht entbehrlich. Schon die sprachliche Gestalt rechtlicher Vorschriften und die Notwendigkeit ihrer Konkretisierung in der Rechtspraxis verbinden mit dem allgemeineren Problem des Verstehens in den Geisteswissenschaften. Auch die nunmehr relativierte Objektivität der exakten Forschung kann nicht mit der spezifischen Sachlichkeit der Sprache verwechselt werden[14]; in dieser ist notwendig das Weltverhalten des Menschen im ganzen betroffen. „Erfahrung" bedeutet nach wie vor in beiden Bereichen Verschiedenes, wenn sich auch die bisherigen Formeln als unzureichend erwiesen haben. Zahlreiche dogmatische wie methodische Grundlagenprobleme im Recht kommen nicht ohne die Vorfrage aus, was Rechtswissenschaft und Rechtsanwendung sinnvoll überhaupt leisten können. Die Naturwissenschaft kann ihren Gegenstand wenigstens idealiter als den Inhalt vollendeter Naturerkenntnis angeben[15]; der Anspruch vollendeter, also auch abgeschlossener Rechtserkenntnis ist hingegen nicht weniger fragwürdig als der Maßstab endgültiger Geschichtserfahrung. Es ist nicht damit getan, die Wurzeln der Dichotomien der südwestdeutschen Schule des Neukantianismus in archaisches Denken zurückzuverweisen[16]. „Idiographische" und „nomothetische" Grenzlinien werden vielmehr angemesseneren Bestimmungen der für das Recht kennzeichnenden Gemengelage normativer und tatsächlicher Elemente Platz machen müssen.

---

[13] Hierzu für die Staatslehre etwa Georg *Jellinek*, Allgemeine Staatslehre, 3. Aufl., 7. Neudruck 1960, 27 ff., 29.

[14] *Gadamer*, Wahrheit und Methode (Anm. 1), 428 f.

[15] *Gadamer*, Wahrheit und Methode (Anm. 1), 269.

[16] Wie dies *Topitsch* tut: Das Verhältnis zwischen Sozial- und Naturwissenschaften, eine methodologisch-ideologiekritische Untersuchung, in: Logik der Sozialwissenschaften, Hrsg. v. E. *Topitsch*, 1965, 57 ff., 62, 64 f.

Damit kehrt die Frage nach einer der Rechtswissenschaft möglichen Objektivität wieder. Zwar ist diese mit einer das Leben gestaltenden konkreten Normativität nicht identisch[17]. Doch kann nach dem Aufgeben des Ideals „absoluter" mathematischer Objektivität der Rechtswissenschaft diese nun relativierte Forderung in doppeltem Sinn verstanden werden: als nachprüfbare und diskutierbare Rationalität der juristischen Erörterung wie als Objektbestimmtheit, als Sachgerechtigkeit[18].

---

[17] Vgl. *Heller*, Bemerkungen zur staats- und rechtstheoretischen Problematik der Gegenwart, AöR NF 16, 321 ff., der 322 überspitzt von „Antinomie" spricht, dabei allerdings Objektivität und Allgemeingültigkeit gleichsetzt.

[18] Hierzu allgemein *Ballweg*, Zu einer Lehre von der Natur der Sache, 1960, 44, und G. *Husserl*, Recht und Zeit, 1955, 87 ff., 101.

II. Normwissenschaftliche Objektivität

Die Sache der Rechtswissenschaft ist die Rechtsnorm. So wird die Jurisprudenz gerade als eine notwendig praktische Disziplin[19] herkömmlich als Normwissenschaft gekennzeichnet, wenn auch dabei meist mehr oder weniger mit dem Stigma überholter Abstraktionen behaftet. Die Unzulänglichkeit eines sachleeren Normverständnisses wird vielfach auf die methodischen Grundlagen der Rechtsbehandlung ausgedehnt. Einer der grundsätzlichen Irrtümer des rechtswissenschaftlichen Positivismus, die Auffassung und Behandlung der Rechtsnorm als etwas in sich Ruhendes, Vorgegebenes, hat die Trennung von Norm und Tatsachen, von Recht und Wirklichkeit zur Voraussetzung. Dabei soll nicht auch hier der Fehler gemacht werden, die Fülle verschiedener Typen rechtlicher Vorschriften zu „der" Rechtsnorm zu verallgemeinern, um aus dem vorgefaßten Abstraktum Folgerungen abzuleiten. Doch ist die allen Rechtsvorschriften gemeinsame Normativität ein Maßstab, der legitim den verschiedenen methodischen Haltungen angelegt werden kann. Der Positivismus nahm mit seinem Pochen auf bloße, der tatsächlichen Lebenswirklichkeit entrückte Positivität des Rechts die Minderung oder den Verlust rechtlicher Normativität in Kauf. Deren eigentümliche Bedingungen wie die Eigenart von Recht überhaupt gerieten in dem Maß aus dem Blick, in dem das Methodenideal einer sich noch nicht fragwürdig gewordenen Naturwissenschaft unkritisch auf Rechtsvorschriften übertragen wurde. Juristischer Positivismus in diesem Sinn ist nicht nur die Rechtstheorie, die sich bewußt auf positives Recht beschränkt und alle sonstigen, wenn auch herkömmlich als „Recht" erfaßten sozialen Ordnungen aus dem Rechtsbegriff verweist[20]. Damit ist erst das geltende objektive Recht als lückenloses System von Rechtssätzen verstanden, ist die konkrete Rechtsentscheidung als logische Anwendung eines abstrakten Rechtssatzes auf einen konkreten, nur zu „subsumierenden" Tatbestand gekennzeichnet, sind rechtliche Relevanz mit rechtslogischer Konstruierbarkeit und menschliches Gemeinschaftshandeln mit „An-

---

[19] Dieser Gesichtspunkt wird von Autoren der verschiedensten methodischen Haltungen betont; als Beispiele für diese Einsicht bei weit auseinanderliegender Grundposition etwa *Lask*, Rechtsphilosophie, in: Gesammelte Schriften, Band I 1923, 275 ff., 326: praktische Aufgabe des Rechts als systembildender Faktor, und *Ehmke*, Grenzen der Verfassungsänderung, 1953, 61; ders., VVDStRL 20 (1963), 53 ff. (Anm. 1), 54, m. Nw.

[20] Diese Begriffsbestimmung neuestens wieder bei *Kelsen*, Was ist juristischer Positivismus?, JZ 1965, 465 und ff.

wendung“ und „Ausführung“ abstrakter Rechtssätze oder mit einem Verstoß gegen solche gleichgesetzt[21].

Die eigentliche, wenn auch nicht immer so klar wie bei Laband ausgesprochene Grundlage dieses Rechtsverständnisses ist die Verdinglichung von Rechtsvorschriften und juristischen Begriffen zu schlichter Vorgegebenheit. Diese verläßt leicht den Boden historisch fixierter Positivität und wird zur schlechten Metaphysik. So soll etwa eine neu geschaffene Verfassung nicht nur in ihrer konkreten Eigenart erkannt, sondern auch auf vorpositive juristische Elemente zurückgeführt werden, aus denen sie zusammengesetzt sei. Nicht nur einer Verfassung, sondern jeder konkreten Rechtsbildung überhaupt ist für diese Sicht „nur die tatsächliche Verwendung und Verbindung der allgemeinen Rechtsbegriffe“ eigentümlich[22]. Jedes mögliche Rechtsinstitut kann mit absoluter Notwendigkeit „einem höheren und allgemeineren Rechtsbegriff“ untergeordnet werden. Rechtliche Vorschriften, Satzungen werden hier noch mit einem methodischen Optimismus, der inzwischen auch der Naturwissenschaft längst abhanden gekommen ist, als unmittelbare Gegebenheiten im Sinn von Naturdingen behandelt; das wäre auch dann klar, wenn es Laband nicht ausdrücklich formuliert hätte[23].

Mit der geschichtlichen Funktion des rechtswissenschaftlichen Positivismus, mit der unveränderten Notwendigkeit rational-positivistischer Elemente in jeder Rechtsauffassung hat diese kryptonaturrechtliche Unterstellung allgemeiner juristischer Begriffselemente so gut wie nichts zu tun. Sie zeigt aber auch von dieser Sicht aus die enge Verbindung sachlicher und methodischer Rechtsfragen mit der Reflexion auf Möglichkeiten und Grenzen der Rechtswissenschaft. Laband stützt und beschränkt seine Grundauffassung auf den Bereich juristischer Dogmatik als einer rein logischen Denktätigkeit. Noch bei Kelsen[24] wird deutlich, daß juristischer Positivismus weniger die Eigenart der Jurisprudenz von der des Rechts her zu bestimmen sucht, als seine Auffassung von Wissenschaftlichkeit unbesehen auf die Welt des Rechts überträgt. Dieses wird als in sich ruhendes, nur sozusagen nachträglich mit Verhältnissen der geschichtlichen Wirklichkeit in Beziehung zu setzendes Sein mißverstanden, die Rechtsnorm als Befehl, als hypothetisches Urteil, als sachleerer Wille. Recht und Wirklichkeit, Norm und normierter Wirklichkeitsausschnitt stehen „an sich“ beziehungslos nebeneinander, bedürfen einander nicht, treffen sich nur auf dem Weg einer Subsumtion des Tatbe-

---

[21] Vgl. hierzu Max *Weber*, Rechtssoziologie 1960, 103.

[22] *Laband*, Das Staatsrecht des Deutschen Reiches, 5. Aufl. 1911; Vorwort zur 1. Aufl., V ff., VI.

[23] *Laband*, Staatsrecht (Anm. 22), VI.

[24] Jetzt in JZ 1965, 465 ff. (Anm. 20); die genannte Stelle bei *Laband*, Staatsrecht (Anm. 22), Vorwort zur 2. Aufl., XI f.

standes, einer Anwendung der Vorschrift. Die Herkunft dieses Denkens vor allem aus der Trennung von Sein und Sollen durch die Neukantianer ist hier nicht zu erörtern. Für die Normauffassung ist es entscheidend, daß die Geltung einer rechtlichen Vorschrift als eines praktischen Imperativs und die Wahrheitsgeltung eines empirischen Tatsachenbefundes „in absolut heterogenen Ebenen der Problematik" liegen sollen; durch ein Zusammenzwingen dieser Sphären werde der Eigenart beider Abbruch getan[25]. Schon der Rigorismus dieser Trennung weist sie als petitio principii aus, die zwar per definitionem, aber auch nur per definitionem richtig ist. Weder logische Analyse noch empirische Beobachtung können feststellen, daß Norm und Wirklichkeit grundsätzlich getrennt behandelt werden sollen[26].

Auf diesem Weg entkommt der Positivismus der Metaphysik umso weniger, als er die nach Art von Naturfakten behandelten, unangemessen verdinglichten allgemeinen Rechtsbegriffe und Normbestandteile substantialisiert. Die Untersuchung von Worten und logischen Figuren soll unmittelbar zu Informationen über das rechtliche Wesen der benannten Gegenstände und ihres Zusammenhangs führen. Gerade im Sinn positivistischer Rationalität wäre es juristisch richtiger, die spezifisch rechtlichen Gebrauchsweisen der Begriffe und Normbestandteile statt ihnen geheimnisvoll innewohnende rechtliche Wesenheiten zu untersuchen[27]. Dann allerdings würde sich zeigen, daß die Frage nach der Rolle der Wirklichkeit im Recht nicht dadurch lösbar ist, daß man sie eliminiert. Nicht nur Tatsachen sind aus sprachlichen Gebilden unableitbar; dasselbe gilt für rechtliche Entscheidungen, will man nicht unausgesprochene Implikationen einführen, die als unkontrollierbare Fehlerquellen nicht nur die angestrebte formalistische Voraussetzungslosigkeit positivistischer Rechtsbehandlung[28], sondern auch Rationalität und Diskutierbarkeit der Rechtswissenschaft im ganzen in Frage stellen. Für den Positivismus taucht dieses Problem im erörterten Sinn auch deshalb nicht auf, weil er die von der Wirklichkeit unabhängig gedachte Norm zugleich mit ihrer sprachlichen Gestalt gleichsetzt. Als metajuristisch gilt bereits, was als rechtlicher Sinn außerhalb des Normtextes erfaßbar ist[29].

---

[25] Repräsentativ formuliert bei Max *Weber*, Der Sinn der „Wertfreiheit", in: Wissenschaftslehre, 475 ff., 487; vgl. auch ders., Rechtssoziologie, 1960 (Anm. 21), 53.

[26] Entsprechend zu der Trennung von Werten und Tatsachen, Zielen und Mitteln in den Sozialwissenschaften: *Streeten*, Einführung zu: *Myrdal*, Das Wertproblem in der Sozialwissenschaft, 1965, 13 ff., 40.

[27] Zu der entsprechenden Problematik für die Politikwissenschaft vgl. *Weldon*, The vocabulary of Politics; dt. Kritik der politischen Sprache, 1962, vor allem 30, 36 ff., 38 und passim.

[28] Hierzu *Smend*, Verfassung und Verfassungsrecht, in: Staatsrechtliche Abhandlungen und andere Aufsätze, 1955, 119 ff., 234, gegen *Laband*.

[29] Hiergegen etwa *Ehmke*, Grenzen der Verfassungsänderung (Anm. 19), 13 ff., 18.

Dagegen zeigt ein Blick auch nur auf die grammatische Auslegungsmethode, daß diese bereits mit der notwendigen Sinnunterscheidung zwischen rechtlichen Bedeutungen und homonymen Bedeutungen der Alltagssprache über den Normtext hinaus notwendig die — wie auch immer zu bestimmende — Norm anzielt. Obwohl hermeneutische Einsichten seit langem die positivistische Grundkonzeption erschüttert und in zahlreichen Einzelfragen hinter sich gelassen haben, ist das Normverständnis noch vielfach von positivistischen Einsprengseln durchsetzt. Das Willensdogma[30] hält sich zumindest noch metaphorisch auch im Rahmen nichtpositivistischer Rechtsauffassungen. In der Rechtsprechung des Bundesverfassungsgerichts wird[31] zu Recht der subjektive Wille des historischen (Verfassungs-)Gesetzgebers als nicht entscheidend, hingegen sein „objektivierter Wille" als für die (Verfassungs-)Auslegung maßgebend bezeichnet. Von mangelnder Folgerichtigkeit dieser Rechtsprechung abgesehen[32], ist der Willensbegriff vom Bundesverfassungsgericht selbst überholt worden. Häufig geben die Normen gerade der Verfassung nicht mehr als Anhaltspunkte für mögliche Konkretisierungen. Vor allem ist grundsätzlich der „objektivierte Wille" nichts anderes als der möglichst rational zu konkretisierende Norm- und Sachgehalt einer Vorschrift in bezug auf die zu lösende Rechtsfrage. Praktisch schließlich dient die Rede vom „Willen" des (Verfassungs-)Gesetzgebers nicht selten als postulatorischer Ersatz für Argumente, als scheinbar normative Formel. Der „Wille" des Rechtssetzers müßte, wenn überhaupt, begründet ermittelt werden. Ist aber der Rückgriff auf historisierende Psychologie zu Recht abgeschnitten, so kann die Begründung nur aus dem sachbestimmten Normgehalt kommen, macht somit die Willensmetapher überflüssig. Von der Rechtssoziologie wurde schon früh darauf hingewiesen, die Auffassung des Rechtssatzes als gesetzgeberischen Willens verkenne den Anteil sozialer Tatsächlichkeit am Normgehalt[33].

Man braucht im übrigen, um die Willensdoktrin aufzugeben, nicht wie Ehrlich die Rechtsvorschrift als von gesellschaftlich geltenden Normen determiniert anzusehen und den Juristen im wesentlichen auf die Auswahl aus dem gesellschaftlichen Stoff zu beschränken. Es fällt auf, daß Savigny die Rekonstruktion des im Gesetz enthaltenen Gedankens oder Sinnes, nicht aber jene der dem „Willen" zweideutig benachbarten „Ab-

---

[30] Beispielsweise noch bei P. *Schneider*, Prinzipien der Verfassungsinterpretation, VVDStRL 20 (1963), 1 ff., 28: Verfassungsinterpretation sei angelegt „auf die Verwirklichung eines realen, sich in Raum und Zeit entfaltenden Willens eines Verfassunggebers".

[31] Seit BVerfGE 1.299.312.

[32] Entscheidungen auf Grund der Entstehungsgeschichte z. B. in BVerfGE 2.266.276; 4.299.304 f.

[33] *Ehrlich*, Grundlegung der Soziologie des Rechts, 1913; Neudruck 1929, v. a. 172.

sicht" zum Geschäft der Auslegung erklärt hat[34]. Erscheint heute auch die Vorstellung der Auslegung als bloßer Rekonstruktion nicht mehr zureichend, so kommt es hier doch auf die Betonung des objektiven Normgehalts als des Gegenstands der Normkonkretisierung an. Das Willensdogma entstammt erst der späteren Pandektenwissenschaft und wurde aus ihr von der frühpositivistischen Staatsrechtslehre übernommen. Es setzte sich fort in der Vorstellung von der Norm als Befehl und beraubte mit der Trennung von Recht und Wirklichkeit diesen hypothetischen Imperativ des sachlichen Bezugs zu seinem Geltungsbereich. Diese Konzeption kann zu dem Gedanken führen[35], die in der Verfassung scheinbar vollzogene höchste Verrechtlichung schlage im Rahmen sprachlicher Auslegung antithetisch in Entrechtlichung und „in eine erstaunliche Herrschaft des Außerrechtlichen" um, was im übrigen dem Verfassungsbegriff den Anschluß an die Demokratie zurückgewinne. Nicht nur solche Folgerungen legen es nahe, die in mancherlei Formen aus dem rechtswissenschaftlichen Positivismus bis in die Diskussion unter dem Bonner Grundgesetz versprengte Normauffassung zu überprüfen. Sie wirkt nicht zuletzt in der Ansicht fort, die Fragen der Rechtskonkretisierung ließen sich durch „Anwendung" der Vorschriften, durch „Subsumtion" und syllogistischen Schluß mit Hilfe der Savignyschen canones bewältigen[36]. Daß diese Regeln bei Savigny jedenfalls nicht für das Staatsrecht gemeint waren, ist unbestreitbar[37]. Um so weniger lassen sich beispielsweise in den Grundrechten technische Verfassungsinstitute erblicken, deren Verwirklichung für die Hermeneutik keine über das syllogistische organon hinausreichenden Probleme aufwerfen soll[38].

Die weitaus meisten Rechtssätze, vollends die verfassungsgesetzlichen Grundrechtssätze genügen nicht entfernt den Anforderungen, welche die

---

[34] System des heutigen Römischen Rechts, Band I 1840, 212 ff., 213 mit Anm. (a) S. 213; vgl. auch ders., Juristische Methodenlehre, Hrsg. *Wesenberg*, 1951, 18 ff., 19.

[35] Bei *Leisner*, Betrachtungen zur Verfassungsauslegung, DÖV 1961, 641 ff., 644 f.; zur Norm als Wille und Befehl ebd., 642, 647.

[36] So vor allem *Forsthoff* seit: Die Umbildung des Verfassungsgesetzes, Festschrift für Carl Schmitt, 1959, 35 ff.; ferner ders., Zur Problematik der Verfassungsauslegung, 1961. Gegen Forsthoffs Thesen vor allem *Hollerbach*, AöR 85, 241 ff. (Anm. 3); *Ehmke*, Wirtschaft und Verfassung, 1961, 45 ff.; ders., VVDStRL 20 (1963), 53 ff. (Anm. 1), 64; *Lerche*, DVBl. 1961, 690 ff. (Anm. 2). — Für die Beibehaltung der Konzeption von „Anwendung", „Subsumtion", „Syllogismus" auch *Flume*, Richterrecht im Steuerrecht, Steuerberater-Jahrbuch 1964/65, 55 ff., bei dem die schwierige Vorstellung der „Gesamtrechtsordnung" (einschließlich Rechtsprechung und Lehre) als des im Syllogismus „anzuwendenden" Obersatzes auftaucht, v. a. 62 ff.

[37] Vgl. *Savigny*, Juristische Methodenlehre (Anm. 34), 13; auch System, Band I (Anm. 34), 2, 23, 39; hierzu vor allem *Ehmke*, Wirtschaft und Verfassung (Anm. 36), 49; auch *Hollerbach*, AöR 85, 241 ff. (Anm. 3), 258, gegen *Forsthoff*, z. B. Problematik (Anm. 36), 39 f.

[38] Vgl. aber *Forsthoff*, Problematik (Anm. 36), 22.

formale Logik an Obersätze zu stellen hat. Das Mißverständnis der Rechtsnorm als eines logifizierten hypothetischen Urteils, als eines mit seinem Sprachtext gleichzusetzenden Befehls, als eines syllogistisch traktierbaren Obersatzes wirft gerade von der Rechtskonkretisierung her verschärft die Frage nach einer angemessenen Fassung des Verhältnisses von Recht und Wirklichkeit auf, damit zugleich nach einem haltbaren Verständnis der Norm und der Rechtswissenschaft als einer Normwissenschaft. Dieser Versuch berührt notwendig die Auffassung von der positiven Rechtsordnung als einem System. „System" wird im Positivismus nicht mehr wie bei Savigny nur als Entwicklung der Rechtssätze und ihrer Begriffe durch Definitionen und auf diese reduzierbare Distinktionen verstanden[39], sondern als eine geschlossene, lückenlose Vorgegebenheit gleichfalls abstrakt verdinglichter Prägung, aus der es sich problemlos logisch deduzieren läßt. Die Unzulänglichkeit dieses Verständnisses von Norm und Normzusammenhang jedenfalls für das heutige Verfassungsrecht erhellt unausgesprochen aus der Rechtsprechung des Bundesverfassungsgerichts. Trotz mehrfacher Bekenntnisse zu den herkömmlichen „Methoden" der Auslegung[40] verwendet das Gericht in weitem Umfang Gesichtspunkte, die weder mit den einzelnen canones noch mit der ihnen zugrunde liegenden Normkonzeption vereinbar sind; so die Notwendigkeit eines sachgemäßen Ergebnisses, die Bedeutung des von Norm und Entscheidung zu regelnden Sachverhalts, das Berücksichtigen historischer, politischer, soziologischer Zusammenhänge als letztlich die Entscheidung tragender Aspekte[41].

---

[39] *Savigny*, Juristische Methodenlehre (Anm. 34), v. a. 37.

[40] Vgl. nur z. B. BVerfGE 1.299.312: „objektive Theorie"; hierzu auch E 6.55.75; 10.234.244; ferner vor allem E 11.126.130: grammatische, systematische, teleologische und historische Methode stützen und ergänzen einander.

[41] Vgl. nur etwa BVerfGE 1.208.209; 12.45.56; 3.58.85; 6.132; 9.305.323 f.; 12.205. Hierzu im Text unter IX.

III. Typen des herkömmlichen Normverständnisses

Diese Rückgriffe auf normierte oder nicht normierte Tatsächlichkeit in der Rechtsprechung sind hermeneutisch nach den Voraussetzungen, dem Umfang und den Grenzen der Anwendbarkeit, nach den Regeln ihrer Durchführung und nach ihrem Verhältnis zu den herkömmlichen Gesichtspunkten der Normkonkretisierung ungeklärt. Um so mehr setzen sie sich — von der Vertretbarkeit ihrer Ergebnisse im einzelnen abgesehen — dem Vorwurf aus, rechtswissenschaftliche Fragen mit allgemein philosophischen, historischen, rechtspolitischen Erwägungen metajuristisch zu überfremden, die Reinheit rechtswissenschaftlicher Methodik preiszugeben, subjektive Wertungen an die Stelle rationaler Abgrenzung zu setzen.

In diesem Vorwurf trifft sich die Sorge um Rationalität und Kontrollierbarkeit rechtlicher Erörterung und Entscheidung als unerläßliches positivistisches Element in der Rechtswissenschaft[42] mit einer Vorstellung von „Reinheit", die den Positivismus im Sinn von Laband und Anschütz methodisch konsequent zuspitzt. Mit nicht geringerer Folgerichtigkeit werden dabei das Recht seiner sachlich motivierenden Kraft, die Rechtsnorm ihrer Normativität, die Rechtswissenschaft ihrer Eigenart als Normwissenschaft entkleidet. Mit der radikalen Logifizierung des Rechts hat Kelsen die Trennung und Entgegensetzung von Norm und Wirklichkeit, von Sein und Sollen auf die Spitze der Abstraktion getrieben. Daß aus dem Sein kein Sollen, aus diesem kein Sein folgen könne, diese Trennung von Geltungsgrund und Geltungsbedingung des Rechts[43] zeigt, daß es Kelsen bei der Behandlung von Rechtsproblemen mehr um den Wissenschafts- als um den Rechtsbegriff geht. Rechtsnormen sind nach seiner Lehre keine Tatsachen, sondern der Sinn von solchen; nämlich der Sinn von Willensakten, die auf menschliches Verhalten gerichtet sind. Gesetztheit und Wirksamkeit sind die einzigen Tatsachen, welche die Geltung des Rechts und damit seine Positivität bedingen. Daß diese voluntaristische[44] Verkürzung nicht der einzige Blickwinkel ist, unter dem das Verhältnis der Norm zur staatlichen und gesellschaftlichen Wirklichkeit in den Blick kommen kann, wird als Problem wiederum mit der

---

[42] Insoweit ist *Forsthoffs* Kritik berechtigt (Anm. 36).

[43] Neuerdings wieder in: *Kelsen*, JZ 1965, 465 ff. (Anm. 20), v. a. 467. Vgl. auch *Kelsen*, On The Pure Theory of Law, Israel Law Review 1966, 1 ff.

[44] Zur Selbstbezeichnung dieser Art von Rechtspositivismus als Voluntarismus vgl. *Kelsen*, JZ 1965 (Anm. 20), 466.

strikten Trennung von Sollen und Sein umgangen. Diese Trennung führt weiter zu jener der Wirksamkeit des Rechts als einer Bedingung seiner Geltung und dieser Geltung selbst als einem Sollen. Eine andere Behandlungsart des Rechts erscheint von hier aus unwissenschaftlich. Allerdings gerät dieser bemerkenswert geschlossenen Doktrin schon bei ihren Voraussetzungen das Recht abhanden. Die Geltungsfrage ist weder rein soziologisch noch rein normativistisch noch auch im Auseinanderhalten dieser angeblich je selbstgesetzlichen Bereiche sinnvoll zu stellen. Auch die unreflektierten Operationen der Rechtspraxis machen immer wieder deutlich, daß Rechtsgeltung eine sehr komplexe Erscheinung ist, daß Sollen nicht nur auf Sachfragen zugeschnitten, sondern selbst sachlich geprägt ist. Die übliche Bezeichnung von Kelsens Lehre als „Normativismus" ist zu optimistisch; isolierten Befehlen ohne Sachbezug bleibt Normativität verwehrt. Zwar faßt Kelsen erst in der zweiten Auflage seiner Reinen Rechtslehre die vom Rechtssatz nunmehr unterschiedene Rechtsnorm[45] als rahmenartigen Imperativ[46] auf; in der ersten Auflage[47] war sie mit dem Rechtssatz, der die Grundform des Gesetzes aufweist, gleichgesetzt und als hypothetisches Urteil gekennzeichnet worden. Doch ist in beiden Fällen die Rechtsnorm von der Frage nach inhaltlicher Richtigkeit gereinigt[48].

Die Rechtsnorm als hypothetisches Urteil soll nach der Intention der Reinen Rechtslehre keine ideologische Ähnlichkeit mit der imperativischen Moralnorm mehr aufweisen. Das Sollen des positiven Rechts bleibt nur als Ausdruck für die Verbindung von Bedingung und Folge im Rechtssatz bestehen. Auch in der neuen Fassung dieser Lehre von der Rechtsnorm ist das Rechtswissenschaftliche von extrem formalistischer Selbstgenügsamkeit, ist mit allem „Metajuristischen" auch alle konkrete Normativität ausgeschlossen, findet sich der Maßstab der Objektivität nach einem außerrechtlichen Ideal formaler Logik überspannt. Der Unterscheidung von Rechtsnorm und Rechtssatz entspricht diejenige von authentischer und nichtauthentischer Interpretation[49]. Die von der Rechtswissenschaft in Form hypothetischer Urteile in nichtauthentischer Interpretation erarbeiteten Rechtssätze beschreiben die von den Rechtsnormen konstituierten Beziehungen zwischen den von ihnen bestimmten Tatbeständen ohne Hinblick auf Werte oder Wertungen, die als meta-

---

[45] *Kelsen*, Reine Rechtslehre, mit einem Anhang: Das Problem der Gerechtigkeit, 2. Auflage 1960, z. B. 59, 73 ff., 347.

[46] In Einzelfällen auch als Erlaubnis oder Ermächtigung.

[47] *Kelsen*, Reine Rechtslehre. Einleitung in die rechtswissenschaftliche Problematik, 1934, z. B. 21 f., 22.

[48] Vgl. etwa Reine Rechtslehre, 1. Auflage (Anm. 47), 21; zum folgenden ebd., v. a. 35, 36. — Zur juristischen Ungereimtheit einer reinen, situationslosen und typenlosen Norm vgl. C. *Schmitt*, Über die drei Arten des rechtswissenschaftlichen Denkens, 1934, 23.

[49] *Kelsen*, Reine Rechtslehre, 2. Aufl. (Anm. 45), 346 und ff.

rechtlich gelten können. Damit liefert die Rechtswissenschaft Sätze, die „— so wie die Naturgesetze der Naturwissenschaft — eine wertfreie Beschreibung ihres Gegenstandes“[50] enthalten sollen.

Es wurde schon ausgeführt, daß die methodische Naivität einer abstrakten Entgegensetzung von Subjekt und Objekt des Erkennens auch in der Naturwissenschaft seit geraumer Zeit als überholt gelten muß. Umso fragwürdiger und im Ergebnis irrationaler wirkt sie für die Rechtswissenschaft. Diese wird bei Kelsen ebenso wie die auch durch andere Privatpersonen erzeugbaren Rechtssätze auf eine imaginäre Logik ohne irgendwelche Kriterien normativ-inhaltlicher Richtigkeit verpflichtet. Eine mögliche Sachhaltigkeit der Normen, eine mögliche Sachgebundenheit normativen Sollens werden im Bereich dieser nichtauthentischen Interpretation nicht einmal als Frage gestellt. Die rigorose Alternative: erkennende formale Logik und nach inhaltlicher Richtigkeit fragende, subjektiv verfälschende Rechtspolitik[51] verfehlt in einem die Funktion rechtlicher Vorschriften wie die Leistungsfähigkeit juristischer Objektivität. Dieselbe Verkürzung des Normbegriffs findet sich bei der authentischen Interpretation durch rechtsanwendende Organe. Die Norm als Befehl bietet nicht mehr als einen Rahmen für eine Reihe logisch gleichwertiger Entscheidungsmöglichkeiten. Jeder Akt, der den Rahmen in irgendeinem logisch möglichen Sinn ausfüllt, ist rechtmäßig. Die Frage inhaltlicher Richtigkeit ist hierbei eliminiert. Erkenntnis und Entscheidung werden auch innerhalb der authentischen Interpretation scharf voneinander geschieden. Die Interpretation führt nicht weiter, als im Rahmen der generellen Norm mehrere gleichwertige individuelle Normen festzustellen, gleichsam aufzufinden. Weder Interessenabwägung noch herkömmliche methodische Hilfsmittel wie Analogie oder argumentum e contrario liefern objektive Kriterien[52]. Was in der modernen Hermeneutik als das spannungsreiche Miteinander kognitiver und volitiver Elemente einer Rechtskonkretisierung durch Rechtsprechung und Rechtslehre erkannt wird[53], bleibt bei Kelsen rein geschieden. Wissenschaftliche Erörterung wird dem Bereich logischer Erkenntnis in nichtauthentischer Interpretation zugeteilt; die authentische Interpretation etwa im richterlichen Urteil wird durch einen Akt der Normerzeugung abgeschlossen, der als bloßer Willensakt erscheint, dessen Maßstäbe kein rechtstheoretisches oder überhaupt positivrechtliches, sondern ein nur rechtspolitisches Problem stellen[54]. Die Rationalisierung normativer

---

[50] *Kelsen*, Reine Rechtslehre, 2. Aufl. (Anm. 45), 84.

[51] Vgl. v. a. Reine Rechtslehre, 2. Aufl. (Anm. 45), 352 ff., 353; zum folgenden 346 ff.

[52] Reine Rechtslehre, 2. Aufl. (Anm. 45), 350.

[53] Vgl. z. B. *Wieacker*, Zur rechtstheoretischen Präzisierung des § 242 BGB, 1956, 14; P. *Schneider*, VVDStRL 20, 1 ff. (Anm. 30), 40 f.

[54] Reine Rechtslehre, 2. Aufl. (Anm. 45), 350 und f.

Sachgehalte, das Aufdecken rechtspolitischer Elemente der Interpretation werden hier von vornherein ausgeschlossen. Unerfindlich ist, wie die richterliche Rechtserzeugung im logischen Rahmen der generellen Norm durch Willensakte rechtspolitischen Inhalts zugleich „Gesetzesanwendung" bleiben soll[55].

Der unbeirrt durchgehaltene abstrakte Dualismus kehrt sich am entscheidenden Punkt der Rechtstheorie, ihrer Fruchtbarkeit für die praktische Konkretisierung von Recht, gegen den positivistischen Ansatz. Momente der die authentische Interpretation abschließenden Willensentscheidung sind: Aspekte der Gerechtigkeit, Normen der Moral, soziale Werturteile, über deren Geltung sich vom Standpunkt des positiven Rechts nicht aussagen läßt. Die Reichweite der Positivität besteht nur darin, innerhalb mehrerer logisch möglicher Lösungen die volitive Entscheidung dem richterlichen Urteil oder einem anderen erst zu setzenden Akt der Erzeugung einer individuellen Norm zu überlassen. Daß die „anzuwendende" Norm oder das Normsystem mehrere Möglichkeiten offen lassen, wird von Kelsen als Voraussetzung der Notwendigkeit von Interpretation aufgefaßt[56]. Sein hier skizzierter Ansatz macht verständlich, warum die Reine Rechtslehre keinen Beitrag zu einer brauchbaren Interpretationslehre leisten kann[57]. Wie der „Wille der Norm" bei sprachlich nicht eindeutigem Normsinn konkret zu ermitteln sei, läßt Kelsen ausdrücklich offen[58]. Mit einer Kette dualistischer Postulate werden die Sachprobleme der Normkonkretisierung im vorhinein ausgeschaltet. Nicht nur „logisch", sondern auch sachlich-juristisch sind in vielen Fällen mehrere Lösungen nebeneinander vertretbar. Die Inhaltsleere von Kelsens Normverständnis wird jedoch selbst angesichts der Mehrdeutigkeit von Normtexten aufrechterhalten. Daß eine sprachlich gefaßte generelle Norm fast immer mehrere Deutungen erlaubt, sieht auch der Positivismus[59]. Doch schneidet auch hier die Trennung von Sein und Sollen, von Erkenntnis und Willensakt, von positivrechtlichen und „rechtspolitischen" Gesichtspunkten jede Möglichkeit ab, konkrete Handhaben der Auslegung und Anwendung zu entwickeln. Die Maßstäbe der volitiven Entscheidung werden ins Metajuristische abgedrängt. Die Maßstäbe des Erkennens sowohl im Rahmen authentischer wie bei der nichtauthentischen Interpretation werden verschwiegen; es sei denn, man betrachte den pauschalen Hinweis auf „logisches" Vorgehen als hinreichenden Anhaltspunkt für wissenschaftliche Wahrheit. Nicht nur diese, auch das

---

[55] So aber ebd. (Anm. 45), 351; dort auch zum folgenden.

[56] Reine Rechtslehre, 2. Aufl. (Anm. 45), 350.

[57] Vgl. hierzu z. B. *Jesch*, DÖV 1961, 435 ff., 436. Zur allgemeinen Kritik an Kelsen vgl. *Ehmke*, Grenzen der Verfassungsänderung (Anm. 19), 32 f. m. w. Nw., und Carl *Schmitt*, *Verfassungslehre*, 4. Aufl. 1965, 8 f.

[58] Reine Rechtslehre, 2..Aufl. (Anm. 45), 348.

[59] *Kelsen*, JZ 1965 (Anm. 20), 468; Reine Rechtslehre, 2. Aufl (Anm. 45), 347.

Recht ist konkret. Für den praktischen Einzelfall bleibt die Reine Rechtslehre jede Hilfe dafür schuldig, wie der in sich logisch gleichwertige Rahmen des anzuwendenden Normbefehls zu ermitteln sei. Ex negativo zeigt sich wieder der hier verfolgte Zusammenhang von Wissenschaftstheorie, Normverständnis und praktischen Rechtsfragen. Die Allgemeine Rechtslehre als Wissenschaft[60] im Sinn Kelsens will zur Konkretisierung einer bestimmten positiven Rechtsordnung als einer Ordnung mit bestimmten Inhalten nichts beitragen.

Über das berechtigte Vorhaben hinaus, die Rechtsdogmatik von verschwommenen Abschweifungen in philosophische, historische, politische Gefilde im Dienst juristischer Rationalität frei zu halten, schlägt die Reine Rechtslehre in die Verschleierung inhaltlicher Implikationen um. Diese können, da es sie für die Rechtswissenschaft nicht gebe, von ihr auch nicht rationalisiert werden. Wenn die Norm als wirklichkeitsgeprägte und Wirklichkeit prägende Rechtsvorschrift ernst genommen werden soll, kann es nur entweder eine „reine" oder eine „normative", nicht aber eine rein normative Rechtswissenschaft geben; entweder nur eine normative oder eine „logische", nicht aber eine normlogische Jurisprudenz, wie sie Kelsen entwickelt. Er tut es auf Kosten der rechtlichen Eigenart von Rechtsnorm und Rechtswissenschaft. Die Frage nach Recht und Wirklichkeit wird nicht einmal als juristische, geschweige denn als rechtshermeneutische aufgegriffen. Nicht nur unter den allgemeineren Gesichtspunkten der Rechts- und Staatsphilosophie, auch von der juristischen Hermeneutik her nähert sich Kelsen damit einem Aspekt des Schmittschen Dezisionismus.

Diese schon häufig angemerkte Ähnlichkeit des Ergebnisses wird hier von der Stellung der Rechtsnorm aus untersucht. Schmitt betont gegen Kelsen die Frage nach der inhaltlichen Richtigkeit[61], stellt aber unverbunden neben sie die Frage nach der Zuständigkeit. In der zum „Gegensatz von Subjekt und Inhalt der Entscheidung" zugespitzten Differenz und in der rechtlichen Eigenbedeutung des Subjekts erblickt er das Problem der Dezision als der juristischen Form[62]. Auch hier berühren sich wissenschaftstheoretische Probleme mit praktischen Rechtsfragen. Die Methodik der Naturwissenschaften wie die neuere geisteswissenschaftliche Hermeneutik[63] betonen das Einbezogensein des erkennend konkretisierenden „Subjekts" in die Sachprobleme der untersuchten Inhalte.

[60] Zu ihrer Abgrenzung vgl. neuerdings *Kelsen*, JZ 1965, 465 ff. (Anm. 20), 468 f.

[61] Vgl. etwa Verfassungslehre (Anm. 57), 9; ferner etwa ders., Über die drei Arten des rechtswissenschaftlichen Denkens (Anm. 48), z. B. 23.

[62] *Schmitt*, Politische Theologie. Vier Kapitel zur Lehre von der Souveränität, 2. Ausgabe 1934, 46.

[63] *Gadamer*, Wahrheit und Methode (Anm. 1), z. B. 323 und passim; ferner oben im Text I.

Auf der anderen Seite werden im neueren Verfassungsrecht Kompetenzvorschriften als materiellrechtlich relevante Normen verstanden, die Sachaufgaben normieren und sachgerecht zuweisen[64]. Von beiden Ebenen der Überlegung her zeigt sich das „Subjekt" der Entscheidung sachlich-normativ eingesetzt und sachbestimmt. Eine Trennung der Aspekte weist trotz Schmitts Betonung der Rolle inhaltlicher Richtigkeit für die Ableitung einer normativen Einheit oder Ordnung auch hier auf ein verkürztes Normverständnis zurück. Der juristische Schluß bei der Konkretisierung einer generellen Norm des positiven Rechts ist aus seinen Prämissen nicht vollständig ableitbar; die Notwendigkeit einer Entscheidung bleibt ein selbständiger Faktor, der ein Moment inhaltlicher Indifferenz in jede konkrete juristische Entscheidung einführt[65].

Dieser nicht psychologisierende, sondern auf die Bestimmung des rechtlichen Wertes gerichtete Ansatz wird von Schmitt bis zur Ablösung der Entscheidung nicht nur von den Argumenten ihrer Begründung, sondern auch vom Inhalt der zugrunde liegenden Rechtsvorschrift übersteigert[66]. Die Inhalte der Norm werden vom Akt der Dezision verzehrt. Dies entspricht einem Normverständnis, das von Anfang an die „bloßen Normen" der seinsmäßigen Größe eines existentiell vorhandenen, Sollen begründenden „Willens" gegenüberstellt. Eine Verfassung gilt nicht, weil sie richtig ist — was systematisch zum Naturrecht führen müßte —, sondern weil sie durch den Willen einer verfassunggebenden Gewalt gesetzt ist[67]. Die Norm läßt sich aber auch als sachbestimmte, gerade bei ihrer entscheidenden „Anwendung" sachgeprägte Anordnung verstehen, die es nur um dieser Anwendung willen als *Rechts*norm gibt; der deshalb das spezifische Moment der Entscheidung nichts Fremdes ist, sondern funktional zugehört. Der hermeneutische Schluß ist dann nicht jener, die Entscheidung zur Dezision zu verabsolutieren, sondern vielmehr der, das Ergebnis der Rechtskonkretisierung in seiner sachlichen Struktur möglichst rational einsehbar und kontrollierbar zu machen. Das Unzulängliche einer auf den positivistisch isolierten Imperativ und auf die sprachliche Gestalt beschränkten Normauffassung wird bei

---

[64] z. B. bei *Ehmke*, Wirtschaft und Verfassung (Anm. 36), 3 ff., 23 ff., 29 ff.; BVerfGE 4.7.15; 8.274.328 f.; 12.45.50; allgemein gegen eine als materiell mißverstandene Zweiteilung der Verfassung in Grundrechts- und organisatorischen Teil schon *Smend*, Verfassung und Verfassungsrecht (Anm. 28), in: Staatsrechtliche Abhandlungen, 198; ferner *Ehmke*, VVDStRL 20, 53 ff. (Anm. 1), 89 ff.

[65] Nach *Schmitt*, Politische Theologie (Anm. 62), 41 f.; dort auch zum folgenden. Zur Wirksamkeit volitiver wie kognitiver Elemente bei der Konkretisierung von Recht vgl. oben, Anm. 53.

[66] „Die Entscheidung ist, normativ betrachtet, aus einem Nichts geboren. Die rechtliche Kraft der Dezision ist etwas anderes als das Resultat der Begründung"; Politische Theologie (Anm. 62), 42.

[67] *Schmitt*, Verfassungslehre (Anm. 57), 9.

Schmitt klar erkannt; doch führt die Entwertung des sachgebunden Normativen durch den existierenden Willen zu einer ebenso totalen Aufhebung rechtlicher Normativität wie bei dem Überspielen der Norm durch die Reine Rechtslehre[68]. In beiden Fällen werden rechtliche Sachgehalte voluntaristisch überwunden. Extremer Positivismus und extremer Antipositivismus treffen sich in einem abstrakten Dualismus, als dessen neuralgischer Punkt sich auch hier die Behandlung der Rechtsnorm herausstellt.

In beiden Fällen wird auf entgegengesetzten Wegen die ohnehin geschichtlich bedrohte Normativität einer konkreten Rechts- und Verfassungsordnung unterlaufen. Doch setzt die geläufige Kritik zu kurz an, nach der die notwendige Spannung zwischen Sein und Sollen bei Kelsen einseitig nach dem Sollen, bei Schmitt nach dem Sein hin aufgelöst werde. Versteht man die Rechtsnorm als sachbestimmte Anordnung, so ist bei Kelsens „reiner" Normauffassung von rechtlichem Sollen nicht die Rede; und die Auflösung bei Schmitt erfolgt nicht im Namen eines rechtsleeren Soziologismus, sondern durch Unterstellen existentieller und geschichtsmetaphysischer Größen als rechtlich legitimierende Prinzipien. Der sachliche Kern der Differenz läßt sich genauer fassen, wenn Begriff und Funktion der Rechtsnorm und damit die Eigenart der Rechtswissenschaft als einer Normwissenschaft sui generis untersucht werden.

An diesem Ausgangspunkt ist auch gegenüber soziologistischen Lehren festzuhalten. Unter Soziologismus wird dabei nicht eine Theorie verstanden, die Normen *auch* als soziale Tatsachen begreift, als durch Sanktionen abgesicherte alternativ wirkende Verhaltensmodelle, die unter bestimmten Bedingungen realisiert oder nicht realisiert werden können[69]; vielmehr eine Auffassung, die jede Eigenständigkeit der Norm[70] verneint, anstatt sie neben der rechtsdogmatischen Untersuchung auch auf ihren Gehalt an sozialer Wirklichkeit zurückzuverfolgen. Für eine bestimmte Form des Rechtsexistenzialismus[71] schrumpft die Bedeutung

---

[68] Vgl. auch *Ehmke*, Grenzen der Verfassungsänderung (Anm. 19), 33, unter dem Gesichtspunkt der Identifizierung von Recht und Macht, von Macht und Recht. Vgl. auch ebd., 52, zur Auflösung verfassungsmäßiger Normativität durch den Dezisionismus.

[69] Zu dieser Seite der Wirklichkeit der Normen Th. *Geiger*, Vorstudien zu einer Soziologie des Rechts, 1947, v. a. 26 ff.; jetzt in der 2. Ausgabe 1964, 68 ff. — Zu einer entsprechenden Normauffassung in den Sozialwissenschaften vgl. *Albert*, Wertfreiheit als methodisches Prinzip. Zur Frage der Notwendigkeit einer normativen Sozialwissenschaft, in: Logik der Sozialwissenschaften, Hrsg. E. *Topitsch*, 1965, 181 ff., 207.

[70] Nicht nur des Normbegriffs; so aber Th. *Geiger*, Vorstudien, 2. Ausgabe 1964 (Anm. 69), 11; vgl. auch *Ballweg*, Zu einer Lehre von der Natur der Sache (Anm. 18), 15.

[71] *Cohn*, Existenzialismus und Rechtswissenschaft, 1955, v. a. 155 f.; dagegen etwa A. *Kaufmann*, Gesetz und Recht, in: Existenz und Ordnung, Festschrift für Erik Wolf, 1962, 357 ff., 373.

der Rechtsnorm zur unverbindlichen Empfehlung an den Richter, der die richtige Entscheidung mit all ihren Voraussetzungen und Maßstäben nur der konkreten Situation selbst entnehmen soll. Der Richter muß in der Tat die konkrete Lage des Falles mit zur Grundlage seines Urteils machen, soll dieses sachangemessen sein, dem Einzelfall gerecht werden. Die „Anwendungs"-Ideologie des Positivismus hatte diesen Gesichtspunkt nicht beachtet. Doch führt eine existenzialistische Gegenreaktion dieser Prägung das Recht als verbindliche sachbestimmte Setzung auf einen gleichfalls sinnlosen Punkt. Gerade weil Rechtsnormen nicht einfach fertig vorliegen, für technische Anwendung verfügbar sind; gerade weil die Sach- und Problemstruktur auch des Einzelfalls zu den Elementen des rechtlichen Urteils gehört, ist die Norm nicht überflüssig, sondern notwendig als sachgeprägter, normativ stabilisierender Leitgedanke. Sonst wird die Rede vom „Recht" zum nominalistischen Wortspiel[72].

Ernster genommen wird die Rolle rechtlicher Vorschriften von einer Rechtssoziologie, welche die richterliche Entscheidungsnorm, jedenfalls in der Regel, als Konkretisierung des Rechtssatzes begreift[73]. Der Rechtssatz wird nicht nur als Ergebnis, sondern auch als Hebel der gesellschaftlichen Entwicklung betrachtet. Doch ist er aus gesellschaftlichem Stoff. Die Formung durch den Juristen beschränkt sich zumeist auf die Auswahl der gesellschaftlich herrschenden Normen, die verallgemeinert oder vereinheitlicht werden sollen[74]. Immerhin können die vom Rechtssatz vorgeschriebenen Normen jene aus den Rechtstatsachen sich ergebenden gesellschaftlichen Normen auch verändern oder beseitigen[75]. In diesem Ansatz liegt die Möglichkeit, das Verhältnis von Wirklichkeit und Recht in einer Richtung zu untersuchen, die nicht die Normativität der Rechtsordnung umgeht; doch kann sich dieser Ansatz bei Ehrlich wegen seiner Entgegensetzung von Rechtsnormen als normierten Befehlen und bloßen Rechtstatsachen nicht entfalten. Die Abstraktheit des Ausgangspunkts verhindert die Umsetzung der Frage in juristische Hermeneutik.

Dasselbe gilt von Versuchen, das Recht im Rahmen einer sozialwissenschaftlichen Staatslehre mit ausschließlich sozialwissenschaftlicher Methode zu erfassen[76]. Obgleich dabei die Eigengesetzlichkeit des Rechts und seiner Konkretisierung festgehalten werden soll[77], kann sie nur

---

[72] Das muß nicht gegen den Existenzialismus sprechen, wohl aber gegen seine Übertragung auf Grundfragen der Rechtsordnung.

[73] *Ehrlich*, Grundlegung der Soziologie des Rechts (Anm. 33), 138 ff., 140.

[74] *Ehrlich*, Grundlegung der Soziologie des Rechts (Anm. 33), 171; vgl. auch 163 f.

[75] Hierzu und zum folgenden *Ehrlich*, ebd. (Anm. 33), 155 ff., v. a. 159.

[76] Vgl. v. a. *Drath*, Zur Soziallehre und Rechtslehre vom Staat, ihren Gebieten und Methoden, in: Rechtsprobleme in Staat und Kirche, Festgabe für Smend, 1952, 41 ff.

[77] *Drath*, ebd. (Anm. 76)), 55 ff.

funktionell, nicht inhaltlich untersucht werden. Eine so verstandene, sich nicht mit Rechtssoziologie gleichsetzende Staatslehre sieht das Recht vor allem als sozial wirksamen Faktor[78]; erforscht an der Rechtskonkretisierung durch Lehre und Praxis deren gesellschaftlichen Standort, nicht die Einzelstruktur und den Bezug zu rechtlicher Normativität. Damit verschließt sich auch diese Sicht den Zugang zu einer hermeneutischen Fragestellung. So können Rechtsordnung und außerrechtliche Sozialordnung nur ganz allgemein „in ihrer Bezüglichkeit aufeinander und in ihrer Verwobenheit ineinander" Gegenstand der Staatslehre werden. Eine rechtlich isolierte Ordnung gibt es in Wirklichkeit nicht; mit anderen Elementen der „realen Gesamtordnung" integriert sie sich zu dieser und erfüllt ihre Ordnungsfunktion erst auf dem Weg über die Gesamtordnung. Dem soll methodisch der gleichfalls umfassende sozialwissenschaftliche Ansatz entsprechen[79]. Obwohl die Unmöglichkeit, Recht mit ausschließlich juristischen Methoden auszulegen und anzuwenden, hier mit Hinweis auf den Sinnzusammenhang zwischen Gesamtordnung und sozialer Wirklichkeit und auf die Sinneinheit der rechtlichen mit den außerrechtlichen Ordnungselementen belegt wird[80], muß die Brauchbarkeit dieser Sicht für wissenschaftliche Rechtskonkretisierung ausdrücklich offen bleiben[81]. Dafür reicht eine Fragestellung nicht aus, die sich eine wissenschaftstheoretische Unterscheidung rechtswissenschaftlicher und idealtypisch sozialwissenschaftlicher Begriffsbildung[82] aufdrängen läßt. Wieweit sich im einzelnen Auslegung und Anwendung des Rechts auf soziale Tatsächlichkeit und auf sozialwissenschaftliche Ergebnisse stützen können, ohne die Normativität des Rechts zu verfehlen, muß jedoch als Problem der Hermeneutik, und zwar einer juristischen Hermeneutik gesehen werden. Damit erweist sich wiederum das Normverständnis als der eigentliche Ansatzpunkt der Aufgabe, die Frage nach Recht und Wirklichkeit von überkommenen Abstraktionen zu befreien. Nur um rechtlicher Normativität willen, nur im Dienst speziell juristischer Rationalität in Bindung an die Norm können Aspekte sozialer Wirklichkeit in die Rechtsdogmatik und Rechtsmethodik eingehen. Die Klärung der Grundlagenproblematik der Rechtswissenschaft ist eine rechtswissenschaftliche Aufgabe. Sowohl „die" Wirklichkeit als auch die Struktur rechtlicher Normativität werden dabei hermeneutisch differenziert behandelt werden müssen. Nur auf diesem Weg läßt sich auch das Verständnis der Rechtswissenschaft als einer eigenständigen Normwissenschaft[83] genauer fassen.

---

[78] *Drath*, ebd. (Anm. 76), bes. 47; zum folgenden 45 und ff.
[79] *Drath*, ebd. (Anm. 76), 48.
[80] *Drath*, ebd. (Anm. 76), 58.
[81] *Drath*, ebd. (Anm. 76), 49.
[82] *Drath*, ebd. (Anm. 76), 58.
[83] Hierzu allgemein *Esser*, Grundsatz und Norm (Anm. 1), 314, mit Beto-

Das Normative des Rechts ist mehr als nur auswählende und verallgemeinernde Formulierung gesellschaftlich geltender Inhalte. Es ist von solchen aber auch nicht trennbar. Das zeigt schon die Eigenart juristischer Begriffe. Sie sind sachbezogene, ordnende Abkürzungsformeln[84] für Inhalte, von denen sie nicht etwa abstrahieren[85], sondern die sie gegenüber ihrem nicht-normierten Dasein mit schöpferischer Teleologie zu einem aliud umformen. Bei dieser Umformung bewahrt die Rechtswissenschaft notwendig eine funktionelle Beziehung zu den genetisch vorhergehenden, von anderen Wissenschaften geprägten oder vorwissenschaftlichen Begriffsgebilden. Der Sinn juristischer Begriffsbildung zielt nicht auf Beschreiben oder Verstehen, sondern auf die Gewinnung von Normen, auf maßgebliche Setzung[86]. Schon deswegen kann die Rechtswissenschaft ihre Daten beispielsweise nicht von der Soziologie übernehmen. Soziologischen Einsichten als solchen kommt Rechtsgeltung nicht zu. Die soziale Funktion einer Institution ist weder juristische Anspruchsgrundlage noch richterliches Entscheidungsprogramm, ersetzt auch nicht die Anstrengung juristischer Dogmatik[87].

Das Problem von Recht und Wirklichkeit liegt diesseits allgemeiner Identifizierung oder Nicht-Identifizierung dieser Größen; es liegt in den Einzelheiten hermeneutischer Konkretisierung und hermeneutisch fragender Theorie. Weder ein allgemein sozialwissenschaftlicher noch ein allgemein geisteswissenschaftlicher Ansatz vermögen über die von ihnen bekämpften Abstraktionen konkret hinauszukommen. Das macht in diesem Punkt auch die Problematik der Arbeiten von Smend, E. Kaufmann und Heller und der diesen Autoren verpflichteten Versuche aus. Smends Forderung, die soziologischen und teleologischen Gehalte der Rechtsnormen methodisch zu erarbeiten[88], ist trotz aller seitherigen Ergebnisse

---

nung der engen Arbeitsbindung zwischen Doktrin und Praxis; allerdings noch auf dem Boden der Unterscheidung „nomothetischer“ und „idiographischer“ Wissenschaften; ferner *Hesse,* Die normative Kraft der Verfassung, 1959, 5, und *Hollerbach,* AöR 85, 241 ff. (Anm. 3), 263.

[84] Hierzu *Esser,* Grundsatz und Norm (Anm. 1), 210; ferner *Scheuner,* Das Wesen des Staates und der Begriff des Politischen in der neueren Staatslehre, in: Staatsverfassung und Kirchenordnung, Festgabe für Smend, 1962, 225 ff., 249.

[85] Vgl. *Emge,* Philosophie der Rechtswissenschaft, 1961, bes. 218. — Anders G. *Husserl,* Recht und Zeit (Anm. 18), 67 ff., 77: die rechtliche Abstraktion schaffe einen eigenen Gegenstand der Erfahrung.

[86] Siehe *Emge,* Über das Verhältnis von „normativem Rechtsdenken“ zur „Lebenswirklichkeit“, 1956, 142, mit Akzent auf dem Charakter der Rechtswissenschaft als Normwissenschaft gegenüber ihrem Verständnis als „verstehender Kulturwissenschaft“ im südwestdeutschen Neukantianismus. Bei *Emge* ebd., 92 f., Beispiele für Komponenten der Bildung juristischer Zweckbegriffe.

[87] Hierzu *Luhmann,* Grundrechte als Institution. Ein Beitrag zur politischen Soziologie, 1965, v. a. 204, 208 f., 210.

[88] *Smend,* Verfassung und Verfassungsrecht (Anm. 28), in: Staatsrechtliche Abhandlungen, 119 ff., 124.

materialer Staats- und Verfassungstheorie methodisch noch zu wenig differenziert. Sie ist im Grunde eine rechtstheoretische, keine hermeneutische Forderung. Damit läßt sie sich von den bekämpften Abstraktionen das Problemfeld vorschreiben. Zwar erkennt Smend das Problem „Individuum und Gemeinschaft" als primär strukturelles, zwar verlangt er polare Zuordnung und dialektische Zusammenordnung der hauptsächlichen Momente der sozialen Welt[89], doch gelangt er hiermit über die bisher erörterten Lehren nur in nachträglicher Vermittlung, nicht aber im Grundsatz hinaus. Das Verhältnis von Norm und Wirklichkeit bleibt in rechtstheoretischer Allgemeinheit stehen, ohne hermeneutisch als die Struktur rechtlicher Normativität untersucht zu werden. Die zu erarbeitenden soziologischen und teleologischen Gehalte erscheinen nur als Voraussetzung und Gegenstand der Rechtsnorm[90], nicht als Konstituens der Normativität selbst.

Der Wirklichkeitsbezug der Verfassung wird auch in der Folge nicht hermeneutisch als Funktion konkreter Gehalte in den Strukturen ihrer Vorschriften erörtert, sondern rechtssoziologisch als die integrierende Wirklichkeit, welche die Verfassung *als* positives Recht ist. Schindlers abstrakte Polaritäten[91] tragen den Stempel der auch von ihm mit Recht bekämpften Dualismen noch ebenso wie die von Heller[92] festgehaltene Antinomie konkreter Normativität und allgemeingültiger Objektivität und sein Verharren auf der Frage nach dem Verhältnis von Wollen und Sollen, von Wille und Norm[93]. Die abstrakte Zweiheit von gesellschaftlichem Sollen und gesellschaftlichem Sein wird mit der Metapher ihrer nicht auflösbaren „Spannung", ihrer korrelativen Zuordnung[94] eher benannt als analysiert. Auch eine Rechtsphilosophie[95], welche die Rolle der Rechtssoziologie für die Absicherung der Rechtsgeltung in den realen Verhältnissen gebührend in den Vordergrund rückt, operiert bei allen Vorschlägen der Vermittlung im Grundsatz noch immer mit dem Dualismus von vorjuristischem Substrat und rechtlicher Ordnung. Eine methodische Haltung, die von der Herrschaft „juristischen" Vorgehens im Sinn der überlieferten positivistischen Anwendungslehre ausgeht, aber

---

[89] *Smend*, Verfassung und Verfassungsrecht (Anm. 28), 124 ff.

[90] *Smend*, ebd. (Anm. 28), 124; zum folgenden ebd., 192.

[91] *Schindler*, Verfassungsrecht und soziale Struktur, 3. Auflage 1950, z. B. 70 ff.

[92] *Heller*, Problematik, AöR 16, 321 ff. (Anm. 17), 322.

[93] *Heller*, Staatslehre, 1934, 190, 192.

[94] Ebd. (Anm. 93), z. B. 184 f., 188, 191, 197. Vgl. auch *Leibholz*, Verfassungsrecht und Verfassungswirklichkeit, in: Strukturprobleme der modernen Demokratie, 1958, 277 ff., 280; *Hesse*, Die normative Kraft der Verfassung (Anm. 83), 6 ff., 9 m. Nw.; *Hollerbach*, AöR 85, 241 ff. (Anm. 3), 248; *Häberle*, Die Wesensgehaltgarantie des Art. 19 Abs. 2 Grundgesetz. Zugleich ein Beitrag zum institutionellen Verständnis der Grundrechte und zur Lehre vom Gesetzesvorbehalt, 1962, z. B. 215: Brückenschlag zwischen Sein und Sollen.

[95] *Fechner*, Rechtsphilosophie (Anm. 12), passim; hier bes. 272 ff., 274.

zugleich den Rückgriff auf die „metajuristischen" Gehalte des Rechts für erforderlich hält, kann sich für diese Aufgabe auf keine bisher entwickelten Hilfsgesichtspunkte stützen[96].

Auch sofern sich die Lehre von der „Natur der Sache" als juristische Ausprägung des konkreten Denkens, als letzte mögliche Heuristik einer konkreten Methode versteht, Wirklichkeit zu bewältigen, endet sie nicht bei hermeneutischer Präzisierung, bei brauchbaren Hilfsgesichtspunkten für die Auslegung und Anwendung geltenden Rechts, sondern nur bei der allgemeinen Bezeichnung der Wirklichkeit als eines Gestaltungsfaktors des Rechts, der — statt des Naturrechts — als rechtspolitisches Regulativ im einzelnen ungeklärte Dienste versehen soll[97].

Ebenso muß sich die politische Soziologie, will sie nicht die Grenzen zwischen soziologischem Befund und normativem Anspruch verwischen, auf den Vorschlag arbeitsteiliger Ergänzung von Soziologie und juristischer Entscheidungstechnik, funktionaler Verbindung von Rechtswissenschaft und Faktenwissenschaften ohne nähere hermeneutische Direktiven beschränken. Von der Rechtsprechung und Rechtsdogmatik sind solche bisher nicht hinreichend entwickelt worden. Welche Tatsachen und in welchem Grade sie als Hilfsvorstellungen bei der Konkretisierung von Normen verwandt werden, bleibt noch immer dem Einzelfall überlassen[98].

Die bisher eingenommenen Positionen erweisen sich gegenüber den Erfordernissen der Praxis als relativ wenig ergiebig. Aus deren Problemen ergibt sich ständig, daß rechtliche Normativität weder als vorgegebener, inhaltlich nicht erfragter Imperativ noch als bloß vorhandene Sachstruktur begriffen werden kann. Nach der hermeneutisch erscheinenden und demgemäß methodisch zu behandelnden Eigenart rechtlicher Normativität wird in diesem Sinn jedoch bisher nicht gefragt. Auch die gegen die Abstraktionen des extremen Positivismus wie des extremen Antipositivismus angehenden Lehren behandeln den von der Norm gemeinten Ausschnitt der Wirklichkeit im Grund als Objekt eines gegen

---

[96] Vgl. *Jesch*, DÖV 1961, 435 ff. (Anm. 57), 436; gegen Qualifizierungen rechtlicher Aspekte als „metajuristisch" *Ehmke*, VVDStRL 20 (1963), 53 ff. (Anm. 1), 55. Unklar z. B. auch bei *Forsthoff*, Verwaltungsrecht, 1. Bd., 8. Aufl. 1961, 151 f., auf welche Weise konkret bei der Interpretation auf Grund „institutioneller Rechtsauffassung" die „Eröffnung gegenüber der Wirklichkeit" bewerkstelligt werden soll; 9. Aufl. 1966, 158 ff., 160.

[97] Zu *Ballweg*, Natur der Sache (Anm. 18), 18 ff., 22, 35.

[98] Hierzu *Luhmann*, Grundrechte als Institution (Anm. 87), z. B. 4, 39, 203 ff.; ferner *Lerche*, Besprechung von Ballweg (Anm. 18), in: Der Staat, Bd. 1 (1962), 117 ff., 118, 119, zu der ungeklärten Frage, wieweit in concreto die „Sache" für das Recht maßgeblich sei. — Um diese „offene Frage ersten Ranges" (119) geht es hier mit der Wendung des Problems „Recht-Wirklichkeit" ins Hermeneutische.

ihn gerichteten, zwar auf ihn teleologisch oder auf nicht ganz klare Weise „dialektisch“ bezogenen, aber in seiner Normativität von ihm nicht mitbegründeten Befehls. Sie enthalten damit von der Fragestellung her dezisionistische wie normlogistische Momente. Sie lassen sich die Grundpositionen der extremen Doktrinen aufzwingen und setzen die so übernommenen Abstraktionen der Problemstellung gleichsam erst nachträglich in „korrelative“, „dialektische“, „polare“ Beziehungen. Soweit diese allgemein bleiben, sind sie eher eine sprachliche als eine konkret-sachliche Überwindung ihrer Ausgangspunkte. Die entscheidende Frage bleibt immer, welche einzelnen, kontrollierbaren Schritte der praktischen Rechtsentscheidung mit Metaphern wie „Dialektik“, „Polarität“, „korrelative Zuordnung“ gemeint sein können. So laufen die vermittelnden Sichtweisen dort, wo es ins Praktische geht, teilweise in Appelle aus, die in ihrer Allgemeinheit die rechtskonkretisierenden Organe überfordern müssen[99]. Diese sehen sich allgemeinen methodischen Positionen gegenüber, zwischen denen solange nur auf gleich allgemeine Weise vermittelt werden kann, als nicht die Fragestellung geändert wird. Deshalb sollten die Bemühungen, der Rechtspraxis rationale Anhaltspunkte zu verschaffen, nicht zum weiteren Ausbau reinen Eingriffs- oder reinen Immanenz- und Identitätsdenkens und auch nicht zu synkretistischen Mittelwegen, sondern zur Verbesserung der Gesichtspunkte verfassungsrechtlicher Hermeneutik führen. Eine konkretere Fragestellung ist nicht schon mit der Feststellung gefunden, die Trennung von Seins- und Sollensgesetzen könne in der üblichen Schärfe nicht aufrechterhalten werden, nicht schon mit einer „allgemeinen Parallelität von Sein und Sollen, von Normalität und Normativität“[100], sondern erst mit deren hermeneutischer Integrierung in der geltenden Norm, die von Lehre und Rechtsprechung im Einzelfall zu konkretisieren, damit zugleich auch verfassungstheoretisch zu verarbeiten ist. Bei Heller steht entsprechend seinem soziologischen Ansatz die Normalität noch ohne hermeneutische Zwischenstufen außerhalb der Normativität. Auf andere Art, aber im Sinn desselben Grundmusters, gilt dies auch für die erörterten geisteswissenschaftlichen und sozialwissenschaftlichen Lehren. Die Nicht-Identifizierung polar erfaßter Abstrakta hilft, für sich genommen, kaum weiter als ihre je verschiedene Identifizierung im Dezisionismus wie im normlogischen Formalismus. Die vermittelnde Bewegung in

---

[99] Vgl. etwa *Leibholz,* Verfassungsrecht und Verfassungswirklichkeit, in: Strukturprobleme, 277 ff. (Anm. 94), 281: „Die Aufgabe eines Verfassungsjuristen muß es sein, das Normensystem und die Verfassungswirklichkeit im Bereiche der Verfassung einander so zuzuordnen, daß die zwischen Verfassungsnorm und Verfassungswirklichkeit bestehende dialektische Spannung in concreto soweit wie möglich durch eine schöpferische Auslegung der Verfassung aufgehoben wird, ohne daß man zugleich die politische Wirklichkeit vergewaltigt“.

[100] Bei *Heller,* Staatslehre (Anm. 93), 252, 254.

zwei Sphären der Abstraktion bleibt selbst abstrakt; das Relikt idealistischen Denkens zeichnet, von den Voraussetzungen her, auch die Versuche seiner Überwindung so lange, als nicht neue Prämissen gefunden sind. Die Suche nach solchen hat nach der bisherigen Darlegung beim Normverständnis anzusetzen. Dieses wird, was die Einzelheiten der Konkretisierung betrifft, auch von der Lehre korrelativer Zuordnung von Sein und Sollen nicht grundsätzlich verändert. Gerade nach einzelnen, möglichst rational zu gebrauchenden Handhaben, nach hermeneutisch sinnvollen Fragerichtungen, nach relativen Hilfsgesichtspunkten der juristischen Umsetzung geltenden Rechts wird jedoch hier gefragt. Das Verständnis der Rechtsvorschrift als einer „der" Wirklichkeit dialektisch oder korrelativ zugeordneten Größe kann Grenzen sinnvoller Interpretation angeben, kaum aber die gesuchten einzelnen Hilfsaspekte. Dasselbe gilt bislang von der Möglichkeit funktionaler Verbindung der Rechtswissenschaft mit Tatsachenwissenschaften. Der erste Vorschlag ist primär auf allgemein geisteswissenschaftliche Überlegungen — im Sinn von Wissenschafts- und Rechtstheorie — zurückzuführen, der zweite auf wissenschaftsorganisatorische. Der zweite Weg läßt die hermeneutische Struktur rechtlicher Normativität offen, der erste vermag sie mit einer Deutung im Sinn von „Spannungen" zwischen Norm und Wirklichkeit im wesentlichen nur zu benennen, nicht strukturell aufzuschlüsseln[101].

Demgegenüber kommt das Vorhaben funktionaler Arbeitsteilung zwischen Rechtsdogmatik und Soziologie zwar von einem Verständnis der Soziologie her, das diese nicht zu den außerrechtlichen Institutionen zählt, setzt aber wie Kelsen die wechselseitige logische Unableitbarkeit von Sein und Sollen voraus. Diese verbietet nicht eine funktionale Verbindung normativer mit empirischen Wissenschaften, nach der „die Faktenwissenschaften die Bezugsprobleme definieren, im Hinblick auf welche die Funktion des Normativen schlechthin sowie die Funktion bestimmter Normen untersucht werden kann"[102]. Doch ist damit noch nicht die Frage juristischer Hermeneutik gestellt. Die Ausrichtung auf Bezugsprobleme dieser Art stellt aber klar, daß „die" Wirklichkeit nicht länger undifferenziert im Sinn der vermittelnden Lehren belassen werden kann, die zumeist in unhermeneutischer Vereinheitlichung soziale Wirklichkeit schlechthin mit dem Wirklichkeitsausschnitt vermischen, um dessentwillen eine Norm als geltendes Recht auftritt, oder den sie zum Teil erst erzeugt. Insofern mit „Wirklichkeit" solche Bereiche konkreter Normativität gemeint sind, gibt das Bild der Zuordnung, wie jetzt deutlicher wer-

---

[101] Allgemein gegen das Konstatieren von „Spannungslagen" zwischen Norm und Wirklichkeit: *Lerche*, Stil, Methode, Ansicht, in: DVBl. 1961, 690 ff. (Anm. 2), 694 f. m. Nw. — Vgl. auch die Kritik der deskriptiven Natur Smendschen Verfassungsdenkens bei *Luhmann*, Grundrechte als Institution (Anm. 87), 43 ff.; zum folgenden ebd., bes. 39, 204 f.

[102] *Luhmann*, Grundrechte als Institution (Anm. 87), 39.

den mag, nur eine andere Bezeichnung des Problems, nicht seine notwendig in Einzelheiten liegende Lösungsskizze. Soweit „Wirklichkeit" das Ganze sozialer Tatsächlichkeit und Wirkung bedeuten soll, hat die These von Korrelation oder Dialektik vor allem mit der allgemeinen Theorie der Rechtswissenschaft, nicht aber mit juristischer Hermeneutik zu tun. Damit hängt es zusammen, daß auch sie bei aller geisteswissenschaftlichen Berechtigung die Forderung nach Konkretion so wenig konkretisiert. Läßt sich erkenntnistheoretisch auch für die Rechtswissenschaft die Richtung „zu den Sachen selbst" fordern, so bemüht sich juristische Hermeneutik um die Einzelheiten der Sachen. Die Rechtstheorie wird praktisch in der Hermeneutik, was — wie hier bei dem Verhältnis von Recht und Wirklichkeit — auf Kosten unfruchtbarer Ausgangspunkte der Theorie gehen kann. Dabei bleibt das eingangs angeschnittene Problem rechtswissenschaftlicher Objektivität weiter im Spiel. Die Objektivität der Jurisprudenz bleibt grundsätzlich im Bereich geisteswissenschaftlicher Relativität; daß die „absoluten" Setzungen sich auch in der Naturwissenschaft als fiktiv herausgestellt haben, wurde schon angedeutet. Objektivität ist aber nicht gleich Allgemeingültigkeit[103]. Schlagwortartig läßt sich von Objektivität ohne Allgemeingültigkeit in den Geisteswissenschaften sprechen[104]. Die Eigenart der Rechtswissenschaft als normativer Geisteswissenschaft drückt sich allgemein darin aus, daß ihr beides abverlangt wird, ohne daß sie beides im Sinn mathematischer Berechenbarkeit, absoluter Eindeutigkeit der Ergebnisse oder auch nur mit dem relativierten Geltungsanspruch moderner naturwissenschaftlicher Methodik zu leisten vermag. Wird das Grundlagenproblem der Jurisprudenz deshalb hier von der Struktur rechtlicher Normativität aus in Angriff genommen, so muß die „Sache" dabei eine hervorragende Rolle spielen. Das Moment der Applikation, also des verstehenden Anwendens als integrierenden Bestandteils im hermeneutischen Vorgang[105], tritt in den Geisteswissenschaften nirgends so stark in den Vordergrund wie bei der Rechtswissenschaft. Mag auch, wie Gadamer dargelegt hat, Applikation zu allem geisteswissenschaftlichen Verstehen konstitutiv gehören, so hat es die Jurisprudenz doch nicht mit Sprachgebilden zu tun, die auch „in sich selbst" verstehbar sind, sondern mit Normen, die in Verbindung mit konkreten Sanktionen in der Sozialwelt zu „gelten" beanspruchen, deren Normativität also auf je bestimmte soziale Bereiche, Gehalte, Reaktionen unmittelbar zielt.

---

[103] Vgl. *Bollnow*, Objektivität und Allgemeingültigkeit, in: Objekt und Objektivität (Anm. 9), 31 ff. — In anderem Sinn spricht *Heller*, Problematik, AöR 16, 321 ff. (Anm. 17), 322, von „Objektivität"; er gebraucht den Begriff im Sinn absoluter Allgemeingültigkeit gegenüber konkreter Normativität und subjektiver Entscheidung.

[104] Vgl. *Bollnow*, ebd. (Anm. 103), 32.

[105] Hierzu vor allem *Gadamer*, Wahrheit und Methode (Anm. 1), etwa 290 ff.

Um der Normativität der Norm und um der Rechtswissenschaft als einer Normwissenschaft willen muß daher hier besonders vordringlich der normative Sachgehalt als Bestandteil der „Auslegung“ und „Anwendung“, also insgesamt: der Konkretisierung von Recht in Erscheinung treten. Graduell ungleich geringer als in anderen Geisteswissenschaften wiegt in der Jurisprudenz die individuelle Leistung des Konkretisierenden, maximal hingegen die juristisch-objektive Richtigkeit der Entscheidung und die rationale Diskutierbarkeit ihrer Gründe. Weit mehr muß hier die Struktur des Normierten und des die Norm damit zugleich Bestimmenden zwischen Text und Text, das heißt zwischen Wortlaut der Vorschrift und Wortlaut der Entscheidung treten als in anderen Geisteswissenschaften, die auf Rationalität und soziale Konsensfähigkeit weniger elementar angewiesen sind. Die Konkretisierung von Recht ist erst zuletzt ein genuines Sprachereignis. Sachlich rationalisierende Gesichtspunkte zu erarbeiten, ist daher auch bei dem in der Rechtspraxis meist unausgesprochenen, aber fast allgegenwärtigen Problem von Recht und Wirklichkeit vor allem eine Aufgabe juristischer Hermeneutik. Diese kann die Grundaporie des Rechts, die Forderung nach maximaler Objektivität und Allgemeingültigkeit trotz und gerade in geschichtlicher und sozialer Kontingenz, nicht aufheben. Sie kann aber vielleicht einzelne Hilfsprinzipien der Normkonkretisierung genauer fassen, als dies bisher geschieht. Dabei steht hier bewußt die Konkretisierung durch Rechtslehre und Rechtsprechung im Vordergrund, ohne daß damit die wichtige und unabdingbare Rolle der Gesetzgebung für die Verfassungskonkretisierung[106] bezweifelt werden soll. Die Wendung der Frage ins Hermeneutische, auf die Gesichtspunkte der Konkretisierung gesetzten Rechts, versteht sich nicht als weiteren Versuch der Vermittlung zwischen Sollen und Sein, sondern als eine Fragestellung, die solche Abstraktionen nicht zuläßt. Das allgemein rechtstheoretische Problem von Recht und Wirklichkeit, Norm und Faktum ist nicht nur sprachlich verschoben, sondern sachlich vor neue Aufgaben gestellt, wenn es hier als das von Normstruktur und Normativität behandelt wird. Damit wird nicht das Hermeneutische vom „Sein“ getrennt, wohl aber als gerade in Recht und Rechtswissenschaft selbständiger Aspekt behandelt.

---

[106] Wie sie in jüngster Zeit mehrfach herausgearbeitet wurde, z. B. bei *Lerche*, Übermaß und Verfassungsrecht. Zur Bindung des Gesetzgebers an die Grundsätze der Verhältnismäßigkeit und der Erforderlichkeit, 1961; *Häberle*, Wesensgehaltgarantie (Anm. 94); *Ehmke*, VVDStRL 20, 53 ff. (Anm. 1), 68 f.; *Luhmann*, Grundrechte als Institution (Anm. 87), z. B. 208. Auch die Erörterung der „Natur der Sache“ fragt vorwiegend nach inhaltlichen Maßstäben der Gesetzgebung, so *Stratenwerth*, Das rechtstheoretische Problem der „Natur der Sache“, 1957, 7 ff. m. Nw.

IV. Zur rechtswissenschaftlichen Logik

Die Belege und Einzelfragen dieser Untersuchung entstammen vor allem dem Staats- und Verfassungsrecht, wenn auch die Grundproblematik, um die es hier geht, den Rechtsdisziplinen gemeinsam ist. Die hermeneutische Fragestellung läßt auch in dieser Hinsicht keine abstrakten Verallgemeinerungen zu. Je nach den sachlichen Verschiedenheiten der juristischen Disziplinen wie nach denen verschiedener Normtypen werden sich Normstruktur und Normativität anders darstellen. Das Staats- und Verfassungsrecht ist in besonders hohem Maß „politisches" Recht; es bezieht sich auf die Konstituierung des Gemeinwesens und der Rechtsordnung im ganzen, seine Vorschriften sind nicht durch ranghöhere Normen positiven Rechts abgestützt. Der Weite und Dynamik seines Regelungsbereichs entspricht eine besonders deutliche strukturelle Offenheit seiner nach normativer wie sachlicher Dichte und Konkretion höchst verschiedenen Vorschriften[107]. Der konstituierende Gesamtzweck des Verfassungsrechts prägt auch die Grundrechtsnormen, die — bei aller spezifischen Sachhaltigkeit — der Verfassung wegen gewährleistet sind und nicht wie technische Spezialgesetze konkretisiert werden können[108]. Gemäß der allgemeinen Eigenart des Verfassungsrechts sind die Normtexte zahlreicher seiner Vorschriften von einer spezifischen, nicht ohne weiteres mit derjenigen von Generalklauseln zu vergleichenden „Weite", welche die Konkretisierung in gesteigertem Grade notwendig wie auch schwierig macht. Diese ist um so wichtiger, als unter dem Bonner Grundgesetz eine ausgedehnte Verfassungsgerichtsbarkeit besteht.

Die Impulse der neueren Methodendiskussion sind jedoch, im Gegensatz zur Weimarer Zeit, in der Gegenwart vor allem vom Zivilrecht ausgegangen[109]. Aus der hermeneutischen Debatte sind hier nur diejenigen

---

[107] Vgl. etwa *Ehmke*, VVDStRL 20, 53 ff. (Anm. 1), 62 ff. m. Nw. en, 100 f. — Zu den Prinzipien der Verfassungsinterpretation in den USA vgl. *Kirchheimer*, JöR NF Bd. 11 (1962), 93 ff.

[108] *Smend*, Das Recht der freien Meinungsäußerung, in: Staatsrechtliche Abhandlungen (Anm. 28), 89 ff., 93 ff.; ders., Verfassung und Verfassungsrecht, ebd., 119 ff., v. a. 260 ff., 263, 266. — Vgl. etwa auch *Leisner*, Verfassungsauslegung (Anm. 35), DÖV 1961, 641 ff., 643: „Weite" der Formulierungen, „Ausgreifen in andere Rechtsgebiete" und „Staatsgrundlegungscharakter" als Kennzeichen der Verfassungsnormen.

[109] Nachweise bei *Ehmke*, VVDStRL 20 (1963), 53 ff. (Anm. 1), 53 f. und passim. — Vgl. ferner z. B. schon *Heck*, Begriffsbildung und Interessenjurisprudenz, 1914; ders., Das Problem der Rechtsgewinnung, 1932; *Germann*, Imperative und autonome Rechtsauffassung, ZSR NF 1927, 183 ff.; *Pawlowski*,

Hauptaspekte hervorzuheben, die für eine verfassungsrechtliche Hermeneutik vor dem Hintergrund der Frage nach „Recht und Wirklichkeit", hier also: nach Normativität und Normstruktur verfassungsrechtlicher Sätze von Bedeutung sein können.

Die Möglichkeiten der Logik in der Rechtswissenschaft sind begrenzt[110]. Rechtliche Vorschriften bieten schon wegen ihrer sprachlichen Gestalt in den weitaus meisten Fällen keinen Ansatzpunkt für exakt formallogische Operationen. Die Ausnahmefälle von Normen, deren rechtlicher Gehalt sich im wesentlichen in Zahlenbestimmungen konzentriert (bei Vorschriften über Termine, Fristen, ein bestimmtes Mindestalter und ähnliches mehr), stellen an den Kalkül nur so elementare Anforderungen, daß hier besser nur von „Logik" im alltäglichen Sinn gesprochen wird. Als logisch zu kennzeichnende Schritte sind bei Entscheidungen und bei sonstiger Konkretisierung von Recht in aller Regel überhaupt erst dann möglich, wenn sich das Ergebnis in seinem rechtlichen Gehalt schon deutlich abzeichnet, wenn also die Prämissen erarbeitet sind. Diese aber sind materieller Art und formallogisch nicht zu gewinnen. Die rechtlichen Sachgehalte sind in den sprachlichen und damit notwendig ungenauen Elementen der Rechtssätze bei weitem nicht so „enthalten", daß diese zu Momenten logischer Schlüsse gemacht werden könnten. Juristische Begriffe verdinglichen nicht die von ihnen gemeinten Norm- und Sachinhalte und eignen sich, wie sprachliche Begriffe insgesamt, nur dazu, auf ihre jeweiligen Gebrauchsweisen und auf deren möglichst zuverlässige Abgrenzung hin untersucht zu werden. Der dogmatische Rechtsbegriff hat reinen Zeichenwert[111]. Positive Rechtsregeln und Rechtsfiguren sind gegenüber „metajuristischen" Gehalten alles andere als autonom; als „hypothetisches Urteil" werden sie grundsätzlich mißverstanden[112]. Formallogische Geltung ist nicht mit juristischer Geltung

---

Gedanken zur Methode der Gesetzesauslegung, AcP 160 (1961), 209 ff.; *Germann*, Probleme und Methoden der Rechtsfindung, 1965.

[110] Vgl. z. B. A. *Kaufmann*, Gesetz und Recht, in: Existenz und Ordnung (Anm. 71), 357 ff., 380 f. und passim; *Engisch*, Aufgaben einer Logik und Methodik des juristischen Denkens, Studium Generale 1959, 76 ff., z. B. 86; *Klug*, Juristische Logik (Anm. 1), 145 ff.; *Hollerbach*, Auflösung, AöR 85, 241 ff. (Anm. 3), 259; *Scheuerle*, Die Logik der Logik, Studien über logische Argumente und Methodenehrlichkeit im juristischen Begründen, ZZP 1965, 32 ff. — Die Untersuchung von *Bernhardt*, Die Auslegung völkerrechtlicher Verträge, insbes. in der neueren Rechtsprechung internationaler Gerichte, 1963, macht die geringe Bedeutung formallogischer Interpretationsregeln auch im Völkerrecht deutlich. — Für das Zivilrecht s. bes. *Esser*, Wertung, Konstruktion und Argument (Anm. 1), v. a. 14 ff., 20 ff.

[111] Dieser Ausdruck bei *Esser*, Grundsatz und Norm (Anm. 1), 57.

[112] z. B. *Esser*, ebd. (Anm. 1), 59 ff., zur Integration ethischer Substanzwerte mit juristischen Form- und Institutionswerten; ferner etwa *Bäumlin*, Staat, Recht und Geschichte. Eine Studie zum Wesen des geschichtlichen Rechts, entwickelt an den Grundproblemen von Verfassung und Verwaltung, 1961, 30 f.

gleichzusetzen. Abstrakt-allgemeine Sätze sind nicht rechtlich normativ; das unterscheidet sie selbst noch von den Generalklauseln, die zumindest konkretisierbare Verweisungen an außerrechtliche, etwa ethische oder soziale Maßstäbe enthalten. Normativität im Recht ist historisch und sachlich konkret oder wenigstens konkretisierbar. Labands unzulässig verdinglichte „allgemeinere Begriffe" sind der Substanz nach einfache Gattungsbegriffe ohne rechtliche Aussage[113].

Was als juristische Logik bezeichnet werden könnte, ist sachbezogene, materiale Logik[114]. Sie ist eine Methode für die Handhabung konkreten Rechtsstoffes, ein Element der Anordnung von Gedanken, nicht ihrer Erzeugung[115]. Daß vollends typisch verfassungsrechtliche Sätze wie etwa die Grundrechtsgarantien nicht mit Hilfe formaler Logik konkretisiert werden können, ist schon zur Blütezeit des Rechtspositivismus klargestellt worden[116]. Die Gegenmeinung begehrt Unmögliches und läuft Gefahr, das Vorhaben formal syllogistischer Methodik durch — dann unreflektierte — inhaltliche Voraussetzungen oder Einschübe zu unterlaufen. Im Interesse möglichster Rationalität und Rechtsklarheit muß im Gegenteil versucht werden, auch die Normen oder Normbestandteile, die sich syllogistischer Behandlung entziehen, auf andere Weise sachlich zu umschreiben, sie zu benennen und in den Vorgang der Konkretisierung auf nachprüfbare Art einzuführen. Formallogischer Optimismus wird entweder inhaltliche Implikationen in Kauf nehmen oder sich auf verfassungspolitische Erwägungen beschränken, die eigentlichen Interpretationsfragen aber ausdrücklich offen lassen müssen[117]. Es muß statt nach der logischen nach der hermeneutischen Struktur des Gesetzes gefragt werden. Die bei Rechtssätzen außer in Grenzfällen stets beteiligten Sachgehalte hindern eine nach maximaler juristischer Rationalität strebende Interpretation, sich auf „logische", in Wahrheit sprachliche Begriffsgefüge zu verlassen. Diese werden allzu leicht zum trojanischen

---

[113] Vgl. *Heller*, Problematik, AöR 16, 321 ff. (Anm. 17), 340 f., 345 f.

[114] *Esser*, Grundsatz und Norm (Anm. 1), 107 ff., 112; *Hollerbach*, Auflösung, AöR 85, 241 ff. (Anm. 3), 259 m. Nw.

[115] *Schindler*, Verfassungsrecht und soziale Struktur (Anm. 91), 4.

[116] Von G. *Jellinek*, Allgemeine Staatslehre (Anm. 13), 16 gegen Laband. — Dagegen will in der heutigen Diskussion *Forsthoff* auch die Konkretisierung der Verfassung und selbst der Grundrechte als „Ermittlung der richtigen Subsumtion im Sinne des syllogistischen Schlusses" bewältigen, Umbildung, Festschrift für Schmitt, 35 ff. (Anm. 36), 41; vgl. auch ders., Problematik, passim, unter Betonung verfassungsgesetzlicher Formtypik. — Hiergegen etwa *Hollerbach* (Anm. 3), *Ehmke*, VVDStRL 20, 53 ff. (Anm. 1), 61; ders., Wirtschaft und Verfassung (Anm. 36), 45 ff., 52; *Krüger*, Verfassungswandlung und Verfassungsgerichtsbarkeit, in: Staatsverfassung und Kirchenordnung, Festgabe für Smend, 1962, 151 ff., 157 f., 160.

[117] Wie *Forsthoff*, Problematik (Anm. 36), 37; ebd., zur „logischen Struktur des Gesetzes".

Pferd verschwiegener Vorentscheidungen. Die Struktur eines Begriffs läßt sich, da von der jeweiligen Definition abhängig, erheblich leichter postulatorisch manipulieren als die Struktur eines normbezogen im Rahmen der Konkretisierung erforschten Regelungsgegenstandes. Normtext und Normgefüge mögen noch so formaltechnisch gefaßt sein; sie haben sachliche Gehalte als Momente ihrer Setzung, sozialen Wirksamkeit und rechtlichen Normativität. Selbst in der seinen Zeichenwert verkennenden Begriffsjurisprudenz der Jahrhundertwende war der technische Rechtsbegriff „Hüter eines natürlichen Sachzusammenhangs“[118]. Auch Form- und Kompetenzvorschriften sowie die formalisierten Interpretationshilfen bestehen jeweils nur eines inhaltlich faßbaren Sinnes wegen. Die Vorstellung einer „an sich“ für die Rechtsfindung bereitstehenden Methode hat sich zusammen mit den theoretischen Voraussetzungen des rechtswissenschaftlichen Positivismus im Sinn des Wortes als gegenstandslos erwiesen.

Ebenso ist die Vorstellung, die Wahl der Methode bestimme einseitig den Gegenstand, zusammen mit der neukantischen Erkenntnistheorie fragwürdig geworden. Daher wird vielfach eine wechselseitige Bezogenheit von Gegenstand und Methode angenommen[119]. Diese Auffassung ist jedenfalls in ihrer Negation einer „anwendbaren“, für sich genommen sachindifferenten allgemeinen Methode des Erkennens einsichtig. Positiv gewendet, sagt sie zunächst nur, daß die herkömmlichen „Methoden“ der Rechtsfindung nur als partielle Hilfsgesichtspunkte verstanden werden können; nichts jedoch über deren gegenseitiges Verhältnis und eine etwaige Rangfolge. Vor allem kann auch die These der Wechselbezüglichkeit von Methode und Gegenstand so lange irreleitend bleiben, als der „Gegenstand“ im Recht noch unhermeneutisch als bloßes Objekt der Normativität angesehen wird. Die sich hieraus ergebende Ungereimtheit wird nicht selten durch die Annahme einer vermittelnd obwaltenden Dialektik abgefangen, die sich „in der Gleichzeitigkeit des Zusammenseins und der gegenseitigen Spannung der Momente“ des Rechts bewähren soll[120]. Damit ist wiederum das Problem im wesentlichen nur umbe-

---

[118] *Esser*, Grundsatz und Norm (Anm. 1), 81, mit Bezug auf die Gesetzgebung, auch ebd., 153; vgl. ferner allgemein Max *Weber*, „Wertfreiheit“, Wissenschaftslehre, 475 ff. (Anm. 25), 490. — Eine materielle Kompetenzauffassung z. B. bei *Ehmke*, VVDStRL 20, 53 ff. (Anm. 1), 89 ff. — Grundsätzlich gegen die Unterscheidung von formellem und materiellem Recht z. B. *Esser*, a.a.O., (Anm. 1), 107 ff., 171 ff.; *Bäumlin*, Staat, Recht und Geschichte (Anm. 112), 37.

[119] Hierzu *Scheuner*, Das Wesen des Staates und der Begriff des Politischen, in: Staatsverfassung und Kirchenordnung, Festgabe für Smend, 1962, 225 ff. (Anm. 84), 248. — Zur wechselseitigen Bezogenheit von Methode und Gegenstand vgl. ferner *Schindler*, Verfassungsrecht und soziale Struktur (Anm. 91), 3 f.; gegen die Annahme einer von der Sache gelösten „allgemeinen Methode“ auch *Ehmke*, VVDStRL 20 (Anm. 1), 53 ff., 60.

[120] Hierzu *Schindler*, Verfassungsrecht und soziale Struktur (Anm. 91), 55;

nannt, wenn man von der Absage an positivistische Fiktionen absieht. Eine Fiktion ist aber auch die Überzeugung, mit der allgemeinen Vorstellung von „Dialektik" die praktischen Einzelfragen der Rechtskonkretisierung im Griff zu haben. Festzuhalten ist jedenfalls, daß die relativ verstandene Methode ihrem „Gegenstand" angemessen sein muß; daß also aus den Einsichten in das Recht, die den Positivismus in seinen Grundlagen hinter sich gelassen haben, methodische, genauer: hermeneutische Folgerungen gezogen werden müssen. Damit können auch die überlieferten canones der Rechtsauslegung nicht länger als kanonisch behandelt werden[121]. Sie sind Hilfsaspekte von begrenzter Reichweite. Formelle Allgemeinheit und logische Dignität gehen ihnen schon deshalb ab, weil ihnen jeweils mehr oder weniger deutlich sachliche Voraussetzungen zugrundeliegen. Sie sind relativ ferner in bezug auf den konkreten Gegenstand der einzelnen Konkretisierungsaufgabe. Das zeigt sich in der Praxis an der Unmöglichkeit, eine auch nur einigermaßen einleuchtende Rangfolge unter den canones einzuhalten. Diese Erkenntnis muß nicht die Auflösung des Staats- und Verfassungsrechts in unangemessene Kasuistik zur Folge haben. Werden sachbezogen-relative Hilfsgesichtspunkte absolut gesetzt und zu allgemeingültigen „Methoden" stilisiert, so ist das Ergebnis nicht ein verläßliches System normativer Bezüge, sondern dessen Fiktion. Werden die canones hingegen in ihrer nur begrenzten Brauchbarkeit erkannt, so kann dies ein Anfang sein, ihre Verwendung zu rationalisieren und nachprüfbarer zu machen, sobald diese Aspekte nicht mehr unter dem Anspruch stehen, unfehlbar zum richtigen rechtlichen Ergebnis führen zu müssen. Eine differenzierende Typologie ihrer Anwendbarkeit wird dann allerdings andere als vorgeblich formallogische Ansatzpunkte erarbeiten müssen. Doch ändert das insofern sachlich nichts an den Schwierigkeiten der Konkretisierung, als weder eine Rangfolge noch sonst ein gleichmäßig erkennbares Verhältnis unter den canones herrscht[122]. Das würde eine Selbständigkeit und Umgrenztheit dieser Gesichtspunkte voraussetzen, die ihnen nicht zukommt. So ist es von besonderer Bedeutung, daß vor aller positivisti-

---

zur „Polarität" z. B. ebd., 5. — Zur eigentümlichen Statik von Schindlers Denken vgl. *Ehmke*, Verfassungsänderung (Anm. 19), 69; *Bäumlin*, Staat, Recht und Geschichte (Anm. 112), 65. Die Frage, wie Methode und Gegenstand einander bestimmen, bleibt offen auch bei *Schneider*, VVDStRL 20 (Anm. 30), 133 f., 134.

[121] Gegen *Forsthoff*, z. B. Problematik (Anm. 36), 39 f. — Zur Relativität der Savignyschen canones etwa *Ule*, VVDStRL 20 (1963), 105; *Ehmke*, ebd. (Anm. 1), 57 ff., 99 f.; Erik *Wolf*, AöR 80 (1955/56), 489 f.; zur Auslegung von Grundrechten *Scheuner*, Die institutionellen Garantien des GG, Recht-Staat-Wirtschaft, IV 1953, 88 ff., 98 f.; überscharf gegen die Verwendbarkeit der canones *Emge*, Verhältnis (Anm. 86), 90, 139, 140.

[122] Nachweise z. B. bei A. *Kaufmann*, Gesetz und Recht (Anm. 71), 389; ferner bei v. *Pestalozza*, Kritische Bemerkungen zu Methoden und Prinzipien der Grundrechtsauslegung in der BRD, in: Der Staat, 2. Bd. 1963, 425 ff., 433:

schen Verfestigung und Verdinglichung der canones Savigny die grammatischen, logischen, historischen und systematischen Hilfsaspekte ausdrücklich nicht als „Arten der Auslegung", sondern als „Elemente" eines einheitlichen Auslegungsvorgangs konzipiert hat, als „verschiedene Tätigkeiten, die vereinigt wirken müssen, wenn die Auslegung gelingen soll". Ihr gegenseitiges Verhältnis richtet sich bei Savigny nach der sachlichen Eigenart des konkreten Falles[123].

Die canones teilen das vom Positivismus verkannte Schicksal der Rechtsordnung im ganzen, nicht als geschlossenes System subsumtionsfähiger, „anwendbarer" Vorgegebenheiten verstanden werden zu können[124]. Bei vergleichsweise technischen Rechtssätzen mag die positivistische Vorstellung naheliegen; gegenüber grundlegenden Bestimmungen der Verfassung, wie etwa den Grundrechten, ist sie rational schlechthin nicht belegbar. Ihre Unhaltbarkeit ergibt sich nicht minder deutlich auch für die canones selbst. Diese sind bei weitem nicht so unproblematisch, wie die überkommene Lehre glauben macht. Der scheinbar eindeutige grammatische Aspekt muß oft zwischen mehreren Gebrauchsweisen der verwendeten Begriffe, zwischen alltäglicher und juristischer und teilweise auch zwischen verschiedenen juristischen Bedeutungen differenzieren und entscheiden. Dies ist nur dann möglich, wenn die grammatische „Methode" nicht den Normtext, sondern die Norm anzielt. Ohne den Zuständigkeitsbereich der Grammatik und Philologie überschreitende, deutende Vorwegnahme des möglichen Normsinns ist in der Regel schon auf dieser Stufe der Konkretisierung eine Entscheidung nicht möglich[125].

Die historische Interpretation ist in der Rechtspraxis vielfach auf unklare Weise mit genetischen und im Zusammenhang mit der „sens-clair"-

---

Verlauf der Rechtsfindung von der Vor-Entscheidung zur nachträglichen Methodenauswahl. — Die Skepsis gegenüber einer Hierarchie der Methoden erstreckt sich auch auf *Leisners* Versuch einer „Interpretationsstufenlehre", Verfassungsauslegung (Anm. 35), DÖV 1961, 641 ff., 643 ff.

[123] Vgl. v. *Savigny*, System des heutigen Römischen Rechts (Anm. 34), Bd. I 1840, 212 ff., 213, 215; vgl. auch ebd., I, 320.

[124] Gegen die Vorstellung von der Rechtsordnung als einem geschlossenen System schon G. *Jellinek*, Allgemeine Staatslehre (Anm. 13), z. B. 353, 358. — Gegen die „sens-clair"-Doktrin *Esser*, Grundsatz und Norm (Anm. 1), 176 f., 123 ff.; ebd., gegen die Vorstellungen von Subsumtion, Anwendung, Syllogismus, z. B. 220, 238, 253 f., 261 und passim; *Krüger*, Verfassungswandlung und Verfassungsgerichtsbarkeit, in: Staatsverfassung und Kirchenordnung (Anm. 116), 151 ff., 157 f.; *Ehmke*, VVDStRL 20, 53 ff. (Anm. 1), 55 f.; *Bäumlin*, Staat, Recht und Geschichte (Anm. 112), 36; A. *Kaufmann*, Gesetz und Recht (Anm. 71), 380 f., 387 ff. m. Nw.; ders., Analogie und „Natur der Sache". Zugleich ein Beitrag zur Lehre vom Typus, 1965, 29 und ff.; gegen „Subsumtion" im unproblematischen Sinn auch *Flume*, Richterrecht im Steuerrecht (Anm. 36), etwa 79 f.

[125] Vgl. im übrigen auch *Leisner*, Verfassungsauslegung (Anm. 35), DÖV 1961, 641 ff., bes. 644, zur „sprachlichen" Auslegung.

Doktrin auch mit teleologischen Überlegungen vermengt[126]. Die systematische Auslegung kann ohne zusätzliche Hilfsaspekte zumeist nicht zwischen den differenten Gesichtspunkten der Textform-, Sinn- und Sachsystematik wählen[126a]. Die teleologische Auslegungsweise schließlich, die im engeren Sinn nicht zu den „klassischen" Regeln zählt, ist schwerlich mehr als ein Sammelbegriff für Wertungen verschiedenster Herkunft, für ein sachlich kaum begrenztes Feld von Auslegungsmöglichkeiten. Diese werden im Grund nur an der jeweiligen Vertretbarkeit des praktischen Ergebnisses gerechtfertigt. „Ratio", „telos", „Sinn und Zweck" erweisen sich oft als Metaphern für das, was im Einzelfall gerade gesucht oder gewünscht wird. Kontrollierbare Schritte der Überlegung sind mit diesen Zielbegriffen allein nicht darstellbar. Die Gefahr sprachlicher Verschleierung der konkreten Rechtsfragen durch „teleologische" Leerformeln liegt, vor allem bewußten Vor-Urteil, schon in der kennzeichnenden Ungeformtheit dieser „Methode" begründet. Savigny hielt die Auslegung aus der ratio legis nur in ganz engen Grenzen und „nur mit großer Vorsicht" für zulässig[127].

Die überlieferten methodischen Hilfsgesichtspunkte sind unfertig; sie können nicht „auf" einen Rechtsfall „angewendet", sondern nur mit diesem sowie mit dem Norm- und Sachgehalt der ins Spiel zu bringenden Rechtssätze im einzelnen vermittelt werden. In der Erfahrung der Praxis erweisen sich weder der zu lösende Fall noch die Interpretationshilfen noch auch die Norm als vorgegeben. Rechtsauslegung und Rechtsfortbildung sind rational zumeist nicht trennbar. Für das Verfassungsrecht bringt die Einsicht in den grundsätzlich schöpferischen Charakter auch der Verfassungsrechtsprechung besondere Probleme, die sich etwa in der nur begrenzten Reichweite des Art. 79 Abs. 1 Satz 1 GG zeigen. Die Normähnlichkeit schöpferischer Konkretisierung, von der das Bundesverfassungsgericht gesprochen hat, stellt auch das geläufige systematische Verständnis des Staats- und Verfassungsrechts in Frage[128].

---

[126] Hierzu *Esser*, Grundsatz und Norm (Anm. 1), 176 f. mit einer Herleitung der historischen Interpretation aus der Gedankenwelt des Absolutismus.

[126a] Zu inhaltlichen Vorgriffen im Gewand systematischer Auslegung mit „Regel" und „Ausnahme" in der Rspr. vgl. F. *Müller*, Mittelbare und unmittelbare Sachkosten der unteren Verwaltungsbehörde, BaWüVBl. 1966, 39 f.

[127] System, Bd. I (Anm. 34), 216 ff., 217, 220.

[128] Vgl. BVerfGE 13.318, Urteil v. 24. 1. 1962 (Art. 6 Abs. 1 GG — Arbeitsverträge zwischen Ehegatten), 328; vgl. auch BVerfGE 15.226 (Beschl. v. 19. 12. 1962) — Art. 12 Abs. 1 GG), 233, zur Abgrenzung erweiternder Auslegung von der Schaffung eines neuen Tatbestandes bei Gewohnheitsrecht. — Zum schöpferischen Charakter der Rechtsprechung vgl. z. B. *Esser*, Grundsatz und Norm (Anm. 1); *Wieacker*, Gesetz und Richterkunst (Anm. 1); ferner etwa *Krüger*, Verfassungsänderung und Verfassungsauslegung, DÖV 1961, 721 ff., 725; A. *Kaufmann*, Gesetz und Recht (Anm. 71), 387 ff. — Rechtssoziologisch finden sich diese Einsichten schon klar bei Th. *Geiger*, Vorstudien (Anm. 69), z. B. 174 f., 242 ff., 246, 250 f.

V. Applikation und Vorverständnis – Topik und topische Hermeneutik

Mit der Anerkennung dieser Struktur der Rechtskonkretisierung ist diese zunächst nur aufrichtiger, nicht unsicherer geworden. Die Bedingungen und die Leistungsfähigkeit juristischer Objektivität klarzustellen, ist sogar notwendige Voraussetzung größerer Rationalität. Die scheinbar formale Beherrschbarkeit von „Auslegung" und „Anwendung" eines Rechtssatzes weicht dessen formalistisch nur begrenzt zu bändigender „Konkretisierung", die für die theoretische Bemühung der Lehre und die praktische der Rechtsverwirklichung durch dazu bestellte Organe im Grundsatz strukturell gleich ist. Was in diesem Vorgang nicht aus einem normativen Nichts geschaffen, wohl aber im Hinblick auf das bestimmte Problem konkretisiert wird, ist die Norm als law in action; dieses wird integriert „aus der Interdependenz von aktueller Fallgerechtigkeit und bisher erkannter Zielsetzung"[129]. Damit haben die bedeutenden Ansätze zu einer reflektierten juristischen Hermeneutik, die vor allem dem Zivilrecht zu verdanken sind, den zentralen Gesichtspunkt auch neuerer philosophischer Hermeneutik eigenständig entwickelt: Verstehen als aktuelles Geschehen, das heißt die Untrennbarkeit von Sinnerkenntnis und Anwendung in einem einheitlichen Vorgang, der den Verstehenden notwendig einbezieht und trotz gleichzeitiger vollständiger Bindung an den Sinn des Textes diesen zu verstehenden Sinn erst konkretisiert und vollendet. Die Eigenart juristischer Interpretation ist für den Versuch einer allgemeinen philosophischen Hermeneutik beispielhaft[130]. Die Problematik unangemessener Übertragung allgemein geisteswissenschaftlicher Ergebnisse auf die Jurisprudenz besteht hier nicht; das genannte Modell der Applikation ist vor allem am Beispiel der

---

[129] *Esser*, Grundsatz und Norm (Anm. 1), 85, Fn. 244, 283 f.; für das Verfassungsrecht z. B. *Krüger*, Verfassungsänderung und Verfassungsauslegung, DÖV 1961, 721 ff., 725; *Ehmke*, VVDStRL 20, 53 ff. (Anm. 1), 55 f.; v. *Pestalozza*, Grundrechtsauslegung (Anm. 122), Der Staat, Bd. 2, 425 ff., 427 ff.; allg. vgl. *Fechner*, Rechtsphilosophie (Anm. 12), 185: Recht als „werdendes Recht". — Vgl. bes. auch *Geiger*, Vorstudien (Anm. 69), 242 ff., 246, 250 f.

[130] *Gadamer*, Wahrheit und Methode (Anm. 1), v. a. 280, 290 ff., 315, 323; zur Beispielhaftigkeit der juristischen Hermeneutik ebd., 307 ff.; zur Wesensbeziehung zwischen juristischer Hermeneutik und Rechtsdogmatik unter Vorrang der erstgenannten ebd., 313; zur Aufgabe der philosophischen Hermeneutik: XV, 279. — Vgl. a. *Habermas*, Analytische Wissenschaftstheorie und Dialektik. Ein Nachtrag zur Kontroverse zwischen Popper und Adorno, in: Logik der Sozialwissenschaften (Anm. 69), 291 ff., 293, 304 f.

juristischen Normwissenschaft entwickelt worden. Es zeigt nicht ein technisches Verfahren des Verstehens, sondern die Bedingungen, unter denen Verstehen grundsätzlich geschieht. Das Erarbeiten methodischer Einzelheiten muß die Jurisprudenz selbständig bewältigen, ohne dabei die Verschiedenheit der Rechtsdisziplinen zu verwischen. Die erörterte normative und sachliche Eigenart des Verfassungsrechts läßt diese grundsätzlich „offene“ Struktur der Konkretisierung besonders deutlich hervortreten. Damit ist noch keine Minderung der Normativität positiven Rechts verbunden. Es wird als Sache konkreter Methodik zu untersuchen sein, wieweit Normativität und hermeneutische Normstruktur speziell im Verfassungsrecht einander bedingen müssen.

Auch die Methodik als das Verfahren juristischer Hermeneutik im einzelnen muß die Tatsache widerspiegeln, daß Interpretation im Recht nicht nur okkasionell als Kunstgriff in besonders schwierigen Fällen aufgefaßt werden kann. Die überwiegende Meinung in Lehre und Praxis steht anscheinend auf diesem Standpunkt. Als Aufgabe der Interpretation wird die Beseitigung von Unklarheiten angesehen[131]. Dagegen ist die Schärfe aufschlußreich, mit der Savigny die Rechtfertigung juristischer Auslegung gerade in ihrer allgemeinen Notwendigkeit sieht; sie habe keineswegs „die zufällige Natur einer bloßen Abhülfe von einem Übel“ und sei „bey jedem Gesetze, wenn es in das Leben eingreifen soll, nothwendig“[132]. Savigny geht dabei von der Auslegung als der Rekonstruktion des dem Gesetz innewohnenden Gedankens aus. Vor dem Hintergrund der skizzierten neueren Entwicklung der juristischen Hermeneutik wird die Allgegenwart von Interpretation in der Jurisprudenz noch deutlicher, sei sie unreflektiert, verschwiegen oder in den rationalen Begründungszusammenhang eingeführt.

Dieses Ergebnis bestärkt die hier vertretene These zum Verhältnis von Norm und Wirklichkeit im Recht, wonach dieses Problem so lange zu relativ unfruchtbarer Allgemeinheit verurteilt bleibt, als es nicht hermeneutisch in Richtung auf Normativität und Normstruktur untersucht wird. Die angedeuteten Grundlagen der neueren juristischen Interpretationslehre sind genuin hermeneutisch. Sie gipfeln in zwei Fragenkreisen, die für das Thema bedeutsam sind: Vorverständnis und Topik. Diese wurden überwiegend im Zivilrecht erarbeitet; die Möglichkeit ihrer

---

[131] Vgl. *Schneider*, VVDStRL 20 (1963) (Anm. 30), 1 ff., 5 f., 40; anders zu Recht *Viehweg*, Zur Geisteswissenschaftlichkeit der Rechtsdisziplin, Studium Generale 1958, 334 ff. (Anm. 1), 338, 340; *Stern*, Interpretation — eine existentielle Aufgabe der Jurisprudenz, NJW 1958, 695 ff.; *Hollerbach*, AöR 85, 241 ff. (Anm. 3), 261 m. Nw.

[132] v. *Savigny*, System (Anm. 34), Bd. I, 206 ff., 207; auch ebd., 318 f.; ebenso in: Juristische Methodenlehre (Anm. 34), 19 f. Zur Kennzeichnung der Auslegung vgl. z. B. System I, 212 ff.

Übertragung auf das öffentliche Recht ist durchaus nicht selbstverständlich[133].

Auch hierbei handelt es sich nicht um so und nicht anders auffindbare Gegebenheiten im Sinn „natürlicher" Gegenstände, sondern um theoretisch mehr oder weniger einleuchtende, funktionell mehr oder weniger sinnvolle, praktisch sich mehr oder weniger bewährende Sichtweisen. Die Frage sollte nicht so sehr dahin gestellt werden, ob die Jurisprudenz eine durchgängig topische Struktur habe[134], als dahin, ob und wieweit eine topische Behandlungsart des Rechts für dessen verschiedene Disziplinen angemessen erscheint. Damit sind in erster Linie hermeneutische, nicht rechtspolitische Erwägungen gemeint. Sie werden nicht nach absoluten Gegensätzen, sondern nach rational bestimmbaren Akzentverschiebungen zu fragen haben.

Das Problem des Vorverständnisses ist nicht spezifisch juristisch; aus der Lehre von den allgemeinen Bedingungen geisteswissenschaftlicher Erkenntnis reicht es auf spezifische Weise auch in die juristische Hermeneutik. Es äußert sich unter anderem darin, daß Wertungen „subjektiven" Ursprungs ebenso wie subjektiv vermittelte Wertmaßstäbe aus der Wissenschaft nicht auszuschließen sind. Diese Erkenntnis bewahrte die Diskussion der zwanziger Jahre um die Vorurteilslosigkeit der Wissenschaft vor dem Abgleiten in positivistischen Begriffsrealismus[135]. Max Weber hat es als naive Selbsttäuschung des Fachgelehrten bezeichnet, den Einfluß der von ihm unbewußt an den Stoff herangetragenen Wertideen auf Auswahl und Umgrenzung der wissenschaftlichen Untersuchung zu übersehen.

Die neuere Lehre vom Vorverständnis setzt radikaler an. Zum „Vorverständnis" gehört als hermeneutisch differenzierender Faktor gewiß auch die Fragestellung, von der die Auslegung geleitet wird. Doch gibt es schon grundsätzlich kein voraussetzungsloses Verstehen. Verstehen und Entscheidung, Verstehen und sein Vollzug als eigener Akt des Verstehenden hängen in der Geschichtlichkeit der Existenz zusammen. Das unzulängliche Schema von Subjekt und Objekt, von dem noch Max Weber ausgeht, ist den Anforderungen einer am Sprachproblem orientierten allgemeinen Hermeneutik nicht gewachsen. Das Vorverständnis erscheint grundsätzlich als das Lebensverhältnis des Verstehenden zu der zu verstehenden Sache, das die Möglichkeit von Verstehen überhaupt erst begründet[136]. Deutung im einzelnen fällt mit menschlicher

---

[133] So allg. zu Recht *Forsthoff*, Problematik (Anm. 36), 24 f.; in der Folgerung allerdings zu pauschal.

[134] Hierzu *Ehmke*, VVDStRL 20, 53 ff. (Anm. 1).

[135] Vgl. Max *Weber*, „Objektivität", in: Wissenschaftslehre (Anm. 5), 146 ff., z. B. 149, 151, 180 ff.

[136] *Ebeling*, Hermeneutik, in: RGG 3. Aufl., III, Sp. 242 ff., 256 f.; *Weischedel*,

Selbst- und Weltdeutung nicht zusammen, ist aber zumindest in den Geisteswissenschaften von ihr nicht ablösbar. Der „Vorbegriff" als Gattungserfahrung ist nicht durch Reflexion erworben; er kommt aus dem Ganzen der Weltauslegung in einer bestimmten Umwelt und ist vor allem bereits in und mit der Sprache gegeben. Konkretisierung von Recht, die außerhalb der Sprache nicht möglich ist, wird von diesem allgemeinen, vor-rechtlichen Horizont des Verstehens stets mitgeprägt. Der Text, auch der normativ gemeinte Text des Rechtssatzes, vermittelt neben dessen Interpretationsproblemen zugleich einen vorgängigen Sachbezug des Interpreten zu diesen Problemen. Vor-Urteile in diesem Sinn, die allgemeine Vormeinung des Sprachgebrauchs wie auch inhaltliche Vorverständnisse, müssen in ihrer produktiven Funktion als Voraussetzung und Bedingung des Verstehens gesehen werden[137]. Der herkömmliche Begriff des hermeneutischen Zirkels hat hier eine Begründung, die über ein bloßes Subjekt-Objekt-Verhältnis von Interpret und Text weit hinausgeht. Damit ist alles andere als Beliebigkeit des Vorverständnisses gemeint. Die hermeneutische Aufgabe, die es stellt, geht von selbst im konkreten Fall in die sachliche Fragestellung über, von der es immer schon mitbestimmt ist[138]. Das wird von dem zu verstehenden Text, von der zu konkretisierenden Rechtsnorm bewirkt. Überhaupt ist der Jurisprudenz dieser Aspekt, soweit sie nicht wie der Rechtspositivismus die Sachhaltigkeit von Rechtssätzen ignoriert, schon immer geläufig gewesen. Auch insofern konnte die juristische Interpretation einer allgemein geisteswissenschaftlichen Hermeneutik als Vorbild dienen; auch insofern ergeben sich keine Probleme der Übertragung rechtsfremder Gesichtspunkte auf die Rechtswissenschaft. Die konkreten Schwierigkeiten beginnen dort, wo die produktiven Vorurteile, die das Verstehen sachlich ermöglichen, von denjenigen zu scheiden sind, die richtiges Verstehen, normgerechtes Konkretisieren verhindern. Diese Scheidung kann nicht vorgängig geschehen; sie erfolgt im Verstehen selbst. Das Reflektieren und Rationalisieren der — von der Norm aus gesehen — produktiven wie der destruktiven Vorbegriffe wird somit gleichfalls zu einer Aufgabe konkreter juristischer Hermeneutik. Die Elemente des Vorverständnisses müssen rationalisiert und kontrollierbar in den juristischen Begründungszusammenhang eingeführt werden, sollen sie nicht unkontrollierbare, weil irrationale Fehlerquellen bleiben; damit wäre kein Schritt über den Positivismus hinaus getan, der sie übersah oder verschwieg[139].

Die Tiefe im Antlitz der Welt. Entwurf einer Metaphysik der Kunst, 1952, 36 ff.; ders., Recht und Ethik, 1956, 9; *Gadamer*, Wahrheit und Methode (Anm. 1), z. B. 314 f., 250 ff., 261 ff.

[137] *Gadamer*, Wahrheit und Methode (Anm. 1), 250 ff., 261 ff.

[138] *Gadamer*, a.a.O. (Anm. 1), 252 f.; vgl. auch 365 f.

[139] Zur kritischen Klärung des Vorverständnisses vgl. *Ebeling*, Hermeneu-

Die Aufgabe, das Verhältnis von Recht und Wirklichkeit hermeneutisch aufzuschlüsseln, weist neben dieser grundsätzlichen Korrektur der positivistischen Anwendungsdoktrin noch auf die weitere Frage hin, innerhalb des Vorverständnisses zwischen der Schicht der vorgängig umfassenden Welt- und Sprachauslegung und jener aus rechtlichen, zum Teil aus speziell rechtswissenschaftlichen und rechtstheoretischen Vormeinungen gebildeten Schicht hermeneutisch zu unterscheiden. Vor allem in diesem letztgenannten Sinn ist das Vorverständnis bisher in der Jurisprudenz beachtet worden. Das der Massensuggestion zugängliche Unterbewußte als sich selbst nicht deutliche Quelle politischer Optionen muß inhaltlich bewußt und damit thematisiert werden, um diskutierbar und korrigierbar sein zu können[140]. In der Lehre von der Natur der Sache im Recht wird die Rolle des Vorverständnisses gleichfalls mit rechtlicher Thematisierung hervorgehoben. Die Entscheidung über den Sinn eines Lebensverhältnisses oder die Ordnungsaufgabe einer Institution, allgemein über das „Richtige", wird jeweils schon von einem oft unbewußten Vorverständnis geleitet, dessen Wertgesichtspunkte aus der Fülle ontischer Daten die rechtlich relevante „Natur der Sache" herausheben. Sachlogische Zusammenhänge kommen überhaupt nur unter bestimmten Gesichtspunkten in den Blick; soweit das Vorverständnis diese Wertaspekte liefert, ist es von der Reflexion zu formulieren. Der Wertgesichtspunkt wird dabei in einem unauflösbaren, wenn auch von ihm selbst her relativen Zusammenhang gesehen. Das schließt auf der einen Seite Beliebigkeit der Wertungen aus; auf der anderen Seite verdeutlicht es die insoweit rechtsbezogene Natur des Vorverständnisses[141]. Auch im Zivilrecht ist das Vorverständnis von seinem Bezug zum Recht her gesehen worden. Das Problem kann nicht isoliert behandelt werden; es wird als solches überhaupt nur aus einem, wenn auch häufig uneingestandenen, Ableitungszusammenhang heraus sichtbar und in der Folge lösbar. Die sich topisch verstehende Jurisprudenz betont die Konstanz des Problems als festen Ausgangspunkt; er ruht seinerseits auf einem „vorsystematischen Seinszusammenhang und vorwissenschaftlichen Verständnis"[142].

---

tik, RGG 3. Aufl., III, 242 ff. (Anm. 136), 257 m. Nw.; *Weischedel*, Metaphysik (Anm. 136), 36 ff., 38: Kritik im hermeneutischen Zirkel; für die Sozialwissenschaften z. B. *Streeten*, in: *Myrdal*, Das Wertproblem in der Sozialwissenschaft (Anm. 26), 13 ff., 34 ff., 42, und *Habermas*, Analytische Wissenschaftstheorie und Dialektik (Anm. 130), in: Logik der Sozialwissenschaften, 291 ff., 293, 296, 304 f.; allg. auch *Bollnow*, Objektivität und Allgemeingültigkeit, in: Objekt und Objektivität (Anm. 9), 31 ff., 33, 35.

140 *Schindler*, Verfassungsrecht und soziale Struktur (Anm. 91), 86 f.

141 Vgl. *Stratenwerth*, Das rechtstheoretische Problem der „Natur der Sache" (Anm. 106), 13, 24 f.

142 *Esser*, Grundsatz und Norm (Anm. 1), 47; ferner ebd., 107 ff., 110, 111, 117, 201, 235 ff., 262.

Die vor allem von der angelsächsischen Jurisprudenz beachteten intuitiven Elemente der Urteilsbildung, der „hunch", stellen sich auch in diesem Zusammenhang als ein rechtsbezogenes Vorverständnis dar. Dieses darf auch hier weder als beliebig betrachtet noch mit dem Verschweigen des heimlichen Vorwahlprozesses, mit einer an dem gewünschten Ergebnis orientierten Auswahl der passenden Methode verwechselt werden. Doch ist dieses Vorverständnis nur der in concreto rechts- und problembezogene Ausschnitt aus der allgemeinen Vorformung des beteiligten Bewußtseins. Dies läßt sich so scharf sehen, daß konstruktive Jurisprudenz als „juristische Kontrolle des hunch vom System her" erscheint[143]. Auch im „offenen System" juristischer Topik bedarf das Vorverständnis juristischer Kategorien und Begriffe, muß es rechtskonstruktiv gefaßt und begründet werden, wenn es für die Rechtsfindung verwertbar sein soll. Das schließt aber die Voraussetzung ein, daß überhaupt die rechtlich konstruierbaren Elemente aus dem Feld des jeweiligen Vorverständnisses abgegrenzt und ausgewählt werden. Wieweit dies mit den genannten Mitteln möglich ist, bleibt vorläufig eine offene, beziehungsweise eine bisher noch nicht gestellte Frage. Auch die Probleme, die sich hinter der herkömmlichen Formel von „Recht und Wirklichkeit" verbergen, sind insoweit noch nicht reflektiert. Dasselbe läßt sich für die bisherige verfassungsrechtliche Hermeneutik feststellen. Das Vorverständnis, das der Erörterung und Lösung des konkreten Falls jeweils vorangeht, wird als Aufgabe der Rechtslehre erkannt, die in ständigem Geben und Nehmen mit den Ergebnissen der Rechtskonkretisierung die gefundenen Problemlösungen über geeignete Mittelstufen wie Fallgruppen und Problemtypen, Begriffe und Grundsätze, in die Theorie einarbeitet[144].

Abgesehen von Grenzfällen, in denen Normkonkretisierung im wesentlichen mit „Anwendung" zusammenfallen kann, werden Interpretationsfragen durch das bewußte oder unbewußte Vorverständnis vorentschieden. Das ist gerade im Verfassungsrecht deutlich. Um so entscheidender wird es, eine die Vorverständnisse begründende materiale Verfassungstheorie als die eigentliche verfassungsrechtliche Hermeneutik zu entwickeln. Als Rechtslehre ist sie nicht dem Geltungsgrund, wohl aber der Intention nach normativ[145]. Will sie ihrer hermeneutischen Aufgabe gerecht werden, muß sie die von den Rechtssätzen der Verfassung normierten Sachverhalte konkret erfassen; tut sie dies, kann sie nur als

---

143 *Esser*, Grundsatz und Norm (Anm. 1), 235 f., 236; ebd. zum folgenden.

144 *Ehmke*, VVDStRL 20, 53 ff. (Anm. 1), 56 f.; 70. — Es zeigt sich auch hier, daß sich eine so verstandene „Topik" nicht in der Unverbindlichkeit rhetorischer Gemeinplätze erschöpfen darf.

145 *Ehmke*, VVDStRL 20 (Anm. 1), 64; zum folgenden ebd., 130 ff., 131; vgl. auch *Schneider*, VVDStRL 20 (Anm. 30), z. B. 44.

konkret-materiale Verfassungstheorie auftreten. Damit wird auch hier aus dem allgemeineren Problemfeld des Vorverständnisses der verfassungsrechtlich relevante, der verfassungstheoretisch erfaßbare Sektor ausgewählt, ohne daß seine Abgrenzbarkeit hermeneutisch differenziert wäre. Der „Konsens aller Vernünftig- und Gerecht-Denkenden", der im allgemeinen darüber bestimmen soll, welches .verfassungstheoretische Vorverständnis maßgebend sei[146], kann auf dem Hintergrund gesteigerter methodischer Rationalität, differenzierter hermeneutischer Überlegung an sachlicher Überzeugungskraft nur gewinnen. Jedenfalls ist er ohne nähere Differenzierungen im Problemkreis von „Recht und Wirklichkeit" kaum in der Lage, Kriterien für die Abgrenzung des verfassungstheoretischen vom allgemeinen Vorverständnis und für die Behandlung auch des letztgenannten zu liefern, die über die bisherigen unhermeneutischen Abstraktionen und Dualismen hinausgingen. Auch für eine Auffassung, die in der Deckung stilisierender Einsichten im vordogmatischen und vormethodischen Bereich rationale Evidenz als Vorarbeit für die eigentliche Dogmatik sucht[147], werden durch den „Stil" außerdogmatische Gegebenheiten zwar ursprünglich, aber zugleich bereits spezifisch rechtlich geformt.

Wo andererseits unter Ablehnung methodischer Hilfsmöglichkeiten allein das die Interpretation begründende Vorurteil als essentiale der Auslegung gesehen und die Forderung einer „existentialen Interpretation" erwogen wird[148], verflüchtigt sich der hermeneutische Wert des Vorverständnisaspekts. Zwischen den in gleicher Weise abgelehnten methodischen Hilfen und einem überindividuellen, materialen, diskutierbaren und möglicherweise durch Konsens zu billigenden Vorverständnis bleibt dann nur die „Besonderheit der jeweiligen Fragestellung und des Subjektes", bleibt nur „das Vor-Urteil des jeweils Auslegenden", das in seinem Sosein mit der Berufung des Subjekts zur Verfassungsauslegung und ex post aus praktischer Konsonanz im Ergebnis nicht genügend begründet, weil nicht genügend rationalisiert erscheint. Hier werden Methodenschwierigkeiten nicht nur in Konsensprobleme umgedeutet, sondern zu teils nur jurisdiktionellen Überlegungen reduziert. Das individuelle Vorverständnis wird hingegen entscheidend auch aus überindividuellen Norm- und Sachvorstellungen gespeist. Die hermeneutisch notwendige Unterscheidung zwischen dem rechtlich relevanten und dem allgemeinen, aber gleichfalls die Rechtskonkretisierung beein-

---

[146] *Ehmke*, VVDStRL 20 (Anm. 1), 71 f.; skeptisch *Luhmann*, Grundrechte als Institution (Anm. 87), 60 m. Nw.

[147] *Lerche*, Stil, Methode, Ansicht, DVBl. 1961, 690 ff. (Anm. 2), 691, 695 ff., 697.

[148] Bei v. *Pestalozza*, Grundrechtsauslegung (Anm. 122), in: Der Staat, Bd. 2, 425 ff., v. a. 429 ff., 431, 432.

flussenden Vorverständnis kann für die genannte Auffassung als Frage nicht auftauchen. Gewiß ist auch und vielfach gerade das ungeklärte Vorverständnis Voraussetzung der Konkretisierung; aber nur das im Rahmen des Möglichen rationalisierte und differenzierte Vorverständnis ist Voraussetzung einer kontrollierbaren Konkretisierung. Eine Trennung von individuellem und überindividuellem Vorverständnis verdunkelt auch die Fragen nach Normstruktur und Normativität, also nach den „Recht“ oder „Wirklichkeit“ zugehörigen Elementen der Voraussetzungen konkreter Rechtsfindung. Praktische Konsonanz im Ergebnis mag wegen ihrer Ähnlichkeit mit einem materiell verfassungstheoretischen Konsens einige Überzeugungskraft entfalten. Doch ist sie, da sie nur auf das Ergebnis blicken soll, auch bei positivistisch-logizistischen Verfahren wie im übrigen bei ganz heterogenen Arten der Konkretisierung erzielbar. Das Ergebnis interessiert hermeneutisch weniger als die Erhellung des Vorgangs, der zu ihm führt, wenn bessere Kontrollierbarkeit, Diskutierbarkeit und rechtsstaatliche Methodenklarheit der Momente der Konkretisierung erfragt werden. Das gewiß wirksame existentiale Vorverständnis braucht umgrenzbare Zwischenstufen, wenn es hermeneutisch erfaßbar, entschärfbar und verwertbar werden soll. Deren eine ist das bisher untersuchte rechtliche, hier vor allem: verfassungstheoretische Vorverständnis. Es ist nicht nur in seinen Einzelheiten zu erörtern, etwa in der Frage nach der Funktion der Grundrechte als Vorverständnis der Konkretisierung von Grundrechten; vielmehr enthält auch der ursprüngliche, allgemeinste Entwurf des Staatsbildes letztlich Aussagen zum jeweiligen hermeneutischen Spielraum. Die Staatsbilder wirken als Aufbereitung und Begründung bestimmter Typen von Vorverständnissen. Sie geben, soweit sie folgerichtig sind, den für die auftauchenden Einzelfragen bewußt oder unbewußt verbindlichen Horizont des Verstehens an. Sie liefern Instrumentarium und Rechtfertigung für „Lücken“, das heißt für nicht genügend rationalisierbare Fragen und Wertungen im einzelnen Entscheidungsvorgang. Oft genug rechtfertigen sie gerade dort, wo Rationalisierung und methodische Anstrengung durchaus möglich wären, wo ihnen aber zugunsten der Durchsetzung der Staatsauffassung, des Staats-„Begriffs“ ausgewichen werden soll. Die grundlegenden Entwürfe von Typen des Vorverständnisses — zu ihnen gehören Positivismus wie Dezisionismus, Normlogismus wie Integrationslehre — sind hermeneutisch vor allem danach zu beurteilen, wieviel oder wie wenig Raum sie für undifferenziert ideologische, für pauschal behauptende Argumente lassen; wieweit sie eine von ihnen selbst unabhängige Rationalisierung fordern, zulassen oder behindern. Im Maß solchen Zulassens und Forderns überwiegt ihr hermeneutischer Wert für freie wissenschaftliche Debatte den Einfluß erzeugenden Wert für das zugrundeliegende Bekenntnis.

Das verfassungstheoretische Vorverständnis ist in seinen Einzelheiten und, wird es material verstanden, grundsätzlich auch als Entwurf auf die Einzelergebnisse der Fallpraxis bezogen. Es begründet sie und wird in der Konkretisierung der Norm zugleich selbst überprüfbar, wird präzisiert oder korrigiert. Damit ist eine so verstandene[149] Verfassungstheorie konkret nicht nur in bezug auf eine bestimmte Verfassungs- und Rechtsordnung, sondern im weiteren Sinn auch auf eine bestimmte Kulturordnung. Durch das Einbeziehen der normativ zu erfassenden Sachprobleme in Recht und Rechtskonkretisierung findet eine gegenständliche Prägung auch dann statt, wenn die Wirksamkeit der Sachprobleme formalistisch verdeckt bleibt. Das verfassungstheoretisch zu begründende Vorverständnis bedingt das Verständnis des Problems wie das der zu konkretisierenden Norm; beides mit einem allgemeinen, den grundsätzlichen Weltentwurf sozusagen „psychologisch" vermittelnden Vorverständnis und zumeist auch mit dessen engerer Spielart, dem rechtlichen oder rechtsbezogenen Vorverständnis, das bisher fast allein die verfassungsrechtliche Hermeneutik beschäftigt hat. Nimmt man das Verhältnis von Recht und Wirklichkeit in der abstrakten und nur im nachhinein vermittelten Polarität, in der es bislang steht, so wiederholt es sich als unhermeneutischer Fremdkörper im hermeneutischen Zusammenhang der Erörterung des Vorverständnisses: das rechtliche bzw. verfassungstheoretische Vorverständnis wählt notwendig nur rechtlich konstruierbare Elemente des allgemeinen Vorverständnisses für seine Aufgabe aus, ohne dieses damit in seiner allgemeinen Wirksamkeit beseitigen zu können. Problemsichten vorrechtlicher Relevanz spielen auch dann ihre Rolle bei der Konkretisierung, wenn der Interpret, um eine zusätzliche Kontrollmöglichkeit, eine zusätzliche Instanz spezifisch juristischer Objektivität zu schaffen, sein Vorverständnis in Richtung der Frage rationalisiert, wie die behandelte Sache rechtlich relevant werden könne. Die Rationalisierung, welche die Verrechtlichung der Vormeinungen mit sich bringt, ist somit schon im Grundsatz nur begrenzt; die Diskrepanz zwischen unausgesprochener Vorgabe und dargelegten Entscheidungsgründen kann sich dadurch noch verschärfen, auch wenn die Einsichtigkeit und Redlichkeit des rechtlichen Vorverständnisses und seiner Darlegung vorausgesetzt werden. Die Lehre von der Verfassungstheorie als verfassungsrechtlicher Hermeneutik bedarf für die Frage nach dem Verhältnis von Recht und Wirklichkeit einer methodischen Ergänzung, die anzugeben erlaubt, wieweit und auf welchem Weg Elemente der „Wirklichkeit", also auch solche des vor-rechtlichen, nichtrechtlichen Vorverständnisses, für die Normkretisierung wirksam und in ihr durch begriffliche Fassung und Differenzierung kontrollierbar

---

149 Vor allem bei *Ehmke*, VVDStRL 20, 53 ff. (Anm. 1), 56, 64.

werden können. Die Frage nach spezifisch juristischer Objektivität, ihren Bedingungen und Grenzen läßt sich auch hier hermeneutisch als die nach der praktischen Entsprechung von Normativität und Normstruktur stellen.

Dasselbe gilt für das Problem der Topik in der Jurisprudenz, da das (vor-rechtliche wie rechtliche) Vorverständnis Norm- *und* Problemstruktur erschließen oder verschließen kann. Betrachtet man die Normstruktur des Rechtssatzes und die Sachstruktur des Problems als zwei je in sich abgeschlossene Pole, so mag es genügen, allgemein das Verschwinden des einen im anderen oder ihre zuordnende Dialektik oder Wechselbezüglichkeit zu formulieren. Hermeneutisch, für die Einzelheiten praktischer Konkretisierung muß im Interesse von Rechts- und Methodenklarheit nach einer verbindlichen Priorität von Norm oder Problem gesucht werden; kann das Verhältnis beider ebensowenig in einem vagen „Sowohl-Als-auch" verbleiben wie bei dem gleichfalls bisher zu allgemein formulierten Wechselbezug von Methode und Gegenstand. Beide Fragen sind noch nicht hermeneutisch präzisiert, so wie jene nach dem Vorverständnis erst für das Vorverständnis im engeren Sinn, für das rechtliche bzw. verfassungstheoretische.

Diese Aufgaben verschränken sich zunächst in bezug auf die Topik. Deren sich gegen geschlossen-systematisches, axiomatisches Denken entschieden absetzenden Regeln[150] interessieren hier bezüglich der Stelle, welche die Norm in topischer Rechtsfindung einnimmt. Die Elemente der Konkretisierung entstammen nur zum Teil der Norm. Die topoi als meinungsmäßig diskutierbare, die Entscheidung möglichst überzeugend begründende Gesichtspunkte sind in ihrer Auswahl auf das Problem bezogen; es dürfen nicht sachfremde, wohl aber normfremde topoi herangezogen werden. Die auf scheinlogische Deduktion verzichtende, auf den Sach- und Problemgehalt der Aspekte abstellende, ein „offenes" System anzielende topische Rechtsfindung fragt notwendig über die Norm hinaus und will damit die Struktur jeder Interpretation aufdecken, die auch dann den formellen Quellen nicht entnehmbare Einsichten als Teile des

---

[150] Zur Topik allg. vgl. *Viehweg*, Topik und Jurisprudenz (Anm. 1); *Esser*, Grundsatz und Norm (Anm. 1), z. B. 7, 47, 85 Fn. 244, 239; *Bäumlin*, Staat, Recht und Geschichte (Anm. 112), 26 ff., 33 f.; *Hennis*, Politik und praktische Philosophie. Eine Studie zur Rekonstruktion der politischen Wissenschaft, 1963, 89 ff. (Topik und Politik); A. *Kaufmann*, Analogie und „Natur der Sache" (Anm. 124), 39; *Larenz*, Methodenlehre der Rechtswissenschaft (Anm. 1), 133 ff.; *Siebert*, Die Methode der Gesetzesauslegung, 1958, 13; *Engisch*, Sinn und Tragweite juristischer Systematik, Studium Generale 1957, 173 ff. m. Nw.; v. *Pestalozza*, Grundrechtsauslegung, in: Der Staat, Bd. 2 (Anm. 122), 425 ff., 429 m. Nw.; *Ballweg*, Natur der Sache (Anm. 18), 68 ff.; *Ehmke*, VVDStRL 20, 53 ff. (Anm. 1), z. B. 55 f., 60.

positiven Rechts auszugeben gezwungen ist, wenn sie angeblich den Rahmen des „gegebenen" Gesetzesinhalts nicht verläßt[151].

Für das Verfassungsrecht ist es wegen seiner Eigenart als fundamentalen, positivrechtlich nicht weiter abgestützten Rechts besonders fraglich, ob topische Rechtsfindung in der Tat über eine erkennbare, konkretisierbare Norm hinweggehen, ob sie zum Beispiel auch gegen den klaren Wortlaut einer Verfassungsnorm entscheiden darf, wenn dieser für eine sinnvolle Problemlösung keinen Ansatzpunkt bietet[152].

Schon für eine rechtsvergleichend orientierte Zivilistik ist es zweifelhaft, ob es ausreicht, die Richtung nur axiomatischen oder nur topischen Denkens einzuschlagen. Esser hat überzeugend herausgearbeitet[153], daß sich problematisches und deduktiv-begriffliches Vorgehen schon wegen des Zusammenhangs von Rechtslehre und Fallpraxis notwendig ergänzen; daß um der Rationalität willen auch eine „offene" Problementwicklung eines relativ systematischen Ableitungszusammenhangs ebensowenig entraten kann wie „geschlossene" Axiomatik der Erweiterung durch Problemdenken und Prinzipienbildung im Sinn des Fallrechts. Es fragt sich freilich, wo der Akzent gesetzt wird; ob letztlich das Problem über die insofern unzulängliche Norm hinwegzugehen rechtfertigt, oder ob die konkretisierbare Norm das topisch entwickelte Problem auch bei unbefriedigender Lösung beherrscht. Angemessenere Problemerkenntnis wäre im Fall dieser topischen Normkonkretisierung, dieser „topischen Hermeneutik" Sache des demokratischen Gesetzgebers.

Reine Topik fragt auch im Verfassungsrecht[154] „hinter das Gesetz zurück und über es hinaus"[155]. Verfassungsrechtliches Denken soll sogar in besonderer Deutlichkeit die Struktur des Problemdenkens aufweisen. Die Knappheit seiner Normtexte, die Weite und relative Unbestimmt-

---

[151] *Esser,* Grundsatz und Norm (Anm. 1), 102; *Ehmke,* ebd. (Anm. 1), 56, 62; gegen das Dogma von der Geschlossenheit des Rechtssystems bereits, wenn auch auf anderer Grundlage, G. *Jellinek,* Allgemeine Staatslehre (Anm. 13), 353, 358.

[152] Vgl. *Ehmke,* VVDStRL 20 (Anm. 1), 60, zu BVerfGE 2.347. 374 f. (Art. 32 Abs. 3 GG).

[153] Grundsatz und Norm (Anm. 1), 7, 85 Fn. 244, 239; vgl. ferner ebd. 24, 45 ff., 193 ff., 307 ff. — So auch *Diederichsen,* Topisches und systematisches Denken in der Jurisprudenz, NJW 1966, 697 ff. Trotz seiner Kritik an Viehwegs Ansatz topischen Rechtsdenkens räumt auch Diederichsen der Topik gerade im Bereich der juristischen Interpretation zu Recht eine unentbehrliche Funktion ein, wobei er zugleich die Unumgänglichkeit systematischer Interpretation betont, ebd., bes. 704 f. — Zur Ergänzung von Problem- und Systemdenken s. a. *Esser,* Wertung, Konstruktion und Argument (Anm. 1), 21 f.

[154] Vgl. *Bäumlin,* Staat, Recht und Geschichte (Anm. 112), 26 ff.; *Ehmke,* VVDStRL 20, 53 ff. (Anm. 1), 54 ff., 61 ff.; v. *Pestalozza,* Grundrechtsauslegung, in: Der Staat, Bd. 2 (Anm. 122), 425 ff., 429.

[155] *Ehmke,* ebd. (Anm. 1), 54; auch 60, 99; zum folgenden 62 f.

heit seiner Norminhalte zeigen in der Tat besonders deutlich die Notwendigkeit der Normkonkretisierung als Rechtsfortbildung. Auch trifft es zu, daß zum verfassungsrechtlichen Material zahlreiche Interpretationsgesichtspunkte ohne umschriebene Normqualität gehören. Damit ist aber noch nicht die topische Struktur des Verfassungsrechts erwiesen. Zwar sind die Aufgaben rationaler Konkretisierung im Verfassungsrecht zum Teil ungleich schwieriger als in Rechtsgebieten mit konkreter und dichter gearbeiteten Normzusammenhängen; doch ist damit noch keineswegs gesagt, der hermeneutische Primat müsse von der Norm auf das Problem übergehen. Auch die „Probleme" sind im Verfassungsrecht von besonderer Art, den in der Regel deutlicher hervortretenden „Problemen" etwa im Zivilrecht nicht gleichzusetzen. Die Eigenart des Verfassungsrechts betrifft Norm- *und* Problemstruktur und ist mit der bündigen Option für Topik im Verfassungsrecht nicht hinreichend in Rechnung gestellt. Die gerade für das Verfassungsrecht zuweilen naiv wirkenden Operationen des konstruktiven Positivismus, das Argumentieren aus einem vorgegebenen, geschlossen-axiomatischen System nach dem Schema „Befehl-Anwendung" hat mit Konkretisierung im hier verstandenen Sinn nichts zu tun. Diese aber ist noch nicht mit einer Topik identisch, welche die charakteristisch weit gefaßten Verfassungsnormen und ihre Begriffe nur als „Momente der in der ‚Situation' aufgegebenen, in topischer Argumentation anzustrebenden Synthese oder ‚concordantia disconcordantium' " behandelt[156]. Die berechtigte Ablehnung eines naturwissenschaftlich verdinglichten geschlossenen Systems und der Vorstellung von der Rechtsnorm als fertigem Befehl oder als logifiziertem hypothetischen Urteil rechtfertigt noch nicht ein Vorgehen, das um sinnvoller Problemlösung willen im Zweifelsfall über die Norm hinweggeht, die nur als ein topos unter topoi erscheint und die an ihrem Problembezug gemessen wird, statt daß die Relevanz der Problemgesichtspunkte sich am normativen Spielraum der zu konkretisierenden Vorschrift auszuweisen hat. Der Hinweis auf freie Diskussion im Bereich des Meinungsmäßigen, auf die erhoffte Durchsetzung des sachlich Überzeugenden, auf den Konsens und seine traditionsbildende Kraft ist gerade im Verfassungsrecht allein nicht zulänglich, wenn einerseits grundlegende hermeneutische Fragen noch ungeklärt sind, andererseits die verfassungsrechtliche Norm zur Disposition der Problemerörterung gestellt wird. Der politische Charakter des Verfassungsrechts macht skeptisch gegenüber dem Optimismus, die sachlich richtige Lösung werde den Inhalt des Konsenses bestimmen. Damit ist dessen Bedeutung und seine Eigenständigkeit gegenüber naturwissenschaftlicher Objektivität nicht bestritten. Wohl aber kann ein hermeneutisches Grundproblem wie die

---

156 So aber *Bäumlin*, Staat, Recht und Geschichte (Anm. 112), 26 ff., 34; vgl. auch 36, 30 f.: Gleichsetzung von Konkretisierung mit Topik.

Frage nach der Verbindlichkeit und Unverbrüchlichkeit konkretisierbarer Verfassungsnormen nicht allein vom Hinweis auf Vorverständnis, topische Synthese in der „Situation“ und Konsens bewältigt werden.

Dabei wird hier die Topik nicht im Sinn bloß rhetorischer, unjuristischer Gemeinplätze oder der Beliebigkeit im rhetorischen Raum verstreuter topoi verstanden[157]. Die Arbeiten zu Topik und Jurisprudenz haben über den rhetorischen Ansatz hinaus überzeugend topische Elemente aller Rechtskonkretisierung nachgewiesen. Beliebigkeit der topoi soll durch ihren notwendigen Bezug auf das Rechtsproblem ausgeschlossen werden. Die Frage, ob überhaupt die Norm zur Verfügung des Problemfelds und einer topisch sinnvollen Lösung im Einzelfall stehen kann, ist damit allerdings noch nicht beantwortet[158]. Auf der einen Seite können topoi auch Elemente des allgemeinen vorrechtlichen Vorverständnisses erfassen; andererseits ist damit über Möglichkeiten und Grenzen der Einbeziehung von Wirklichkeit in die Rechtsfindung hermeneutisch noch nichts gesagt[159]. Die Norm wird mit ihren Lösungshinweisen für die Topik zum topos unter anderen; das Problem hingegen, das sie in der Rolle des letzten Bezugspunkts der Rechtsfindung ersetzen soll, ist gleichfalls nichts Vorgegebenes. Auch das Problem ist von der Mehrdeutigkeit des Verstehens betroffen, die durch Formulierungen wie „Recht und Wirklichkeit“, „Gegenstand und Methode“, durch die Vorstellungen vom hermeneutischen Zirkel und vom Vorverständnis umschrieben wird. Im Verfassungsrecht erscheint es zusätzlich fraglich, ob nicht die von ihm zu leistende Ordnung des staatlichen Gesamtlebens einen Gesamtentwurf erfordert, der auf eine nur problem- und nicht mindestens in gleicher Weise auch normbezogene Ansammlung von topoi nicht reduziert werden kann. Zwar ist auch Problemdenken auf Interpretation angewiesen, da einmal zugelassene topoi von relativ großer Konstanz sind und damit in erhöhtem Maß interpretiert werden müssen[160]. Doch wird diese Annäherung an normgebundene Rechtskonkretisierung im Verfassungsrecht schon dadurch in ihrer Bedeutung abgeschwächt, daß hier sowohl die Dichte der einzelnen topoi als auch der Vorrat an Problemlösungen weit geringer sind als im Zivilrecht. In diesem sind Probleme wie Mög-

---

[157] So aber von *Flume*, Richterrecht im Steuerrecht (Anm. 36), 67, und *Lerche*, Stil, Methode, Ansicht (Anm. 2), DVBl. 1961, 690 ff., 697; vgl. a. *Diederichsen*, NJW 1966, 697 ff.

[158] Insoweit zu Recht skeptisch *Flume*, Richterrecht im Steuerrecht (Anm. 36), 67; vgl. auch allg. *Schneider*, VVDStRL 20, 1 ff. (Anm. 30), 28 f., zur primären Normorientierung der Verfassungsinterpretation, allerdings unter abstrakt-unhermeunetischer Absetzung gegenüber der „Wirklichkeit“; ferner *Hesse*, Besprechung von: *Bäumlin*, Staat, Recht und Geschichte, JZ 1963, 485 ff.

[159] Vgl. hierzu etwa den bei *Esser*, Grundsatz und Norm (Anm. 1), 262, angedeuteten Dualismus von „Gesetz“ und „Faktischem“ unter dem Gesichtspunkt der hier nicht erörterten principia iuris et artis.

[160] *Viehweg*, Topik und Jurisprudenz, 2. Aufl. 1963, 23 f.

lichkeiten der Problemlösung auch geschichtlich viel konstanter als im „politischen“ Recht der Verfassung[161].

Die für hermeneutische Einzelheiten fragwürdige Berechtigung topischen Vorgehens im Verfassungsrecht könnte allenfalls durch eine grundsätzliche Rechtsauffassung allgemein begründet werden. Das ist mit der Vorstellung vom „geschichtlichen Recht“ für den Bereich des Verfassungsrechts geschehen[162]. Abgesehen von der Geschichtlichkeit eines jeden konkreten Rechtsfalles[163] wird Geschichtlichkeit als die Weise unvollendeter, „offener“ menschlicher Existenz auch für Staat und Recht nicht nur als äußerer Rahmen, sondern als Kategorie der inneren Struktur konstatiert. Ob die Funktion des Rechts als eines stabilisierenden Verhaltensentwurfs wirklich darin gesehen werden kann, den Menschen „aus dem dauernden Alarmzustand und neurotischer Lebensangst“ herauszuführen[164], mag bezweifelt werden. Jedenfalls ist nach dieser Auffassung geschichtliches Recht als stets vorläufiger Entwurf nur von seinem Vollzug her zu verstehen; gilt Recht als „Zuordnung von menschlichen Verhaltensweisen durch Verhaltensentwürfe unter der Idee des Richtigen“; wird positives Recht mit dem Prozeß seiner Verwirklichung identifiziert[165]. Auch hier wie bei dem unbedingten Votum für normüberwindende Topik kann der Gegenschlag zum Positivismus durch seine Radikalität die Richtigkeit seines Ansatzes selbst in Frage stellen. Recht als logisch-axiomatisches System und Recht als Inbegriff entwurfshafter und zuinnerst geschichtlicher Teilantworten, identisch mit dem Vorgang seiner Verwirklichung, sind nicht die einzig möglichen sinnvollen Sichtweisen. Gewiß besteht die Einheit des Rechts nicht in einer behaupteten logischen Einheit seines Normenbestandes; wird sie aber ausschließlich in seiner geschichtlichen Grundaporie gesehen, „in der einen Frage, auf die die bruchstückhaften Regelungen antworten“[166], so werden damit die das Recht immer mitkonstituierenden Sachgehalte und ihre Unterschiede zu stark von der einen, gerade nicht spezifisch rechtlichen Befindlichkeit her nivelliert. Recht stellt im einzelnen viele sachlich differente Fragen; ob ihnen eine einzige zugrunde liege und welche dies sei, muß weder zum Problem noch zur Grundbestimmung von Recht und Hermeneutik gemacht werden, zumal die geschichtliche

---

[161] So zu Recht *Ehmke*, VVDStRL 20, 53 ff. (Anm. 1), 64 f.

[162] *Bäumlin*, Staat, Recht und Geschichte (Anm. 112); ders., Der schweizerische Rechtsstaatsgedanke, in: Ztschr. des Bernischen Juristenvereins, Bd. 101 1965, 81 ff.

[163] Hierzu *Emge*, Philosophie der Rechtswissenschaft (Anm. 85), 314.

[164] *Bäumlin*, Staat, Recht und Geschichte (Anm. 112), 24; im folgenden zu seinem Rechtsbegriff noch ebd., 1 ff., 8, 16 f., 24, 26 f., 37, 47 f.

[165] *Bäumlin*, Staat, Recht und Geschichte (Anm. 112), 26, 37.

[166] *Bäumlin*, Staat, Recht und Geschichte (Anm. 112), 27.

Grundaporie des Rechts in der Kontingenz nicht auflösbar ist[167]. Die stabilisierende Aufgabe rechtlicher Verhaltensentwürfe legt es nahe, Recht und Hermeneutik für das heutige Gemeinwesen mit seinen höchst verschiedenen weltanschaulichen und politischen Tendenzen und Mischungsverhältnissen zureichend zu verstehen. Gerade für das Verfassungsrecht ist daher das „Verhalten" als Bezugspunkt der Normativität ein vielleicht zu unbedenklich individualisierender, psychologisierender Ansatz. Staatliche Tätigkeit erweist sich immer wieder nicht nur als Rechts-, sondern auch als Unrechtsverwirklichung. Mit der Identifizierung von Recht und Rechtsverwirklichung wird die Frage der „Geltung" gerade fundamentaler Verfassungsvorschriften entweder zu eng oder so weit angesetzt, daß deutliche Linien nicht mehr gezogen werden können. Die formaltechnischen Elemente des Rechtsstaats sind in der widerspenstigen historischen Wirklichkeit stets dort am unentbehrlichsten, wo umfassende Postulate vom Recht im ganzen oder gar ideologische Usurpation sich als im Besitz „des" Rechts zu sein behaupten. Die Mißbrauchbarkeit eines Ansatzes wächst in dem Maße, in dem sachlich-normative Abstufungen der positiven Rechtsordnung zugunsten einer noch so zutreffenden Grundeinsicht nivelliert sind. Dabei braucht die Angewiesenheit des Rechts auf Verwirklichung in der Zeit keineswegs übersehen zu werden. Schon im Positivismus sind bei Georg Jellinek die Rechtsnormen als „ein durch ununterbrochene menschliche Tat zu Verwirklichendes" und die Institutionen als von ständigen Willensprozessen abhängig erkannt worden[168]. Freilich liegt dabei zugleich die Gefahr eines Verfahrens zutage, das verdinglichte Begriffe oder Vorstellungen aus der psychologischen Forschung vorschnell ins Rechtliche transponiert[169]. Auch bei der Lehre vom geschichtlichen Recht als einem Inbegriff vorläufiger Verhaltensentwürfe sind Elemente des Psychologismus auf Kosten unabdingbarer formaler Abgrenzungen, ungeschichtlicher Vereinfachungen feststellbar. Das zeigt sich beispielsweise in dem stark betonten Aufgabencharakter des Rechts; es soll einen auch dem einzelnen aufgegebenen Auftrag zur Teilnahme an genuiner Rechtsverwirklichung enthalten, der gerade das „Handeln in den konkreten Verantwortungszusammenhängen seines Alltags betrifft"[170]. Ein für sich genommen unentbehrlicher Gesichtspunkt erscheint hier als zu ausschließlich für rechtliche Stabilisierung in Anspruch genommen. Insofern der Staat sehr verschiedene Ansichten, Weltanschauungen, politische Richtungen rechtlich zusam-

---

[167] So zu Recht *Bäumlin*, Staat, Recht und Geschichte (Anm. 112), 27.

[168] G. *Jellinek*, Allgemeine Staatslehre (Anm. 13), 20, 50, 184 ff.

[169] Hiergegen zutreffend *Emge*, Philosophie der Rechtswissenschaft (Anm. 85), 215 f., 218 f.

[170] *Bäumlin*, Staat, Recht und Geschichte (Anm. 112), 47 f., 48; vgl. auch v. *Pestalozza*, Grundrechtsauslegung, in: Der Staat, Bd. 2 (Anm. 122), 426 f., 427 m. Nw.: Verfassungsrecht „zu allererst" als Aufgegebenheit und Appell.

menordnen und insofern das Recht dabei oft genug eindeutig entscheiden muß, ist Recht durchaus auch „extra nos" und bedarf gerade in dieser Funktion möglichst deutlicher Kriterien[171].

Diese hängen auch mit der Notwendigkeit zusammen, den Begriff des „Geltens" gerade verfassungsrechtlicher Fundamentalsätze nicht allzu aktualistisch zu fassen. So kann ein Rechtsverständnis der spezifischen Geltung der Grundrechte nicht gerecht werden, für das jeder Rechtssatz nur in Beziehung auf den konkreten Einzelfall „gilt"[172]. Grundrechte schrumpfen dann zu allgemeinen Hinweisen bei der Lösung einzelner Konfliktsfälle, verflüchtigen sich zu dem Gedanken, „daß bestimmten Freiheitsinteressen . . ., kurz dem Gedanken individueller Selbstbestimmung, bei der Ordnung der Lebensverhältnisse und der Lösung von Konfliktsfällen ein besonderes Gewicht beizumessen ist"[173]. Dem Verfassungsrecht ganz unangemessenes zivilistisches Falldenken und normwie sachindifferente Nivellierung normativer Gehalte verbinden sich zu der Aussage, ob überhaupt und inwieweit Grundrechtsnormen gelten und Freiheitsrechte existent sein könnten, entscheide sich erst jeweils im Einzelfall „durch eine Abwägung der Freiheitsinteressen und der sonstigen Interessen"[174]. Diese Hypostasierung schwer kontrollierbarer Kollisionsergebnisse zu Ergebnissen einer „Güterabwägung" setzt das bedenkliche Axiom voraus, Fragen der Normgeltung ließen sich prinzipiell durch sprachliches „Abwägen" von Rechtsgütern, die als gegeben vorausgesetzt werden, juristisch bestimmen. Mit der Behauptung grundsätzlicher Lösbarkeit aller Fragen der Grundrechtsgeltung und der normierenden Reichweite von Grundrechten durch „Abwägung" im Einzelfall wird eine prästabilierte Harmonie der einzelnen von der Verfassung anerkannten Rechtsgüter vorausgesetzt, die erst begründet werden müßte. Sie kommt nicht in das Blickfeld dieser verkürzten Sicht verfassungsrechtlicher Geltung, weil in der „Abwägung", die mangels genauerer methodischer Hilfsmittel oft in irrationaler Dezision endet, ein Teil der beteiligten, auch zunächst angeblich gar nicht geltenden Grundrechte im Ergebnis als „nicht geltend" deklariert wird, der Überschuß per saldo als „geltend". Auf diese Weise den eigentlichen Konkretisierungs- und Abgrenzungsfragen aus dem Weg zu gehen, ist ein Pyrrhussieg über naive, aber immerhin der Intention nach rationale Verfahren

---

[171] Gegen *Bäumlin*, Staat, Recht und Geschichte (Anm. 112), 43, der sich allerdings zugleich dagegen wendet, im Sinn einer Geringschätzung des Regelhaften oder „Institutionalisierten" verstanden zu werden.

[172] So Eike v. *Hippel*, Grenzen und Wesensgehalt der Grundrechte, 1965, z. B. 14 f.

[173] v. *Hippel*, Grundrechte (Anm. 172), 15 f., 18.

[174] v. *Hippel*, Grundrechte (Anm. 172), 18; diese Auffassung soll „eine befriedigende Lösung auch der schwierigsten Probleme" (58) im Grundrechtsbereich gewährleisten.

des Positivismus. Nivelliert werden nicht nur das differenzierte Problem der Grundrechtsgeltung, sondern auch die konkrete normative Bedeutung der einzelnen Grundrechte, die nach Eigenart und Funktion der von ihnen gewährleisteten und geordneten Lebensbereiche erhebliche Abstufungen zeigt. Die Eigenart der so verfaßten und von der Verfassung normativ integrierten Lebenssachverhalte kann angesichts des deus ex machina einer in ihrer hermeneutischen Struktur ungeklärten „Abwägung" gar nicht zur Frage werden. Folgerichtig fehlt es auch an dem Versuch, die je sachlich verschiedene normative Reichweite der Einzelgrundrechte verfassungstheoretisch zu deuten, wie das auch für topische Interpretation angezeigt wäre. Ein Grundrechtssatz gibt nicht nur an, „was in einer bestimmten Lebenslage gelten soll"[175]; er ist weit über vereinzelndes Falldenken hinaus immer auch ein objektives und als solches „geltendes" Grundprinzip der Verfassung, das nicht nur für seinen Sachbereich kraft der Bedeutung, Eigenart und Funktion seines normativen Gehalts die verfassungsmäßige Ordnung mitkonstituiert.

„Gelten" ist am wenigsten im Verfassungsrecht mit judizieller Anwendbarkeit im Einzelfall gleichzusetzen[176]. Geschichtliches Verfassungsdenken gibt für die Identifizierung des Rechts mit dem Prozeß seiner Verwirklichung zwar eine durchgängige Begründung aus der Geschichtlichkeit von Recht und Staat, setzt sich aber gleichfalls dem Einwand aus, die Geltungsfrage zu stark zu aktualisieren[177] oder den Begriff der Rechtsverwirklichung zu weit und damit unscharf zu fassen. Die Abkehr von den als absolut verstandenen Methoden des Positivismus braucht nicht zu ihrer Verbannung aus der Jurisprudenz zu führen; es ist empfehlenswerter, sie in ihrer relativen Berechtigung anzuerkennen und in solcher Relativität rationalisierend bei der Rechtsfindung zu verwenden. Deutliche Abgrenzung, begriffliche Scheidung, philosophisch unhaltbare Vereinfachung gehören ebenso wie etwa die Figur der Fiktion zum spezifisch juristischen Instrumentarium, das sein eigenes Recht hat. In diesen Bereichen konstruktiver Vereinfachung haben die canones und andere herkömmliche Operationen der Jurisprudenz ihren Platz. Bewußt in ihrer die Rechtsaspekte ordnenden, nicht aber sie erzeugenden Relativität belassen, wirken sie in einem Bereich begrenzter und philosophisch anspruchsloser Objektivität ebenso stabilisierend wie die Anstrengungen der Rechtslehre. Topische Rechtsfindung, die sich nicht selbst hermeneutisch differenziert, bleibt in ihrer Haltung gegenüber

---

175 v. *Hippel*, Grundrechte (Anm. 172), 17.

176 Auch bei v. *Pestalozza*, Grundrechtsauslegung, in: Der Staat, Bd. 2 (Anm. 122), 427, kommt der objektive, über den Einzelfall hinauswirkende Aspekt der Grundrechtsgeltung wegen der Betonung von Aufgegebenheit und „Appell" zu kurz.

177 Vgl. auch *Hesse*, JZ 1963, 485 ff. (Anm. 158).

den unverzichtbaren Formelementen positivistischer Verfahren unergiebig. Sie ist auch kaum geeignet, die Gegenüberstellung „des“ Juristischen mit „dem“ Soziologischen zu überwinden, die in der Formel von „Recht und Wirklichkeit“ auftritt[178]. Das Verständnis des Rechts von seinem Vollzug her ist aus den genannten Gründen zu wenig strukturiert, um sich von der abstrakten Fragestellung frei machen zu können. Das von seiner Verwirklichung her verstandene und mit ihr identifizierte Recht meint die Wirklichkeit des Rechts, Recht *als* Wirklichkeit. Die herkömmlich unter dem Schlagwort „Recht und Wirklichkeit“ unklar zusammengefaßten Fragen betreffen jedoch vor allem das Problem, wieweit und ob überhaupt Gesichtspunkte, Strukturen und Inhalte staatlicher und gesellschaftlicher Tatsächlichkeit bei der Auslegung und Anwendung von Recht, also bei seiner Konkretisierung verwertet werden dürfen. Im Rahmen topischer Rechtsverwirklichung geschichtlich gedeuteten Rechts können aber die als überholt erkannten Abstraktionen ungehindert weiterleben; das sie betreffende Problem ist nicht als hermeneutisches erfaßt[179].

Damit ist ein Grundzug der Lehre vom geschichtlichen Recht angesprochen. Sie muß, sofern sie nicht rechtsphilosophische Reflexion bleiben, sondern Folgerungen für die Grundprobleme von Verfassung und Verwaltung entwickeln will, von der Einsicht ihres Ansatzes her verallgemeinern. Im Recht ist der Gedanke der Geschichtlichkeit jedenfalls nicht legitimiert, spezifisch juristische Unterscheidungen einzuebnen. Auch außerhalb des Rechts sind die Erscheinungen der menschlichen Welt nicht einförmig in den Fluß von Geschichtlichkeit eingesenkt. Sie zeugen von der umgreifenden Befindlichkeit, welche im modernen Denken als „Geschichtlichkeit“ signalisiert zu werden pflegt; zugleich aber sind sie relativ statische Gegebenheiten, Gebilde, Bereiche oder Subjekte von eigenem Spezifischen Gewicht. Es ist richtig, daß die Phänomene nicht nur in der Geschichte stehen, sondern — jedenfalls die der menschlichen Welt — zugleich „Zeit“ als Moment ihrer inneren Struktur haben. Zeit ist aber nicht ihre einzige Kategorie und sie ist Kategorie einer je verschiedenen inneren Struktur. Alle Gebilde, Bereiche und Subjekte sind auf ihre eigene unwiederholbare Art „geschichtlich“ und mit dem Strukturmoment „Zeit“ behaftet. Absolute Unterschiede sind jedenfalls in den Geisteswissenschaften nicht auffindbar, höchstens postulierbar. Die Einsicht in die Geschichtlichkeit von Staat und Recht kann nicht krypto-axiomatisch und quasi-systematisch verallgemeinert werden. Eine öffentlich-rechtliche Anstalt „ist“ auf andere Weise geschichtlich als

---

[178] Wie es sich *Bäumlin*, Staat, Recht und Geschichte (Anm. 112), 38, sehr zu Recht zum Ziel setzt; zutreffend die Kritik an den Konzeptionen von „Wechselwirkung“ oder „Synthese“ abstrakt-dualistischer Größen, ebd.

[179] Zu *Bäumlin*, Staat, Recht und Geschichte (Anm. 112), 38.

eine Versammlung, eine Grundrechtsnorm auf andere Art als ein Maßnahmegesetz, ein gerichtliches Urteil anders als ein politischer Schiedsspruch. Verschiedene Phänomene „sind" nicht nur auf je andere Weise, sondern auch mehr oder weniger „geschichtlich", mehr oder weniger geschichtsunterworfen oder geschichtsüberlegen. Ein Kunstwerk aus einer weit zurückliegenden Vergangenheit hat — obgleich es ganz aus seiner Zeit kommt und entstehungszeitlich vielfältig von seiner geschichtlichen Umwelt bedingt und geprägt ist — heute nicht nur eine andersartige, sondern auch größere, unmittelbarere Aktualität als ein aus derselben Zeit stammender Rechtssatz; dieser ist genau genommen keine Norm mehr, nur mehr ein Normtext, ein Sprachgebilde ohne rechtliche Normativität. Mit Bäumlin[180] das „Geschichte-Sein" von Staat und Recht ohne ihr „Geschichte-Haben" zu sehen, heißt die Einsicht in beide verkürzen. Für die Rechts- und Staatslehre sind die sachlichen Differenzen verschiedener Gegebenheiten trotz deren Geschichtlichkeit nach wie vor zu erhellen und mit zur Grundlage in der Kontingenz zu treffender Entscheidung zu machen. Ist so einerseits der Aktualismus der Rechtsauffassung entscheidend zu modifizieren, so macht auf der anderen Seite der Entwurfscharakter der von Bäumlin zu Recht als relativ statische Momente festgehaltenen Rechtssätze, macht die grundsätzliche Unfertigkeit und Konkretisierungsbedürftigkeit aller, besonders aber verfassungsrechtlicher Normen noch nicht die Legitimität über die Norm hinweggehender Topik einsichtig. Die Notwendigkeit, Macht und Herrschaft, ihre Kontrolle und Rationalisierung, bindende Entscheidungen und trennende Abgrenzungen gerade im Staats- und Verfassungsrecht zu berücksichtigen, verhilft nicht nur zu rechtspolitischen Gesichtspunkten, sondern ist eine wesentliche Bestimmung der Eigenart dieses Rechtsbereichs. Je fundamentaler eine Vorschrift ihrem normativen Anspruch nach ist — die Grundrechte mögen als Beispiel genügen —, desto weniger läßt sich ihr Gelten auf das „Geltung Verschaffen" im Einzelfall einengen.

Ohne die Fortschritte der neueren juristischen Hermeneutik aufzugeben, kann jedenfalls für Staats- und Verfassungsrecht grundsätzlich am Primat der Normbindung gegenüber dem topischen Problembezug festgehalten werden. Im einzelnen ist diese Position vor allem am Verhältnis von Norm und Normtext noch darzulegen. Die Abkehr von reiner Topik im Verfassungsrecht wird hier zunächst allgemein von dessen Eigenart her und im besonderen für das Thema einer hermeneutischen Formulierung von „Recht und Wirklichkeit" erläutert[181].

---

180 Staat, Recht und Geschichte (Anm. 112), z. B. 8 f. und passim.

181 Wegen dieser Fassung des Themas ist auf die konstruktiven Vorschläge zur verfassungsrechtlichen Interpretation, die vor allem *Ehmke*, VVDStRL 20, 53 ff. (Anm. 1), gemacht hat, nicht näher einzugehen. Wie dort, z. B. 72 f., werden im Text die „Prinzipien" der Verfassungsinterpretation als materiell ver-

Diese hermeneutische Formulierung leitet, wie zu zeigen sein wird, auf das Verhältnis von Normativität und Normstruktur über. Damit ist eine Position bezogen, die als Bezugspunkt konkretisierender Bemühungen die Rechtsnorm festhält. Die Problemstruktur des zu lösenden Falles oder Falltyps wird als integraler, unentbehrlicher und für das Normverständnis mitkonstitutiver Faktor, nicht aber als letztlich entscheidender Richtpunkt der Rechtsfindung behandelt. Das zu entwickelnde Normverständnis hat mit positivistischer Axiomatik oder Systematik nichts zu tun. Andererseits strebt es auf eine Weise nach juristischer Rationalität, die auch von reiner Topik unterschieden ist. Auch deshalb ist diese Sicht der Rechtsnorm mehr als eine bloß sprachliche Verschiebung topischen Vorgehens „in" die Norm selbst. Als Grundlage dient ein Verständnis von Hermeneutik, das von der Frage ausgeht, wie sich ein Rechtssatz angemessen konkretisieren lasse. „Hermeneutik" meint das Verfahren normgebundener Applikation[182].

Die Norm ist nicht fertig und „anwendbar". Ihr Sinn vollendet sich jeweils erst in der Konkretisierung. Der Interpret ist in diesen Vorgang normativ-sachgebundener Integration rechtlichen Sinnes ebenso einbezogen wie die Problemstruktur des Falles oder Falltyps. Dennoch wird in der Aufgabe der Applikation keine grundsätzliche Freiheit gegenüber der Norm gesehen. Da aber die Norm als unfertig und konkretisierungsbedüftig verstanden wird, ist diese Sicht von der topischen nur im Akzent unterschieden. Die deutlichste praktische Differenz wird sich bei der Rolle des Wortlauts zeigen. Im Interesse verfassungsrechtlicher Klarheit und rechtsstaatlicher Bestimmtheit muß unter näher zu bezeichnenden Umständen der Text der Vorschrift als Grenze der Konkretisierung behandelt werden. Da aber der Normtext nicht mit der Norm gleichgesetzt werden kann, diese wiederum nicht als vorgegeben „anwendbar" ist, zeigt sich auch diese Grenzlinie zur reinen Topik, der Eigenart juristischer Objektivität entsprechend, als nur relativ. Juristische Hermeneutik im hier gemeinten Sinn ist damit nicht gleich juristischer „Interpretation" im Sinn von Esser[183], der das Gesetz als einen Teilfaktor topischer Problemlösungen sieht und insofern einen weiteren hermeneutischen Horizont entwirft, als er der Konkretisierung zukommt. Die Verengung der Frage in unserem Zusammenhang erscheint sowohl durch die Eigenart des Verfassungsrechts mit seinem im Vergleich zum Zivilrecht weit weniger zuverlässigen Bestand an topoi und seinen fundamentaleren Normativitätsansprüchen als auch vom Thema „Recht und Wirklichkeit" aus gerechtfertigt. Die Normbindung verhindert jedoch nicht und soll

---

standene, sachbezogen-relative Hilfsmittel im hermeneutischen Geschäft der Verfassungstheorie gesehen.

[182] Vgl. *Gadamer*, Wahrheit und Methode (Anm. 1), z. B. 315.

[183] Grundsatz und Norm (Anm. 1), passim.

auch nicht verhindern, daß „Grundsätze" im Sinn der Topik sich sowohl bei der die Norm vollendenden Applikation als auch bei der Einarbeitung des Vorverständnisses mit ins Spiel bringen. Die Applikation, also die Abkehr von positivistischer „Anwendungs"-Doktrin zugunsten konstitutiven Charakters der Interpretation (bzw. der Konkretisierung), verbindet topisches und hermeneutisches Denken trotz der Verschiedenheit des Ansatzes. Sobald die Verabsolutierung juristischer Methoden als unangemessen erkannt ist, sind auch bei grundsätzlicher Normbindung die relativen Kunstregeln richterlicher Entscheidungspraxis von topoi nicht unterscheidbar. Topische Normkonkretisierung, also im hier gemeinten Sinn topische Hermeneutik, sieht jedoch das Gesetz nicht nur als Teilfaktor sachgerechter Problemlösung. Jedenfalls im Verfassungsrecht, dessen normativer Gehalt sich noch weit weniger als jener des Zivilrechts in konkreter Fallgerechtigkeit erschöpft, bleibt die Norm primärer Richtpunkt. Das „Gesetz" im Sinn von Art. 20 Abs. 3 GG kann in diesem Bereich nicht vom „Recht" überspielt werden, mag das Gesetz auch alles andere sein als eine unproblematisch vorgegebene Größe. Darin zeigt sich, daß Topik und topische Hermeneutik in der für den Sinn von Rechtswissenschaft entscheidenden Praxis aufeinander angewiesen sind. Die schon von Esser betonte Notwendigkeit gegenseitiger Ergänzung von deduktiv-begrifflichem und problembezogenem Denken[184] wird für das Verfassungsrecht nicht in Richtung auf deduktive Begriffsaxiomatik, wohl aber in weiterem Zusammenhang auf prinzipielle Bindung an die zu konkretisierende Rechtsnorm hin akzentuiert. Der Mangel an deduktiv arbeitender Systemgläubigkeit kennzeichnet die Einzelheiten hermeneutischer Bewegung als topische; sie treten nicht als absolute Methoden, sondern als problem-, sach- und normbezogene, möglichst praktikable und rationale Hilfsgesichtspunkte ohne hierarchische Rangfolge auf. Weitere hermeneutische Hilfsgesichtspunkte — hier zum Thema „Recht und Wirklichkeit" — sind noch zu erarbeiten; dies auch deshalb, um das Votum gegen reine Topik und für topische Hermeneutik noch näher zu belegen als aus der allgemeinen Eigenart verfassungsrechtlicher Normativitätsanforderungen. Aus zwei Gründen sagen die Lehren vom Vorverständnis und von topischer Rechtsfindung zu diesem Thema nichts Spezifisches: ihr Ansatz geht nicht von grundsätzlicher Normbindung aus und das Verhältnis von „Recht und Wirklichkeit" wird von ihnen nicht hermeneutisch reflektiert. Aus beiden Gründen werden sie im vorliegenden Zusammenhang anders akzentuiert und in den Dienst der Normativität der Verfassung gestellt. So gewendet, können sie ihrerseits als Hilfsaspekte für die Frage dienen, wie die Struktur verfassungsrechtlicher Normen zugunsten möglichst dichter und konkreter Normgehalte zu fassen sei.

---

[184] Grundsatz und Norm (Anm. 1), 7, 85, 239.

VI. Rationalität und relative Methodik

Dieses Vorhaben folgt nicht Empfehlungen, methodische Verfahren etwa zugunsten „existentialer Interpretation“ aus der Rechtsfindung auszuschalten[185]. Methodik kann freilich nicht länger als Axiomatik verstanden werden. Methodische Figuren sind bei aller Relativität ihrer Brauchbarkeit, bei aller Begrenztheit ihrer Reichweite als stabilisierende, rationalisierende, rationale Prüfbarkeit erleichternde Momente der Rechtsfindung unentbehrlich. Wie die klassische Auslegung im Sinn Savignys muß topische Normkonkretisierung danach streben, möglichst „Anwendung eines regelmäßigen Verfahrens“[186] zu sein. Die „Regel“ kann sinnvoll nur so verstanden werden wie die Leistungsfähigkeit spezifisch rechtswissenschaftlicher Objektivität überhaupt: ohne Anspruch auf absolute Brauchbarkeit, „allgemeine“ Angemessenheit, formallogische Stringenz. Die Ergebnisse neuerer Wissenschaftslehre können auch nicht partiell auf methodischem Feld rückgängig gemacht werden. Methode als nach Einsehbarkeit strebender Weg der Rechtskonkretisierung führt jedenfalls zu begrenztem Zwang rationaler Darstellung der Entscheidungsgründe, damit möglicherweise auch zu größerer Rationalität der Rechtsfindung. Gewiß legen es mancherlei Überlegungen der Praxis nahe, zumindest die Rang- und Reihenfolge der realen Elemente der Urteilsfindung retuschiert anzuordnen; doch ist dem geforderten Minimum an Methodenehrlichkeit Genüge getan, wenn die real wirksam gewordenen Elemente der Konkretisierung vollständig und in ihrer konkreten juristischen Funktion in der Begründung erscheinen. Den internen Gang der Überzeugungsformung des Richters im Sinn historisierender Psychologie zu protokollieren, ist nicht der Sinn des grundlegenden rechtsstaatlichen Gebots der Methodenklarheit[187], das verstreut in einzelnen Vorschriften des Verfahrensrechts, wie z. B. in den §§ 267 StPO, 313 Abs. 1 Ziff. 4 ZPO oder 108 Abs. 1 Satz 2 VwGO angedeutet, auf sie jedoch nicht be-

---

[185] Vgl. v. *Pestalozza*, Grundrechtsauslegung, in: Der Staat, Bd. 2 (Anm. 122), 431; 432 f.; 449; zu Recht allerdings insoweit, als die Fragwürdigkeit verselbständigter, „allgemeiner“ Methodologie gezeigt wird; vgl. auch die scharfen Attacken gegen Interpretationsmethoden bei *Emge*, Verhältnis (Anm. 86), 90, 140, und die fragwürdige Gleichsetzung von Methodik und Axiomatik bei *Lerche*, Stil, Methode, Ansicht (Anm. 2), DVBl. 1961, 690 ff., 691.

[186] v. *Savigny*, System (Anm. 34), Bd. I, 207.

[187] Zu diesem allg. *Scheuerle*, Die Logik der Logik. Studien über logische Argumente und Methodenehrlichkeit im juristischen Begründen, ZZP 1965 (Anm. 110), 32 ff., 33.

schränkt ist. Die methodischen Hilfsgesichtspunkte sind nur als relative und begrenzte sinnvoll. Sie müssen auch als solche in die Begründung eingeführt werden, ohne die „absolut" überzeugende, zwingende Attitüde formallogischer Argumente vorzuschützen[188]. Sie müssen im konkreten Fall ihre Grenzen redlich markieren, ohne ein methodisches non liquet mit dem Hinweis auf die „Natur der Sache", auf das „Wesen" eines Rechtsverhältnisses oder einer Rechtseinrichtung pauschal zu verschleiern. Kryptoargumente dieser Art verdecken so gut wie immer entschlossene Dezision, irrationale Wertabwägung oder aus irgendwelchen Gründen nicht offengelegte konventionelle Interpretationsschritte[189]. Liegt wirklich Einsicht in die normativ erfaßte und die Entscheidung tragende Eigenart des Rechtsverhältnisses vor, so wird sich ihre Darlegung nicht auf das lakonische Stichwort eines gerade nicht aufgeschlüsselten „Wesens" zu beschränken brauchen. Der Nutzen begrenzter, sich selbst als begrenzt verstehender und darstellender Methodik liegt gerade für die Erhärtung von topoi, für die Aufdeckung des allgemeinen und die verfassungstheoretische Begründung des rechtlichen Vorverständnisses in der verbesserten Prüfbarkeit und Diskutierbarkeit der Gesichtspunkte[190].

Im Rahmen des rational Möglichen sollten auch Wertentscheidungen begründet werden. Wo dies nicht möglich erscheint, dient es ihrer Diskutierbarkeit weit mehr, sie als solche zu bezeichnen, als im nachhinein eine dem Ergebnis angepaßte Verknüpfung methodischer Aspekte zu erstellen. In solchen Zusammenhängen liegt auch die Rechtfertigung dafür, das Grenz- und Schrankendenken, etwa im Grundrechtsbereich, in seiner technisch notwendigen Funktion beizubehalten[191]. Die grundsätzlich berechtigte Zurückhaltung vor Vereinseitigungen darf nicht zum allseitigen Prinzip gemacht werden. Begriffe wie „Dialektik", „Korrelation", „Ineinander" geben nur sehr allgemeine Richtungen auf Grund allgemeiner materialer Voraussetzungen an, nicht aber Einzelmaßstäbe, methodisch konkrete Hilfsmittel der Rechtsfindung. Spezifisch juristische Begriffe können um ihre philosophische Zulänglichkeit relativ unbesorgt

---

[188] Vgl. auch *Scheuerle*, Logik der Logik (Anm. 110), z. B. 76.

[189] Vgl. vom Zivilrecht her *Scheuerle*, Das Wesen des Wesens. Studien über das sogenannte Wesensargument im juristischen Begründen, AcP 163 (1964), 429 ff., 470 f. — Ferner bes. a. *Esser*, Wertung, Konstruktion und Argument (Anm. 1), 14 ff., 20 f.

[190] Allg. zur möglichst weitgehenden Kontrollierbarkeit juristischer Gründe z. B. *Schneider*, VVDStRL 20, 1 ff. (Anm. 30), 35; *Luhmann*, Grundrechte als Institution (Anm. 87), 205; grundsätzlich für die Sozialwissenschaften *Albert*, Wertfreiheit als methodisches Prinzip, in: Logik (Anm. 69), 182 f., 187, 201: Wissenschaft als intersubjektiv überprüfbare Information über die Wirklichkeit. Zum unersetzbaren Wert begrifflich-systematischer Konstruktion auch für die Herstellung juristischer Sachbezüge vgl. v. a. *Esser*, Wertung, Konstruktion und Argument (Anm. 1), 14 ff.

[191] Vgl. *Lerche*, Besprechung von Häberle, Wesensgehaltgarantie, in: DÖV 1965, 212 ff., 213.

sein; sie Ansprüchen phänomenologischer Wesensschau auszusetzen[192], dient nicht unbedingt juristischer Einsehbarkeit. Um der Rationalität und Kontrollierbarkeit juristischer Maßstäbe willen gibt es in zahlreichen Fällen notwendige Vereinseitigungen, die zu den partiellen und begrenzten Methoden im hier gemeinten Sinn zählen. Ähnliches gilt für den Wortlaut gesetzlicher Vorschriften, der mit der Norm nicht identisch und häufig genug unzulänglich gefaßt, dennoch aber als Anknüpfungspunkt für Publizität, Rechtsklarheit, für Normkonkretisierung und ihre äußersten Grenzen schlechthin nicht entbehrlich ist; auch Gewohnheitsrecht verfügt in diesem grundsätzlichen Sinn über einen Normtext. Gerade in einer sich zunehmend komplizierenden, neue Aufgaben stellenden Staats- und Sozialwirklichkeit ist die Kontroll-, Verstetigungs- und Entlastungsfunktion formaler Hilfsmittel unverzichtbar. Mögliche rational-technische Rechtskonkretisierung durch „Wesens"-Philosopheme oder durch vorschnelle Annahme prästabilierter Wertsysteme zu ersetzen, ist rechtsstaatlich unzulässig. Aber die formalen Figuren dürfen gerade auch wegen ihrer Wichtigkeit nicht unkritisch verwendet, nicht ungeschichtlich konserviert werden. In diese Richtung geht die Kritik an Forsthoffs rechtspolitisch weitgehend berechtigter, methodisch hingegen unangemessener Logifizierung rechtsstaatlicher Verfahren[193]. Die formalen Figuren sind selbst in „Form" gebrachte materiale Gehalte. Ihre Technizität ist relativ auf die materialen Voraussetzungen und Zielvorstellungen, denen sie ihr Entstehen als Formalien verdanken. So wenig sie in Überspannung ihrer Technizität beliebig fungibel gemacht werden können, so wenig sind sie historisch isolierbar und unreflektiert auf eine veränderte Wirklichkeit übertragbar. Nie tragen sie die Bedingungen ihrer Wirksamkeit ganz in sich. Sie können sich geschichtlichen Wandlungen häufig anpassen, nie aber ohne geschichtliche Vermittlung ihrer ursprünglichen Funktion mit den neuen Fragestellungen. Diese Vermittlung muß eine Rechtskonkretisierung leisten, welche die Bedingungen der Technizität um ihrer Unentbehrlichkeit willen reflektiert. Die Anstrengung des Begriffs darf ihn nicht überanstrengen[194]. Sind technische Figuren nicht in herkömmlicher Gestalt haltbar, müssen sie zweckmäßig verändert oder durch neue Hilfsaspekte ergänzt werden; das ist sich die Jurisprudenz als praktische Wissenschaft schuldig. Am wenigsten kann

---

[192] z. B. bei *Leibholz*, Zur Begriffsbildung im Öffentlichen Recht, in: Strukturprobleme der modernen Demokratie, 1958, 262 ff., 268 ff., in Absetzung von den Zweckbegriffen.

[193] Vgl. hierzu auch *Lerche*, Stil, Methode, Ansicht (Anm. 2), DVBl. 1961, 690 ff., 692; dort auch zur Unterscheidung von Formalisierung und ungeschichtlicher Logifizierung. Was im Text der Rechtspolitik zugerechnet wird, erscheint bei *Lerche*, a.a.O., als Problem des Stils.

[194] Wie bei *Forsthoffs* auch gegenüber der Verfassung unbedingtem Festhalten an Gesetzesauslegung als der „Ermittlung der richtigen Subsumtion im Sinne des syllogistischen Schlusses", Umbildung (Anm. 36), 41.

sie im demokratischen Rechtsstaat auf maximale Diskutierbarkeit ihrer Ergebnisse und Begründungsweisen verzichten. Als normative Geisteswissenschaft endlich, der neben spezifisch juristischer Objektivität auch spezifisch rechtliche Allgemeingültigkeit abverlangt wird, muß ihr die Intention zur nur rational gewährleisteten Allgemeingültigkeit maximal wie optimal aufgetragen werden. Die Notwendigkeit „maximaler" Rationalität der Rechtsfindung folgt aus der Unmöglichkeit ihrer vollständigen Rationalität; eine solche anzunehmen, hieße den mitkonstitutiven Entscheidungs- und Wertungscharakter von Recht verkennen. Dieses Eingeständnis umschreibt das Feld des Möglichen; ohne die Ernüchterung rationalistischen Überschwangs kann sich Ideologie unumgrenzt entfalten. In einem sehr allgemeinen Sinn wälzt juristische Hermeneutik ewig denselben Stein. Ihre Pflicht zur Offenlegung ist jedoch graduell so verschieden wie die Grundlinien und Sachgehalte der einzelnen konkreten Rechtsordnungen. Weisung durch Orakel wie salomonischer Spruch können systemkonform sein. Im demokratischen Rechtsstaat hingegen ist der Maßstab „maximaler"[195] Rationalität so zu verstehen, daß das Ergebnis der Rechtskonkretisierung nicht nur in seiner praktischen Stoßrichtung deutlich wird, sondern auch in der juristischen Abhängigkeit seiner Momente, nach seinen „stilistischen", verfassungstheoretischen Voraussetzungen, nach den Hauptschritten des realen Konkretisierungsvorgangs und ihren Maßstäben; auch nach nicht rationalisierbaren Wertungen, Überzeugungen oder Abwägungen, falls solche das Urteil in concreto (mit-)tragen. Unter dem „optimalen" Grad hermeneutischer Nachprüfbarkeit ist jener zu verstehen, der am deutlichsten die rationalisierbaren Schritte innerhalb der Konkretisierung von „ganzheitlichen" Wertungen scheidet, somit in seinen Einzelmomenten zwar nicht „wertfrei", wohl aber möglichst wertungsfrei erfaßbar und im ganzen strukturell am besten, von verschiedenen politischen, weltanschaulichen und juristischen Positionen her einsehbar ist. Maximale Rationalität erhellt ihr eigenes Vorgehen möglichst redlich; optimale Methodenehrlichkeit provoziert im nachprüfenden juristischen Bewußtsein ihrerseits möglichst wenige pauschale Wertungen. Mit all dem ist kein utopischer Perfektionismus gemeint, sondern eine Darstellung rechtlicher Konkretisierungsvorgänge, welche die ihnen zugrunde liegende Anstrengung des Verstehens auch in ihren eigenen Grenzen offenlegt und Askese gegen überredende wie überlistende Postulate durchhält. Solche Arbeitsweise einer auf Verstehbarkeit des Verstehens angelegten Verfassungshermeneutik zeigt unmittelbar, wie praktische Rechtskonkretisierung und ihre Theorie, wie Konkretisierung von Verfassungsnormen und Ver-

---

[195] Der Begriff wird vor allem in Zusammenhang mit dem angeblichen Interpretationsprinzip der „Grundrechtseffektivität" verwendet; kritisch hierzu *Ehmke*, VVDStRL 20, 53 ff. (Anm. 1), 87 ff.

fassungslehre gerade im konkretisierenden Vorgang selbst und im Rahmen der normativ erfaßten konkreten Sachprobleme aufeinander verweisen.

Damit ist von der Hermeneutik her einsichtig geworden, was in allgemein rechtstheoretischer Formulierung als „Bezogenheit" von Methode und Gegenstand bewältigt werden soll[196]. Im Bann neukantischer Erkenntniskritik war hierunter lange die Formung des wissenschaftlichen „Objekts" durch Aufgabe und „Methode" der Forschung verstanden worden[197]. Dieser Ansatz eines subjektiven Kritizismus erweist sich gerade von der abstrakten Dualität seiner Ausgangspunkte her als hermeneutisch unergiebig. Über ihn versucht die Lehre wechselseitiger Bezogenheit und Bestimmtheit von Methode und Gegenstand hinauszukommen[198]. Sie macht zum einen klar, daß es eine vom „Gegenstand" gelöste, sich als allgemeingültig verstehende Methode nicht gibt[199], ein Ergebnis, das auch die Untersuchung der aus dem Positivismus überkommenen Verfahren erbracht hat. Sie zeigt ferner, daß die Frage, welche Methode die angemessene sei, weniger nach einem abstrakten „Richtig" oder „Falsch" als in erster Linie von der konkreten Verfassungslage aus zu beurteilen ist[200]. Allgemein aber leidet auch die Auffassung von der Wechselbezüglichkeit von Methode und Gegenstand an der unhermeneutischen Fragestellung. Dies gilt selbst dann, wenn mit „Methode" nicht die absolut gemeinte Verfahrensweise des Positivismus rezipiert, sondern die relative, je verschiedene und allenfalls typologisch formalisierbare Art und Weise der Konkretisierung einer Norm festgehalten ist; auch dann, wenn erkannt wird, daß „Methode" und „Gegenstand" nicht nur aufeinander „bezogen", sondern im Vorgang der Konkretisierung jeweils schon durch einander mitkonstituiert sind. Die Möglichkeiten der Betrachtungsweise werden vom Betrachteten sogleich in spezifischer Weise begrenzt, von der Widerständigkeit seiner Sachstruktur eingeschränkt. Das Betrachtete wiederum ist dabei nur in bestimmter und damit auch begrenzter Fragerichtung in den Blick gekommen. Auch mit diesen Einschränkungen hat sich die Lehre von gegenständlich-methodischer Wechselbezogenheit die dualistische Abstraktion des Positivismus und der neukantianischen Erkenntniskritik ebenso aufdrängen lassen wie die korrelativ zuordnenden

---

[196] Vgl. *Schneider,* VVDStRL 20 (Anm. 30), 11, der allerdings die Gegenstandsbezogenheit der Methode als Methodenrelativismus versteht; kritisch ferner ebd., 133 f., 134; *Ehmke,* ebd., 53 ff. (Anm. 1), 60; *Bettermann,* ebd., 255.

[197] Vgl. etwa Max Ernst *Mayer,* Rechtsphilosophie, 1922, 24.

[198] Vgl. etwa *Schindler,* Verfassungsrecht und soziale Struktur (Anm. 91), 3; vgl. auch ebd., 4: „seinsadäquate Methode"; und *Scheuner,* Wesen des Staates, in: Festgabe für Smend (Anm. 84), 247 f., von einer „ontologisch" bestimmten Anschauung der Wirklichkeit her.

[199] So auch etwa *Leibholz,* Begriffsbildung, in: Strukturprobleme (Anm. 192), 275; *Ehmke,* VVDStRL 20 (Anm. 1), 60.

[200] *Hollerbach,* AöR 85 (Anm. 3), 267.

oder dialektischen Versuche bei der Frage nach „Recht und Wirklichkeit" oder wie die neuere Hermeneutik bei einer exklusiv verstandenen Entgegensetzung axiomatischen und problematischen Denkens. Sie überwindet den Dualismus, ohne die Ebene seiner abstrakt allgemeinen Fragestellung zu verlassen.

Damit kann auch sie keine einzeln-konkreten Hilfsmittel für die Normkonkretisierung anzeigen. Die hermeneutisch gestellte Frage dagegen behält die Wechselbezogenheit im genannten Sinn als arbeitshypothetische Metapher im Blick, versucht aber, unabhängig von ihr über die Untersuchung von Normativität und Normstruktur zu im einzelnen besser verwertbaren Schritten zu finden. Die hierbei intendierte Rationalität muß sich besonders der „Sache" annehmen, wenn konkrete juristische Hermeneutik als praktische Aufgabe die Polaritäten abstrakter Seinsaussagen vermeiden soll, und wenn Normativität nicht „an sich", sondern immer als in concreto sachlich geprägte verstanden wird. „Das Soziale" im Sinn Schindlers ist keine Wirklichkeit, die konkret und sachlich einheitlich begreifbar wäre. Jede dialektische Methode, auf Setzungen solcher Art angewandt, bleibt entgegen ihrer Absicht dürre Allgemeinheit des formal Gattungsmäßigen[201]. Als normative Geisteswissenschaft muß die Jurisprudenz über alle nur sprachliche und begriffliche Vermittlung hinaus die beteiligten Sachgehalte im Dienst praktischer Applikation, normativ gegründeter Objektivität und einsehbarer Allgemeingültigkeit innerhalb der positiven Rechtsordnung möglichst weitgehend einbeziehen. Gerade eine der Selbstgefälligkeit absoluter Stringenz entwachsene, sich selbst relativierende kritische Methodik kommt ohne Erfassung der normierten Sachfragen nicht aus. Rationalisierung der Rechtsfindung meint also nicht zuletzt den hermeneutisch kontrollierten Einbau der beteiligten Sachgehalte in die Konkretisierung rechtlicher Vorschriften. Die spezifische Leistungsfähigkeit der Jurisprudenz wird in spezifisch begrenzter, aus Normgehalt wie Sachgehalt gespeister Objektivität und Allgemeingültigkeit gesehen. Die Entsachlichung rechtlicher Entscheidung, in der sich Normlogismus und Dezisionismus treffen, erweist sich dabei als der konkret-normativen Richtung des Rechts wie der Aufgabe der Rechtswissenschaft nicht angemessen. Juristische Objektivität weist sich mehr im Detail aus als im allgemeinen Entwurf. Im Detail muß sich herausstellen, was es heißt, auch die dogmatische Jurisprudenz sei eine weder autarke noch autonome, sondern eine wirklichkeitsbezogene Normwissenschaft; wenn es heißt, die normimmanente Grenze allen Verfassungsrechts sei begründet „in dem letztlich unlösbaren Zusammenhang von Normativität und Normalität"[202]. Das nor-

---

[201] Zu *Schindler*, Verfassungsrecht und soziale Struktur (Anm. 91).
[202] *Heller*, Staatslehre (Anm. 93), 268 und 263.

mative Moment wird durch das Festhalten an der Norm als dem maßgeblichen Richtpunkt der Konkretisierung gesichert; seine Übersteigerung durch die topische Bewegung der Konkretisierung im einzelnen verhindert. Als topoi unter anderen haben auch die seit Savigny als klassisch gehandhabten Auslegungsregeln ihr Recht. Sie wirken nicht als formallogisch funktionierende Fremdkörper im Zusammenhang topischer Hermeneutik; vielmehr sind sie, wie in der Rechtspraxis schon immer, abkürzende Bezeichnungen für bestimmte Untersuchungsrichtungen, für bestimmte Typen sachlicher Gesichtspunkte. Daß dies selbst für die scheinbar autonome grammatische Auslegung zutrifft, wurde hier schon entwickelt. Die canones sind hier wie bei Savigny Elemente in dem Vorgang, der die Aufgabe hat, rechtliche Normen praktisch zu machen; sie sind aber nicht die einzigen, wie Savigny in seiner Konzentration auf die Auslegung als Rekonstruktion des dem Gesetz innewohnenden Gedankens noch annehmen konnte. Die Anzahl der im konkreten Fall jeweils zu verarbeitenden topoi ist prinzipiell nicht begrenzt. Schon aus diesem Grund verspricht es wenig Erfolg, allgemeinverbindliche Rangfolgen ihrer Verwendung erstellen zu wollen. Die rationale, ihre eigenen Grenzen nicht verdeckende Darlegung der Einzelschritte der Rechtsfindung muß außerhalb fixierter Hierarchien der Gesichtspunkte die Diskutierbarkeit konkretisierender Rechtsfindung sichern. Damit zeigen sich die eingangs nebeneinandergestellten beiden Verständnismöglichkeiten juristischer Objektivität als sachlich unscheidbar: Objektivität als Sachbestimmtheit zeigt die Jurisprudenz als von der Norm her umschrieben. Die Norm wiederum kann nicht in eine abstrakte, erst nachträglich rechtstheoretisch vermittelte Distanz zur Wirklichkeit des rechtlich normierten Lebens im Gemeinwesen gebracht werden. Die differenzierten hermeneutischen Aufgaben, die damit gestellt sind, bedürfen der Objektivität im zweiten Sinn: der relativen, begrenzten, zugleich aber auch der für die Eigenart des Rechts passenden Nachprüfbarkeit juristischer Erörterung und praktischer Rechtsentscheidung. Eine Jurisprudenz ohne Wertung und Entscheidung wäre weder praktisch noch überhaupt real. Die Forderung nach Objektivität meint nicht das Beseitigen, sondern das Offenlegen erforderlicher Wertungen[203]. Wird das Postulat der Wertfreiheit in der Rechtswissenschaft so verstanden, daß Wertungen wohl Urteile, nicht aber objektive Erkenntnis ermöglichen und allein im

---

[203] Deutlich herausgearbeitet bei *Thoma*, Gegenstand, Methode, Literatur, in: Handbuch des Deutschen Staatsrechts, Hrsg. Anschütz und Thoma, 1. Band 1930, § 1, 1 ff., 4, 6; vgl. auch ders., a.a.O., 2. Band, § 76, 221 ff., 234 Fn. 33. — Optimistischer für die Sozialwissenschaften *Albert*, Wertfreiheit als methodisches Prinzip, in: Logik der Sozialwissenschaften (Anm. 69), 181 ff., 182 f., 187, 189, 200 ff.: Wertfreiheit als Prinzip der Werturteilsfreiheit wissenschaftlicher Aussagensysteme. — Für das Zivilrecht v. a. *Esser*, Wertung, Konstruktion und Argument (Anm. 1), z. B. 5 ff., 14 ff., 20 und passim.

Bereich des Spekulativen liegen sollen, also ganz außerhalb objektiven Denkens[204], so ist die der Jurisprudenz eigentümliche Leistungsfähigkeit verkannt. Juristische Objektivität ist ohne das Wertungs- und Entscheidungsmoment nicht sinnvoll denkbar. In rechtlicher Erörterung und Entscheidung liegen nicht reinrationale und rein wertende Momente nebenoder hintereinander. Objektive Erkenntnis im begrenzten, und zwar im spezifisch juristisch begrenzten Sinn ist aber trotz ihrer Gemengelage möglich. Sonst müßte zu dem mißverstanden „naturwissenschaftlichen" Objektivitätsbegriff des Positivismus zurückgekehrt werden. Die Norm ist nicht schlicht anwendbar; sie zu konkretisieren, läßt sich aber auch nicht als Planspiel nur wertender und nur rational schließender Einzelakte bewältigen. Gerade deshalb ist eine Mehrzahl relativer, begrenzt rationalisierender, dafür aber jeweils auf engem Raum nachprüfbarer „Methoden" als Hilfsgesichtspunkte nötig; gerade deshalb muß Objektivität in der zweiten Sinnvariante, als Methodenklarheit, das der Rechtswissenschaft ohne Selbsttäuschung Mögliche bewirken. Juristische Objektivität ist hier somit nicht in dem naiven Sinn gemeint, der zum Teil die Debatte zur Voraussetzungslosigkeit der Wissenschaft prägte: „Objektivität" einer Geisteswissenschaft, die sich jede Wertung versagt, die grundsätzliche Positionen für prinzipiell von wissenschaftlicher Erkenntnis ablösbar hält und sich auf solchen Methodendualismus zuversichtlich verläßt[205]. Juristische Objektivität kann nicht verlangen, dem Text der Norm ohne „Voraussetzungen" gegenüberzutreten. Solche sind schon mit dem Bezug zur Sprache gegeben, die Normen wie Interpreten einbezieht. Die Jurisprudenz hat ihre Voraussetzungen zu prüfen, möglichst weitgehend zu rationalisieren und ohne methodische Verschleierung darzulegen[206].

Die bisherigen Überlegungen ergaben, daß zahlreiche Einzelfragen der Rechtslehre und Rechtspraxis gerade im Verfassungsrecht auf grundsätzliche Probleme zurückführen, welche die Möglichkeiten und Grenzen des Rechts als einer Teilordnung der sozialen Welt wie der Rechts-

---

[204] So *Ballweg*, Natur der Sache (Anm. 18), 16.

[205] Vgl. etwa *Radbruch*, Rechtsphilosophie, 5. Aufl 1956, Hrsg. Erik Wolf, 97 ff.; allgemein und kritisch: v. *Kempski*, „Voraussetzungslosigkeit". Eine Studie zur Geschichte eines Wortes, in: Brechungen. Kritische Versuche zur Philosophie der Gegenwart, 1964, 140 ff., 156 ff.

[206] Auch Max *Weber* unterschied das praktische Problem der Wertung vom theoretischen Wertproblem, der Frage nach der Voraussetzungslosigkeit der Wissenschaft; vgl. „Wertfreiheit", in: Wissenschaftslehre (Anm. 25), 475 ff.; „Objektivität", ebd. (Anm. 5), 146 ff. Zum Grundsätzlichen vgl. Erik *Wolf*, Max Webers ethischer Kritizismus und das Problem der Metaphysik, in: Logos XIX (1930), 359 ff. — Im Zivilrecht ist die unentbehrliche rationalisierende Wirkung einer zugleich im Sinn der hier vorgetragenen Thesen die juristischen Sachbezüge herstellenden Konstruktion vor allem von *Esser*, Wertung, Konstruktion und Argument (Anm. 1), passim und bes. z. B. 14 ff., 22. herausgearbeitet worden.

wissenschaft als der praktischen Reflexion über diese Ordnung betreffen. Die Eigenart der Jurisprudenz läßt sich nicht mehr herkömmlich in Absetzung von den Naturwissenschaften bestimmen. Die Geisteswissenschaften müssen differenzierter, die Rechtswissenschaft muß als normative Geisteswissenschaft gekennzeichnet werden. Die bisherigen Versuche, diese grundsätzliche Erörterung mit den alltäglichen Aufgaben von Rechtslehre und Rechtspraxis zu verbinden, waren verhältnismäßig wenig ergiebig. Positivismus, Normlogismus, Dezisionismus und Soziologismus, hier nur schlagwortartig benannt, verfehlen aus verschiedenen Gründen die eigentümliche und zum Teil überhaupt jede rechtliche Normativität, damit auch die Eigenart der Jurisprudenz als einer Normwissenschaft. Die Bemühungen, zwischen Norm und Wirklichkeit zu vermitteln, finden ihre Grenze an der Allgemeinheit ihrer rechtsphilosophischen, rechtstheoretischen oder sozialwissenschaftlichen Fragestellung. Sie lassen sich gerade deshalb die überholten Abstraktionen der von ihnen bekämpften Lehren aufzwingen. Dagegen soll hier das Spezifische der Rechtswissenschaft von der Struktur der Rechtsnorm her hermeneutisch erarbeitet werden. Das Ziel ist, dadurch die Verbindung praktischer mit grundsätzlichen Fragen für die Rechtskonkretisierung brauchbarer zu machen und zugleich die relativen „Methoden", die hermeneutischen Hilfsgesichtspunkte in den Dienst speziell juristischer Rationalität und ihrer begrenzten Objektivität zu stellen. Wegen der vor allem verfassungsrechtlichen Richtung der Arbeit wird die notwendige Ergänzung axiomatischen und problematischen Denkens hier nicht im Sinn der Topik, sondern einer topischen Hermeneutik akzentuiert, die an der grundsätzlichen Bindung an die Verfassungsnorm festhält. Die hermeneutische Problemstellung verschiebt die abstrakte Fassung des Themas „Norm und Wirklichkeit" zu der nach Normativität und Normstruktur in der juristischen Hermeneutik.

VII. Recht und Wirklichkeit als abstrakte Positionen in der Rechtstheorie

Die Bemühung um ein hermeneutisch angemessenes Normverständnis, das nicht von dem begrifflichen Abgrund zwischen „Norm" und „Wirklichkeit" vorbestimmt wird, ist nicht neu. Die bisherige Darstellung der Frage streifte eine Reihe von Auffassungen, die sich dem Phänomen der Rechtsnorm von je einem Pol des dualistischen Schemas aus zu nähern versuchen. Von dem rechtstheoretischen wie rechtssoziologischen Ertrag dieser Lehren kann insoweit abgesehen werden, als er auf andere Problemstellungen antwortet. Die Frage nach dem bewußt oder nicht bewußt vorausgesetzten Verständnis der hermeneutischen Struktur der Rechtsnorm kann hier als je nach dem Selbstverständnis der einzelnen Auffassungen adäquater oder inadäquater Maßstab dieser Annäherung dienen.

So erweist sich zum Beispiel die viel erörterte Lehre von der normativen Kraft des Faktischen[207] als eine Sicht, durch welche die Abstraktheit ihrer Prämissen eher verdeutlicht als überwunden wird. Wenn schon alles Recht ursprünglich nichts anderes sein soll als faktische Übung, wenn Gewohnheitsrecht nicht einer Gesamtüberzeugung entspringt, etwas sei Rechtens kraft seiner inneren Notwendigkeit, sondern wenn es aus der allgemeinen psychischen Eigenschaft entsteht, die das sich regelmäßig wiederholende Faktische als das Normative betrachtet, dann sind „Norm" und „Faktum" von vornherein zweifelhafte Bezugspole der Sozialtheorie. Ihre Verbindung soll ein durchgehender Psychologismus leisten, für den Recht ausschließlich als ein Teil menschlichen Bewußtseinsinhalts erscheint[208]. Die normative Bedeutung des Tatsächlichen soll auch für die Theorie von Recht und Staat in nichts anderem liegen als „in der weiter nicht ableitbaren Eigenschaft unserer Natur, kraft welcher das bereits Geübte physiologisch und psychologisch leichter reproduzierbar ist als das Neue"[209]. Die Einsicht, das Faktische habe in allen Bereichen, so auch auf dem ganzen Feld der Rechtsordnung, die Tendenz, sich in Geltendes umzusetzen, den gegebenen sozialen Zustand zu legitimieren, ist bedeutsam für Grundfragen der Rechts- und Staatssoziolo-

---

207 G. *Jellinek*, Allgemeine Staatslehre (Anm. 13), v. a. 337 ff.

208 G. *Jellinek*, Allgemeine Staatslehre (Anm. 13), 332 ff.; dort auch zum folgenden, v. a. 338 ff.; zur Entstehung der Rechtsordnung ebd., 339 f.

209 G. *Jellinek*, Allgemeine Staatslehre (Anm. 13), 338.

gie. Sie mag auch die Auffassung von der Staatsordnung als einem fortwährenden Kompromiß der um die Herrschaft ringenden Gruppen tragen helfen und Jellineks Konzeption der sozialen Theorie vom Verhältnis von Staat und Gesellschaft[210] stützen. Doch ist die Frage nach der Struktur rechtlicher Normativität damit noch nicht einmal gestellt. Das Verständnis der Verfassung als des puren Spannungsverhältnisses der gesellschaftlichen Faktoren ist hermeneutisch unergiebig. „Rein innerlich, in den Köpfen der Menschen“[211] vollzieht sich die Umwandlung zunächst rein faktischer Macht der Staates in rechtliche. Die hinzutretende Vorstellung, dieses Faktische sei normativ, wird nur physiologischer und psychischer Schwerkraft verdankt. Das funktionelle Hinzutreten äußerer Garantien und Sanktionen des auf solche Weise in den Machtverhältnissen ausgeprägten Rechts ändert nichts an der Abstraktheit dieser Lehre gegenüber der Wirkungsweise und den Bedingungen der Konkretisierung einer bestimmten Rechtsordnung. Die Vermittlung zwischen den gleichwohl vorausgesetzten Polen von Faktischem und Rechtlichem findet kein beide umgreifendes Staats- und Rechtsverständnis, weil sie die entscheidende Frage in das empirisch-konventionelle Bewußtsein, damit aber außerhalb ihrer Prämissen verschiebt. Eine nur sozialwissenschaftliche Betrachtung konserviert ebenso wie eine ausschließlich geisteswissenschaftliche Sicht den abstrakten Dualismus so lange, als sie nicht hermeneutisch nach der Besonderheit rechtlicher Normativität fragt. Daß bei Jellinek die Norm nicht durch Naturereignis aus den Fakten entsteht, sondern auf Grund menschlicher Stellungnahme zu den Tatsachen[212], ändert nichts an der Unbrauchbarkeit der Konzeption für Theorie und Konkretisierung einer bestimmten positiven Rechtsordnung. Wird hingegen hermeneutisch eine polare Abstraktion rechtlicher und nichtrechtlicher Momente als überflüssig und mißleitend beurteilt und werden Bestandteile dessen, was herkömmlich undifferenziert als „die“ Wirklichkeit „dem“ Recht gegenübergestellt wird, als integrale Bestandteile der Rechtsvorschrift und ihrer Normativität erfaßt, so handelt es sich dabei nicht mehr um Faktisches und Normatives im Sinn Jellineks und der gebräuchlichen Grundsatzunterscheidung. Die von den Bedingungen und Modalitäten der Rechtskonkretisierung her fragende hermeneutische Sichtweise verhindert, daß eine im Kern unveränderte Lehre von der normativen Bedeutung des Faktischen im Gewand einer Norm-

---

[210] Allgemeine Staatslehre (Anm. 13), bes. 341 f.; zu Jellineks Doktrin von der Doppelnatur des Staates und der ihr entsprechenden Zweiteilung der Staatslehre vgl. *Drath*, Zur Soziallehre und Rechtslehre vom Staat (Anm. 76), 55 ff.; Drath meint, bei Jellinek die von ihm angestrebte monistisch-sozialwissenschaftliche Staatslehre bereits entwickelt zu sehen.

[211] G. *Jellinek*, Allgemeine Staatslehre (Anm. 13), 342.

[212] Wie H. *Krüger*, Verfassungsauslegung aus dem Willen des Verfassungsgebers, DVBl. 1961, 685 ff., 686, gegen Jellineks Kritiker einwendet.

und Konkretisierungstheorie unversehens wiederaufleben kann. Was in den geisteswissenschaftlichen Ansätzen, wie bei Smend, E. Kaufmann, was bei Schindler und Heller auf das Grundmuster korrelativer Zuordnung von Wirklichkeit und Recht zurückgeführt werden kann, soll von der abstrakten Frage gelöst und in normativer Funktion[213] hermeneutisch konkretisiert werden.

Ohne diese Wendung ins Hermeneutische bleiben auch andere Versuche, vom Pol „Wirklichkeit" her die Rechtsnorm konkreter zu erfassen, auf halbem Weg stehen; sei es, daß vom Entwurf einer sozialwissenschaftlichen Staatslehre die inhaltliche Orientierung der Rechtsordnung an dem von ihr typisierten gesellschaftlichen Substrat und damit die Notwendigkeit der „Anlehnung" von Rechtsauslegung und Rechtsanwendung an soziale Verhältnisse und sozialwissenschaftliche Begriffe betont wird[214]; sei es, daß die Rechtssoziologie anhand von Generalklauseln über Formeln wie Treu und Glauben, gute Sitten, Verkehrssitte, Handelsbrauch und ähnliches auf positivrechtliche Verweisungen auf außerrechtliche Sozialordnungen aufmerksam macht[215]. Wird auch in dieser Perspektive erkannt, daß eine vom Gesetzgeber sprachlich formulierte Rechtsnorm weder als nur befehlender Willensakt noch ausschließlich als zeitlos objektive Vernunft, sondern als relativer Versuch eines historischen Gesetzgebers verstanden werden kann, einen als möglich vorgestellten gesellschaftlichen Sachverhalt in einer Weise zu regeln, die seinen Wertmaßstäben entspricht[216], so wird der mögliche hermeneutische Wert dieses Verständnisses durch das Beharren auf dem überkommenen abstrakten Dualismus und auf einem dem Normativen undifferenziert entgegengestellten Wirklichkeitsbegriff vereitelt, indem die sozialen Ordnungsgehalte, auf die sich die Rechtsordnung verwiesen sieht, pauschal als außerrechtlich und metajuristisch qualifiziert werden. Damit ist wiederum die juristische Hermeneutik ausgespart, die — metaphorisch gesprochen — als Bindeglied zwischen Dogmatik und Soziologie des Rechts dienen müßte. Ein halbes Jahrhundert nach Ehrlichs Versuch, die Ergebnisse der Rechtssoziologie für die Jurisprudenz verwertbar zu machen[217], ist noch immer nicht die Möglichkeit geklärt, in einer für die

---

[213] Wie sie bei *Hesse*, Die normative Kraft der Verfassung (Anm. 83), verfassungstheoretisch herausgearbeitet wird.

[214] So von *Drath*, Zur Soziallehre und Rechtslehre vom Staat (Anm. 76), v. a. 48 f., 58.

[215] Vgl. *Hirsch*, Was kümmert uns die Rechtssoziologie?, Juristenjahrbuch Bd. 3 (1962/63), 131 ff., v. a. 137, 139, 147; ders., Zu einer „Methodenlehre der Rechtswissenschaft" (Besprechung von: *Larenz*, Methodenlehre der Rechtswissenschaft, 1960), in: JZ 1962, 329 ff., v. a. 333 f. Vgl. auch *Drath*, Zur Soziallehre und Rechtslehre vom Staat (Anm. 76), 48.

[216] *Hirsch*, Zu einer „Methodenlehre der Rechtswissenschaft", JZ 1962 (Anm. 215), 334; zum folgenden ebd., 333.

[217] *Ehrlich*, Grundlegung der Soziologie des Rechts, 1913 (Anm. 33), v. a. 163 f.

rechtswissenschaftliche Dogmatik einsichtigen und vor der juristischen Hermeneutik gerechtfertigten Weise Resultate beider Disziplinen für die Konkretisierung positiver Vorschriften nutzbar zu machen. Auf ähnliche Weise ungelöst erweist sich diese Frage auch bei dem Vorschlag, in funktionaler Verbindung von Rechtsdogmatik und Tatsachenwissenschaften, in arbeitsteilig differenzierter „Forschungskombination von Soziologie und Entscheidungstechnik"[218] zu rationalen Verfahren zu gelangen. Eher für die Ausführungsgesetzgebung zu den Grundrechten, nicht aber für Grundrechtskonkretisierung durch Dogmatik und Rechtsprechung kann die in diesem Zusammenhang empfohlene Orientierung an den empirischen Wissenschaften[219] konkrete Hinweise geben. Sie ist eine Formel, die an Allgemeinheit hinter denen geistesgeschichtlicher oder geisteswissenschaftlicher Vermittlung, gegen die sie sich richtet, nicht zurücksteht. Auch ideologiekritische Versuche, die alte Streitfrage von Naturrecht und Rechtspositivismus auf die ihr zukommende Größenordnung zu reduzieren[220], scheitern an der Vernachlässigung der Hermeneutik. Wird die Frage nur dahin gestellt, ob es eine logisch zwingende Ableitung von Normen aus reinen Sachgehalten gebe[221], so ist mit ihrer Verneinung für das Problem der spezifischen Normativität positiven Rechts und für diejenige naturrechtlicher Vorstellungen noch nichts gewonnen. Gewiß gibt es im Rahmen dieses verkürzten Ansatzes keine legitime Ableitung von Forderungssätzen aus reinen Tatsachenaussagen und gewiß verweisen angeblich durch bloße Schlußfolgerung erzielte Normativsätze die Ideologiekritik auf unter der Hand eingeführte materiale Prämissen[222]; doch umgeht diese Fragestellung mit der hermeneutischen Struktur rechtlicher Vorschriften zugleich die Möglichkeit, positivrechtliche (und die Voraussetzungen etwaiger naturrechtlicher) Normativität diesseits überlieferter Dualismen konkret zu untersuchen. Das ist dann nicht mehr möglich, wenn — allein unter dem Aspekt ideologischer Normerschleichung — Normsetzung und Sachgehalt einander nicht nur statisch, sondern sozusagen säkularisiert ontologisch gegenübergestellt werden. Solche Abstraktionen zeichnen sich gerade dadurch aus, nicht sachspezifisch faßbar und verwertbar zu sein. Das zeigt sich von der verfassungsrechtlichen Dogmatik her etwa in den Aporien des Versuchs, verfassungsrechtliche Gewährleistungen gesellschaftlicher Sachverhalte, Lebensformen, Einrichtungen „im natürlichen Sinn" nachzu-

---

[218] *Luhmann*, Grundrechte als Institution (Anm. 87), 203 und ff.; vgl. auch ebd., z. B. 4, 9, 39; ferner ders., Die Gewissensfreiheit und das Gewissen, AöR 90 (1965), 257 ff., z. B. 278.

[219] *Luhmann*, Grundrechte als Institution (Anm. 87), 207 und ff.

[220] Vgl. *Topitsch*, Sachgehalte und Normsetzungen, ARSP XLIV 1958, 189 ff., z. B. 199.

[221] *Topitsch*, Sachgehalte und Normsetzungen (Anm. 220), 200.

[222] *Topitsch*, Sachgehalte und Normsetzungen (Anm. 220), v. a. 195 f.

weisen[223]; der Versuch bleibt im Vorfeld der Grundrechtsnormen und ihrer hermeneutischen Struktur stecken.

Für die Rechts- und Staatssoziologie endlich hat es sich auch an den bedeutenden Arbeiten Hermann Hellers und Theodor Geigers[224] erwiesen, daß die erstrebte Allgemeinheit des soziologischen Entwurfs für die bekämpften Grundirrtümer des Rechtspositivismus anfällig bleibt und jedenfalls im Bereich der Rechtskonkretisierung die Grenze ihrer Brauchbarkeit schon an der Tatsache der inhaltsbestimmten Positivität einer geschichtlichen Rechtsordnung findet. Hellers Einsicht, politisch-juristische Erkenntnisakte seien als die einer normativen Geisteswissenschaft immer zugleich mitentscheidende Akte, mitbeteiligt an der Setzung des Objektes, das sie erkennen wollen, bleibt allgemein wissenschaftstheoretisch. Der Schritt zu hermeneutischer Konkretion ist noch nicht getan, wenn das Ganze, an dem die dogmatische Rechtswissenschaft arbeitet, in seiner Gegebenheit „zunächst" seinswissenschaftlich beschrieben, „dann aber in seiner Aufgegebenheit normativ konstruiert und interpretiert werden" soll[225].

Die im Grund nicht überwundene systematische Unterscheidung von Sein und Sollen, das Mißverständnis des rechtstheoretischen Zentralproblems als der Frage nach dem Verhältnis von Wille und Norm, die offenbar sowohl „korrelative" als auch „dialektische" Zuordnung von Sein und Sollen, von Staat und Recht[226] tragen im Negativ noch immer die Züge des zu Recht bekämpften positivistischen Denkmodells. Dabei wird nicht verkannt, daß sich Hellers Staatslehre nicht unter primär hermeneutischen Anspruch stellt. Es soll nur gezeigt werden, daß die hermeneutische Problemstellung eine selbständige, die Grundfragen nach Recht und Wirklichkeit, Norm und Normsubstrat nicht nur begrifflich verschiebende, sondern sachlich verändernde Sichtweise ist. Daß Sinn und Sicherung einer einzelnen Rechtsnorm in bezug auf nicht vom Normtext erfaßte, der Sache nach jedoch vorausgesetzte Momente der Vorschrift nicht durch logische Systematisierung, sondern nur „im Zusammenhang mit der Totalität der gesellschaftlichen Wirklichkeit", also mit dem konkreten sozialen Geltungsraum der Norm begriffen werden kön-

---

[223] *Klein*, Institutionelle Garantien und Rechtsinstitutsgarantien, 1934, v. a. 96 ff.; ders., in: v. *Mangoldt-Klein*, Das Bonner GG, 2. Aufl. Bd. 1, 1957, grundsätzlich Vorbem. A VI 3; im einzelnen etwa X 2 b zu Art. 5 III, 253 u. ö.; hiergegen z. B. *Lerche*, Übermaß und Verfassungsrecht (Anm. 106), 241 f. Fn. 336; *Abel*, Die Bedeutung der Lehre von den Einrichtungsgarantien für die Auslegung des Bonner Grundgesetzes, 1964, 29 ff., 88 f.; *Häberle*, DVBl. 1965, 788 f., 789.

[224] In diesem Zusammenhang vor allem: *Heller*, Staatslehre (Anm. 93), und *Geiger*, Vorstudien (Anm. 69).

[225] *Heller*, Problematik (Anm. 17), 353.

[226] Vgl. *Heller*, Staatslehre (Anm. 93), bes. 184 f., 188, 190 ff., 197.

nen[227], sagt noch nicht, wie die Totalität im einzelnen methodisch aufgeschlüsselt werden kann und wo die Grenzen ihrer Vermittlung mit dem normativen Begriffsgefüge liegen sollen. Daß es sich bei Interpretation im weiteren Sinn nicht um subsumierende Anwendung, sondern immer nur um konkretisierende Ergänzung des Rechts handeln kann, daß demgemäß zum Beispiel die Grundrechte weitgehend noch keine Entscheidungsnorm enthalten, wohl aber materiell auf allgemeine ethische Rechtsgrundsätze verweisen[228], bietet der Jurisprudenz als praktischer Wissenschaft noch keine den einzelnen Fall rationalisierende Handhaben. Es ist damit noch nicht gesagt, auf welche Weise und mit welchen Abstufungen diese Rechtsgrundsätze die soziale Struktur ausdrücken sollen[229]; mit welchen Differenzierungen der Normativität jede Normsetzung als Versuch soll verstanden werden können, durch bewußt gesetzte Normativität eine ihr entsprechende Normalität im Geltungsbereich der Vorschrift hervorzubringen. Bei Heller bildet die sich aus natürlich-gemeinsamen Motivationen ergebende, durchschnittlich empirische Normalität einen nichtnormierten „Unterbau der Staatsverfassung", welcher als nur empirische Berechnungsregel durch die normativ wertende Beurteilungsnorm verstärkt werden muß[230].

Eine nicht von der Soziologie, sondern von der Rechtsdogmatik her um Vermittlung bemühte Auffassung würde versuchen, im Interesse sachlich zureichender Normkonkretisierung die Normativität als prinzipiell durch Normalität ergänzbar nachzuweisen. Die hermeneutische Behandlung der Frage müßte hingegen, diesseits rechtstheoretischer Abstrahierung von Normativem und Faktischem aus dem einheitlichen hermeneutischen Vorgang, im Dienst der Normativität näher bestimmte oder bestimmbare Momente des (nunmehr nicht mehr als abstrakter Bereich oder als substanzhafte Gegebenheit erscheinenden) Wirklichen als integrale Bestandteile der Norm erweisen und ihre hermeneutische Behandlung im Rahmen des Möglichen rationalisieren. Damit ergeben sich auch für die Verfassungstheorie Folgerungen in Richtung auf größere Konkretion, zugleich aber auch auf stärkere Gebundenheit an die normative Gestalt einer bestimmten positiven Verfassung. Von einer hermeneutisch geleiteten Verfassungstheorie her würde sich zeigen, daß die vor allem von Schindler in die Debatte eingeführte „ambiance"[231], daß das von

---

[227] *Heller*, Staatslehre (Anm. 93), 187 f.

[228] *Heller*, Staatslehre (Anm. 93), 266; 256 ff.

[229] *Heller*, ebd. (Anm. 93), 257, hierzu im allgemeinen; zur Normsetzung ebd., 258.

[230] *Heller*, Staatslehre (Anm. 93), 250 ff., 251.

[231] *Schindler*, Verfassungsrecht und soziale Struktur (Anm. 91), bes. 92 ff.; ihm folgend *Heller*, Staatslehre, 255; ebd., das im Text folgende Zitat. — Vgl. schon *Ehrlich*, Grundlegung der Soziologie des Rechts (Anm. 33), 104. — Zu allgemein auch *Krüger*, Art. Verfassung, HdSW 11, 72 ff., 74 f., anhand der Vorstellung wechselseitiger Beziehung von Wirklichkeit und Norm.

Heller gemeinte „gesamte Natur- und Kulturmilieu, die anthropologischen, geographischen, volklichen, wirtschaftlichen und sozialen Normalitäten" zusammen mit den außerrechtlichen Normativitäten ein allzu allgemeines Komplement der rechtlich normierten Verfassung darstellen. Daß schließlich auch der einzelne Verfassungsrechtssatz grundsätzlich nur aus der Totalität der politischen Gesamtverfassung voll verstanden werden kann, weil erst die ambiance in diesem weiten Sinn den Inhalt und die Individualität der rechtlich normierten Verfassung bestimmt, ist eine wichtige Einsicht der Rechtstheorie oder einer ihrem Anspruch nach allgemeinen Staatslehre; für die Hermeneutik einer bestimmten positiven Verfassung ist sie nur eine erste Arbeitshypothese. Auch Schindlers wichtige Ergebnisse kranken unter dem hier eingenommenen Blickpunkt an einer zu stark von rechtlicher Normativität unabhängigen, damit zugleich nur pauschal gefaßten Vorstellung von sozialer Wirklichkeit. Das zeigt sich in der undifferenzierten Bestimmung des Normzwecks, die Norm solle die normferne Wirklichkeit in eine normnahe Wirklichkeit umwandeln[232], sowie des Zwecks von Recht im sozialen Ganzen: Recht setze als Ausgangs- und Anknüpfungspunkt seiner Wirksamkeit eine außerrechtliche Wirklichkeit bestimmter Art voraus und ziele auf eine außerrechtliche Folge. In einer „durchgängigen Interdependenz der verschiedenen Faktoren des menschlichen Lebens" läßt sich noch keine hinreichend differenzierende und rationalisierende Handhabe sehen, die mannigfache „Verwobenheit von Recht und Außerrechtlichem"[233] hermeneutisch oder rechtstheoretisch abzustufen. Die durchgehende Kennzeichnung von Wirklichkeit als einer außerrechtlichen Größe deutet auf die auch hier noch nicht aufgehobene Trennung von Sein und Sollen. So gelangt Schindler in der Frage faktischer Wirksamkeit von Rechtsnormen nicht zu einem in der Sache statt nur sprachlich vermittelnden Standpunkt. Ob der Zweck der Freiheitsrechte, jedenfalls in seiner die individuelle Freiheit gewährenden Komponente, tatsächlich erreicht werde, macht Schindler nicht nur zum Teil, sondern vollständig von „außerrechtlichen" Umständen abhängig. Das ist schon in Hinblick auf sein Beispiel nicht haltbar; die Vertrustung als Resultat wirtschaftlicher Betätigungsfreiheit kann nicht nur als „außerrechtliche" Erscheinung verstanden werden[234].

---

232 *Schindler*, Verfassungsrecht und soziale Struktur (Anm. 91), 32; allgemein zum Rechtszweck ebd., 63 f.

233 *Schindler*, Verfassungsrecht und soziale Struktur (Anm. 91), 62.

234 *Schindler*, Verfassungsrecht und soziale Struktur (Anm. 91), 95 f., im Zusammenhang seiner Lehre von der Kompensation rechtlicher Vorschriften im Außerechtlichen. Vgl. auch *Luhmann*, Grundrechte als Institution (Anm. 87), 205 Fn. 7, gegen den Ansatz, wie Schindler die Soziologie zu den außerrechtlichen Institutionen zu zählen. Das Mißverständnis des pauschal so genannten „Außerrechtlichen" in der Verfassung auch bei *Leisner*, Verfassungsauslegung (Anm. 35), DÖV 1961, 641 ff., 644 f.

Auch in Theodor Geigers Forschungen zur Rechtssoziologie ist es nicht zum wenigsten die Eigenart des Rechtsbegriffs, die Recht und Wirklichkeit in überkommenen Abstraktionen beläßt. Recht erscheint hier als Tatsachenzusammenhang, nicht als ein auch normativ Gesolltes[235]. Damit ist auf der einen Seite nur Recht *als* Wirklichkeit gemeint, auf der anderen aber die positivistische Trennungsdoktrin von Norm und Faktum mangels einer hermeneutischen Fragestellung nicht überholt. Es läßt sich demnach in der Tat nicht die Frage erörtern, welche Entscheidung gemäß einer bestimmten Norm „richtig" sei oder welchen Inhalt und Geltungsumfang abstrakte Normsätze hätten. All das ist schon Hypostasierung eines vor seiner jeweils konkreten Anwendung ideell gegebenen Norminhalts, der theoretisch-logischer Auslegung zugänglich sei[236]. Juristische Hermeneutik wird aber im Sinn der hier zu entwikkelnden relativen Methodik solche Bestimmungen nicht naiv als ontologische Strukturen oder naturalistisch als ontische Gegebenheiten behaupten, sondern mit dem selbständig legitimen „Als-ob" hermeneutischer, die Rechtskonkretisierung erhellender Überlegung. Gewiß ist die Konkretisierung von der Fortbildung des Rechts nicht trennbar; doch ist damit die Geltungssubstanz der Vorschrift einer theoretischen, und das heißt: einer hermeneutisch-dogmatischen Erörterung noch nicht entzogen. Geiger, der einen naturwissenschaftlich angespannten Begriff von „Objektivität" beibehält, kann der Besonderheit von Objektivität und Rationalität in der Jurisprudenz in der Frage substantieller Geltung nur zum Teil gerecht werden[237]. Da rechtliche Normativität nicht um ihrer selbst willen untersucht wird, sondern nur als Partikel sozialer Wirklichkeit erscheint, kann diese soziale Wirklichkeit nicht hermeneutisch differenziert und rechtsdogmatisch eingebaut werden.

Das Ergebnis ist in bezug auf die Theorie der Konkretisierung dasselbe, wenn die Rechtsdogmatik davon ausgeht, grundsätzlich alle hermeneutischen Schwierigkeiten mit dem Instrumentarium juristischer Begrifflichkeit lösen zu können und wenn „die" Wirklichkeit nur als zuweilen unumgängliches Zugeständnis an die Praktikabilität der Entscheidung auf hermeneutisch ungeklärte Weise in die Entscheidungsgründe einbezogen wird; oder wenn die Rechtstheorie das generelle, gleichwohl aber hermeneutisch unreflektierte Zugeständnis macht, die Norm sei nie ohne Bezug zur Wirklichkeit voll erfaßbar. Die Fluchtlinien dieser Perspektive laufen immer wieder auf den schon bei Max Huber[238] konstatierten „Dualismus von Recht und sozialem Rechtssub-

---

[235] *Geiger*, Vorstudien (Anm. 69), z. B. 277.
[236] *Geiger*, Vorstudien (Anm. 69), 253, 260 f.
[237] *Geiger*, Vorstudien (Anm. 69), 253, 259, 260 f.
[238] Beiträge zur Kenntnis der soziologischen Grundlagen des Völkerrechts und der Staatengesellschaft, in: JöR Bd. IV (1910), 56 ff., 61 ff., 62; ebd., zur „Wechselwirkung" juristischer und soziologischer Elemente.

strat" zurück, den zu überwinden nach dem hier entwickelten Verständnis nur hermeneutische Untersuchungen der Struktur rechtlicher Normativität erhoffen können, kaum aber allgemeine Formulierungen von beständiger Wechselwirkung und unlöslicher gegenseitiger Verbindung der juristischen und soziologischen Elemente; nicht das generelle Postulat korrelativer Zuordnung von Norm und Wirklichkeit[239] und nicht die Forderung, ein am Sinngebilde und an den dieses tragenden allgemeinen Rechtsgedanken orientiertes Denken solle für die Rechtskonkretisierung eine „Eröffnung gegenüber der Wirklichkeit als der Realität der gegebenen Zustände"[240] bewirken. Solange die Struktur der normierten „Sache" nicht von hermeneutischer Überlegung integral in die Untersuchung der Normstruktur einbezogen wird, ist die Norm im Grunde noch immer als „Sollen" dem „Sein" gegenübergestellt, als an sich autonomes, gegenüber „der" Wirklichkeit selbständiges Gebilde aufgefaßt, das nur allgemein rechtstheoretisch in einem Zusammenhang mit Wirklichkeit steht, der aber in den Einzelheiten, also für die hermeneutischen Probleme dahingestellt bleibt[241]. Solange vermittelnde Metaphern wie „Wechselbeziehung" und „Dialektik" pauschal ein bestimmtes rechtstheoretisches Bild signalisieren, ohne im einzelnen methodisch nach Voraussetzungen und Grenzen befragt und auf rationalisierbare Handhaben im Geschäft der Konkretisierung reduziert zu werden, bleibt die Vermittlung entgegen dem Selbstverständnis dieser Auffassungen sekundär. Die praktische Rechtsprechung erweist, daß „Wechselwirkung"[242] eine zu un-

---

[239] So z. B. bei E. *Kaufmann*, Das Wesen des Völkerrechts und die clausula rebus sic stantibus, 1911, v. a. 102 f., 107 f., 125 f., 129 f., und: Kritik der neukantischen Rechtsphilosophie, 1921, passim; ferner *Heller*, Staatslehre (Anm. 93), z. B. 184 f.; *Leibholz*, Verfassungsrecht und Verfassungswirklichkeit (Anm. 94),280 f.; *Hesse*, Die normative Kraft der Verfassung (Anm. 83), 9; *Hollerbach*, AöR 85 (1960) (Anm. 3), 247 ff., z. B. 248; ähnlich *Ehmke*, Grenzen der Verfassungsänderung (Anm. 19), z. B. 91; *Häberle*, Wesensgehaltgarantie (Anm. 94), z. B. 45, 49 f., 109 ff., 111.

[240] *Forsthoff*, Verwaltungsrecht I (Anm. 96), 151 ff., bes. 152, im Namen einer „institutionellen" Rechtsauffassung; 9. Aufl. 1966, 160.

[241] Zu der bei allem Versuch sekundärer Vermittlung weiter bestehenden Vorstellung von einem „Sollen", das an sich als vom „Sein" geschieden vorstellbar ist, vgl. z. B. A. *Kaufmann*, Analogie und „Natur der Sache" (Anm. 124), z. B. 14: Recht als die Entsprechung von Sollen und Sein, 29: die Norm liege „auf der Ebene des begrifflich formulierten Sollens", der Sachverhalt „auf der Ebene der empirischen Faktizität", 32; *Emge*, Verhältnis (Anm. 86), 85, 103: „unaufhebbare Tragödie von Recht und Leben"; ferner: Der Status des Bundesverfassungsgerichts, in: JöR NF 6 (1957), Bemerkungen des Bundesverfassungsgerichts zu dem Rechtsgutachten *Thoma*, ebd., 194 ff., 195: „Rücksicht auf das vom Recht zu ordnende Leben"; *Häberle*, Wesensgehaltgarantie (Anm. 94), z. B. 45, 111; 49 und f.: Denken in der Kategorie der Wechselbeziehung im Anschluß an E. Kaufmann; 50: der Begriff der sozialen Funktion als „Brücke" zwischen Sein und Sollen; 215: institutionell gedeutete Grundrechte als Wirklichkeit.

[242] Vgl. z. B. BVerfGE 7.198, 208 f.; 12.113.124 f.: zur „Wechselwirkung" zwischen Art. 5 GG und den „allgemeinen Gesetzen".

genaue, fast jedem möglichen Interpretationsverfahren Raum gebende, weil formale und nach Möglichkeiten und Grenzen unbestimmte Vorstellung ist. Historisch läßt es sich zum Beispiel an der Argumentationsweise der politischen Romantik und gewisser Strömungen im vormärzlichen deutschen Liberalismus nachweisen, wie die Metapher der „Wechselwirkung" einander konträr gegenüberstehende sachliche und politische Auffassungen unterschiedslos deckt, wenn man der Wortgestalt der Argumente glaubt[243]. Dasselbe gilt für die noch stärker strapazierte Dialektik dort, wo sie nicht verantwortlich definiert wird, sondern als im Grunde strukturell beliebige Metapher erscheint, die ungeklärte hermeneutische Fragen mehr verschleiert als klärt[244]. Das heißt nicht, Dialektik sei von der Hermeneutik ausnahmslos mit Mißtrauen zu betrachten. Die Angriffe, die vom Boden formaler Logik und besonders von der analytischen Wissenschaftstheorie[245] gegen dialektisches Denken geführt werden, sind bezeichnenderweise gerade in ihren naiven hermeneutischen Unterstellungen unzulänglich, übersehen oder ignorieren die Zirkelhaftigkeit allen Verstehens, das Problem des Vorverständnisses und die applikative Struktur der Interpretation. Rein hypothetisch-deduktiver Zusammenhang von Sätzen anstatt hermeneutischer Explikation von Sinn, nur analytisch-empirische Kritik der über positivistische Selbstsicherheit hinausgehenden Einsicht in Applikation drängen die eigentlichen Strukturfragen auch der Rechtskonkretisierung wieder in das Halbdunkel zurück, dem der Kampf der Rationalität gelten sollte[246]. In der Unsicherheit der hermeneutischen Grundlage teilt insoweit die analytische Wissenschaftstheorie das Ergebnis mit unzulänglich geklärter und unkritisch auf die Rechtsbetrachtung übertragener Dialektik. Abgesehen von aller Selbstbezeichnung der Standpunkte kommt es für den

---

[243] Vgl. F. *Müller*, Korporation und Assoziation. Eine Problemgeschichte der Vereinigungsfreiheit im deutschen Vormärz, 1965, 299 f.; auch 106 ff. — In der Soziologie hat sich die Vorstellung der „Wechselwirkung" gleichfalls als zu pauschal herausgestellt; vgl. *Geiger*, Vorstudien (Anm. 69), 170 f., zu dem sie nach Möglichkeit ersetzenden Modell einer „strukturellen Gesamtverursachung".

[244] Wie bei *Schindler*, Verfassungsrecht und soziale Struktur (Anm. 91); hiergegen *Ehmke*, Grenzen der Verfassungsänderung (Anm. 19), 69, und *Bäumlin*, Staat, Recht und Geschichte (Anm. 112), 65.

[245] Vgl. etwa *Weldon*, Kritik der politischen Sprache (Anm. 27), 121 ff., kritisch gegen die politische Metaphysik des Hegelianismus; auch 130 ff.; 138 ff., 151 gegen die Manipulierbarkeit auch marxistischer Dialektik; ferner etwa *Topitsch*, Das Verhältnis zwischen Sozial- und Naturwissenschaften (Anm. 16), 62 f.; *Popper*, Was ist Dialektik, jetzt in: Logik der Sozialwissenschaften (Anm. 69), 263 ff., 266 ff., 280 f., 283 ff.

[246] Vgl. für die Sozialwissenschaften *Habermas*, Analytische Wissenschaftstheorie und Dialektik (Anm. 130), z. B. 293, 296, 304 f. — Ferner zur Möglichkeit eines von standortgebundener Metaphysik befreiten Denkens in dialektischen Strukturen: *Wein*, Realdialektik. Von Hegelscher Dialektik zu dialektischer Anthropologie, 1957.

hier skizzierten Weg vor allem darauf an, „die Sache“ nicht zu substantialisieren oder zu logifizieren und sodann in Beziehung zu einer substanzhaft oder logisch autonomen „Norm“ zu setzen, sondern sie von vornherein als Konstituens hermeneutisch erfaßter rechtlicher Normativität herauszuarbeiten. So gesehen, genügt es noch nicht, auf die Weise angewandter Logik „die logische Struktur des besonderen Gehalts als solchen“[247] zu erhellen, da die logische nicht mit der hermeneutischen Struktur gleichzusetzen ist. Ebenso wenig genügt es, allgemein in „Realien“, in hermeneutisch nicht funktionalisierten Sachstrukturen einen entscheidenden Rückhalt für die Geltung von Recht und für den Wissenschaftscharakter der Jurisprudenz zu erblicken[248].

Speziell für das öffentliche Recht liegen die entscheidenden Sachfragen nicht schon in der Feststellung, Verfassungsnormen dürften nicht als Appelle mißverstanden werden, weil sie angewiesen seien „auf eine Begriffssubstanz, die in breitem Maße zunächst einmal real sein muß“[249]; sondern in dem Problem, wie diese Begriffssubstanz strukturiert sein, wie weitgehend sie Realität in die Normen hinüberzunehmen imstande sein und in welchen kontrollierbaren Schritten die Vermittlung zu bewältigen sein sollte. Gewiß müssen zum Zweck größerer Rationalität der Konkretisierung Selbstaussagewert und Verweisungscharakter jeder Verfassungsvorschrift deutlich unterschieden und muß ein Minimum an Selbstaussagewert durch rationale Konkretisierung der Norm erarbeitet werden. Es reicht aber nicht aus, nur Begriffsinhalte für hermeneutisch übernehmbar[250], die sachlichen Elemente des Normativen also für durch Begriffe hinreichend erfaßbar zu halten. Die normativ erfragte Sachstruktur ist dort noch nicht hermeneutisch verwertbar geworden oder dies doch nur auf die rein sprachlich-definitorische und damit nicht genügend kontrollierbare Weise begrifflicher Deduktion. Wieweit und wieweit nicht tatsächliche Sachverhalte im einzelnen mit normativer Wirkung versehen, Bestandteile der Sozialordnung von der Rechtsordnung rezipiert oder als rezipiert legitim zu behandeln sind, bleibt im Rahmen der letztlich zwischen Norm und Wirklichkeit abstrakt unterscheidenden Fragestellung offen[251], muß sich als richterliche Übermenschen voraus-

---

[247] *Engisch*, Vom Sinn des hypothetischen juristischen Urteils, in: Existenz und Ordnung, Festschrift für Erik Wolf, 1962, 398 ff., 414.

[248] So z. B. *Stratenwerth*, Das rechtstheoretische Problem der „Natur der Sache“ (Anm. 106), 30, in bezug auf die „unaufhebbare Relation von Wertgesichtspunkt und Sachstruktur“; *Fechner*, Rechtsphilosophie (Anm. 12), z. B. 142 ff., 143.

[249] *Lerche*, Stil, Methode, Ansicht (Anm. 2), DVBl. 1961, 695.

[250] Wie dies *Leisner* tut, Verfassungsauslegung (Anm. 35), DÖV 1961, 641 ff., 648.

[251] Vgl. etwa bei *Krüger*, Verfassungsauslegung aus dem Willen des Verfassungsgebers, DVBl. 1961, 685 ff. (Anm. 212), 688: es sei fraglich, wieweit „Wesen und Tendenz der Wirklichkeit“ maßgebend sein solle; *Häberle* (Anm.

setzender Appell oder als allgemein rechtspolitische Leitlinie formulieren, nicht aber als Handhabe oder als rationalisierende Grundvorstellung für praktische Rechtskonkretisierung.

Wird nicht bereits die Fragestellung ins Hermeneutische verlagert und auf die Struktur nicht nur des Normbegriffs, sondern der Norm gerichtet, so ergibt sich auch aus der Berücksichtigung von Applikation und Vorverständnis kein Ertrag, der über die allgemein rechtstheoretische Vermittlung hinausführen könnte[252]. Dasselbe erweist sich an dem Versuch, auf dem Weg phänomenologischer Wesensschau der Gehalte normativer Gebilde und Verhältnisse habhaft zu werden. So will vor allem Leibholz öffentlichrechtliche Begriffe wie „Staat", „Verfassung", „Demokratie", „Repräsentation" als allen Zweckmaßstäben entrückte „überzeitliche, eindeutige und ihrer Substanz nach nicht veränderliche geistige Gebilde" sehen[253]. Nicht nur sie, sondern auch Begriffe aller juristischen Disziplinen wie „Kauf", „Vertrag", „Beamtentum", „Strafe", „Öffentliche Anstalt" sollen, wenn auch historisch kontingente, so doch strukturell eindeutige „institutionelle Wesens- oder Dingbegriffe" sein, deren Substanz nur mit der „am Sein orientierten phänomenologischen Betrachtungsweise" erschlossen werden könne[254]. Der hermeneutische Ertrag dieser Bemühung entspricht nicht unbedingt dem Anspruch der begriffsrealistischen Spekulation. Die Methode „material-intuitiver Schauung in synoptischer Analyse" zeichnet sich wahrscheinlich weniger durch rationale Einsichtigkeit als durch metaphysisch verwurzelte Irrationalität aus[255]. Die hermeneutisch entscheidende Frage, wie, in welchen Fällen und wieweit der soziale und politische Untergrund staatsrechtlicher Normen in inneren Zusammenhang mit der Staats- und Verfassungstheorie gebracht werden könne, wie das konkret anzuwendende

---

223), DVBl. 1965, 788 f.: im Rahmen des Bonner GG entwickeltes institutionelles Denken müsse sich „der Wirklichkeit öffnen"; 789: gesellschaftliche Sachverhalte seien „nach Maßgabe des gewährten Grundrechtsschutzes ihrerseits implicite mitgeschützt".

[252] Vgl. bei v. *Pestalozza*, Grundrechtsauslegung (Anm. 122), 440, wo die Frage nach den Grenzen der Rezeption der Sozialordnung durch die Grundrechtsnorm offen bleibt und dem Einzelfall überlassen wird; vgl. auch ebd., 443, wo die Klärung der Grundfrage auf andere, noch zu suchende Gesichtspunkte der Interpretation verschoben wird; ferner *Ballweg*, Zu einer Lehre von der „Natur der Sache" (Anm. 18), 35: Wirklichkeit als Gestaltungsfaktor des Rechts, dies aber nur als „rechtspolitisches Regulativ"; hierzu mit Recht kritisch *Lerche*, Der Staat, Bd. 1 1962, 117 ff. (Anm. 98), 118, 119.

[253] *Leibholz*, Zur Begriffsbildung im Öffentlichen Recht (Anm. 192), jetzt in: Strukturprobleme der modernen Demokratie, 1958, 262 ff., 268; vgl. auch ders., Verfassungsrecht und Verfassungswirklichkeit (Anm. 94), ebd., 277 ff.

[254] *Leibholz*, Zur Begriffsbildung im Öffentlichen Recht (Anm. 192), 274.

[255] *Leibholz*, Zur Begriffsbildung im Öffentlichen Recht (Anm. 192), 270 f. Kritisch *Scheuerle*, Das Wesen des Wesens (Anm. 189), AcP 163 (1964), 429 ff., der die phänomenologische Wesensschau grundsätzlich mit dem Rechtsstaat für unvereinbar hält.

Verfahren im einzelnen auszusehen habe, das „jeweils der Eigenart des zu analysierenden Gegenstandes (Begriffes, Institution) anzupassen“[256] sei, nach welchen kontrollierbaren Aspekten es ferner nachzuweisen und praktisch zu machen sein soll, daß Recht „nicht nur Sollen, sondern zugleich auch entscheidend in der Seinssphäre verhaftet“ ist[257], wird nicht beantwortet, wird auch nicht als Frage gestellt. Daneben sehen sich das Normative und das Zweckhafte positiven Rechts zugunsten apriorischer Rechtsbegriffe, auf nicht nachprüfbare Weise historischer und dennoch zeitüberlegener Substanzen in den Hintergrund gedrängt. Auch soziale und rechtliche Grundphänomene sind jedenfalls insoweit Zweckbegriffe, als die konkrete normative Formung sie zu solchen macht. Die Struktur positivrechtlicher Normativität theoretisch reflektiert und praktisch verwertbar zu erfassen, ist die undankbare Aufgabe, der hier spekulativ ausgewichen wird. Neben der grundsätzlichen Bedenklichkeit subjektiv irrationaler Wesensschau mit ihrem Anspruch materialer Evidenz in der Rechtswissenschaft ist es vor allem das Fortleben des abstrakten Dualismus von Normativem und Nicht-Normativem, das diese Position an den hermeneutischen Problemen vorbeisteuert. Werden Phänomene und Begriffe als vorgegeben behandelt, so verfehlt Rechtskonkretisierung ihre Aufgabe, im Dienst konkreter positivrechtlicher Normativität zu stehen und mit begrenzten rationalen Mitteln, dafür aber möglichst kontrollierbar und intersubjektiv diskutierbar spezifisch juristische Objektivität zu erreichen. Eine im zuletzt genannten Sinn verstandene rechtswissenschaftliche Hermeneutik verwendet den Strukturbegriff im Sinn spezifischer Bauart eines Bereichs oder Verhältnisses, als Grundriß eines bestimmbar geordneten, im einzelnen möglichst zu rationalisierenden Zusammenhangs; nicht aber als Ausdruck einer „über-empirischen, dem Erkenntnisgegenstand immanenten, Gesetzmäßigkeit“[258]. Normstruktur als Ergebnis hermeneutischer Analyse der rechtlichen Normativität kommt in diesem Sinn nicht in den Blick, wenn die Spannung zwischen Verfassungsnorm und Verfassungswirklichkeit lediglich „als eine solche zwischen Normativität und Existentialität, zwischen Sollen und Sein, zwischen sittlicher Vernunft und Natur“[259] behauptet und zur Vermeidung hermeneutischer Problematik als auf ungeklärte Weise „dialektisch“ abgestempelt wird. Von hier aus kann die (in ihren Begriffen phänome-

[256] *Leibholz*, Zur Begriffsbildung (Anm. 192), 275.

[257] Ebd. (Anm. 192), 269.

[258] *Leibholz*, Zur Begriffsbildung (Anm. 192), 276; vgl. allgemein ferner ders., Verfassungsrecht und Verfassungswirklichkeit, a.a.O. (Anm. 94), 277 ff.; 277 f.: Hineinragen von Realien in das Recht; zum folgenden: 280, dialektische Spannung zwischen Verfassungsnorm und Verfassungswirklichkeit; 281, Lösung der Spannung im Weg eines umfassend formulierten Appells an Rechtsauslegung und Rechtsanwendung.

[259] *Leibholz*, Verfassungsrecht und Verfassungswirklichkeit (Anm. 94), 280; zu den absoluten Grenzen wirklichkeitsbezogener Interpretation 278 f., 279.

nologisch oder geistesgeschichtlich eruierte) Verfassungsnorm nicht als Element und Hauptfaktor des Wirklichkeitsbezugs der Interpretation erscheinen — dies wäre hermeneutisch gedacht —, sondern nur als dessen absolute Grenze. Die rechtstheoretische wie die rechtsphilosophische Trennung von Norm und Faktum und die rechtssoziologische Sicht der Norm allein *als* Faktum; formallogischer, soziologischer wie phänomenologischer Positivismus erweisen sich, am Maßstab ihrer Brauchbarkeit für praktische Jurisprudenz, für Theorie wie Konkretisierung einer bestimmten Rechtsordnung, in gleicher Weise als Grenzen einer möglichen juristischen Hermeneutik.

All diese Ansätze kommen nicht weiter als der bedeutsame Versuch von Emil Lask, noch auf dem Boden der neukantianischen Erkenntniskritik südwestdeutscher Prägung vom Problem der Rechtsgeltung aus den Dualismus von Norm und Faktizität zu differenzieren. Für Lask gründet sich die methodologische Eigenständigkeit der Jurisprudenz auf ihren Charakter als wertbeziehende Kultur- (also: Geistes-)wissenschaft. Sozialtheorie des Rechts und Jurisprudenz werden getrennt. Die sozialwissenschaftliche Rechtsdisziplin hat die Aufgabe, die unter Wertgesichtspunkten ausgesuchten Kulturerscheinungen in ihrer Faktizität abzugrenzen, sie in ihrer gegenseitigen Abhängigkeit und sozialen Wirksamkeit zu erforschen und dabei die Bedeutungssphäre nur in ihrer Korrelationsfunktion zu berücksichtigen[260]. Das Recht erscheint als Reich reiner Bedeutungen, abgelöst von den realen Trägern seiner Konkretisierungs- und Individualisierungsprozesse. Abstrakter Norminhalt und dessen konkrete empirische Unterlage werden strikt getrennt. Doch begreift Lask die einseitige Orientierung der juristischen Logik an den naturwissenschaftlichen Systembildungen als Verkennung der für die Rechtswissenschaft typischen Ordnungsaufgabe[261]. Es soll nicht nur das Verhältnis des Rechts als eines begrifflich fertigen Normenkomplexes zur vorrechtlichen Welt als ein logisches Verhältnis von der Methodologie erhellt werden, sondern auch die Fülle rechtlicher Konkretisierungen in den einzelnen Rechtsausübungen, Rechtsakten, Rechtsverletzungen[262]. Die rechtlichen Bedeutungen sind abstrakt; konkrete selbständige Realexistenz kommt ihnen nicht zu. Lasks Rechtsdenken muß seit seiner „Logik der Philosophie“ (1911) auf dem Hintergrund einer kennzeichnenden Zweiweltentheorie, eines schroffen Dualismus des Unsinnlichen und des Sinnlichen gesehen werden, der gleichwohl durch den Nachweis, beide Sphären könnten ohne einander keinen Bestand haben, als ver-

[260] Vgl. *Lask*, Rechtsphilosophie (Anm. 19), in: Gesammelte Schriften, 1923, 1. Band (= I), 275 ff., 313.

[261] Vgl. Rechtsphilosophie (Anm. 19), I, 327.

[262] Rechtsphilosophie (Anm. 19), I, 319.

bundener, wenn auch wiederum im Grund nur sekundär vermittelter Dualismus deutlich wird[263].

Aufschlußreich ist in unserem Zusammenhang besonders Lasks Geltungsvorstellung, die von Radbruch übernommen und zur „Stoffbestimmtheit der Idee“ umformuliert wurde[264]. Die Grundlage bildet Lasks Lehre von der Bedeutungsdifferenzierung[265]. Formcharakter überhaupt wird als „Hingeltungssymptom“, die Bestimmtheit der Einzelform wird als Symptom des Hinweisens geltender Form auf bestimmtes Einzelmaterial verstanden. Form ist auf Ergänzung durch inhaltliche Erfüllung schlechterdings angewiesen. Formbestimmtheit erscheint generell als Festgelegtheit auf bestimmte Inhalte. Das Konstatieren der Bestimmtheit der Form geht bereits über das Geltende hinaus, „hat immer schon dessen Bezogenheit zur Besonderheit des Materials mit hinzugenommen, seine Stellung als Beziehungsglied im Verhältnis zu bestimmtem Material mit zum Ausdruck gebracht“[266]. Bedeutungsbestimmtheit des Geltenden, also das Prinzip der „intelligiblen Materie“, und bedeutungsbestimmendes Moment des Materials werden in einem Verhältnis gesehen, das Hegels dialektischem Prinzip unversöhnbar entgegensteht. Die Formen weisen auf das Material, nicht etwa dialektisch auf einander. Sie gehen nicht, wie in Hegels spekulativer Metaphysik, auseinander sachlich hervor. Ihr einziges Differenzierungsprinzip ist das Außerlogische und Alogische, das die Einzelform und ihre Bestimmtheit prägt. Der schroffe Dualismus von alogischem „Trübungseinschlag“ und dem Wesen des Theoretischen, das als „das rein Logische“ nur in der theoretischen Form überhaupt gesucht werden könne[267], zeigt nachdrücklich das Gewicht der Abstraktion, mit dem auch diese Geltungstheorie beladen ist. Doch ruhen Geltungsgehalte selbst logischer Art, sofern sie Bestimmtheiten sind, nicht in sich. Sie verweisen über sich hinaus. Geltung ist Hin-Geltung, und gerade darin besteht der Formcharakter des Geltens. „Form“ überhaupt ist für Lask nichts anderes als eine Abbreviatur für die Relation des Hingeltens[268]. Für die Rechtsphilosophie heißt das zu-

---

[263] Hierzu *Rickert*, Geleitwort (Anm. 19), I, S. V ff., XII.

[264] *Radbruch*, Rechtsphilosophie, Hrsg. Erik Wolf, 5. Aufl., 1956, 98 und f., in Richtung auf die „Natur der Sache“ gedeutet, der hier methodologische Bedeutung noch abgesprochen wird; anders hingegen ders., in: Die Natur der Sache als juristische Denkform, Festschrift für Laun, 1948, 157 ff., 162: die „Natur der Sache“ als Ergebnis einer streng rationalen Methode, nicht nur eines Glücksfalls der Intuition; vgl. zur Lehre von der Stoffbestimmtheit der Idee auch *Radbruch*, Rechtsidee und Rechtsstoff, Arch. f. Rechts- und Wirtschaftsphilosophie, Band 17 (1923/24), 343 ff.

[265] Die Logik der Philosophie und die Kategorienlehre, Gesammelte Schriften, Band 2 (= II), 1 ff.; 58 ff.; dort auch zum folgenden.

[266] *Lask*, Logik der Philosophie (Anm. 265), II, 58 f., 59.

[267] Logik der Philosophie (Anm. 265), II, 62 und f.

[268] Logik der Philosophie (Anm. 265), II, 174; ferner II, 32, 69, 83, 173 f., 456 und III, 112.

nächst, daß der juristische Methodologe den jeweils schon vorgefundenen, auf primitive Art disziplinierten Stoff ebenso wie die vorwissenschaftliche Begriffsbildung in die Betrachtung einzubeziehen hat. Die Rechtswissenschaft als Geisteswissenschaft findet nicht facta bruta, sondern eine komplexe Kulturrealität als ihr Material vor. Dabei ist eine grundsätzliche Trennung zwischen der Methodologie der vorwissenschaftlichen und jener der wissenschaftlichen Rechtsbegriffe nicht möglich[269]. Juristische Methodologie untersucht neben der Systemform der Jurisprudenz vor allem die spezifische Stellungnahme von Recht und Rechtswissenschaft zum vorjuristischen Lebens- und Kultursubstrat, somit die Umprägung des vorrechtlichen Materials in Rechtsbegriffe[270]. Der abstrakte Dualismus zieht sich, bei aller Fruchtbarkeit des Gedankens der Hingeltung, beharrlich durch die Einzelbestimmungen des Laskschen Entwurfs. Geleitet von Zweckbeziehungen, löst die Jurisprudenz Teilinhalte aus der Totalität des Wirklichen; doch ist es eine Gedankenwelt reiner Bedeutungen, in die das reale Substrat des Rechts umgesetzt wird. Das Recht im konkret-subjektiven Sinn wird in die Vereinzelung und Mannigfaltigkeit des realen Lebens hineingerissen. Im Einzelfall verschränken sich rechtliche Bedeutung und reales Substrat. Doch gilt dieses gleichwohl als vorrechtliche Wirklichkeit. Auch das zeitlich individualisierte und konkretisierte Recht bleibt eine Sphäre reiner, von den realen Trägern abgelöster Bedeutungen[271]. Zwar kann von der „Anschmiegung des Rechts an sein Substrat“ ausgegangen werden, zwar ist eine „Wechselwirkung“ zwischen den Welten des Seienden und des Geltenden[272] zu konstatieren und die praktische Aufgabe des Rechts als systembildender Faktor anzuerkennen. Doch wird das Substrat nicht in seiner für rechtliche Normativität mitkonstituierenden Bedeutung gesehen, sondern nur als Element vorrechtlicher Gestaltung. Überhaupt werden zwar Besonderheiten rechtswissenschaftlicher Methodik herausgearbeitet, nicht aber das Spezifische rechtlicher Normativität gegenüber der allgemein logischen Kategorie des Geltens abgehoben. Die Struktur rechtlicher Normen kann so nicht zum Thema werden, damit auch nicht der Ansatz des hermeneutischen Problems. Wenn auch die Verflechtung der konkretisierten Rechtswelt mit der lebendigen Wirklichkeit die Rechtsprechung unmittelbar angehen soll[273], wenn auch die Anschmiegung des Rechts an sein Substrat nicht nur eine allgemeine Anlehnung an die je schon teleologisch geformten Lebensrealitäten, sondern auch

---

[269] Rechtsphilosophie (Anm. 19), I, 275 ff., 309 f.; vgl. auch 316 f.

[270] Rechtsphilosophie (Anm. 19), I, 315; zum folgenden 316 f.

[271] Rechtsphilosophie (Anm. 19), I, 318; zum folgenden 323.

[272] Rechtsphilosophie (Anm. 19), I, 319; zum praktischen Beruf des Rechts: 326.

[273] Rechtsphilosophie (Anm. 19), I, 320; zur Eigenart rechtlicher „Anschmiegung“: I, 323 f., 324.

die „Beibehaltung eines gewissen Kernes der psychophysischen Gegebenheit“ als konkrete Sachbestimmung meint, wird im Prinzip dennoch an der Abstraktheit der juristischen Welt gegen die Richtung der eigenen Einsicht festgehalten. Eine Norm, „die bloß *gilt*“, kann sich nicht „mit anderen isolierbaren Seiten des Kulturlebens“ zur selbständigen Realität ergänzen[274].

Wäre nicht Geltung auch als Hingeltung nur formal bestimmt, wäre die Rechtsnorm nicht nur ein unspezifischer Unterfall des Hingeltungscharakters von Form überhaupt, stände der wichtige Begriff der Hingeltung nicht vor dem Hintergrund einer durch „Wechselwirkung“ nur unwesentlich belebten Zweiweltentheorie, so könnten die rechtliche Vorschrift und ihre spezifische Normativität durchaus als hermeneutisch selbständige Realität zur Frage werden. So aber sieht sich der Jurist darauf beschränkt, den gedanklichen Inhalt von Rechtsnormen in einen systematischen Zusammenhang zu bringen. Die rechtsgeschichtliche oder soziologische Analyse wird nicht zur Teilanalyse konkreter Normativität. Sie bleibt bei Lask bloße Vorarbeit, Grenzregulierung, Voraussetzung juristischer Systematik, mag sie auch aus Gründen der Wissenschaftstechnik vom Rechtswissenschaftler mit besorgt werden[275]. Im hermeneutischen Ergebnis besagt, von ihrer exakteren Fassung abgesehen, diese auf dem Boden des Neukantianismus am weitesten vorstoßende Reflexion des Verhältnisses von Wirklichkeit und Recht nicht weniger als die erörterten Gegenpositionen geisteswissenschaftlicher Vermittlung. Es ist nicht nur so, daß die Antwort nicht konkreter sein kann als die ihr vorhergehende Fragestellung. Es bleiben vor allem die entscheidenden Bezugsbegriffe dieser Fragestellung: „Recht“ und „Wirklichkeit“ so lange in einer formalen oder besser: in einer verbalen Allgemeinheit stehen, als sie nicht von der Richtung der Frage veranlaßt werden, ihrerseits einer engeren, dafür aber genaueren Fassung des Erkenntnisinteresses standzuhalten. Dieses muß hermeneutisch sein, wenn die Erörterung des Verhältnisses von Recht und Wirklichkeit für die Konkretisierung einer bestimmten positiven Rechtsordnung, für die theoretisch reflektierten Aufgaben juristischer Praxis von Aussagewert sein soll.

---

[274] Rechtsphilosophie (Anm. 19), I, 313.
[275] Rechtsphilosophie (Anm. 19), I, 313.

VIII. Zur „Natur der Sache"

Das Dilemma aller Überlegungen zum Thema, die nicht an diesem Punkt ansetzen, erweist sich auch an den rechtstheoretischen Bemühungen um die „Natur der Sache". Dabei kann dem scheinbaren Ausweg, die Natur der Sache in naturrechtlicher Region anzusiedeln und sie im Bedarfsfall gegen die positivrechtlichen Vorschriften auszuspielen[276], nicht gefolgt werden. Zur maßgebenden Richtschnur für Gesetzgeber und Richter, zum außerpositiven Maßstab der sachlichen Richtigkeit und der menschlichen Gerechtigkeit allen materialen positiven Rechts und schließlich sogar zu der es korrigierenden Instanz eine „Natur der Sache" zu erklären[277], die als außergesetzliche Rechtsquelle nur geglaubt, in ihrer Höherwertigkeit gegenüber der positiven Rechtsordnung nur postuliert, in ihrer Seins-, Sinn-, Wert- und Sollensstruktur nur undeutlich skizziert werden kann, überschreitet nach dem hier entwickelten Verständnis die Aufgabe der Rechtswissenschaft. Abgesehen von dem unkontrollierbaren Machtfaktor, der in der Durchsetzung standortgebundener Ansichten kraft „naturrechtlicher" Argumentation liegt, ist naturrechtliche Spekulation für das Thema, das Verhältnis von Recht und Wirklichkeit hermeneutisch fruchtbar zu machen, ohne Wert. Häufig genug werden hermeneutische Probleme durch Berufung auf naturrechtliche Evidenz, Vorgegebenheit oder Aufgegebenheit gerade umgangen. Die Mißlichkeit solcher Abstützung wird hermeneutisch durch das Vermischen naturrechtlicher Gehalte mit positivrechtlichen Regelungen nicht vermindert. Schon Savigny[278] hat sich entschieden gegen die Einschaltung einer naturrechtlich konzipierten „Natur der Sache" in die Rechtsauslegung und besonders gegen ihre Vermengung mit positivrechtlichen Argumenten gewandt.

Die Rechtsprechung des Bundesgerichtshofs weist eine Reihe spektakulärer Beispiele dafür auf, wie materiellrechtlich gewaltsam und hermeneutisch unsinnig eine naiv direkte Berufung auf übergesetzliche In-

---

[276] Besonders betont bei *Maihofer*, Die Natur der Sache, ARSP XLIV (1958), 145 ff., z. B. 172. — Zum geschichtlichen Sinnwandel und zur gegenwärtigen Diskussion der Lehre von der „Natur der Sache" vgl. die Darstellung bei *Schambeck*, Der Begriff der „Natur der Sache". Ein Beitrag zur rechtsphilosophischen Grundlagenforschung, 1964, bes. 7 ff., 122 ff.; zur Verwendung in der Rechtsprechung vgl. ebd., 93 ff. — Ebd., 141 ff., 144: präpositiver Ordnungsanspruch der „Natur der Sache" als Ausdrucks des „Wesens einer Gegebenheit".

[277] Vgl. *Maihofer* (Anm. 276), ARSP XLIV, 145 ff., 172 f.

[278] v. *Savigny*, Juristische Methodenlehre (Anm. 34), 47.

halte im Sinn unmittelbar „anwendbarer" Obersätze ist. Geltungsgrund, Umfang, Inhalte und Grenzen des „allgemeinen Sittengesetzes"[279] oder der „allgemeingültigen Sittengesetze der christlich-abendländischen Kultur"[280] sind unter den Rechtsgenossen, in der Wissenschaft und auch in der Praxis der höchsten Gerichte bemerkenswert strittig. Es ist in diesen Kontroversen bislang noch nicht erwiesen worden, „das" Sittengesetz liefere ohne Rückhalt in der geltenden Rechtsordnung und ohne Rücksicht auf die Überzeugung der „billig und gerecht Denkenden" schlicht anwendbare normative Sätze[281], auf die sich Rechtskonkretisierung unproblematisch und unter dem Aspekt rationaler und nachprüfbarer Darlegung unverantwortlich zurückziehen könnte. Die Überzeugung der redlichen Rechtsgenossen über sittliche Fundamentalnormen, die für menschliches Zusammenleben unentbehrlich und als Teil der geltenden Rechtsordnung konkretisierbar sind, muß real sein; Postulate ersetzen sie nicht legitim[282]. Mit Recht hält es das Bundesverfassungsgericht für entscheidend, ob nach soziologischem Befund, der nicht durch subjektive Wertung des Interpreten belastet werden soll, eine Verhaltensnorm im Geltungsbereich der zu konkretisierenden Rechtsordnung als geltendes Sittengesetz allgemein anerkannt und als verbindlich betrachtet wird[283]. Hingegen will der Bundesgerichtshof die von ihm im Einzelfall vertretenen Aspekte des Sittengesetzes als vorgegebene Sollenssätze verstanden wissen, die unabhängig von der Anerkennung der Normadressaten als hinzunehmende Wertordnung das menschliche Zusammenleben bestimmen[284]. Rechtskonkretisierung im demokratischen Rechtsstaat muß bemüht sein, den Bereich hermeneutisch kurzschlüssiger Bekenntnisse zu verlassen und Elemente der Argumentation zu erarbeiten, die im Rahmen rechtswissenschaftlicher, also auf ganz spezifische Weise relativer Objektivität konkret im Sinn von rational prüfbar und diskutier-

[279] Vgl. z. B. OLG Frankfurt, NJW 1953, 1308; OLG Celle, NJW 1953, 987.

[280] BGHZ 5.76 (97).

[281] Zu Recht kritisch daher *Esser*, Grundsatz und Norm (Anm. 1), 41 ff.; *Wieacker*, Gesetz und Richterkunst (Anm. 1), 13 f.; vgl. auch *Evers*, zum unkritischen Naturrechtsbewußtsein in der Rechtsprechung der Gegenwart, JZ 1961, 241 ff., 247.

[282] Zum realen Konsens aller „Vernünftig- und Gerecht-Denkenden" als Grundlage der Maßgeblichkeit eines verfassungstheoretischen Vorverständnisses vgl. vor allem *Ehmke*, VVDStRL 20 (1963), 53 ff. (Anm. 1), 71 f., 101.

[283] Vgl. BVerfGE 6.389.

[284] Vgl. BGHSt 6.46.52; hiergegen *Evers* (Anm. 281), JZ 1961, 241 ff. Vgl. ferner die kategorischen Postulate einer „Angelegtheit des Menschen auf sittliche Selbstbestimmung" in BGHSt 2.194.200 oder von Sachgesetzlichkeiten „nach Natur und Schöpfungsordnung", BGHZ 8.243; kritisch *Wieacker*, Gesetz und Richterkunst (Anm. 1), 13 f.; *Weischedel*, Recht und Ethik (Anm. 136), 1956, z. B. 6 ff.; A. *Kaufmann*, Zur rechtsphilosophischen Situation der Gegenwart, JZ 1963, 137 ff., 144. Postulatorisch und von eigenen wertenden Vorgriffen getragen ferner z. B. die Entscheidungen des BGH in NJW 1953, 431; 1954, 425; NJW 1955, 1287.

bar sind. „Natur der Sache“ kann in diesem Sinn keine undifferenzierte Totalaussage sein, sondern nur das Ergebnis umgrenzbarer, rational differenzierender Strukturanalysen. Die Umgrenzung muß sich vor allem an die zu konkretisierende Rechtsnorm und an ihren normativen Spielraum halten, der zugleich den Spielraum der empirischen Fragerichtung absteckt. Als begrenzte Teiluntersuchung des Normbereichs und seiner Struktur erhebt nach dem hier erarbeiteten Verständnis die „Natur der Sache“ gerade nicht den Anspruch auf blind anzunehmende Geltung, auf unbedingte Verbindlichkeit. Vielmehr muß sie sich dem Urteil von Judikatur, Lehre und Rechtsgenossen stellen, indem sie möglichst kontrollierbare, normativ geleitete Sachkriterien der Normkonkretisierung anbietet. Andernfalls wird richterliche Kompetenz zum vielleicht ungewollten Instrument ideologischer Fixierung, wenn unter „Ideologie“ ein —kraft verschwiegener materieller Vorentscheidung — der Wirklichkeit unangemessenes Denken verstanden werden soll, eine als korrekt weitergegebene Theorie, die in Wahrheit durch absichtlich oder unabsichtlich in den Erkenntnisvorgang aufgenomme Wertungen verändert ist, also ein theoretisch gemeintes A-Theoretisches[285].

Die Bemühungen um ein „konkretes Naturrecht“ tragen zum Teil der hermeneutischen Unmöglichkeit Rechnung, die sogenannten „Normen“ des Sittengesetzes als fertig anwendbare Rechtssätze aufzufassen, unter die rechtliche Sachverhalte im Stil eines naturrechtlichen Positivismus subsumiert werden könnten. So wenig eine Rechtsentscheidung dem Gesetz einfach entnommen werden kann, so wenig ist sie unmittelbar aus allgemeinen, etwa aus naturrechtlichen Rechtsgrundsätzen ableitbar. So wenig sie sich allein aus Gesetz oder „Naturrecht“ ergibt, so wenig trägt die konkrete Situation ohne Bezug auf Grundsatz und Norm die richtige Entscheidung im Sinn eines Rechtsexistentialismus bereits in sich[286]. Die Vorstellungen vom Sittengesetz stellen keine Normen, sondern rechtsethische Maßstäbe, Prinzipien zur Verfügung, die erst im Rahmen der Rechtsordnung konkretisiert und dabei auch an der „sachbestimmten Mitte der konkreten Situation“, an der konkreten Natur der Sache orientiert werden müssen[287]. Solchem aristotelisch verpflichteten Rechtsdenken ist die Natur der Sache das spezifische tertium, in dem Idee, Norm und Sachverhalt übereinkommen; sie ist „der tópos, in dem sich Sein und Sollen begegnen, . . . der methodische Ort der Verbindung

---

[285] Nach Th. *Geiger*, Kritische Bemerkungen zum Begriff der Ideologie, in: Arbeiten zur Soziologie, 1962, 420; vgl. auch ders., Art. Ideologie, HdSW Band 5, 1956, 179 ff., bes. 182.

[286] Vgl. A. *Kaufmann*, Zur rechtsphilosophischen Situation (Anm. 284), JZ 1963, 137 ff., 139, 144, mit Kritik an der insoweit naiv naturrechtlichen Rechtsprechung des BGH; zu dieser die obigen Nachweise Anm. 284.

[287] A. *Kaufmann*, Zur rechtsphilosophischen Situation (Anm. 284), JZ 1963, 137 ff., 139.

(„Entsprechung") von Wirklichkeit und Wert"; sie ist als eigentlicher Träger des objektiven, von aller Rechtserkenntnis angestrebten rechtlichen Sinnes zugleich der Angelpunkt des für Gesetzgebung und Rechtsfindung umfassend konzipierten analogischen Verfahrens[288]. Werden auch von diesem Ansatz zahlreiche Trugschlüsse herkömmlicher Hermeneutik vermieden, so erweist er sich doch mit seiner im Allgemeinen gehaltenen rechtstheoretischen Fassung, mit seinem integralen Einbeziehen überpositiver Rechtsgrundsätze, der „Rechtsidee", in das Zusammenspiel von Rechtsnorm und Rechtsentscheidung und mit seinem Ausgehen von strikter rechtstheoretischer Unterschiedenheit von „Sein" und „Sollen", von Sollensbegriffen und empirischer Faktizität als für den hier unternommenen Versuch unbrauchbar. Auch das Verfahren der Analektik als der intendierten Mitte zwischen Logik und Dialektik ist auf diese Scheidung von Sein und Sollen bezogen, arbeitet also nach dem hier entwickelten Verständnis nicht hermeneutisch im Dienst der geltenden positiven Rechtsordnung und der spezifischen Struktur ihrer Normativität[289]. Auch übt die Bemühung, das Verhältnis von Recht und Wirklichkeit von der Struktur der Norm aus hermeneutisch zu differenzieren, Askese gegenüber naturrechtlichen oder sonstigen überpositiven Versicherungen, da sie gerade die traditionelle Vermischung rechtstheoretischer Vorgriffe mit hermeneutischen Problemen als Ursache abstrakter Verallgemeinerung und hermeneutischer Stagnation ansieht. Für praktische Verfahren der Normkonkretisierung reicht es nicht hin, Recht als die Entsprechung von Sollen und Sein zu begreifen, Rechtsordnung auf die Analogie des Seins als die Mitte zwischen Identität und Widerspruch, zwischen Gleichheit und Verschiedenheit zu gründen, den Vorgang der Angleichung von konkretem Lebenssachverhalt und Norm mit den Metaphern „zugleich", „dialektisch" und „Wechselwirkung" zu kennzeichnen und damit die Rechtsfindung im ganzen als „ein Hand in Hand gehendes Hinübertasten vom Bereich des Seins in den Bereich des Sollens und vom Bereich des Sollens in den Bereich des Seins" zu begreifen[290].

So wichtig das Herausarbeiten eines ursprünglich analogischen Charakters von Recht und Rechtsfindung für die Rechtstheorie ist, so wenig ergibt es für die hier gesuchten Einzelheiten einer juristischen Hermeneutik von „Recht und Wirklichkeit". Diese sehen sich als Sein und Sollen geschieden, wenn auch durch das Verfahren der Analektik in zwar rechtstheoretisch, nicht aber hermeneutisch bestimmte Beziehung gesetzt.

---

[288] A. *Kaufmann*, Analogie und „Natur der Sache" (Anm. 124), 35.

[289] Zu A. *Kaufmann*, Analogie und „Natur der Sache" (Anm. 124), z. B. 8 f., 10, 14 f., 23, 25, 29 und ff., 32, 35; vgl. auch 44: analoges Verhältnis von Sollen und Sein.

[290] A. *Kaufmann*, Analogie und „Natur der Sache" (Anm. 124), 32; ferner 14, 23, 29 f., 31.

Es stimmt damit überein, daß die Natur der Sache allgemein als die jeweilige Identität des Sinnverhältnisses[291] erscheint, als Größe nur relationalen Charakters zwischen „Sein und Sollen", nämlich zwischen Lebenssachverhalt und normativer Qualität; als Katalysator, der bei jedem Akt von Gesetzgebung und Rechtsfindung die „Rechtsidee", die Gesetzesnorm und den Lebenssachverhalt in Entsprechung zu bringen vermag. Auch andere Konzeptionen leiden, von der Bemühung um rationale juristische Hermeneutik her gesehen, an allzu großer Spiritualisierung der „Natur der Sache"[292]. Hermeneutisch muß nicht nach dem auf eine „Rechtsidee" bezogenen Sinn eines Lebensverhältnisses gefragt werden, sondern nach der vom normativen Spielraum des Leitgedankens einer Rechtsvorschrift her erforschten wirklichen Sachstruktur des Normbereichs. Sonst entfernt sich die ursprünglich auf Konkretion gerichtete Erörterung zu weit vom normativen Gehalt der zu konkretisierenden Vorschrift; sonst erscheinen schließlich „auch die Rechtsideen wesensmäßig für und durch den Rechtsstoff, durch das jeweilige Zeitalter, durch die besondere Nation bestimmt, kurz durch die Natur der Sache"[293]. Gewiß darf das, was mit der „Natur der Sache" gemeint ist, nicht naturalistisch mißverstanden werden. Doch ist es die Frage, ob es den Anspruch erheben soll, bestehende oder als bestehend behauptete Seinsgesetzlichkeiten abzubilden, statt dem normativen Leitgedanken der im Einzelfall zu konkretisierenden Rechtsvorschrift die heuristische Führung zu überlassen und in ihrem normativen Rahmen den Normbereich als empirische Bezugsgröße möglichst kontrollierbar in seinen Grundzügen zu erforschen. An die Stelle der rechtsideellen Struktur der Rechtstheorie sollte für die juristische Hermeneutik die normativ erfragte und begrifflich erfaßte Sachstruktur des Normbereichs treten. Die Bemühung um

---

[291] A. *Kaufmann*, Analogie und „Natur der Sache" (Anm. 124), 35, 44.

[292] Vgl. *Radbruch*, Die Natur der Sache als juristische Denkform (Anm. 264), 161 ff.: Natur der Sache als anschauliches Bild für etwas rein Ideelles, als „Wesen", als auf eine Rechtsidee bezogener juristischer Sinn eines Lebensverhältnisses, 162; gegen Radbruch von ganz anderer, hier nicht geteilter Basis aus: *Emge*, Verhältnis (Anm. 86), 108; vgl. ferner *Scheuner*, Recht und Gerechtigkeit in der deutschen Rechtslehre der Gegenwart, in: Recht und Institution, Hrsg. Dombois. 1956, 36, 45: sachlogische Strukturen als „logische Urteile", als „rechtskonstruktive Gedanken", als „Bestandteile eines bestimmten gedanklichen Systems"; hierzu kritisch *Stratenwerth*, Das rechtstheoretische Problem der „Natur der Sache" (Anm. 106), 9 f.; allerdings seinerseits die sachlogischen Strukturen in eine „Sphäre des idealen Seins" verweisend, 10; ebd., zu Recht gegen Scheuner, daß nicht die sachlogischen Strukturen selbst, nur die Aussagen über sie als logische Urteile bezeichnet werden können. — Bei *Reinach*, Die apriorischen Grundlagen des bürgerlichen Rechtes, 1913; Neuauflage: Zur Phänomenologie des Rechts, 1953, z. B. 14 ff., 218 ff., wird der phänomenologisch erarbeiteten „apriorischen Rechtslehre" völlige Unabhängigkeit von allem positiven Recht zugesprochen, der „Natur der Sache" somit hermeneutische Verwertbarkeit weitgehend genommen, da er auch den Bestimmungen des positiven Rechts absolute Freiheit einräumt.

[293] *Radbruch*, Die Natur der Sache als juristische Denkform (Anm. 264), 163.

die Natur der Sache im geläufigen Sinn ist damit allerdings verlassen. Diese zeichnet sich auch außerhalb der bisher erörterten Auffassungen durch eine Allgemeinheit aus, die hermeneutischen Normbezug zum Zweck praktischer Rechtskonkretisierung nicht leicht zuläßt. Das gilt für ein Verständnis allgemein gefaßter Seinssachverhalte, die nicht nur den Rahmen möglicher Sinnentwürfe abstecken, sondern diese auch inhaltlich konturieren sollen[294]; wie, in welchen Grenzen und mit welchen einzelnen Möglichkeiten des Einbezugs in die Normkonkretisierung die Seinssachverhalte den Sinndeutungen „vorgegeben" und darum diese an jene gebunden seien, wird jedoch hermeneutisch nicht deutlich, wenn damit „bestimmte ontologische Grundgegebenheiten" gemeint sind, „an die jede denkbare Wertung gebunden ist und die darum jeder Wertung feste Grenzen setzen", und wenn als Beispiele „die ontologische Struktur der Handlung" und „die sachlogische Struktur der Schuld" angegeben werden[295]. So richtig ist es, daß der Gesetzgeber nicht schlechthin an solche „ewigen Wahrheiten" gebunden ist, sondern nur dann, wenn er ihren Grundsatz erst einmal übernommen hat, so wenig ergibt die vielleicht allzu fundamentale Ontologisierung sachlogischer Strukturen für juristische Hermeneutik und für die Probleme ihres rationalen Verfahrens. Ähnliches gilt für umfassende Aussagen über „die menschliche Situation überhaupt in ihren grundlegenden Wesenszügen"[296].

Die condition humaine ist nicht in selbstverständlicher Eindeutigkeit gegeben. Selbst bei Annahme gleichbleibender Grundverfassung der sozialen Welt, wie sie allerdings bislang nicht belegt werden konnte, wäre diese für den Menschen doch jeweils so, wie er sich in ihr versteht und auslegt. Was „Ehe" und „Staat", was „Handlung" und „Schuld" bedeuten, hängt immer auch davon ab, wie der Mensch sich selbst und seine Welt deutet[297]. Auch in diesem allgemeinen Bereich sind das applikative Moment des Verstehens, seine Aktualität und Bindung an das produktive Vorverständnis nicht zu umgehen. Die Ontologisierung und Verallgemeinerung der „Natur der Sache" oder der Frage nach sachlogischen Strukturen belastet jede auf ihrem Boden versuchte Interpretation mit unabsehbaren und hermeneutisch nicht immer sinnvollen Vorfragen. Dagegen soll die normativ geleitete Realuntersuchung des Normbereichs im hier entwickelten Sinn die juristische Argumentation von spekulativer Metaphysik ebenso entlasten wie von den kryptospekulativen Be-

---

[294] *Welzel*, Naturrecht und materiale Gerechtigkeit, 4. Aufl. 1962, 243, 244. Vgl. auch *Weischedel*, Recht und Ethik (Anm. 136), 6 ff., 9 f.

[295] *Welzel*, Naturrecht und materiale Gerechtigkeit, 2. und 3. Aufl. (1955, 1960), 197; ebd. (1955, 1960), 198, zum folgenden. — Vgl. aber jetzt die 4. Aufl. (1962), 243 ff.

[296] So *Coing*, Grundzüge der Rechtsphilosophie, 1950, 119, 121; vgl. auch 122 ff.; kritisch *Weischedel*, Recht und Ethik (Anm. 136), 7 f., 9.

[297] *Weischedel*, Recht und Ethik (Anm. 136), 9.

griffsfassaden eines selbstgenügsamen Rechtspositivismus. Zwischen der Konkretisierung bei der Rechts„anwendung“ und jener bei der Gesetzgebung ist in diesem Zusammenhang kein grundlegender Unterschied feststellbar. So wenig es die Feststellung empirischer Sachstrukturen dem Gesetzgeber erspart, wertend und ordnend tätig zu werden, so wenig kann die Untersuchung des Normbereichs der zu konkretisierenden Rechtsvorschrift zu normlosem Soziologismus entarten und die Anleitung durch den normativen Leitgedanken abschütteln. Diese Bindung an konkrete Normativität läßt die juristische Hermeneutik nicht nach ontologisch begründeten Strukturen, über- und im Konfliktsfall gegenpositiven Regeln oder nach ewigen Wahrheiten fragen. Die der Rechtswissenschaft nur begrenzt mögliche, in dieser Begrenztheit sie aber verpflichtende Objektivität beschränkt den Problemzusammenhang praktischer Hermeneutik auf die Konkretisierungsfragen des positiven (geschriebenen wie ungeschriebenen) Rechts. Die Bindung an die positive Rechtsnorm verhindert auch die naturrechtliche petitio principii, in ontische Daten verschwiegen hineingetragene Werturteile scheinbar zwingend aus diesen abzuleiten[298].

Von ähnlicher, gleichfalls manipulierbarer Unbestimmtheit ist eine Vorstellung von der Natur der Sache, die deren sinnhaften Bestandteil mit im rechtlichen und sozialen Bereich wirksamen entelechialen Kräften gleichsetzt. Demnach erscheinen Formungen wie Ehe, Familie, Gemeinde, Staat, Betrieb, Kirche als von immanenten Ordnungstendenzen getragene, von der in ihnen sich entfaltenden Entelechie menschlichen Wesens strukturierte „Urgebilde“ objektiv-institutioneller Art[299]. Eine rationale, intersubjektiv überprüfbare Hermeneutik läßt entweder die Urgebilde oder die Hermeneutik auf der Strecke bleiben; nur subjektive Wesensschau, die gleichzeitig Anspruch auf Evidenz und Intuition erhebt, kann solche Hypostasierungen aufrechterhalten. Rationale Interpretation hingegen muß nicht nur die Bedingtheit der geschichtlichen Gestalt, sondern vor allem die Abhängigkeit dieser Ordnungsformen von der geltenden Rechtsordnung in den Vordergrund stellen. Soll die „Natur der Sache“ neben der Natur des Menschen auch die „eigenartige Sachgesetzlichkeit“ umfassen, die den einzelnen menschlichen Tätigkeitsbereichen und Gemeinschaften eignet[300], so ist das hermeneutische Problem, Recht und Wirklichkeit kontrollierbar in den Griff zu bekommen, nur umformuliert. Wird die Aufgabe der Lehre von einer

---

[298] Vgl. hierzu allg. *Welzel*, Naturrecht und materiale Gerechtigkeit, 4. Aufl. 1962, 61; *Topitsch*, Sachgehalte und Normsetzungen (Anm. 220), ARSP XLIV (1958), 189 ff.; *Rinck*, Gleichheitssatz, Willkürverbot und Natur der Sache, JZ 1963, 521 ff., 522.

[299] Vgl. *Fechner*, Rechtsphilosophie (Anm. 12), der diese Auffassung wegen der Unklarheit des Entelechiebegriffs im Ergebnis ablehnt, 150.

[300] *Coing*, Grundzüge der Rechtsphilosophie (Anm. 296), 119.

„Natur der Sache" dahin bestimmt, diese Vorstellung diene zur Ableitung von Rechtssätzen aus der einer bestimmten Einrichtung zugedachten Ordnungsaufgabe[301], so sind auch hier die hermeneutischen Folgeprobleme dieser allgemein bezeichneten Funktion noch nicht differenziert. Aus diesem Grund führen auch die Versuche für die Einzelprobleme der Normkonkretisierung nicht weiter, welche die Elemente der „Natur der Sache" zwar nicht als nackte Sachgegebenheiten behaupten, sie aber dennoch der Welt des Wirklichen entnehmen[302].

Die Ungeklärtheit, auf welche Weise sie in juristische Hermeneutik integriert werden könnten, teilen die Konzeptionen von der „Natur der Sache" als einem ontologischen Faktor mit denen von „Sachvernunft", begrifflich-ideeller Struktur oder bloß ontischem Sachverhalt. Es ist kennzeichnend, daß die meisten Vorschläge auf rechtspolitische Anregungen für den Gesetzgeber durch Einsichten aus der Natur der Sache beschränkt sind[303]. Die Feststellung, *daß* die Natur der Sache als objektiv feststellbarer Ordnungscharakter des Wirklichen das Recht maßgebend mitkonstituiert[304], hält sich in aller Regel aus dem Bereich der Frage, *wie* sich das abspielt und *wie* sich die Konkretisierung einer Rechtsvorschrift durch diese Einsicht im einzelnen zu verändern hat.

Zu den konkretesten Winken in diese Richtung gehört noch immer die klassische Stelle bei Dernburg[305], nach dem die Natur der Sache, als

---

301 *Esser*, Grundsatz und Norm (Anm. 1), 101 f. — Zur „Sachlogik" in Verbindung mit begrifflich-systematischer und zugleich sachlich gegründeter juristischer Konstruktion vgl. v. a. *Esser*, Wertung, Konstruktion und Argument (Anm. 1), z. B. 20, 21 f. und 14 ff.

302 Vgl. z. B. *Radbruch*, Die Natur der Sache als juristische Denkform (Anm. 264), 160 f.: neben rechtlich geregelten Lebensverhältnissen auch Naturtatsachen und Vorformen der Rechtsverhältnisse, allerdings nur als „Rechtsstoffe" und „Material für die Natur der Sache", 161; *Gutzwiller*, Zur Lehre von der „Natur der Sache", in: Festgabe der jur. Fakultät der Universität Freiburg/Schweiz zur 59. Jahresversammlung des Schweiz. Juristenvereins, 1924, 283 ff.: Tatsachen, körperliche Gegenstände, Sachen im Rechtssinn, aber auch Rechtswirkungen, -verhältnisse, -institute und sogar die Rechtsordnung im ganzen als „Natur der Sache" möglich, ebd., 284; *Ballweg*, Zu einer Lehre von der Natur der Sache (Anm. 18), 63 ff.; ohne Lösung auch *Emge*, Verhältnis (Anm. 86), 111; vgl. ferner mit negativem Ergebnis *Isay*, Rechtsnorm und Entscheidung, 1929, 78 ff., 81; ferner *Bobbio*, Über den Begriff der „Natur der Sache", ARSP XLIV (1958), 305 ff., z. B. 321: ökonomisch-soziale Funktion einer Institution; *Trappe*, Einleitung zu: Th. Geiger, Vorstudien, 13 ff., 18. *Geiger* selbst sieht die Verwendung der „Natur der Sache" nur als Verschleierung subjektiver Entscheidung und als Beispiel berufsfachlicher Ideologiebildung, ebd. (Anm. 69), 254 ff., 255.

303 Vgl. etwa *Ballweg*, Zu einer Lehre von der Natur der Sache (Anm. 18), z. B. 35; *Stratenwerth*, Das rechtstheoretische Problem der „Natur der Sache" (Anm. 106), 7, 20 und passim; auch zur Interpretation und ihrem Rückhalt in der Natur der Sache vgl. aber 26; *Welzel*, Naturrecht und materiale Gerechtigkeit, 2. Aufl., 197.

304 Vgl. *Ballweg*, ebd. (Anm. 18), 67.

305 *Dernburg*, Pandekten I, 3. Aufl. 1892, 87; vgl. auch ebd., 5. Aufl. 1896, 370 ff., 388.

die den Dingen und Lebensverhältnissen innewohnende Ordnung scharf von naturrechtlichen Gehalten geschieden, dem Juristen dann (aber auch nur dann) eine Entscheidungsgrundlage bietet, wenn die positive Norm unvollständig, unklar oder überhaupt nicht vorhanden ist. Als „ultima ratio der Auslegung und Vervollständigung des Gesetzes“, als Mittel der Lückenausfüllung, dem positiven Gesetz untergeordnet und auf die Fälle beschränkt, in denen sich der Interpret auf einen gleichfalls positivistisch gezügelten „Gesetzgeber überhaupt“ zurückziehen muß[306], führt die „Natur der Sache“ ein überschaubares, allerdings auch bescheidenes Dasein. Die Rolle der Natur der Sache im analogischen Rechtsdenken unter Eingrenzung auf den zu entscheidenden Fall als „Lebenssachverhalt“[307] wurde schon oben von einer juristischen Hermeneutik des Verhältnisses von Recht und Wirklichkeit im hier gemeinten Sinn abgegrenzt.

Im übrigen besteht das Verdienst bisheriger Konzeptionen zur Natur der Sache, hermeneutisch gesehen, im wesentlichen in der Abwehr extremer Übersteigerung des Gedankens nach der nur wertphilosophischen oder nur empirischen Seite. „Natur der Sache“ ist mit der nackten Tatsächlichkeit von „Realfaktoren“ nicht gleichzusetzen. Auch sie betrifft die „Sache“ nach ihrer objektiv in greifbarer Wirklichkeit gegebenen Eigenart, meint aber darüber hinaus zugleich ihren sinnhaften Gehalt. Die Komplexität dessen, was als „Natur der Sache“ erfaßt werden soll, nämlich ein hermeneutischer Aspekt des Verhältnisses von Recht und Wirklichkeit, ist mit der Gleichzeitigkeit von Realzusammenhang und Sinngehalt[308] wiederum mehr rechtstheoretisch als hermeneutisch verwertbar formuliert. Es ist nicht nur so, daß die Natur der Sache als sachlogische Strukturiertheit des Wirklichen maßgebend an der Konstituierung des Rechts beteiligt ist[309]; sondern es konstituieren auch umgekehrt die normativen Fragestellungen und Leitaspekte der zu konkretisierenden Vorschrift die Blickrichtung, in der die Grundstrukturen der „Sache“ zu erforschen sind. Wird aber die „Sache“ unterschiedslos als Partikel von Wirklichkeit schlechthin aufgefaßt oder zu sehr auf den Fall zugeschnitten und auf ihn eingeengt, dann fehlt in beiden Fällen der

---

306 Vgl. *Radbruch*, Die Natur der Sache als juristische Denkform (Anm. 264), v. a. 162 f.; ebd.: die Natur der Sache ist Ergebnis juristischer Konstruktion als eines streng rationalen Verfahrens. In seiner „Rechtsphilosophie“, 3. Aufl. 1932, 7, so auch noch in der 5. Aufl. (Anm. 264), 99, hielt Radbruch die Natur der Sache für methodisch unbrauchbar, weil für einen „Glücksfall der Intuition“. Zu Radbruchs Entwicklung in dieser Frage vgl. *Maihofer*, ARSP XLIV (1958), 145 ff. (Anm. 276), 148 ff.

307 A. *Kaufmann*, Analogie und „Natur der Sache“ (Anm. 124), z. B. 29 und f.; ebd. 36: Typizität der Lebenssachverhalte; 37: Denken aus der „Natur der Sache“ als typologisches Denken. Zu den Möglichkeiten analogen Rechtsdenkens in Verbindung mit der Natur der Sache vgl. auch *Bullinger*, Die Mineralölfernleitungen, 1962, 71 ff., v. a. 76.

308 *Fechner*, Rechtsphilosophie (Anm. 12), 146 ff., 151.

309 *Ballweg*, Zu einer Lehre von der Natur der Sache (Anm. 18), 67.

hermeneutische Bezugspunkt für den normativen Leitgedanken der Rechtsnorm. Er ist vielmehr im Normbereich zu finden, dessen Struktur noch näher zu entwickeln sein wird.

Damit ist die Lehre von der Natur der Sache verlassen. Wird das Problem nicht hermeneutisch begründet, so bleibt auch die Natur der Sache, bleiben auch die sachlogischen Strukturen in einer allgemeinen „sachlogischen Entsprechung von Ordnungsaufgaben und Ordnungsformen unter gleichen Bedingungen“[310] stehen, sind also weder von inhaltlicher noch von konkret hermeneutischer Verbindlichkeit für den Richter, sondern erscheinen als Relationsformel von einem gewissen orientierenden und stabilisierenden Wert in Fällen zweifelhafter Bewertung[311]. Die Elemente eines rationalen und im Sinn begrenzter juristischer Objektivität möglichst regelmäßigen, insofern also methodischen Vorgehens sind auch für diese eingeschränkte Sicht der „Natur der Sache“ und der „sachlogischen Strukturen“ damit noch nicht erarbeitet. Ebenso ist die Forderung nach einer Graduierung der sachlogischen Strukturdichte der „Sachen“ bisher erst allgemein erhoben worden[312].

Auch in der Rechtsprechung des Bundesverfassungsgerichts taucht die „Natur der Sache“ hermeneutisch unspezifisch auf, vor allem als Hilfsmittel zur Konkretisierung des Willkürverbots, das aus dem allgemeinen Gleichheitssatz von Art. 3 Abs. 1 GG gewonnen wurde, und ferner als Kriterium der Systemkonsequenz für bestimmte rechtliche Gesamtregelungen[313]. Die „Natur der Sache“ wird in diesen Zusammenhängen als ohne weiteres ersetzbares, der Sache nach funktionsloses Schlagwort ins Treffen geführt. So soll der Gleichheitssatz dann verletzt sein, wenn die zu prüfende Bestimmung als willkürlich bezeichnet werden muß; dies ist jedoch dann nicht der Fall, wenn „sich ein vernünftiger, sich aus der Natur der Sache ergebender oder sonstwie sachlich einleuchtender Grund für die gesetzliche Differenzierung oder Gleichbehandlung“ finden läßt[314]. Solche Sachgesichtspunkte vernünftiger oder „sonstwie“ einleuchtender Argumentation sind in der Rechtsprechung des Bundesverfassungsgerichts nie bloß ontische Gegebenheiten oder Summierungen unbewerteter Tatsachen. Sie sind nach der Alternative „wesentlich-unwesentlich“, die der Gleichheitssatz als Kriterium für Differenzierung nahelegt, berücksichtigte oder negierte Sachaspekte. Speziell für eine

---

[310] *Esser*, Grundsatz und Norm (Anm. 1), 346 f.

[311] *Wieacker*, Gesetz und Richterkunst (Anm. 1), 13 f., 14.

[312] Von *Ballweg*, Zu einer Lehre von der Natur der Sache (Anm. 18), 47 ff., 48.

[313] Hierzu *Rinck*, Gleichheitssatz (Anm. 298), JZ 1963, 521 ff. m. Nw.

[314] Ständige Rechtsprechung seit BVerfGE 1.14.52; vgl. aus späterer Zeit z. B. BVerfGE 12.341 ff.348; schon vorher in der Rechtsprechung des Bayerischen Verfassungsgerichtshofs seit VGHE NF 1.70; weitere Nachweise bei *Rinck* (Anm. 298), JZ 1963, 521 Anm. 5.

Lehre von der Natur der Sache ist jedoch mangels konkreter Funktion dieser Vorstellung in der Urteilsfindung mit dieser die Extreme vermeidenden und daher methodisch allgemein für empfehlenswert gehaltenen Vorsichtsregel noch nichts gesagt. Konkreter norm- und normbereichsbezogen, wenn auch hermeneutisch ungeklärt, ist die Feststellung zur Bindung des Gesetzgebers an den Gleichheitssatz, es müßten nicht nur die vom Gesetz erfaßten Tatbestände in sich gleichartig geregelt werden; es müsse vielmehr auch ein nicht willkürliches, somit sachgemäßes Verfahren bei der Auswahl der Tatbestände, für die eine gesetzliche Regelung getroffen wird, nach Gesichtspunkten ausgestaltet sein, „die sich aus der Art der zu regelnden Lebensverhältnisse ergeben“[315].

Ferner dient die „Natur der Sache“ dem Bundesverfassungsgericht als Sammelbegriff für Überlegungen zur immanenten Gesetzlichkeit als geschlossen vorgestellter Lebensbereiche, rechtlicher Ordnungsbereiche oder „Ordnungssysteme“[316], als welche zum Beispiel das Recht vergleichbarer Berufsordnungen, das Sozialversicherungsrecht, das Recht der Arbeitslosenhilfe, des Finanzausgleichs, das Steuerrecht, Dienststrafrecht und Wahlrecht behandelt worden sind[317]. Das Gericht pflegt zunächst den „objektiven Sinn und Zweck“ der Gesamtregelung des Ordnungsbereichs zu ermitteln und anschließend die Systemkonformität der nachgeprüften Einzelregelung unter wechselnden Bezeichnungen wie „sachgerecht“, „sachlich gerechtfertigt“, „sachgemäß“, im Sinn der „Natur der Sache“ zu beurteilen[318]. Auch für die Frage des Umfangs eines solchen Lebensbereichs und der gegenseitigen Abgrenzung solcher Ordnungskreise wird derselbe Typus von Kriterien beziehungsweise von verbalen Wendungen herangezogen. Dem Gesetzgeber wird bei diesen letztgenannten Fragen größere Bewegungsfreiheit zugestanden[319]. Überhaupt richtet sich die ohnehin unklar verwendete „Natur der Sache“ in Zusammenhang mit der „Wertordnung“ des Grundgesetzes auch in der Rechtsprechung des Bundesverfassungsgerichts vorzüglich an den Gesetzgeber, spiegelt also mehr rechtspolitische als rechtshermeneutische Gesichtspunkte und erbringt für die spezifischen Probleme der Normkonkretisierung so gut wie keine neuen Einsichten. Als Hilfsmittel der Konkretisierung des

---

[315] BVerfGE 4.243.

[316] z. B. BVerfGE 9.349 ff.: Altersgrenze für Hebammen, Vergleich mit dem Arztberuf; 11.293: Abhängigkeit der Beurteilung als „gleich“ oder „ungleich“ im Sinn von Art. 3 GG von der jeweiligen Bedeutung der verglichenen Bestimmungen innerhalb ihrer Ordnungssysteme.

[317] Hierzu BVerfGE 9.349 ff. und 11.324 f.; 11.292 f.; 318 ff.; 9.28 ff.; 1.141; 6.77; 12.349; 13.331; 7.153; 1.246 ff.; 6.84; 11.362 f.; weitere Nachweise bei *Rinck* (Anm. 298), JZ 1963, 522 Anm. 16. Skeptisch zur Brauchbarkeit der Vorstellung vom „Lebensbereich“ in der Rspr. des BVerfG: *Fuß*, JZ 1962, 595, 602,und v. *Pestalozza*, Grundrechtsauslegung, in: Der Staat, Bd. 2 1963, 425 ff. (Anm. 122), 442, mit weiteren Nachweisen aus der Rechtsprechung.

[318] Vgl. *Rinck* (Anm. 298), JZ 1963, 521 ff., 522 f.

[319] z. B. BVerfGE 9.349 und *Rinck* (Anm. 298), JZ 1963, 521 ff., 523 f.

Willkürverbots hat die Natur der Sache keine hermeneutische Eigenfunktion. Als Kriterium für die Systemkonsequenz einzelner Rechtsregeln im Rahmen als zusammenhängend deutbarer Gesamtregelungen ist die Natur der Sache gleichfalls nicht hermeneutisches Instrument dafür, Sinn und Zweck der Gesamtregelung zu ermitteln, sondern die Metapher für eine auf wechselnde Art bewertete Relation. Die eigentliche Konkretisierung geht der Einführung des Terminus „Natur der Sache“ voraus. Formal stellt sich damit die angeblich durch den Aspekt der „Natur der Sache“ objektivierte und konkretisierte „Willkür“ als objektiv eindeutige Unangemessenheit einer Maßnahme in bezug auf die von ihr geregelte Lage dar[320]. Ob eine materiale Inhaltsbestimmung dieser „Willkür“ durch Anknüpfen „an die mit dem Grundgesetz vorgegebene Wertordnung und deren weitere Konkretisierung durch den dazu in erster Linie berufenen Gesetzgeber“ zu nachprüfbarer Gestalt gekommen ist, mag bezweifelt werden. Hermeneutische Konkretion durch normativ geleitete Analyse der Sachstruktur des jeweiligen Normbereichs hat mehr Aussicht auf juristische Rationaltät als das Anknüpfen an eine vermeintlich vorgegebene Wertordnung, um deren hermeneutische Erfassung im einzelnen es gerade geht. Eine so verstandene und verwendete „Natur der Sache“ bedarf jeweils schon eines bestimmten Wertmaßstabs, den sie „als gegeben und verbindlich“ voraussetzen kann, bedarf schon der Ermittlung des spezifischen Sinngehalts einer konkreten rechtlichen Normierung[321]. Sie ist hermeneutisch ohne selbständigen Nutzen.

Auf die andersartige Problematik der Kompetenzherleitung „aus der Natur der Sache“ braucht hier nicht eingegangen zu werden. Bei der Ableitung von Kompetenzen sind jedenfalls die Anforderungen, welche die Rechtsprechung an den Nachweis der Natur der Sache stellt, erheblich strikter[322] als bei der gleichlautenden Blankettbezeichnung für sachgerechte, vernünftige, vertretbare Gründe. Hier ist die „Natur der Sache“ ohne hermeneutischen Gehalt; dort fordert sie nach der Auffassung des Bundesverfassungsgerichts „begriffsnotwendig“ und „zwingend“ eine bestimmte Lösung unter Ausschluß anderer Möglichkeiten sachgerechter Lösung und versagt gerade dann, wenn sich *andere* Lösungen mit vertretbaren, vernünftigen Gründen rechtfertigen lassen.

Sollen die bisherigen Bemühungen um die Natur der Sache für die hermeneutische Präzisierung des Verhältnisses von Recht und Wirklichkeit einen verwertbaren Ertrag abwerfen, so muß er in der Bestimmung des Bezugs der Natur der Sache — mag diese selbst auch in sich hermeneutisch noch ungeklärt oder widersprüchlich gefaßt sein — zur rechtlichen Vorschrift gesucht werden. Schon aus diesem Grund ist der Ver-

---

[320] *Rinck* (Anm. 298), JZ 1963, 521 ff., 526; ebd., zum folgenden.
[321] *Rinck* (Anm. 298), JZ 1963, 521 ff., 524.
[322] Vgl. z. B. BVerfGE 11.89.99 und 12.205.251; siehe auch BVerfGE 11.6.17 f.

such, die Natur der Sache als außergesetzliche Rechtsquelle mit im Konfliktsfall stärkerer Wirkungsmächtigkeit als die positive Rechtsordnung zu etablieren, hier nicht brauchbar[323]. Dieser naturrechtliche Ansatz orientiert sich negativ am Rechtspositivismus und will „die genau entgegengesetzte Aufgabe“[324] wahrnehmen, nämlich die, rechtliche Normierung als Ausführung, als Bestätigung einer überpositiv behaupteten „Natur der Sache“ einzusetzen oder diese „Vorgegebenheiten“ von überpositiver Dignität im Fall der Kollision der positiven rechtlichen Regel vorgehen zu lassen[325]. Gemäß dem „konkreten Naturrecht aller Zeiten“ sollen sich die Sollenssätze des positiven Rechts als aus den im Rechtsstoff liegenden Rechtssachverhalten, aus der „Natur der Sache“, „aus einem Etwas außerhalb der positiven Rechtssatzung“ ableitbar erweisen[326]. Die fragwürdige Vorstellung der „Ableitung“ ist kaum geeignet, die hervortretenden Widersprüchlichkeiten dieser Sicht zu harmonisieren. Es ist aufschlußreich, daß dieser Versuch, die dem Rechtspositivismus „entgegengesetzte“ naturrechtliche Position einzunehmen, sich dessen abstrakte begriffliche Voraussetzungen aufdrängen läßt. Sollen und Sein werden kategorial auseinandergehalten und es ist — anders vielleicht für die Rechtstheorie — für die juristische Hermeneutik eine nur geringe Hilfe, daß das Sollen grundsätzlich als aus dem Sein „ableitbar“ erklärt wird, da hierzu nur angegeben werden kann, dies erfolge für die sachgesetzlichen Strukturen der „allgemeinen Grundsachverhalte“ wie für die „Natur der Sache“ der einzelnen Rechtssachverhalte „durch Analyse der natürlichen Erwartungen und Interessen, Forderungen und Pflichten in den die konkreten Lebenssachverhalte konstituierenden sozialen Rollen und Lagen“[327]. Von den Problemen der Maßstäblichkeit konkreten Naturrechts und der verfassungsrechtlichen Legitimation des Interpreten, im religiös und weltanschaulich neutralen Staat des Bonner Grundgesetzes[328] Gehalte einer so verstandenen „Natur der Sache“ in die Rechtsfindung einzuführen und sie gegebenenfalls dem positiven Recht und seinem erkennbaren und erkennbar der naturrechtlichen Einsicht widerstreitenden Normgehalt vorgehen zu lassen, ist damit noch gar nicht gesprochen. Eine solche Legitimation ist verfassungsrechtlich

[323] Zu *Maihofer*, Die Natur der Sache (Anm. 276), ARSP XLIV (1958), 145 ff., z. B. 150 f.: Gestalten und Gehalte als in der Natur der Sache „vorgegeben“; 155: zu Unrecht gegen die der positiven Rechtsordnung ihr Recht lassenden Entwürfe *Stratenwerths* und *Weischedels* (Anm. 106, 136) mit dem Vorwurf, den konsequenten Wertrelativismus i. S. der südwestdeutschen Schule fortzusetzen; 156: „Ableitung“ von Sollenssätzen „aus einem Etwas außerhalb der positiven Rechtssatzung“; vgl. auch 172 ff.

[324] *Maihofer* (Anm. 276), ARSP XLIV (1958), 150.

[325] *Maihofer* (Anm. 276), ARSP XLIV (1958), 172 ff., 173.

[326] *Maihofer* (Anm. 276), ARSP XLIV (1958), 155 ff., 156.

[327] *Maihofer*, ebd. (Anm. 276), 172.

[328] Vgl. hierzu BVerfGE 12.1 ff., 4; 18.385.386; BVerfG, in: NJW 1965, 1427 f.; BVerfG, U. v. 14. 12. 1965, DVBl. 1966, 26 und ff.

nicht vorhanden. Mag auch jeder abstrakte Rechtssatz der positiven Rechtsordnung nur als Versuch eines Lösungsvorschlags für die richtige und gerechte Beurteilung konkreter Rechtssachverhalte angesehen werden können, so ist doch seine Normativiät durchaus nicht auf den Fall einzuschränken, in dem die Norm diesen Rechtssachverhalt der Sache nach „trifft"[329]. Die Bindung der vollziehenden Gewalt und der Rechtsprechung an „Gesetz und Recht" in Art. 20 Abs. 3 GG meint die Bindung an geschriebenes wie an ungeschriebenes Recht, bedeutet aber nicht die Abdankung der Verfassung und der von ihr getragenen verfassungsmäßigen Rechtsordnung vor behaupteten überpositiven Gehalten. Das „Recht" kann von Verfassungs wegen nicht gegen das (verfassungsmäßige) „Gesetz" ausgespielt werden[330]. In dem hier verfolgten Zusammenhang interessieren vor allem die hermeneutischen Unzulänglichkeiten dieses Entwurfs konkreten Naturrechtsdenkens aus der Natur der Sache. Kennzeichnend ist die schon angemerkte schroffe Entgegensetzung zum rechtswissenschaftlichen Positivismus auf der Grundlage seiner begrifflichen Abstraktionen. Eine hermeneutische Sicht hätte es unternehmen müssen, sowohl die abstrakte Begrifflichkeit wie die auf sie gegründete contradictio durch eine der Sache nach konträre Untersuchung konkreter Normativität und ihrer Struktur überflüssig zu machen. Der hermeneutisch undifferenzierte Brückenschlag zwischen Sein und Sollen durch die Behauptung prinzipieller „Ableitbarkeit" des Sollens aus dem Sein betrifft nach wie vor, wie auch im südwestdeutschen Neukantianismus, zwei getrennte Positionen, zwei „an sich" unterschiedene „Bereiche". Geltung als Hin-Gelten sollte jedoch von der spezifischen Leistungsfähigkeit und der spezifischen Grenze der Rechtswissenschaft aus sich nicht brückenartig zwischen geschiedenen Polen bewegen, sondern eine Bewegung innerhalb eines umgreifenden, rechtlich-normativ wie faktischnormiert bestimmten hermeneutischen Ganzen sein, nämlich der differenziert aufzuschlüsselnden Rechtsnorm. Die Rechtsnorm erscheint dann nicht imperativisch als ein „Sollen", das allenfalls naturrechtlich aus dem „Sein" abgeleitet werden kann, sondern als eine der positiven Rechtsordnung eingegliederte Teil-Ordnung, deren Entwurf der Rechtssatz abbildet, und in der das Ordnende und das zu Ordnende zusammengehören, ohne daß die notwendigen methodischen Akzente durch diese Sicht verwischt werden dürfen. Eine Norm positiven Rechts kann durchaus die „Natur der Sache" ihres Normbereichs legitim verändern, nicht

[329] So aber *Maihofer* (Anm. 276), ARSP XLIV (1985), 172.

[330] Gegen solche Verwendung „konkreten Naturrechts" eindringlich BVerfGE 10.81 mit Hinweis auf die Vielfalt der Naturrechtslehren und die Strittigkeit ihrer Ansichten außerhalb der fundamentalen Rechtsgrundsätze; im gleichen Sinn kritisch *Wieacker*, Rechtsprechung und Sittengesetz, JZ 1961, 337 ff.; *Ballweg*, Zu einer Lehre von der Natur der Sache (Anm. 18), 38 f., und *Rinck*, Gleichheitssatz (Anm. 298), JZ 1963, 521 ff., 523.

nur sie ans Licht heben und bestätigen. Die Normativität des positivrechtlich Normativen geht nicht in der Funktion auf, „vorgegebene" Gestalten und Gehalte auch in der Rechtsorganisation eines Gemeinwesens wirksam zu machen, die „Natur der Sache" in jedem Fall mit Vorrang zu transformieren.

Es trifft zu, daß die Denkform der Natur der Sache zu kurz kommt, wenn sie nur als Auslegungsbehelf verwendet wird[331]; als Rechtsquelle innerhalb des positiven Rechts hingegen muß sie nicht dem rechtswissenschaftlichen Positivismus verhaftet sein. Mit der hier zu entwickelnden Auffassung vom Normbereich wird dank der hermeneutischen und nicht allgemein rechtstheoretischen Fragestellung der Boden der Lehre von der Natur der Sache ohnehin verlassen. Die Frage nach dem Normbereich geht bewußt nicht über die positive Rechtsordnung hinaus. Sie versucht, rationale, differenzierte und praktisch brauchbare Hilfsgesichtspunkte der Konkretisierung von Rechtsnormen zu finden. Wird die Überwindung des auch in diesem Entwurf konkreten Naturrechts noch beibehaltenen abstrakten Dualismus jedoch in einem hermeneutisch konkretisierten Normverständnis gesucht, dann trifft auch nicht das gegenüber dem Positivismus berechtigte Verdikt[332], die Natur der Sache dürfe in ihrer Wirksamkeit nicht auf die Fälle eingeschränkt werden, in denen sie mit dem „Geist des Gesetzes" nicht in Widerspruch steht. Die hermeneutische Beziehung zwischen Normbereich und normativem Leitgedanken ist komplexer, als diese Maßstäblichkeit eines Entweder-Oder vorgibt. Der naturrechtliche Gegenentwurf jedoch vermeidet in Fixierung auf die abgewiesene positivistische Konzeption gleichfalls die notwendige Komplexität des hermeneutischen Problems und endet damit, die Wirksamkeit des Gesetzes auf die Fälle einzuschränken, in denen sein „Geist" der naturrechtlich überpositiven „Natur der Sache" nicht widerspricht[333]. Dasselbe abstrakte Entweder-Oder ist dort positivistisch, hier naturrechtlich akzentuiert. Die juristische Hermeneutik wird in beiden Fällen das Opfer allzu prinzipieller rechtstheoretischer Bekenntnisse, die eine am tatsächlichen Vorgang der Normkonkretisierung und damit an der Struktur rechtlicher Normativität ausgerichtete Fragestellung überhaupt nicht zulassen. Rechtsphilosophie als konkretes Naturrecht, auf diese Weise konkret naturrechtlich begründete „sachgesetzliche Rechtslehre"[334] verfehlt daher, hermeneutisch gesehen, Normstruktur und Normativität auch für das Verhältnis von Recht und Wirklichkeit zwar auf andere Weise, aber nicht minder grundsätzlich als Positivismus, Normlogismus, Dezisionismus und Soziologismus.

---

331 Vgl. *Maihofer* (Anm. 276), ARSP XLIV (1958), 152.
332 Zu *Maihofer* (Anm. 276), ARSP XLIV, 154.
333 *Maihofer* (Anm. 276), ARSP XLIV (1958), 172 f.
334 Deren Programm bei *Maihofer*, ebd. (Anm. 276), 174.

Das prägt sich vor allem in den Einzelbestimmungen dessen aus, was als naturrechtliche „Natur der Sache" auf die erörterte Weise der Rechtsordnung auferlegt werden soll. Die „Natur der Sache" ist die „Natur" von Lebenssachverhalten. Diese stellen, im Unterschied zu „allgemeinen Grundsachverhalten" wie Handlung, Schuld, Unrecht und Strafe, Geschehensweisen in der menschlichen Welt dar, „Komplexe des Geschehens zwischen Subjektivität (Mensch) und Objektivität (Welt)"[335], Kultursachverhalte im Sinn von entia moralia. Ihre Eigenart besteht in der sachgesetzlichen Struktur der sozialen Lebensrollen und Lebenslagen. Der Kultursachverhalt „Kauf" (wie Miete, Diebstahl, Betrug und ähnliches) meint einen Sachverhalt, das heißt das Verhältnis von Käufersein und Verkäufersein. Der Geschehenskomplex „Kauf" kann daher nicht als reale Sache ausgelegt werden, sondern nur als existentialer Sachverhalt[336]. Die Natur der Sache, die Sinnmitte der Lebenssachverhalte soll nicht in ontischen Beschaffenheiten liegen, sondern „in den aus der Existenz des Menschen in der Welt folgenden Bewandtnissen", nämlich im Mieter- und Vermietersein, Arzt- und Patientsein, Lehrer- und Schülersein. Die ihnen entsprechenden Lebensgestalten und Lebenslagen sollen als Grund der Welt des objektiven Geistes gelten[337]. Abgesehen von der Unbrauchbarkeit des existentialen Geschehens-Ansatzes für die Probleme des Staats- und Verfassungsrechts, bemüht sich die hier zu erarbeitende juristische Hermeneutik nicht um Deduktion von Verhaltensgesetzen aus der Sollensstruktur der sozialen Rollen und Lagen mittels der Goldenen Regel und des Kategorischen Imperativs, sondern um die hermeneutische Entwicklung (noch) nicht konkretisierter Momente positivrechtlicher Vorschriften aus der Struktur- und Funktionseigenart des normierten und damit zugleich auch normativ wirkenden Sachbereichs mittels möglichst rationaler, am normativen Leitgedanken orientierter Analyse seiner sachlichen Grundstruktur. Die „Geschichtlichkeit der Objektivität des Alsseins, jener Eigentlichkeit des Seins als Vater oder Bruder, als Gatte oder Sohn, als Richter oder Arzt" im Heute und Hier[338] antwortet nicht auf die Frage, wie für das Verfahren praktischer Normkonkretisierung jenseits positivistischer Praktiken Recht und Wirklichkeit kontrolliert als Momente von Normstruktur und Normativität erfaßt werden können. Der Normbereich kann nicht ein Lebenssachverhalt im Sinn eines existentialen Sachverhalts sein, sein Sinn nicht ein „Be-

---

[335] *Maihofer*, ebd. (Anm. 276), 155 ff., 157 ff.; zum folgenden 160 ff.
[336] *Maihofer* (Anm. 276), ARSP XLIV (1958), 161.
[337] *Maihofer*, ebd. (Anm. 276), 161 f., mit weiteren Beispielen; 163 ff. zur Seinsstruktur, Sinnstruktur, Wertstruktur und Sollensstruktur der sozialen Lebensrollen und Lebenslagen, stets mit praktischen Beispielen des genannten Typs. Ebd., 165 ff., 168: „Deduktion von Verhaltensgesetzen aus der Sollensstruktur der sozialen Rollen und Lagen mittels der Goldenen Regel und des Kategorischen Imperativs".
[338] *Maihofer*, ebd. (Anm. 276), 171.

wandtnis". Es sind in der Tat ontische Gegebenheiten, die Grundstrukturen der realen Sache, die von juristischer Hermeneutik in normativ geformter Fragerichtung als Moment rechtlicher Normativität und als integraler Bestandteil der Normstruktur erkannt werden müssen. Goldene Regel und Kategorischer Imperativ als „Brücke" zwischen Sein und Sollen erweisen sich damit nicht nur als abstrakte Verallgemeinerung von in Wahrheit hermeneutisch aufzufassenden Problemen, sondern auch als eine eigentümlich subjektivistische und zugleich die Geschichtlichkeit jeder wirklich-konkreten Subjektivität verkennende Konzeption des Rechts, das immer und schlechthin gedacht sein soll „aus der Rolle und Lage des Anderen"[339].

So wenig die Vorstellungen von Geschehen und Verhalten jedenfalls für die hermeneutischen Probleme des Staats- und Verfassungsrechts ausreichen, so unzulänglich ist auch die Kategorie von „Mittel und Zweck" für die Inhaltsbestimmung der Frage nach der „Natur der Sache". Natur der Sache als ökonomisch-soziale Funktion einer Institution, als von methodisch begrenzter Reichweite und gegen jede Form von juristischem Voluntarismus und Imperativismus gerichtet zu verstehen[340], befreit die Fragestellung von unangemessener Befrachtung mit Spekulation und verschwiegen subjektiver Wertung. „Natur der Sache" meint dann keine von der konkreten Rechtsordnung unabhängige Vorgegebenheit, sondern die Elemente einer bestimmten rechtlichen Einrichtung oder Rechtsbeziehung in einer bestimmten, historisch bedingten Gesellschaft. Als Aspekt der allgemeinen Auffassung vom Recht als von einer Technik des sozialen Zusammenlebens sieht sich die Lehre von der Natur der Sache in dieser Sicht jedoch darauf beschränkt, Beziehungen zwischen Mitteln und Zwecken festzustellen[341]. Diese Grundbestimmung leidet gleichfalls an dem starren Dualismus von dogmatischen und empirischen Wissenschaften, vom „Zweck", der nur durch Werturteil soll festgelegt werden können, und vom empirischen Befund, der nur in der Lage sein soll, das jeweils am besten geeignete Mittel zum wertend festgelegten Ziel anzugeben[342]. Soll aus einem Sachverhalt eine Rechtsregel gewon-

---

[339] *Maihofer*, ebd. (Anm. 276), 166 ff., 167; mit der Fragestellung der Goldenen Regel „nach den natürlichen oder vernünftigen Erwartungen des Andern an mich als Solchen" in Gedanken aus der Subjektivität der eigenen Position und Situation in die des Gegenüber herauszutreten (ebd., 168) und so die Gefahr bloß subjektiven Meinens „durch Einfühlung in das persönliche Betroffensein des Andern" aufzuheben, erscheint ebenso unzureichend wie die angeblich durch die Fragestellung des Kategorischen Imperativs gewährleistete „Gegenprobe in vertikaler Hinsicht" zu der eben genannten „horizontalen Betrachtung", wodurch wir „aus der eigenen Rolle und Lage heraus uns der Objektivität des Verhaltensollens vergewissern" sollen (ebd., 169).

[340] So *Bobbio*, über den Begriff der „Natur der Sache" (Anm. 302), ARSP XLIV (1958), 305 ff.

[341] *Bobbio* (Anm. 302), ARSP XLIV (1958), 305 ff., 308 ff., 310.

[342] *Bobbio*, ebd. (Anm. 302), 311 f., 312; ebd. auch zum folgenden.

nen werden, so muß dieser Sachverhalt wie ein Mittel zum Zweck, das heißt als Sachwert behandelt werden, dem ein Zweckwert vorausgesetzt ist. Zweckwerte sollen nur aus Urteilen über andere Werte, nicht aus empirischen Untersuchungen gewonnen werden können. Die Relation von Mittel und Zweck ist zu undifferenziert, um hermeneutischer Rationalität zugute kommen zu können. Vollends vermag sie nicht den Dualismus von „soziologischer" und „juristischer" Methode, von logisch-systematischer und „soziologischer" Rechtsauffassung sowie die Entgegensetzung eines Prinzips empirischer Verifizierung und eines „Autoritätsprinzips"[343] hermeneutisch zu überbrücken. Diese Unterscheidungen, so ehrwürdig ihre Tradition sein mag, haben sich als unzulänglich erwiesen, die Sachprobleme und die Eigenart natur- wie geisteswissenschaftlichen Verstehens auf den Begriff zu bringen. Wird ein Werturteil nach wie vor nur als ein Satz verstanden, der empirisch schlechthin nicht nachprüfbar ist[344], so wird die eigentümliche Aufgabe juristischer Methodik verkannt, mit den begrenzten Möglichkeiten ihrer Art von Objektivität und Rationalität auch wertende oder von Wertungen mitbestimmte Argumente durch normativ geleitete Strukturanalyse der Normbereiche sachlich zu differenzieren, zu typisieren und damit zur Grundlage eines möglichen Konsenses der Rechtsgemeinschaft zu machen. Die Dualismen von Werturteilen und empirischen Urteilen, von Mitteln und Zwecken, von empirischen und normativen Wissenschaften, schließlich von rechtlicher Gültigkeit und tatsächlicher Existenz einer Vorschrift zeigen, daß auch in dieser Konzeption die Frage nach der Natur der Sache nicht hermeneutisch gestellt wird. Die Dualismen machen Brückenschläge erforderlich, die in der Relation von Mitteln und Zwecken, damit in der (ökonomisch-sozialen) Funktion einer Rechtseinrichtung geleistet werden sollen. Das gleich wichtige Moment der Strukturuntersuchung des Normbereichs wird folgerichtig vernachlässigt. Andererseits hilft diese Konzeption dank ihrer methodischen Selbstbeschränkung, sachleeren Normativismus zu entkräften, einer Verwechslung von Norm und Normtext vorzubeugen[345] und die Abhängigkeit einer aus der Natur der Sache ermittelten Rechtsregel von einer Norm positiven Rechts festzuhalten[346]. Nur bleibt auch die hierfür grundlegende Unterscheidung der Rechtsquellen nach Entstehungsquellen und Qualifikationsquellen von den abstrakten Dualismen abhängig. Das Normverständnis selbst wird von der Suche nach der Natur der Sache nicht berührt. Das Verhältnis von Recht und Wirklichkeit wird hermeneutisch nicht differenziert. Diese Aufgabe läßt sich offenbar nicht im Rahmen der herkömmlichen Lehre von der

[343] *Bobbio*, ebd. (Anm. 302), z. B. 319.
[344] *Bobbio*, ebd. (Anm. 302), 320.
[345] *Bobbio* (Anm. 302), ARSP XLIV (1958), 316 und ff.
[346] Vgl. *Bobbio*, ebd. (Anm. 302), bes. 314 f.

Natur der Sache bewältigen, sondern nur durch ein differenziertes Verständnis von Normativität und Normstruktur. Über das Normverständnis kann die Unverschiebbarkeit der Relation zwischen einem bestimmten Wertaspekt und der entsprechenden Sachstruktur[347] über rechtspolitische Anhaltspunkte für die Gesetzgebung hinaus auch für die Konkretisierung rechtlicher Vorschriften formuliert werden. Ohne diesen Wechsel der Fragestellung fehlt es dem Rückhalt, den die Interpretation geltenden Rechts[348] in der Erforschung sachlogischer Strukturen und der Natur der Sache finden soll, an Konkretion. Auf diesem Weg lassen sich nur leitende Wertgesichtspunkte ganzer Rechtsgebiete, wie das Vertragsrecht, ermitteln. Schlüsse aus der Natur der Sache können nur wesentliche Sachzusammenhänge, nicht aber deren rechtliche Bewertung im einzelnen abstützen. Die Bemühung um sachlogische Anhaltspunkte für die rechtliche Entscheidung gelangt in der Regel über dogmatische Grundlinien nicht hinaus[349]. Es fehlt auch hier an hermeneutischer Umformung des Normverständnisses, wie sie zwar nicht von bewußt rechtstheoretischer Erörterung, wohl aber für den hier unternommenen Versuch zu fordern ist.

Von großer Bedeutung ist jedoch auch für diesen das rechtstheoretisch gewonnene Ergebnis, es handle sich bei der Natur der Sache um ontische Daten, die nicht unmotiviert, sondern nur gemäß dem die jeweilige rechtliche Regelung leitenden Wertgesichtspunkt in den Rang rechtlicher Prinzipien erhoben werden dürfen. Sachlogische Zusammenhänge ergeben sich überhaupt nur unter bestimmten Wertgesichtspunkten, deren Fragestellung die wesentlichen Momente heraushebt. Von sachlogischen Strukturen ist insoweit zu sprechen, als sich ontische Gegebenheiten unter einem bestimmten Wertaspekt als wesentlich darstellen. Am Maßstab des Wertgesichtspunkts sind die sachlogischen Strukturen in ihrer Relation zu ihm nachprüfbar. Voraussetzung solcher Maßstäblichkeit ist allerdings, daß das positive Recht den die sachlogischen Strukturen verbindenden Wertaspekt bei der Beschreibung rechtlich relevanten Verhaltens aufgenommen hat. Sachlogische Einsichten können daher nicht gegen die Normativität des positiven Rechts ausgespielt werden. Sachlogische Zusammenhänge binden die Einzelausgestaltung des positiven Rechts nur deshalb, weil die grundsätzliche, normativ rezipierte Wertentscheidung ihnen vorangeht[350]. Hermeneutisch gesehen, werden die

---

347 Allgemein bei *Stratenwerth*, Das rechtstheoretische Problem der „Natur der Sache“ (Anm. 106), 24 f.

348 Vgl. *Stratenwerth*, ebd (Anm. 106), 26.

349 Vgl. *Stratenwerth*, ebd. (Anm. 106), 26, 28 und ff.; Stratenwerth geht es explicite nur um die rechtstheoretische Frage.

350 Nach *Stratenwerth*, ebd. (Anm. 106), 13 und ff., 17, 19, 20, 27; vgl. allg. zur Bewertung festgestellter Sachstrukturen: *Weischedel*, Recht und Ethik (Anm. 136), 9.

Wertgesichtspunkte selbst in der Regel vom Vorverständnis der Situation ermittelt und erst in der reflektierenden Einstellung der intentio obliqua bewußt umrissen[351]. Für Verfahren und Probleme der juristischen Hermeneutik im einzelnen sind die leitenden Wertgesichtspunkte in dieser Konzeption noch zu weitmaschig. Die dogmatischen Grundlinien, zu deren Erkenntnis sie verhelfen können, sind unentbehrliche Maßstäbe rationaler Methodik, berücksichtigen aber noch nicht die Struktur der einzelnen, ihrerseits dann wieder systematisch einzuordnenden Rechtsvorschrift[352].

---

[351] *Stratenwerth*, ebd. (Anm. 106), 24.

[352] Vorbehalte gegen die aufklärende Wirkung der Wertgesichtspunkte in verfassungsrechtlichen Einzelfällen bei *Lerche*, Übermaß und Verfassungsrecht (Anm. 106), 271 Anm. 60.

IX. Hermeneutische Ansätze zur Erfassung von Norm und Wirklichkeit in der Rechtsprechung des Bundesverfassungsgerichts

Die Klärung des Verhältnisses von Recht und Wirklichkeit für die Konkretisierung geltender Rechtsnormen ist in der Rechtstheorie nicht über allgemeine Positionen hinausgekommen. Das liegt weniger an Unzulänglichkeiten der Ausarbeitung als bereits an der Unangemessenheit der Fragestellung. Rechtskonkretisierung in der täglichen Praxis, vor allem in der Rechtsprechung, zeigt deutlich, daß überall dort, wo das Verhältnis von Recht und Wirklichkeit oder einzelne Elemente dieses Verhältnisses in die Sachprobleme von Rechtsauslegung und Rechtsanwendung hineinspielen, mit allgemein rechtstheoretischen Aussagen auf diesem weiten Feld nicht geholfen ist. Es ist nicht erstaunlich, daß die Rechtsprechung, legitim in erster Linie auf die gerechte Entscheidung des Einzelfalls konzentriert, zwar Momente der Wirklichkeit ausgesprochen oder — zumeist — unausgesprochen zu integralen Bestandteilen der Konkretisierung macht, dieses Grundproblem bisher aber kaum einsichtig reflektiert hat. Einige Typen der Einbeziehung tatsächlicher Strukturen und Funktionen in die Konkretisierung von Rechtsvorschriften sollen hier anhand der Rechtsprechung des Bundesverfassungsgerichts verfolgt werden.

Die Bekenntnisse des Bundesverfassungsgerichts, an der herkömmlichen Auslegungslehre festzuhalten, den objektivierten „Willen des Gesetzgebers" gemäß einer „objektiven Theorie" zu ermitteln[353], grammatische, systematische, teleologische und genetische („historische") Auslegungsmethoden anzuwenden und sie einander stützen und ergänzen zu lassen[354], werden von der Interpretationspraxis des Gerichts nicht selten unausgesprochen zurückgenommen. So wird entgegen dem Grundsatz grammatischer Auslegung, den Wortlaut als unübersteigbare Grenze der Interpretation festzuhalten[355], der Wortlaut offensichtlich vernachlässigt oder überspielt[356]; so wird der aus Entstehungsgeschichte und Gesetzgebungsmaterialien gezogene Schluß entgegen der „objektiven Theorie" zum sachlichen Angelpunkt der Entscheidung gemacht[357]. Solcher Man-

---

353 Vgl. nur etwa BVerfGE 1.299.312; 6.55.75 f.; 10.234.244; 11.126.130.

354 z. B. BVerfGE 11.126.130.

355 Vgl. BVerfGE 8.38.41 und öfter.

356 Etwa BVerfGE 1.351.366 f.; 2.347.374 f. (Kehl-Urteil); 8.210.221; 9.89.104 ff.; 13.261.268.

357 z. B. in BVerfGE 2.266.276; 4.299.304 f. ohne Auseinandersetzung mit dem in E 1.299.312 ausgesprochenen Grundsatz; ferner v. a. E. 6.309.349 ff.

gel an Folgerichtigkeit spricht weniger gegen die Vertretbarkeit der einzelnen Entscheidungen selbst als gegen die Tragweite der scheinbar kanonischen, die hermeneutischen Fragen angeblich abschließend bewältigenden Auslegungshilfen. Wichtiger sind die Fälle, in denen das Gericht, ohne die dabei auftauchenden hermeneutischen Probleme zum Thema zu machen oder sie auch nur zu berühren, der „Norm" im herkömmlichen Verständnis nicht entnehmbare Sachgesichtspunkte zu (mit-) entscheidenden Bestandteilen der Rechtskonkretisierung macht[358]. Fälle dieses Typus zeigen, daß die programmatische Selbstbeschränkung auf die überlieferten Auslegungshilfen angesichts der Probleme der Praxis illusionär ist, daß auch schon die herkömmlichen Prinzipien der Interpretation zahlreiche verdeckte Elemente enthalten oder daß sie Verfahren verbal verbergen, die weit über das übliche Verständnis der Rechtsnorm hinausgehen.

Sie zeigen grundsätzlich, daß „Recht und Wirklichkeit", von der Struktur praktischer juristischer Hermeneutik her gesehen, kein allgemein formulierbares „Verhältnis" je für sich selbständig bestehender Größen einnehmen, sondern daß sie in wechselnder Mischung wirksame Momente der Rechtskonkretisierung von nur relativer Selbständigkeit darstellen. Was rechtliche Normativität ist, erweist sich jeweils konkret im Zusammenspiel von Gesichtspunkten, die geläufig zu abstrakten Metaphern wie „Norm" und „Faktum", „Recht" und „Wirklichkeit" und zu deren gleichfalls abstraktem Verhältnis verallgemeinert werden.

Einen auch für das überlieferte Methodenideal auffälligen Einlaß für methodisch schwer kontrollierbare Sachgesichtspunkte stellt der Gleichheitssatz dar. Die nach der Rechtsprechung des Bundesverfassungsgerichts gemäß dieser Grundsatzvorschrift geforderte Sachgerechtigkeit macht die Relation zwischen gesetzlicher Regelung und geregelten Verhältnissen, damit der Sache nach aber auch die Beschaffenheit dieser tatsächlichen Verhältnisse selbst nicht nur zum von außen anzulegenden Maßstab, sondern zu einem Moment der Normativität. Nach der hier zur „Natur der Sache" genannten Spruchpraxis wird der Gleichheitssatz des

---

[358] Vgl. etwa BVerfGE 1.208.209; 1.264.275; 4.322.328 f.; 6.309.352; 12.45.56; 12.205 ff. zur Notwendigkeit, ein sachgemäßes Ergebnis zu erzielen und zur faktischen Bedeutung des von der Norm geregelten und von der Entscheidung in normativer Vermittlung konkret zu regelnden Sachverhalts; ferner z. B. BVerfGE 1.144.148 f.; 3.58.85; 5.85.129 ff.; 6.132 ff.; 7.377.397. 9.305.323 f. zur Wichtigkeit historischer, soziologischer und politischer Gesichtspunkte; ferner BVerfGE 1.14.32 f.; 3.225.231; 6.309.361; auch 2.380.403 zum Grundsatz der Interpretation der Verfassung als einer Einheit; vgl. auch oben (Anm. 313—322) die Nachweise zur „Natur der Sache". Auch andere, hier nicht behandelte Entscheidungen des Bundesverfassungsgerichts und darüber hinaus überaus zahlreiche Fälle aus der gesamten Rechtsprechung könnten unter dem genannten Aspekt mit Gewinn für eine sachbezogene juristische Hermeneutik untersucht werden.

Art. 3 Abs. 1 GG durch eine Sonderregelung nur dann verletzt, wenn die Regelung als willkürlich bezeichnet werden muß, weil zu ihrer Begründung kein vernünftiger „oder sonstwie einleuchtender" Grund auffindbar ist[359]. Die von der Regelung betroffene Wirklichkeit wird angesichts der Probleme praktischer Normkonkretisierung nicht wie in den Ansätzen der Rechtstheorie undifferenziert als Wirklichkeit schlechthin oder als die Totalität der geschichtlich-gesellschaftlichen Lage einer imperativisch isoliert verstandenen Norm entgegengestellt. Sie gliedert sich vielmehr in bestimmte Lebensbereiche, deren Umfang, Struktur und Konsistenz relativ selbständig, immer aber in hermeneutischem Bezug zum normativen Gehalt der Rechtsvorschrift untersucht werden. Als Maxime der Einzelfallentscheidung ergibt sich dabei, der Gesetzgeber müsse bei der Regelung eines bestimmten Gebietes nicht alle tatsächlichen Verschiedenheiten berücksichtigen; entscheidend sei, „ob für eine am Gerechtigkeitsgedanken orientierte Betrachtungsweise die tatsächlichen Ungleichheiten in dem in Betracht kommenden Zusammenhang so bedeutsam sind, daß der Gesetzgeber sie bei seiner Regelung beachten muß"[360].

Dieser Grundsatz ist geläufig und zu Recht als sinnvoll anerkannt; hermeneutisch beruht er aber durchaus nicht auf Selbstverständlichkeiten. Die „tatsächlichen Ungleichheiten" des geregelten Lebensbereichs, beurteilt nach Aspekten materialer Gerechtigkeit im allgemeinen und konkreter normativer Aussage im besonderen, werden nicht nur als begriffliche Bezugspunkte verbalmethodischer Argumentation behandelt, sondern mit der Eigenart und Bedeutung ihrer empirisch festgestellten Tatsächlichkeit als integrale Momente der richterlichen Entscheidung, als Bestandteile der Entscheidungsnorm. Diese ist gegenüber der Rechtsnorm nicht selbständig. Die Rechtsnorm ist weder fertig noch einfach anwendbar. Sie regelt den konkreten Einzelfall auf eine Weise, die mit „Applikation" abkürzend umschrieben wurde. Sie verändert ihre Geltungssubstanz mit jedem Fall, auf den sie mittels der Tätigkeit entscheidender Organe regelnd einwirkt. Die Entscheidungsnorm ist der jeweils konkretisierte Aggregatzustand der Rechtsnorm, keine neben dieser stehende autonome Größe. Die hier im Beispiel zu Art. 3 Abs. 1 GG das Urteil mittragenden, normativ bewerteten, aber im Spielraum normativer Fragestellung empirisch untersuchten tatsächlichen Ungleichheiten des Lebensbereichs, also dessen gedanklich verarbeitete empirische Struktur, sind die Konkretion des allgemein vorausgesetzten „Bereichs". Da dieser selbst jedoch zwar auf ontische Gegebenheiten gestützt, nicht aber in seinem Umriß als Bereich ontisch erfahrbar und verdinglicht ist, vielmehr erst durch die normativ geleitete gedankliche Zusammenfas-

---

[359] Seit BVerfGE 1.14.52.
[360] BVerfGE 12.341.348 im Anschluß an E 1.264.276; 2.118.119; 9.124.130.

sung zum „Bereich" wird, ist die vom Bundesverfassungsgericht gebrauchte Bezeichnung „Lebensbereich" mißverständlich. Terminologisch deutlicher ist es, vom „Normbereich" zu sprechen. Von hier aus gesehen, läßt sich die traditionell formulierte Maxime des Gerichts ebensogut dahin fassen, der Gesetzgeber müsse die materiellen Grundstrukturen des jeweiligen Normbereichs bei seiner Regelung beachten. Da die Grundstruktur nicht als frei konzipierbares Gebilde, sondern als die gedankliche Fixierung des tatsächlich so und nicht anders bestimmbar geordneten Wirklichkeitszusammenhangs ins Spiel kommt, ist der vom Bundesverfassungsgericht ganz allgemein geforderte Bezug zum „Gerechtigkeitsgedanken" hierin schon enthalten. Da ferner sowohl der Normbereich in seiner Grundstruktur für die Rechtsnorm als auch seine das Urteil im Einzelfall mittragenden Realelemente als Bestandteile der Entscheidungsnorm nicht als bloß ontische Daten in den Blick kommen, sondern überhaupt nur im Spielraum der normativ bestimmten Fragestellung, hat die hermeneutisch legitime, wenn auch unreflektierte Spruchpraxis des Bundesverfassungsgerichts mit Soziologismus oder „unjuristischer Methode" nichts gemein[361].

Deshalb rechtfertigt es auch diese durchaus juristische, nämlich rechtshermeneutische Methode, eine Änderung der tatsächlichen Verhältnisse oder jedenfalls einen grundlegenden Wandel so zu bewerten, daß die nicht nur in ihrem Wortlaut, sondern nach herkömmlichem Normverständnis auch im ganzen unverändert gebliebene Norm kraft empirisch festgestellter Veränderung von Fakten verfassungswidrig geworden sein kann. Als Voraussetzungen hierfür gibt das Bundesverfassungsgericht an[362], es müßten sich gerade solche Verhältnisse grundlegend gewandelt haben, auf die sich die Regelung bezieht; wenn diese Änderung nicht nur von vorübergehender Dauer, sondern als „Strukturwandel" anzusprechen sei, könne „als Folge dieses Wandels die ursprünglich gerechtfertigte Regelung offensichtlich sachwidrig geworden" sein. Der als Willkürverbot interpretierte allgemeine Gleichheitssatz ist nur ein besonders auffälliges, nicht aber ein strukturell aus dem Rahmen praktischer juristischer Hermeneutik fallendes Beispiel für die spezifische Struktur rechtlicher Vorschriften und ihrer Normativität. Die Grundstruktur des Normbereichs ist, hermeneutisch betrachtet, ein Bestandteil rechtlicher Normativität. Eine verfassungsmäßige Norm kann dadurch, daß sie sich im Umfang oder Inhalt ihres Normbereichs[363] ändert, verfassungswidrig werden. Aus demselben Grund ist, auch abgesehen

---

[361] Vgl. auch BVerfGE 6.132.167.

[362] BVerfGE 12.341.353 f. zu § 59 Abs. 1 UStDB 1951, § 54 Abs. 1 UStDB 1938.

[363] Mit „Normbereich" ist hier immer nur der Normbereich in seinen normativ erfragten Grundzügen gemeint, nicht in der Fülle und Summe all seiner ontischen Einzelheiten.

von solchem Normwandel, der Normbereich ein mehr oder weniger, nie aber ganz entbehrliches Moment der Normkonkretisierung. In den meisten Fällen verbirgt sich seine hermeneutische Notwendigkeit hinter angeblich auf die überkommenen Methoden beschränkten Verbalismen. Die besonderen Schwierigkeiten der Konkretisierung im Verfassungsrecht zwingen die Gerichte allerdings häufig dazu, ganz offen, wenn auch hermeneutisch nicht näher geklärt, Fakten zu tragenden Bestandteilen der Rechtsfindung zu machen. Auch dort, wo die Norm selbst faktische Verschiedenheiten aufgreift, um sie normativ zu rezipieren oder sie, wie in Art. 3 Abs. 2 und 3 GG, für normativ irrelevant zu erklären, ist die „Natur des jeweiligen Lebensverhältnisses“[364] für die konkrete Differenzierung der im Normtext genannten Unterschiede nicht zu entbehren. Auch hier wird Rechtskonkretisierung nicht zur empirischen Sozialforschung. Soll Art. 3 Abs. 2 GG als Rechtssatz konkretisiert werden, muß dem Begriff „gleichberechtigt“ der ihm „immanente“ präzise juristische Sinn abgewonnen werden[365]. Es ist besser, nicht mit dem Bundesverfassungsgericht von einer angeblichen Immanenz sachlicher Gegebenheiten im Begriff auszugehen. Das Vorgehen des Gerichts zeigt im übrigen deutlich, daß es sich bei dieser „Immanenz“ nur um einen Mißgriff in der Wortwahl handelt, daß vielmehr außerbegrifflich reale, ontische Fakten und ihre jeweilige Differenz gemeint sind, auf die ein Begriff sprachkonventionell verweist. Die für die Normkonkretisierung erhebliche Bedeutung des im Normtext enthaltenen Begriffs wie der durch ihn gemeinten Tatsachenzusammenhänge ist nicht soziologischer, psychologischer oder sonst nichtnormativer Art. Vielmehr muß allein die rechtliche Sicht den Auswahl- und Bewertungsvorgang leiten, der aus den faktischen und in ihrer Faktizität nicht verfälschten Elementen der Normkonkretisierung die normativ entscheidenden heraushebt[366]. Die Natur des jeweiligen Lebensverhältnisses als Merkmal solcher Differenzierung ist sowohl „normativ“ als auch „faktisch“ bestimmt. Genauer gesagt: die rechtstheoretische Trennung von Norm und Faktum erweist sich hermeneutisch als nicht sinnvoll, als undurchführbar. Das tritt bei allgemeinen Rechtsregeln wie dem Art. 3 Abs. 2 GG nur besonders deutlich in Erscheinung, ist wegen der notwendig hermeneutischen Fassung rechtlicher Normativität aber auch bei Spezialnormen nur graduell, nicht grundsätzlich anders[367]. Besondere Anforderungen an die Kraft richterlicher Normkonkretisierung stellen auch Grundsatznormen nur dem Grade nach.

---

364 BVerfGE 3.225.242.

365 BVerfGE 3.225.240.

366 Vgl. BVerfGE 3.225.240 ff. 241.

367 In BVerfGE 3.225.242 und f. ist dies trotz der herkömmlichen Vorstellung von „Beweiswürdigung und Subsumtion des Tatbestandes“ angedeutet; ebd. auch zu den folgenden Bemerkungen.

Selbst auf dem Boden herkömmlicher Methodengewißheit hat sich eine so strukturierte, nicht nur wirklichkeitsbezogene, sondern Wirklichkeit als Bestandteil normativen Gehalts behandelnde Rechtsfindung als echte richterliche Aufgabe[368] zu erkennen gegeben. Das Festhalten am herkömmlich verengten Ideal juristischer Methodik veranlaßt hier das Bundesverfassungsgericht noch dazu, die gesetzgeberische Unumgänglichkeit von Blankettbegriffen, unbestimmten Rechtsbegriffen und allgemeinen Rechtsregeln rechtspolitisch damit zu begründen, anders sei es unmöglich, der Vielfalt der Lebensverhältnisse zu genügen und doch zugleich für alle möglichen Einzelfälle den Weg zu rechtlicher Differenzierung und damit zu gerechter Entscheidung offenzuhalten[369]. So richtig das sein mag, so ist doch der reale Vorgang der hier besprochenen Konkretisierung, die das Gericht leistet, nicht rechtspolitisch motiviert. Er folgt einer hermeneutischen Notwendigkeit, die sich ihrer selbst noch nicht bewußt geworden ist[370]. Im Urteil vom 10. Mai 1957 wird die Funktion des Normbereichs im ganzen in Hinblick auf die Bewertung einzelner faktischer Verschiedenheiten präzisiert. Die dem Grundgesetz eigentümliche Auffassung des Menschen als einer sozialbezogenen Persönlichkeit soll für Art. 3 Abs. 2 und 3 GG die Folge haben, das Differenzierungsverbot für das Vergleichspaar Mann-Frau gelte nur dann, „wenn der zu ordnende soziale Lebenstatbestand essentiell vergleichbar ist". Der Abstand zu soziologistischer Unterwanderung der juristischen Methodik und die Bedeutung des normativen Leitgedankens, der jeweils konkret die Fragerichtung und ihren Spielraum bestimmt, werden hier deutlich sichtbar[371].

Derselbe familienrechtliche Grundsatz, im Hinblick auf die genannten funktionalen Unterschiede könne eine besondere rechtliche Regelung für Mann und Frau erlaubt oder sogar notwendig sein, wenn es die Natur des jeweiligen Lebensverhältnisses, also die sachliche, nach normativen Richtlinien erforschte Struktur des Normbereichs erfordert, wird über

---

[368] So BVerfGE 3.225.242 und f.

[369] BVerfGE 3.225.243.

[370] Vgl. zur Differenzierung der objektiven biologischen oder funktionalen Unterschiede von Mann und Frau nach der „Natur des jeweiligen Lebensverhältnisses" auch BVerfGE 5.9.12; zum folgenden das Urteil vom 10. 5. 1957, BVerfGE 6.389.422 ff. zu Art. 3 Abs. 2 und 3 GG.

[371] BVerfGE 6.389.422 und f.: Art. 3 Abs. 3 GG ist auf die Strafbestimmungen gegen Homosexualität nicht anwendbar, weil dieser „Lebenssachverhalt" (423), dieses „Gebiet" (422) gerade von dem biologischen Geschlechtsunterschied so entscheidend geprägt werde, daß sonstige vergleichbare Elemente daneben völlig zurückträten. Vergleichbare Tatbestände seien demnach „für eine natürliche Auffassung" (423) nicht mehr gegeben. Die Argumentation des Gerichts macht unmittelbar deutlich, daß dieses Ergebnis von einer ausgesprochen juristischen Auffassung getragen wird. — Da zahlreiche Vorschriften über mehrere normative Leitgedanken verfügen, wird hier zusammenfassend auch vom „Normprogramm" gesprochen.

faktisch-biologische Unterschiede hinaus auch auf faktisch-soziale ausgedehnt. Die Differenzierung der Art der Leistung für das uneheliche Kind rechtfertigt sich hiernach aus der auch bei Fehlen einer Familiengemeinschaft verschiedenen Funktion von Vater und Mutter gegenüber dem Kind[372].

Die Berücksichtigung des Normbereichs geht so weit, daß nachteilige Wirkungen auch als bloße Nebenfolgen einer im übrigen unbedenklichen Regelung die Sachgerechtigkeit einer Norm verneinen lassen[373]. Der Normbereich kann sich überwiegend tatsächlich oder überwiegend rechtsgeprägt darstellen. Die untersuchte hermeneutische Grundfigur umfaßt auch die Nachprüfung, ob dem Gebot der Entsprechung von Privat- und Steuerrecht im Einzelfall dahingehend genügt ist, daß die „Ordnungsstruktur des Zivilrechts“ gewahrt blieb[374], oder ob die Struktur einer überwiegend rechtserzeugten Verfahrensordnung der Verfassung entspricht[375]. Nur ist es wenig glücklich, wenn das Bundesverfassungsgericht in bezug auf die nähere Ausgestaltung des rechtlichen Gehörs in den einzelnen bei Inkrafttreten des Grundgesetzes geltenden Verfahrensordnungen von dem „vorverfassungsrechtlichen Gesamtbild des Prozeßrechts“ ausgehen will. Historische Abfolge ist für die Verfassungsmäßigkeit einer in solchem Zusammenhang zu prüfenden sachbezogenen rechtlichen Vorschrift nicht von Belang. Ihre Legitimität muß sich an der geltenden Verfassung ausweisen können. „Gesamtbild“ ist eine andere Bezeichnung für „Lebensbereich“ oder ähnliche besprochene Termini, also nach dem hier entwickelten Verständnis für den Normbereich. Dieser ist durch faktische Struktur wie durch rechtliche Prägung konstituiert: durch die geltenden Verfahrensordnungen[376] und durch die innere Sachgerechtigkeit der einzelnen Verfahrensart[377].

---

[372] BVerfGE 11.277.281: zur Verfassungsmäßigkeit von § 1709 Abs. 1 BGB am Maßstab von Art. 3 Abs. 2 und 3 GG.

[373] BVerfGE 6.55.77; 11.50.58 ff.; 12.151.166.168 f.; 13.331.341.

[374] BVerfGE 13.331.340.

[375] BVerfGE 9.89.95 f. zu Art. 103 Abs. 1 GG; 96 zum „vorverfassungsrechtlichen Gesamtbild des Prozeßrechts“; weitere Beispiele einer Auffüllung der Grundrechtskonkretisierung aus Ordnungen des Unterverfassungsrechts z. B. in BVerfGE 9.223.230 zu Art. 3 Abs. 2 GG und E 9.291.300 gleichfalls zu Art. 3 GG; ferner etwa E 2.336.340 f.; 15.256 ff. (zu Art. 5 III 1); 11.283.287 ff. (zu Art. 3 I); 3.248.252 ff. (zu Art. 103 III); 4.96 ff. (zu Art. 9 III). — Aufschlußreich ist auch die Behandlung der transformierten Schulbestimmungen des Reichskonkordats als „ein geschlossenes und zusammenhängendes Sachgebiet“ im Konkordats-Urteil, BVerfGE 6.309. 343 f., bes. 344.

[376] BVerfGE 9.89.95 und f.

[377] BVerfGE 9.89.95. Weitere Beispiele für die entscheidende Rolle der faktischen Struktur des Normbereichs bei der verfassungsgerichtlichen Konkretisierung der Vorschrift z. B. in BVerfGE 11.351.357 f. 365 zur faktischen Entwicklung der Parteien seit 1945 (Nordrhein-Westfälisches Kommunalwahlgesetz); E 12.151.163.164 ff. (faktische Erörterung der Auswirkung steuerlicher Sondervorschriften auf Verheiratete m. w. Nw. zur Rspr.); 12.180.194 ff. 195: Darlegung von Fakten und Bewertung „aus der Natur des geordneten Le-

Besonders wichtig ist die zuverlässige empirische Beurteilung des Normbereichs in der Rechtsprechung zur Berufsfreiheit des Art. 12 Abs. 1 Satz 1 GG. Hier besteht die Möglichkeit, die Struktur des Normbereichs stark nach den Gegebenheiten historischer Wandlungen eines Berufsbilds[378] und somit nach Kriterien zu bewerten, die verhältnismäßig geläufig sind und die leichter als die Elemente anderer Normbereiche Gegenstand des Konsenses der Rechtsgenossen werden können. Auch hierbei kommt für die Auswahl der das Urteil mittragenden Fakten aus dem Normbereich dem Normprogramm der zu konkretisierenden, so etwa der in ihrer Verfassungsmäßigkeit zu prüfenden Vorschrift entscheidende Bedeutung zu. Das wird um so klarer, je weniger eine Norm über einen durch tatsächliche Befunde abstützbaren Normbereich verfügt. Verfassungsrechtliche Grundsatznormen wie Art. 3 Abs. 1 GG haben keinen Normbereich dieser Art. Der Normbereich muß, wie schon an den bisherigen Beispielen gezeigt wurde, jeweils anhand der Normbereiche der am Gleichheitssatz gemessenen oder auf andere Art hermeneutisch mit ihm zu vermittelnden (unter-)verfassungsrechtlichen Vorschriften gewonnen werden. So hat das Bundesverfassungsgericht zur Lösung der Frage, ob der Ausschluß von Nichtgesellen aus der Innungskrankenkasse mit dem Gleichheitssatz vereinbar sei, zu Recht faktische Erhebungen über die berufsständische Eigenart des Handwerks angestellt[379], auf dem Hintergrund des allgemeinen Wandels von Wirtschaft und Technik Änderungen der strukturellen Besonderheiten des Handwerks untersucht und befunden, die Entwicklung sei noch nicht so weit fortgeschritten, daß die hier in Frage stehende Differenzierung zwischen Gesellen und Nichtgesellen bereits ohne Einschaltung des Gesetzgebers unmittelbar durch das Gericht beseitigt werden könne. Was sich nach dem Eindruck des Gerichts für eine normativ geleitete, im einzelnen empirisch arbeitende Betrachtungsweise geändert hat, sind Momente des Normbereichs, die aber noch nicht seine Grundstruktur gewandelt haben.

Den Begriff des normativ erfragten Lebensbereichs, des „zu ordnenden Lebensverhältnisses“ und damit des gedanklichen Rahmens für die

---

bensverhältnisses“; hier: Erlaß der Vermögensabgabe wegen Vermögensverfalls eines Ehegatten; E 7.377 (Apotheken-Urteil); 11.30 (Kassenarzt-Urteil): weitgehende Berücksichtigung tatsächlicher Verhältnisse; 12.144.147 ff.: Analyse der tatsächlichen Verhältnisse im Kassenzahnarztwesen; E 13.237.241 f.: faktische Untersuchung des „Lebenssachverhalts“ Buchhandel unter dem Aspekt, ob im Vergleich mit dem Verbrauchsgüterhandel in bezug auf Art. 3 Abs. 1 GG die vorgegebenen Unterschiede so erheblich sind, daß sie auch verschiedene Rechtsfolgen verlangen (242); vgl. auch E 12.205 ff. (Fernsehurteil).

[378] Vgl. etwa BVerfGE 9.338.350; 13.97.117; 7.377 ff.; 10.354.364 ff.; 12.144; 11.30.

[379] BVerfGE 11.310.324 (Beschluß vom 11. Oktober 1960 zu § 14 Abs. 3 des Selbstverwaltungsgesetzes); zum folgenden ebd., 325 f. Zur Bedeutung verschiedenartiger sozialer Verhältnisse für die Freiheit des Gesetzgebers gegenüber dem Gleichheitssatz vgl. z. B. auch BVerfGE 9.338.349 f.; 10.354.371; 11.283.293. Zur Struktur des Handwerks vgl. v. a. auch E 13.97 ff.

einzelnen „Gesetzlichkeiten, die in der Sache selbst liegen"[380], hat das Bundesverfassungsgericht vor allem in Zusammenhang mit der gegenseitigen Abgrenzung solcher Bereiche und ihrem Vergleich nach Art. 3 Abs. 1 GG näher erläutert. Unter „Lebensbereich" versteht das Gericht einen „Komplex des sozialen Lebens, der zusammengehört und sich — vielfach auch schon im bisherigen Recht — von anderen als Einheit abhebt"[381]. Dabei kommt es nicht auf vereinzelte, periphere, von der Norm aus weniger wesentliche Züge an, sondern darauf, „jeden Bereich im ganzen und in seiner eigenen inneren Gesetzlichkeit und Ordnung" zu würdigen[382]; allein demgemäß hat der Gesetzgeber zu entscheiden, ob die „gleichen" oder die „ungleichen" Elemente die jeweils wesentlichen sind, und hat der die Norm konkretisierende Richter die Zulänglichkeit dieser Entscheidung zu beurteilen. Schwierigkeiten bereitet nur die Frage, nach welchen Kriterien sich der Lebensbereich als zusammengehörig erweisen und worin seine Einheit bestehen soll, die ihn von anderen Komplexen sozialen Lebens abheben kann. Das Gericht hat hier den Normbezug der Bereichsanalyse zu wenig betont. Die Zusammengehörigkeit einzelner Fakten und ihrer Teilzusammenhänge zu einem Bereich kann wechseln, wobei sich der entscheidende Blickpunkt vom Normprogramm der zu konkretisierenden Vorschrift aus bestimmt. Auch die sachliche Einheit — in dieser Bedeutung mit „Zusammengehörigkeit" gleichzusetzen — ergibt sich jeweils nur unter normativem Blickwinkel. Daher wird für die Kennzeichnung der Besonderheit des jeweiligen Normbereichs besser auf seine sachliche Eigenart als auf seine „Einheit" abzuheben sein. Daß die sachliche Eigenart des Bereichs vielfach, wenn nicht so gut wie immer, bereits rechtlich vorgeprägt oder zumindest mitbestimmt ist, hebt das Gericht zutreffend hervor. Der Umfang des „Lebensbereichs", wie das Bundesverfassungsgericht ihn versteht, ist dabei grundsätzlich weiter als der des hier vorgeschlagenen „Normbereichs". Das zeigt sich an den folgenden Ausführungen des untersuchten Urteils. Sie begeben sich, den auf ihre Verfassungsmäßigkeit zu prüfenden Normen entsprechend (Altersgrenze für Hebammen), in die strukturellen Besonderheiten der am Maß des Gleichheitssatzes erforschten traditionell ausgeprägten Berufsbilder und führen einen in die faktischen Einzelheiten gehenden Strukturvergleich der Berufe von Arzt und Hebamme durch[383]. Nach dem zur Eigenart juristischer Objektivität und Rationali-

---

[380] BVerfGE 9.338.349 und ff. (Hebammen-Urteil); ebd. zum folgenden.

[381] BVerfGE 9.338.349 und ff.

[382] BVerfGE 9.338.349 f.

[383] BVerfGE 9.338.350 ff.; z. B. zur „strukturellen Einheit" der Berufsbilder: „Struktur des Berufs im ganzen" (350); „Gesamtstruktur des Hebammenberufes", „Struktur des Arztberufes" (351 und f.); diese Erörterungen werden durchgängig durch Erhebung tatsächlicher Einzelheiten gestützt: beispielsweise geringeres wirtschaftliches Risiko, Dienstordnung, ständige Aufsicht

tät Gesagten versteht es sich, daß diese Integration tatsächlicher Befunde in die Konkretisierung von Rechtsvorschriften von Wertungen durchsetzt ist und niemals die facta bruta normativ substituiert, nach dem hier festgehaltenen Primat der Normbindung als solche auch nicht substituieren darf. Weder Soziologismus noch „soziologische Rechtsgeltung“[384] stehen beim Entwickeln einer hermeneutischen Normvorstellung zur Debatte.

In normativer Beleuchtung erscheinen die tatsächlichen Feststellungen auch dort, wo sie allgemeine verfassungs- oder verwaltungsrechtliche Maßstäbe wie das Übermaßverbot konkretisieren helfen, die ihrer Konzeption nach auf sachliche Anreicherung angewiesen sind[385]. Das heißt wiederum nicht, die faktische Sachstruktur werde durch die normative Überformung aufgezehrt. Sie wird in ihren für die Normkonkretisierung im Einzelfall wesentlichen Momenten herausgehoben, ohne ihrer insoweit normativ zur Wirkung kommenden sachlichen Konsistenz beraubt zu werden. Die für die normative Fragestellung wesentliche Grundstruktur des Normbereichs darf im Vorgang der Konkretisierung nicht durch subjektive Wertungen für unbeachtlich erklärt oder stillschweigend ignoriert werden. So geht es zumindest in der Formulierung zu weit, festzuhalten, Art. 21 Abs. 1 Satz 1 GG enthalte „nicht die beschreibende Feststellung eines Tatbestandes der gesellschaftlich-politischen Wirklichkeit“, sondern weise „den Parteien ihre Stelle in der Ordnung des Staatsaufbaus“ an[386]. Der Fortgang der zitierten negativen Feststellung zeigt, daß die Parteien, denen nach dem normativen Sinn von Art. 21 Abs. 1 Satz 1 GG ihre Stelle in der Verfassungsordnung des demokratischen Staatswesens angewiesen werden soll, damit durchaus als für diesen bestimmten demokratischen Staat wichtiger Tatbestand der gesellschaftlich-politischen Wirklichkeit empirisch zur Kenntnis genommen und von Verfassungs wegen als rechtlich legitim anerkannt werden. Art. 21 Abs. 1 Satz 1 GG ist nicht nur beschreibende Feststellung, aber auch nicht nur „normativer Sinn“. Soll die Norm überhaupt Normativität im spezifisch rechtlichen Sinn entfalten, muß sie sachbestimmt sein. Die konkrete Normativität einer Rechtsvorschrift enthält eo ipso Realbestandteile gesell-

---

und Kontrolle, umfassende Reglementierung, die praktische Verbindlichkeit des Hebammenlehrbuchs als Momente der Strukturverschiedenheit zwischen Hebammen- und Arztberuf trotz grundsätzlich gleicher rechtlicher Regelung beider als freier Berufe.

[384] Zur Abwehr der letztgenannten Vorstellung vgl. BVerfGE 6.132.142 ff. und 147; zur Geltung nationalsozialistischer Rechtsvorschriften vgl. auch E 3.58.119; 6.309 ff.; 6.389.415.

[385] z. B. BVerfGE 14.19.22 (zur Residenzpflicht der Aufsteller von Warenautomaten): eine Verletzung des Übermaßverbots wird anhand faktischer Erhebungen beurteilt; ferner etwa BVerfGE 13.237.241 und f. (Ladenschlußgesetz und Auswirkung auf Universitätsbuchhandlung).

[386] BVerfGE 5.85.133 ff. 134 im Anschluß an E 1.208.225 und 4.27.30.

schaftlicher Wirklichkeit in normativer Überformung. Grad und Mischungsverhältnis dieser Bestandteile können je nach dem Normtypus ebenso verschieden sein wie das Ausmaß ihrer sprachlichen Formulierung oder Verschweigung im Normtext. Dem normativen Leitgedanken des im Gesamtzusammenhang des Bonner Grundgesetzes interpretierten Art. 21 Abs. 1 Satz 1 ist zu entnehmen, daß nur solche Parteien bei der politischen Willensbildung des Volkes unter dieser Verfassung im Sinn der Vorschrift mitwirken, die selbst auf dem Boden der freiheitlich demokratischen Grundordnung stehen, von denen wenigstens die verfassungsrechtlichen Grundwerte bejaht werden[387]. Dieser Teil des Normprogramms gibt im erörterten Zusammenhang das Auswahlprinzip für die verfassungsrechtlich wesentlichen Momente einer sich durchaus an die Realien haltenden empirischen Bestandsaufnahme in der gesellschaftlich-politischen Wirklichkeit vorhandener Parteigruppierungen und ihrer Ziele. Parteien, die nicht die Grundlagen dieses Verfassungsstaates teilen, sind aus diesem Grund im Zusammenhang der vorliegenden Argumentation aus dem Normbereich von Art. 21 Abs. 1 Satz 1 GG ausgeschlossen; nicht aber deshalb, weil — wie in der Überlegung des Bundesverfassungsgerichts[388] — in Art. 21 Abs. 1 Satz 1 GG schlechterdings nicht die Beschreibung tatsächlicher gesellschaftlich-politischer Gegebenheiten zu sehen wäre oder weil, wie das Gericht anfügt, aus rechtspolitischen Gründen die Parteien zumindest die verfassungsrechtlichen Grundwerte bejahen müßten, da anders bei der Vielfalt der Weltanschauungen und Interessen ein einheitlicher Staatswille überhaupt nicht gebildet werden könne. Diese Überlegung mag in anderem Zusammenhang zutreffen; hermeneutisch ist sie ohne Wert und bildet ein Beispiel dafür, in welchem Maß teleologische Norminterpretation rechtspolitischen Wertungen ausgeliefert zu sein pflegt. Das hermeneutische Verhältnis von Normbereich und normativem Leitgedanken des Art. 21 Abs. 1 Satz 1 GG wird jedenfalls trotz der es verdeckenden Argumentation der Sache nach in den Urteilsgründen hinreichend deutlich.

Nach der dargelegten Auffassung ist die hermeneutisch nach Normbereich und Normprogramm zu differenzierende Struktur von Norm und Normativität grundsätzlich, wenn auch in sehr verschiedenem Mischverhältnis, auf alle Rechtsnormen anwendbar. Auf Grenzfälle, in denen das eine Moment im andern aufgeht, ist an dieser Stelle noch nicht einzugehen. Innerhalb der Verfassung kann beispielsweise zwischen Grundrechtsnormen und anderen Grundbestimmungen wie Art. 21 Abs. 1 GG und mehr „technischen" Vorschriften wie den Kompetenznormen hermeneutisch kein Unterschied gemacht, kann die als hermeneutische Ziel-

---

387 Vgl. allgemein BVerfGE 2.1.73; 5.85.134 f.

388 BVerfGE 5.85.134.

vorstellung diskutierbare „Einheit der Verfassung" jedenfalls in diesem Zusammenhang nicht verneint werden. Auch das wird mehrmals in der Rechtsprechung des Bundesverfassungsgerichts deutlich. So sei allgemein bei der Präzisierung einer Kompetenz zu künftiger Gesetzgebung zu vermuten, der betreffende Begriff im Wortlaut der Kompetenznorm stelle einen Gattungsbegriff dar, der einen bestimmten Kompetenznormbereich von sachlicher Eigenart sprachlich deckt[389]. Ähnlich wird der Begriff „Sozialversicherung" in Art. 74 Nr. 12 GG nicht im üblichen, auf die vier Versicherungszweige der RVO (Kranken-, Alters-, Invaliditäts- und Unfallversicherung) beschränkten Sinn konkretisiert, sondern „als verfassungsrechtlicher Gattungsbegriff, der alles umfaßt, was sich der Sache nach als Sozialversicherung darstellt". Daß das Gericht diesen Teil des normativen Leitgedankens von Art. 74 Nr. 12 GG ohne weitere Begründung dem Wortlaut der Vorschrift meint entnehmen zu können, ist hier nicht entscheidend. Jedenfalls ist für das weitere hermeneutische Verfahren damit ein Auswahlprinzip angegeben, nach dem, sollte die Schwierigkeit des konkreten Falles es erfordern, unter Umständen sehr eingehende Strukturanalysen des Normbereichs „Sozialversicherung" angestellt werden können. Ob man dem Ergebnis zustimmt, ist wieder eine andere Frage. Juristische Hermeneutik muß jedenfalls im Dienst spezifisch juristischer Rationalität stehen, muß die das Urteil tragenden Überlegungen sinnvoll differenzieren und damit maximal und optimal kontrollierbar und diskutierbar machen. Die soeben erörterte Entscheidung bietet ein Beispiel für einen hermeneutisch legitimen und notwendigen, wenn auch noch nicht voll durchdachten Ansatz anhand einer Kompetenzbestimmung[390].

Bei den Grundrechten wird die relative hermeneutische Selbständigkeit des Normbereichs gegenüber den Normprogrammen von der Rechtsprechung der Sache nach teilweise erfaßt. Das Bundesverfassungsgericht versteht in Abgrenzung der von ihm mit Art. 2 Abs. 1 GG identifizierten allgemeinen Handlungsfreiheit die Spezialgrundrechte der Art. 2 Abs. 2 ff. GG als Schutznormen der Freiheit menschlicher Betätigung

---

[389] BVerfGE 11.105 (Kindergeldgesetz), bes. 111 f.; ebd., zum folgenden, bes. 112.

[390] Die Bedenken gegen die Rechtsprechung zum „Lebensbereich" bei *Fuß*, Normenkontrolle und Gleichheitssatz, JZ 1962, 595 ff., 602, und bei v. *Pestalozza*, Grundrechtsauslegung, in: Der Staat, Bd. 2 1963, 425 ff. (Anm. 122), 442, berücksichtigen nicht die hermeneutischen Möglichkeiten dieses gewiß noch nicht ausgereiften Ansatzes. Die dort geäußerte Skepsis läßt die eigentlichen Probleme unberührt. — Nicht gefolgt wird hier der Auffassung der Kompetenzbereiche („Lebensbereiche", „Sachmaterien" usw.) bei v. *Mangoldt-Klein*, Das Bonner Grundgesetz, 2. Aufl. Band II, 1964, Vorbem. III 5 vor Art. 70, 1347 f., wo eine „rechtslogisch gebotene Unterscheidung zwischen Materien der Gesetzgebung und bereits vorhandener rechtlicher Ausgestaltung" als notwendig vorausgesetzt wird. Hermeneutisch gesehen, kommen die Normbereiche niemals normativ unberührt in den Blick.

„für bestimmte Lebensbereiche, die nach den geschichtlichen Erfahrungen dem Zugriff der öffentlichen Gewalt besonders ausgesetzt sind“[391]. Diese Aussage verkürzt zwar die Verfassungsgeschichte der Grundrechte auf die liberale Abwehr des Obrigkeitsstaats und die Geltungssubstanz der Grundrechtsnormen auf die gegen den Staat gerichtete Ausgrenzung partieller Freiheitsbereiche; hiervon abgesehen hält sie aber den Bezug des „schützenden“ normativen Leitgedankens zu dem ihm gerade durch die Positivierung des Grundrechts zugeordneten bestimmten Lebensbereich fest. Diese Sicht ist nicht neu. Sie pflegt aber nicht hermeneutisch bedacht zu werden. Das Bundesverfassungsgericht zieht wenigstens in einer Teilfrage der Grundrechtskonkretisierung aus dem Bestehen dieser grundrechtlich geschützten Bereiche eine wichtige Folgerung.

Wird in dem genannten Urteil vom 16. Januar 1957 die Spezialität der Einzelgrundrechte und ihrer Einschränkungsmöglichkeiten zu Art. 2 Abs. 1 GG noch allgemein aus der genannten Abgrenzung zur (in Art. 2 Abs. 1 GG angeblich normierten) allgemeinen Handlungsfreiheit begründet, so wird später die Subsidiarität dieser allgemeinsten Grundbestimmung der Freiheit zu den grundrechtlichen Spezialnormen deutlicher aus der Spezialität, das bedeutet: aus der sachlichen Eigenart der einzelnen Schutzbereiche hergeleitet[392]. Die Betätigung der Freiheit kann sich gegenüber der öffentlichen Gewalt nur insoweit auf Art. 2 Abs. 1 GG berufen, als sie nicht deshalb durch besondere Grundrechtsbestimmungen geschützt ist, weil sie sich auf einen sachlich besonderen und zugleich grundrechtlich erfaßten Lebensbereich bezieht. Das allgemeine Persönlichkeitsrecht des Art. 2 Abs. 1 GG soll dabei nicht formal, sondern „inhaltlich“ hinter die besondere Grundrechtsnorm zurücktreten[393]. Der eigentliche Grund für dieses Verhältnis von Spezialität und Subsidiarität liegt nach der Formulierung des Bundesverfassungsgerichts weder in der hierarchischen Struktur eines Wertsystems noch im logifizierten Bau eines Gesetzessystems, sondern vor allem in der sachlichen Eigenständigkeit der Grundrechtsnormbereiche. Formale Abstufungen wie diejenigen der Gesetzesvorbehalte sind eher als Ausdruck denn als Ursache solcher sachlichen Eigenständigkeiten zu verstehen. Es ist dabei nicht zu verkennen, daß die im einzelnen nicht einheitliche Spruchpraxis des Gerichts zu den Grundrechten häufig zu ganz anderen Bestimmungen, so zur unklaren Vorstellung eines grundrechtlichen Wertsystems ihre Zuflucht nimmt. Hier jedoch ist, wenn auch ohne nähere theoretische Rechtfertigung, die auch nicht in erster Linie Aufgabe eines Rechtsprechungsorgans sein kann, hermeneutisches Neuland betreten. Hier ist der Rück-

---

[391] BVerfGE 6.32.37, Urteil vom 16. Januar 1957.

[392] BVerfGE 11.234 (zu § 5 Abs. 2 GjS, Art. 5 GG) 238.

[393] BVerfGE 11.234.238.

griff auf Formeln, die den tatsächlichen Konkretisierungsvorgang und seine realen Elemente verdecken, nicht erfolgt.

In Gestalt eines Rückgriffs auf die ihrerseits formelhaft beschworene „Natur“ des Lebensbereichs erscheinen die meisten Entscheidungen, die faktische Strukturelemente der Normbereiche in die Rechtskonkretisierung einfügen. Die Berufung auf „die Art der zu regelnden Lebensverhältnisse“[394], auf die „Eigenart der Materie“[395], auf die „Natur des jeweils in Frage stehenden Sachbereichs“[396] ist als Argument wenig differenziert und von der verwaschenen Vorstellung der „Natur der Sache“, wie sie in der Rechtsprechung des Bundesverfassungsgerichts festzustellen ist, oft nicht zu unterscheiden. Immerhin ermöglicht es diese Formel, faktische Strukturbestandteile des Normbereichs der zu konkretisierenden Vorschrift zu Elementen der Konkretisierung zu machen und damit deren Rationaltät, wenn schon nicht in den Grundlinien, so doch durch Vermehrung der nachprüfbaren Einzelheiten zu erhöhen. So wird der „Sachbereich der Wahlen“ nach seiner „Natur“ unter der Fragestellung erlaubter gesetzgeberischer Differenzierung am Maßstab des Gleichheitssatzes befragt, indem die geschichtliche Entwicklung des Wahlrechts, die „demokratisch-egalitäre Grundlage des Grundgesetzes“ im Dienst systematischer Interpretation und das verfassungspolitische Ziel der Wahlen, ein Parlament als funktionsfähiges Staatsorgan hervorzubringen, als Hauptrichtungen des Normprogramms und zugleich als Grundstruktur des Normbereichs herausgearbeitet werden[397]. Im Rahmen dieses nach den Aspekten „normativ“ und „faktisch“ nicht mehr sinnvoll trennbaren hermeneutischen Bezugsfeldes werden sodann Fakten zu den Unterschieden zwischen kleinen und großen Parteien, zur Auswirkung von Sperrklauseln auf der einen, von unbegrenztem Proporz auf der anderen Seite zusammengestellt. Daß das Gericht in diesem bestimmten Fall die Aufschlüsselung des Normbereichs unter kräftig wertender Stellungnahme und mit massivem inhaltlichen Vorverständnis durchführt, spricht nicht gegen den hermeneutischen Ansatz als solchen. Dieser ermöglicht es vielmehr, Mängel und Unvollkommenheiten der Gesichtspunkte rationaler nachzuweisen, als dies bei einer Begründung desselben Ergebnisses allein mit klassischen canones der Gesetzesauslegung zu erwarten wäre[398].

---

[394] BVerfGE 4.219.243.

[395] BVerfGE 9.124.131, wo ausdrücklich die verfassungsrechtliche Notwendigkeit von der Eigenart der Materie, der Ausgestaltung des Verfahrens und der faktischen Bedeutung prozessualer Möglichkeiten abhängig gemacht wird.

[396] BVerfGE 6.84.91 und ff.

[397] BVerfGE 6.84.91 f.; zum folgenden ebd., 92 f.

[398] Aus der Reihe weiterer Beispiele neuer hermeneutischer Ansätze in der Rspr. des BVerfG mit Einschluß von Fakten in die Normkonkretisierung vgl. z. B. BVerfGE 3.58.85.115; 6.132.141.144.167: Berücksichtigung historischer, politischer, verfassungsrechtlicher Verhältnisse und ihrer Zusammenhänge;

Daß die allgemein rechtstheoretischen Unterscheidungen normativer und faktischer „Bereiche“ sich in konkreten Interpretationsvorgängen als nicht haltbar erweisen, hindert nicht graduelle Unterscheidungen mehr rechtsnormgeprägter beziehungsweise mehr sachlich eigengeprägter Momente der Normbereichsstruktur. Das von einer Kompetenzvorschrift umschriebene Rechtsgebiet kann zwar als Normbereich dieser Kompetenznorm behandelt werden, ist aber seinerseits in zahlreiche enger und damit in der Regel genauer umgrenzte Normbereiche nach Maßgabe der einschlägigen Einzelvorschriften differenzierbar. Auch eine Materie, die in keiner grundgesetzlichen Kompetenzregelung erfaßt ist, aber gleichwohl traditionell als geschlossenes und selbständiges Rechtsgebiet erscheint[399], ist auf solche Weise strukturiert. Da die zu einem in diesem Sinn zusammengefaßten Rechtsgebiet gehörigen Normen gleichfalls nicht als sachleere Befehle, sondern als in ihrer konkreten Normativität von ihren jeweiligen Normbereichen mitkonstituierte Ordnungsmodelle zu verstehen sind, ergibt sich die vom Bundesverfassungsgericht formulierte „Selbständigkeit“ und „Geschlossenheit“ einer Rechtsmaterie nie ohne Bezug auf die Eigenart und auf die sachbestimmte und relative, nicht etwa nur formallogisch postulierte, Einheit der gemeinten Materie. Ein anderes Beispiel für die Gemengelage verschieden akzentuierter Elemente bietet ein Grundsatzurteil zur Ehegattenbesteuerung[400]. Mit der Garantie von Ehe und Familie durch Art. 6 Abs. 1 GG als einer Gewährleistung dieser Lebensordnungen sind nach der Auffassung des Bundesverfassungsgerichts beide „lediglich in ihrer wesentlichen Struktur“ und ist damit für die Frage der juristischen Wirkungskraft der grundgesetzlichen Garantie in der Rechtswirklichkeit nur ein „Normenkern“ des Ehe- und Familienrechts verfassungsrechtlich gewährleistet[401]. Im herkömmlichen Sinn „normativ“ verstanden wird dieser „bestimmte Bereich der Rechts- und Sozialordnung“ solange, als der Funktionenpluralismus von Art. 6 Abs. 1 GG und seine Bedeutung als Grundsatznorm, als verbindliche Wertentscheidung für den Bereich des Ehe und Familie betreffenden privaten und öffentlichen Rechts erörtert werden[402]. In den Ein-

9.36.37; 9.89 ff. 99; 9.124.131 f.: Sachgemäßheit der Regelung als verfassungsrechtlicher Maßstab; 8.51.65 ff.: soziologische Strukturunterschiede politischer Parteien in bezug auf den Gleichheitssatz; 7.198.215: Natur der Sache; 13.331.351 ff.: rein faktische, steuer-statistische Erhebungen „in dem durch § 8 Ziff. 6 GewStG geordneten Lebensbereich“ (354); 8.1.17; 8.155.167 (zu möglichen Wandlungen des Allgemeinvorbehalts des Gesetzes).

[399] Vgl. BVerfGE 15.1.17 zum Wasserhaushaltsrecht; vgl. auch 6.309.365: das Schulrecht als Sachgebiet; ebd. 342 f.

[400] BVerfGE 6.55 ff.

[401] BVerfGE 6.55.72.

[402] BVerfGE 6.55.71 ff. 75 f.; vgl. auch E 6.386 ff. 388: der Charakter von Art. 6 Abs. 1 GG als „wertentscheidende Grundsatznorm für das gesamte die Ehe und Familie betreffende Recht“ erfordere auch die Ableitbarkeit eines subjektiven Abwehrrechts des einzelnen.

zelheiten der zu entscheidenden Rechtsfragen greift das Gericht hingegen notwendig auf faktische Erörterungen zurück. Die „Natur des geregelten Lebensgebietes", nach der sich die Möglichkeit beurteilen soll, die Ehe zum Anknüpfungspunkt für wirtschaftliche Rechtsfolgen und für ihnen folgende verfassungsrechtliche Differenzierungen zu machen[403], ist ohne das Einbeziehen seiner normativ erfragten Sachstruktur nicht verwertbar. Für eine hermeneutische Sicht der Norm, wie sie unreflektiert, aber praktisch wirksam auch hier erkennbar ist, kann ein herkömmlich als „Normenkomplex" gekennzeichneter Strukturbereich wie der von Ehe und Familie nicht ohne die Sachgesichtspunkte der damit erfaßten Normbereiche konkretisiert werden. Ähnlich läßt sich das Verhältnis „rechtlich" und „faktisch" akzentuierten Verständnisses bei der verfassungsrechtlichen Erörterung sozialpolitischer Normbereiche beobachten[404]. Werden wirtschaftlich gleiche Lagen rechtlich verschieden behandelt, so ist damit nach dem Spruch des Bundesverfassungsgerichts noch nicht notwendig gegen den allgemeinen Gleichheitssatz verstoßen. Art. 3 Abs. 1 GG fordert vielmehr, daß auch die Zugehörigkeit der verglichenen Regelungen zu verschiedenartigen Ordnungssystemen berücksichtigt werde. Unter „Ordnungssystem", dem hier interessierenden Bezugsbegriff, versteht das Gericht zum Teil den eine „Gesamtordnung" bildenden Normenkomplex, das „Gesetzgebungssystem"[405]; zum andern und für die konkrete Entscheidung tragenden Teil jedoch einen faktisch zu untersuchenden, sachgeprägten, vom tatsächlichen Wandel der sozialen Verhältnisse und Anschauungen bestimmten Bereich, der in „systematischen" wie zugleich in „sozial-geschichtlichen" Zusammenhängen steht. Der Vergleich der Bedeutung einzelner Regelungen in verschiedenen Ordnungssystemen kann auch hier nicht ohne Rücksicht auf ihre Sachstruktur und auf einen etwaigen Wandel der tatsächlichen Verhältnisse erfolgen. In normativ akzentuierter Fragerichtung werden Wandlungen sozialer Wirklichkeit wie die fortschreitende Differenzierung zwischen den einzelnen Gruppen der Arbeiterschaft, die Annäherung der Verhältnisse von Angestellten und Arbeitern, die allgemeine Erhöhung von Löhnen und Renten als Momente realer Strukturverschiebungen und -angleichung untersucht[406]. Daß an anderer Stelle der Entscheidung trotz

---

[403] BVerfGE 6.55.77; 6.84.91 f. zur Natur des Sachbereichs; vgl. auch die faktischen Untersuchungen in späteren Urteilen zu Fragen der Ehegattenbesteuerung u. ä., z. B. in E 18.97.105 ff.; 17.1.27 f.; 17.38; 17.210.217; 17.280; 13.290; 13.318.326 ff.; auch 10.59.66: „Ordnungskern" von Art. 6 Abs. 1 GG.

[404] BVerfGE 11.283 (verfassungsrechtliche Prüfung des § 76 des Angestelltenversicherungsgesetzes i. d. F. des Gesetzes vom 23. 2. 1957, BGBl. I, 88).

[405] BVerfGE 11.283.293; ebd., zum folgenden.

[406] BVerfGE 11.283.292; im Ergebnis erklärt das Gericht den Art. 3 Abs. 1 für nicht verletzt, da die Entwicklung noch auf einer Stufe anhalte, deren Reform dem Gesetzgeber überlassen sei; vgl. auch E 11.310.325, wo die Entwicklung, diesmal innerhalb ein und desselben Regelungsbereichs, noch nicht genügend fortgeschritten, d. h. wo die Annäherung zwischen zwei Gruppen von

dieser starken Berücksichtigung tatsächlicher Gegebenheiten die „strukturelle Verschiedenheit des ganzen Lebensverhältnisses“ nur im Hinblick auf die rechtlichen Strukturen von Beamtengehältern, von Renten aufgrund privatrechtlichen Versicherungsvertrags und von Sozialversicherungsrenten festgehalten wird[407], rechtfertigt sich aus der zum Beispiel gegenüber Ehe und Familie primär rechtskonstituierten und rechtsgeprägten Eigenart der hier zu vergleichenden Normbereiche und Normbereichskomplexe.

An rechtlichen Regelungen vorwiegend technischer Normbereichsgruppen richten sich auch die Untersuchungen aus, die das Bundesverfassungsgericht im Urteil vom 28. Februar 1961[408] anstellt. Die technisch eigengesetzliche Sachstruktur des Normbereichs von Art. 73 Nr. 7 GG dient als hermeneutischer Leitfaden der einzelnen Interpretationen. Die systematische Auslegung von Art. 73 Nr. 7, Art. 75 Nr. 2 und Art. 5 Abs. 1 Satz 2 GG, die zu dem Ergebnis kommt, zum „Fernmeldewesen“ im Sinn von Art. 73 Nr. 7 GG gehöre nur die Sendetechnik des Rundfunks[409], zieht rechtliche Folgerungen zur Kompetenzregelung aus der sachlichen Nähe faktisch verglichener Bereiche. Sendetechnik auf der einen, Studiotechnik und Veranstaltung von Rundfunksendungen auf der anderen Seite werden auf Grund tatsächlicher Beurteilung als Sachbereiche gewertet, die sich trennen und gesondert regeln lassen[410]. Die Ermittlung von Konkurrenzverhältnissen, Standortgebundenheit, technischen Voraussetzungen und finanziellen Bedingungen dient als Basis rechtlicher Unterscheidungen zwischen Presse und Rundfunk und als Begründung für die Art und Weise, in der „diese Freiheit des Rundfunks im allgemeinen und die der Berichterstattung durch Rundfunk im besonderen gesichert werden muß, damit dem Art. 5 GG Genüge getan ist“[411]. Neben der Berufung auf seine Sicht des Rundfunkverfassungsrechts der Länder[412] stehen soziologische Erwägungen des Bundesverfassungsgerichts zur tatsächlichen Gestalt des Pluralismus im Staat des Bonner Grundgesetzes im Vordergrund seiner Auffassung der Rundfunkfreiheit als einer institutionellen Garantie, die durch proportionale Beteiligung aller maßgebenden Gruppen und Interessen der Gesellschaft an der Runfunkorganisation gesichert werden solle.

Dabei liegen grundsätzlich sowohl in der normativ geleiteten, im einzelnen aber empirisch ausgerichteten Erforschung des Normbereichs wie

---

Arbeitnehmern noch nicht weitgehend genug erfolgt sei.

[407] BVerfGE 11.283.290 f.

[408] BVerfGE 12.205 (Fernsehurteil).

[409] BVerfGE 12.205.228.

[410] BVerfGE 12.205.237.

[411] BVerfGE 12.205.261.

[412] Hierzu *Jank*, DVBl. 1963, 44 ff.; v. *Pestalozza*, Grundrechtsauslegung, in: Der Staat, Bd. 2, 425 ff. (Anm. 122), 442.

bereits in der Konkretisierung des normativen Leitgedankens und in der hermeneutischen Vermittlung beider verschiedene mögliche Fehlerquellen. Ein hermeneutisch differenziertes Normverständnis kann so wenig wie die Beschränkung auf überkommene Sprachauslegung unrichtige Ergebnisse prinzipiell verhindern. Entscheidend ist, daß das Bundesverfassungsgericht auch in dieser Entscheidung wiederum nicht nur hermeneutisch „eigentlich" unzulässige soziologische Erörterungen als periphere Zutat, zur bloßen Bestätigung oder Randkorrektur klassisch interpretierter Normlösungen anstellt. Die unter normativer Fragestellung erfolgenden Analysen der betreffenden Normbereiche tragen vielmehr die juristischen Schlußfolgerungen so entscheidend, daß ihre Zugehörigkeit zur Konkretisierung der jeweiligen Normen unmittelbar ersichtlich wird. Allerdings hat das Gericht auch hier das Verhältnis solchen Vorgehens zu seinen grundsätzlichen Bekenntnissen zu überlieferten, die Norm überwiegend als Normtext behandelnden Auslegungsregeln nicht geklärt.

Dies gilt auch noch für die Fälle, in denen der Bedeutungswandel einer Vorschrift unmittelbar aus einem Faktenwandel im Normbereich gefolgert wird. Herkömmlicher Normauffassung wäre es, wenn sie hier überhaupt ein Problem sähe, nicht erklärlich, daß eine Gesetzesbestimmung bei gleichbleibendem Wortlaut „durch Veränderung der Verhältnisse einen Bedeutungswandel erfahren" kann[413]. Ganz abgesehen von der Gleichsetzung von Norm und Normtext bedürfte es auf dem Boden allgemeiner Entgegensetzung und erst nachträglicher Verbindung von Norm und Wirklichkeit einer grundsätzlichen Erörterung darüber, warum eine Veränderung tatsächlicher Gegebenheiten der sozialen Wirklichkeit die Geltungssubstanz einer Norm soll verändern können. Im Fall von Art. 55 EGBGB, auf den sich die Entscheidung BVerfGE 7.342 bezieht, könnte man allerdings einen Ausnahmefall annehmen. Art. 55 EGBGB ist eine Übergangsvorschrift. Insofern das Kodifikationsprinzip nur für die Rechtsgebiete gelten soll, die jeweils noch als Bürgerliches Recht anerkannt sind, kann diese Norm als „eine Norm mit wechselndem Inhalt . . ., die zu ihrem inhaltlichen Bestandteil die sich wandelnde Wirklichkeit hat", gedeutet werden[414]. Die bisherigen Untersuchungen zur hermeneutischen Struktur von Norm und Normativität zeigten aber, daß — von geschichtlichen Veränderungen ganz abgesehen — in einem bestimmten, nämlich in einem hermeneutischen Sinn jede Rechtsnorm mehr oder weniger die Wirklichkeit des Normbereichs zu ihrem inhaltlichen Bestandteil hat. Die Besonderheit von Art. 55 EGBGB liegt nicht darin, ausnahmsweise in seinem rechtlichen Geltungsgehalt von Momenten der Wirklichkeit mitkonstituiert zu sein. Diese Struktur teilt Art. 55 EGBGB grundsätzlich mit allen Rechtsvorschriften. In hermeneutischer Sicht ist

---

[413] BVerfGE 7.342.351 im Anschluß an E 2.380.401.
[414] BVerfGE 7.342.351.

dies seine Besonderheit, daß sein normativer Leitgedanke, nämlich der, vorbehaltlich abweichender Bestimmungen im EGBGB oder im BGB die privatrechtlichen Vorschriften der Landesgesetze außer Kraft zu setzen, für den Umfang der Geltung vollständig und unmittelbar auf den Normbereich („privatrechtliche Vorschriften", also das, was jeweils als Norm Bürgerlichen Rechts anerkannt ist) verweist. Die Lösung des Falles zeigt, daß das Bundesverfassungsgericht das hermeneutische Problem nicht in den Blick genommen, es aber der Sache nach verarbeitet hat. Ohne Rücksicht auf den Sondercharakter von Verfassungsnormen wurde daneben aber auch allgemein die Möglichkeit eines normativen Bedeutungswandels der Vorschrift dann bejaht, „wenn in ihrem Bereich neue, nicht vorausgesehene Tatbestände auftauchen oder bekannte Tatbestände durch ihre Einordnung in den Gesamtablauf einer Entwicklung in neuer Beziehung oder Bedeutung erscheinen"[415].

Was hier als Konstituens konkreter Normativität, als Teil der Geltungssubstanz der Norm, als „ihr Bereich" auftaucht, ist der Normbereich im vorliegend entwickelten Verständnis. Auf dem Boden der überlieferten Normtheorie wäre eine grundsätzliche Feststellung wie die zitierte häretisch zu nennen. Nicht vorausgesehene oder in neuer Beleuchtung erscheinende Tatbestände können nicht den Inhalt der Normativität verändern, es sei denn, der Normbereich werde allen grundsätzlichen Bekenntnissen zur konventionellen Auslegungslehre zum Trotz als ihr Bestandteil behandelt. Da das Gericht den objektivierten „Willen" des Gesetzgebers und nicht die historisch-psychologischen Vorstellungen der Mitglieder der gesetzgebenden Körperschaft seit der Entscheidung BVerfGE 1.299.312 für das maßgebende Auslegungsziel erklärt, ist es unerfindlich, aus welchem anderen Grund neue oder in neuer Bedeutung auftauchende Tatbestände mit dem objektiven, jetzt und hier zu bestimmenden Geltungsgehalt der Vorschrift sollten vermittelt werden können. Der Sache nach erscheint hier der Normbereich als Bestandteil der zu konkretisierenden Norm. Der Sprachgestalt der Begründung nach wird, wenn auch unklar, im Rahmen herkömmlicher methodischer Axiome argumentiert[416]. Das ist kein grundlegender Einwand, wenn man die auf verfassungsrechtliche und verfassungstheoretische Grundlinien gestützte,

[415] BVerfGE 2.380.401.

[416] Vgl. hierzu ferner BVerfGE 3.407.422 (Plenargutachten vom 16. 6. 1954 über die Zuständigkeit des Bundes zum Erlaß eines Baugesetzes), im Anschluß an E 2.380.401; ob der Gesichtspunkt des Bedeutungswandels auf Kompetenznormen des Grundgesetzes anwendbar sei, läßt das BVerfG dahingestellt. Zur Möglichkeit einer Änderung der Normativität aufgrund eines Strukturwandels im Normbereich vgl. ferner BVerfGE 12.341.353 f. — Der Hinweis auf diese Entscheidungen wie auch auf BVerfGE 2.380.401 und 7.342.351 bedeutet noch nicht Zustimmung im praktischen Ergebnis. Hier kommt es vor allem auf die hermeneutische Struktur der Konkretisierung von Rechtsnormen an, damit auch auf die Normstruktur selbst. — Aufschlußreich hierzu auch BVerfGE 16.130 (Verfassungswidrigkeit der Wahlkreiseinteilung).

sie aber nicht als Theorie explizierende angemessene Entscheidung des Einzelfalls für die Aufgabe auch der verfassungsrechtlichen Judikatur hält. Ein entscheidender Fortschritt in der Rechtsprechung des Bundesverfassungsgerichts liegt darin, daß die nur aus normativ angeleiteter empirischer Analyse des Normbereichs zu gewinnenden Sachgesichtspunkte der betreffenden Entscheidungen nicht hinter der Sprachfassade scheinbar autonomer grammatischer, historisch-genetischer, systematischer und teleologischer Methodik verborgen werden. Der Einwand, ein Teil dieses hermeneutischen Ansatzes könne durchaus mit den überkommenen Methoden bewältigt werden, übersieht, daß die canones in der hermeneutischen Praxis notgedrungen zahlreiche materielle Elemente sprachlich zu decken haben, die über ihre eigene spezifische Leistungsfähigkeit hinausgehen, und daß gerade darum ein Festhalten an den Savignyschen Regeln als dem ausschließlichen Instrumentarium des Juristen sich häufig als fiktiv herausstellen muß. Das Bundesverfassungsgericht läßt in den besprochenen Entscheidungen das Bemühen erkennen, die den Konkretisierungsvorgang real mittragenden Sachgesichtspunkte des Normbereichs jedenfalls nicht traditionell zu kaschieren. Sie erscheinen in wechselnder, zumeist allgemein und austauschbar gehaltener Bezeichnung und deuten damit auf das Fehlen theoretischer Reflexion über die praktisch zutreffend erfaßten hermeneutischen Notwendigkeiten hin. Das zeigt sich beispielsweise dann, wenn unter dem Stichwort der „geschichtlich gewordenen Struktur des Handwerkstandes“[417] zahlreiche Teilfragen der Konkretisierung durch Ermittlung und normative Bewertung von (ihrerseits bereits unter normativen Aspekten erfragten) Tatsachen gelöst werden. So fixiert das Bundesverfassungsgericht praktische Anforderungen wie modische Gestaltung, Weiterentwicklung der Arbeitstechnik, Werkstoffkenntnis, Kenntnis der technisch-konstruktiven Zusammenhänge der Arbeitsaufgaben, betriebswirtschaftliches und kaufmännisches Wissen und andere als zur „Natur handwerklicher Arbeit“ gehörig. Soziale Grundsachverhalte des Normbereichskomplexes „Handwerk“ werden in ihrer Eigenart herausgearbeitet und in die Auslegung einbezogen, die wegen ihrer Sachhaltigkeit eben genau genommen nicht mehr „Auslegung“, sondern Konkretisierung ist. Im Rahmen des durch seine tatsächlichen Grundverhältnisse gekennzeichneten Normbereichskomplexes „Handwerk“ werden ferner Normbereichsgruppen einzelner Berufsbilder differenziert, werden „soziale Struktur“ und „strukturelle Unterschiede“ verschiedener „beruflicher Lebensbereiche“, so des Handwerksbetriebs im Unterschied zum Industrieunternehmen, anhand faktischer Einzelheiten in typisierter Fassung herausgehoben und zur Grundlage der verfassungsrechtlichen Beurteilung gemacht. Von

---

[417] BVerfGE 13.97.105; im einzelnen vgl. bes. 105 f., 110 und ff., 117 ff, 122 f. zu den folgenden Ausführungen.

der hermeneutischen Aufgabe her, die Regelung dieser Normbereichskomplexe durch den Gesetzgeber auf mögliche Willkür zu prüfen, wird es auch verständlich, daß den empirischen Grundstrukturen der einzelnen Normbereiche eine gewisse maßstäbliche Kraft gegenüber der Legislative zugebilligt wird. Die soziale Struktur der in Frage stehenden Berufe wird als sich dem Gesetzgeber anbietendes Muster der Normierung aufgefaßt[418]. Das Bundesverfassungsgericht geht so weit, die Möglichkeit von Willkür dann anzunehmen, wenn der Gesetzgeber ohne hinreichenden Grund eine Regelung vornimmt, die den „Vorgegebenheiten" des Normbereichs nicht folgt. Willkür im Sinn des Art. 3 Abs. 1 GG ist sozusagen dort nicht zu vermuten, wo „der Gesetzgeber nur ausspricht, was sich aus einem ohnehin klar zusammenhängenden, von anderen Tätigkeiten deutlich abgegrenzten ‚vorgegebenen' Sachverhalt von selbst (!) ergibt"[419]. Würde der reale Vorgang der Normkonkretisierung nicht auch in diesem Fall der Sache nach die Integrierung des Normbereichs deutlich machen, so könnte man annehmen, die Begründung schieße sprachlich über das Ziel hinaus. So jedoch macht die zitierte Stelle auch ausdrücklich darauf aufmerksam, daß die empirischen, wenn auch unter normativem Blickwinkel untersuchten Gegebenheiten des Normbereichs als integrale Bestandteile der Normkonkretisierung zu behandeln sind, soll nicht die Begründung komplexer verfassungsrechtlicher Fragen in scheinlogische Deduktion oder in subjektive Wertabwägung abgleiten. Das „Von-selbst" empirischer Maßstäblichkeit des Normbereichs ist dagegen als euphorische Zutat zu bewerten. Von selbst können die Strukturen der Normbereiche weder für den Gesetzgeber noch für die Rechtskonkretisierung Anspruch auf Geltung erheben. Sie müssen vorher durch die Entscheidung der Legislative in die geltende Rechtsordnung transformiert und durch die normativ geleitete Fragestellung des Richters in die Normkonkretisierung eingeführt werden. Nicht um Ontologie geht es hier, sondern um juristische Hermeneutik. Das zeigt sich auch in anderen Entscheidungen, die eine Erörterung faktischer Strukturen zur tragenden Grundlage haben. So wird etwa der Begriff der „freien Berufe" als ein historisch determinierbarer soziologischer Begriff wie auch als sozialer Bereich historisch und faktisch-aktuell unter normativem Bezugspunkt (nämlich der Möglichkeit einer Pflichtmitgliedschaft bei der Ärzteversorgung) in seinen strukturellen Grundzügen befragt. Die Frage der Verfassungsmäßigkeit wird am Ergebnis dieser Analyse entschieden[420]. Die sich nach Ansicht des Gerichts unter den unmittelbar

---

418 BVerfGE 13.97.123.

419 BVerfGE 13.97.106; Ausrufzeichen nicht im Original; vgl. auch 117.

420 BVerfGE 10.354, bes. 364: „freier Beruf" nicht als eindeutiger Rechtsbegriff, sondern als soziologischer Begriff; 365: Wandel der „gesellschaftlich-politischen Lage"; 366 f.: historische Entwicklung zum Kassenarztwesen; 368 und f.: „grundsätzlicher Wandel der gesellschaftlichen Lebensformen und . . . der Denkweise, des Lebensgefühls".

Beteiligten vollziehende Abkehr von überkommenen standesideologischen Vorstellungen, die nunmehr festzustellende „nüchterne Einsicht in die reale gesellschaftliche und ökonomische Situation“[421] kennzeichnet mittelbar und nicht zu Unrecht die hier das Bundesverfassungsgericht selbst leitende juristisch Erkenntnishaltung. Voraussetzung dafür, grundsätzliche Veränderungen der gesellschaftlichen Lebensformen und Denkgewohnheiten zu Sachgesichtspunkten der Normkonkretisierung zu machen, ist es, solche Veränderungen empirisch belegen zu können, wie es auch in dem genannten Urteil in groben Zügen unternommen wird. Die betont normative Veranlassung, Steuerung und Nutzanwendung solcher richterlichen Wirklichkeitserforschung hindert den Einbruch naturalistischen oder soziologisch-positivistischen Denkens in eine Rechtsfindung, die Gesetz und Recht verpflichtet ist. Nach der Überzeugung des Gerichts ist diese Grenze selbst dort nicht überschritten, wo staatsrechtliche Fragen ganz von der historischen und politischen Interpretation vergangener Ereignisse abhängig gemacht werden[422]. Gewiß ist es nicht angängig, „in einer vom Ergebnis her bestimmten Betrachtungsweise vorschnell einen staatsrechtlichen Begriff anzuwenden, um dann die erwünschten Folgerungen daraus in Form eines scheinbar logischen Schlusses zu ziehen“, und gewiß ist eine rein formale Begründung des Fortbestehens früherer Beamtenverhältnisse über den Zeitpunkt der Kapitulation vom Mai 1945 hinaus nicht zureichend[423]. Doch ist auch eine vom Ergebnis historischer Interpretation her bestimmte Betrachtungsweise dann hermeneutisch fragwürdig, wenn die angesichts des historischen Stoffes ohnehin wenig eindeutige Untersuchung des Normbereichs (von Artikel 131 GG und den in systematischer Auslegung mit ihm zu vermittelnden Vorschriften) sich von verfassungsrechtlicher Anleitung allzu stark emanzipiert[424].

Von solchen Mängeln des Urteils abgesehen, ist es von erheblicher Bedeutung, daß das Gericht die formale, nur einen Wechsel der Staatsform anmerkende und ohne Rücksicht auf die politische und historische Bedeutung des deutschen Zusammenbruchs argumentierende Betrachtung für *methodisch* unzulässig erklärt. Es könne nämlich die Einordnung eines staatsrechtlich relevanten Sachverhalts unter einen Rechtsbegriff „nur auf Grund einer unmittelbaren und umfassenden Anschauung der tatsächlichen Verhältnisse und des politischen Zusammenhangs, in dem sie stehen, richtig vollzogen werden“[425]. Auch an dieser Grundsatzformel

---

[421] BVerfGE 10.354.368.

[422] BVerfGE 3.58.85.

[423] BVerfGE 3.58.85 und 115 f.

[424] Das Bundesverfassungsgericht ist allerdings in E 6.132.167 der Kritik entgegengetreten, sich im Urteil E 3.58 statt einer rechtswissenschaftlichen einer sozialwissenschaftlichen oder historischen Methode bedient zu haben.

[425] BVerfGE 3.58.85.

ist das Fehlen einer Bestimmung der Rolle des Normprogramms zu bemängeln. Zwar muß die Untersuchung des Normbereichs in der Tat unmittelbar und umfassend sein, dies aber nur in dem Umfang und mit dem Erkenntnisinteresse, wie sie von dem erkennbaren Grundgedanken der zu konkretisierenden Vorschrift angezeigt werden. Die Formel ist, ungeachtet ihrer grundlegenden Wichtigkeit, ganz in Hinblick auf den zu lösenden Fall formuliert. Dafür spricht auch die Tatsache, daß das Bundesverfassungsgericht in anderen Fällen der Normbereichsanalyse nicht auf sie zurückkommt; so etwa, wenn es die Grundstruktur der Gewissensentscheidung untersucht[426] oder wenn es im Sinn der hier vorgeschlagenen hermeneutischen Vermittlung von normativem Leitgedanken und Normbereichsanalyse feststellt, der (Teil-)Normbereich von Art. 120 Abs. 1 GG, nämlich der Bereich der „Kriegsfolgen" im spezifisch normativen Sinn dieser Vorschrift müsse ermittelt werden „durch eine die historischen und soziologischen Tatsachen berücksichtigende, wertende Betrachtung"[427]. In einer älteren Wahlrechtsentscheidung sieht das Bundesverfassungsgericht die Sachbestimmtheit der Konkretisierung zu stark von der prozessualen Wirkung her auf Kosten des hermeneutisch entscheidenden Gesichtspunkts der Sachbestimmtheit rechtlicher Normativität. Es gehe hier[428], wie das Gericht grundsätzlich anmerkt, nicht um ein abstraktes Wahlrecht, sondern um ein konkretes, örtlich und zeitlich bestimmtes Wahlgesetz. Der politische Rahmen, in dem sich die richterlichen Erkenntnisse auswirkten, dürfe nicht außer acht gelassen werden. Deshalb könne der Wahlgleichheitssatz „nur aus einer Einbettung in das Gesamtgefüge der verfassungsmäßigen Ordnung", nur „im Rahmen des jeweiligen Staatsganzen" ausgelegt werden[429].

Das Urteil markiert unausgesprochen einen aufschlußreichen Übergang von der allgemein rechtstheoretischen zu einer hermeneutisch differenzierenden Behandlung des Verhältnisses von Recht und Wirklichkeit. Die bisher genannten Bestimmungen bleiben im Allgemeinen. „Gesamtgefüge" und „Staatsganzes" sind als hermeneutische Hilfsmittel im konkreten Fall nur postulatorisch verwendbar. Damit stimmt es überein, daß mit der gleichzeitig geforderten Interpretation der Verfassung als einer inneren Einheit lediglich „aus ihrem Gesamtinhalt Grundsätze und Grundentscheidungen abgeleitet" werden sollen, „die ihr vorausliegen"[430]. Mit Grundsätzen, die ohne historischen Psychologismus einer Konkretisierung der aktuell geltenden Verfassung entstammen, und mit

---

[426] BVerfGE 12.45.55: subjektive Verbindlichkeit, Situationsbezogenheit, Normbezogenheit.

[427] BVerfGE 9.305.323 f.

[428] BVerfGE 1.208: Urteil vom 5. April 1952 zum Landeswahlgesetz Schleswig-Holstein — Südschleswigscher Wählerverband, bes. 241 ff., 243 ff.; 259.

[429] BVerfGE 1.208.244 und 259.

[430] BVerfGE 1.208.227 f.; vgl. ferner zur Auslegung aus der Gesamtkonzep-

Normbereichsanalysen, die sowohl diese Grundsätze als auch das „Gesamtgefüge“ des „Staatsganzen“ unter normativen Aspekten sachlich konkretisieren und fundieren, wäre hermeneutisch mehr gewonnen. Nicht erst die Entscheidungen des Gerichts, schon die Normen, die es zu konkretisieren hat, sind auf politische Realitäten bezogen. Genauer gesagt, haben sie die Grundstruktur ihrer (auch politischen) Normbereiche zum Bestandteil ihrer sachgeprägten Normativität. Es ist aufschlußreich, daß das Gericht in den Einzelheiten der Urteilsgründe normativ ausgewählte politologische und staatspolitische Erwägungen zur faktischen Lage der Parteien anstellt und damit der Sache nach, wiederum entgegen seiner hermeneutischen Grundsatzerklärung, die Funktion des Normbereichs unmittelbar zur Geltung kommen läßt[431].

Klarer durchdacht ist diese Praxis im Apothekenurteil zu verfolgen. Nach der Auffassung des Bundesverfassungsgerichts lassen sich Inhalt und Umfang der Regelungsbefugnis des Gesetzgebers nach Art. 12 Abs. 1 Satz 2 GG weitgehend auch ohne Rückgriff auf die Schranke des Wesensgehalts (Art. 19 Abs. 2 GG) durch eine Auslegung bestimmen, die dem Sinn des Grundrechts und seiner Bedeutung im sozialen Leben Rechnung trägt[432]. Die weder ontologische noch soziologische, sondern hermeneutische Aufgabe der so angedeuteten Notwendigkeit einer Normbereichsanalyse ist damit schon klargestellt, desgleichen das Bestreben, Sinn und soziale Bedeutung zusammen als Momente konkreter Normativität zu fassen, anstatt sie gegeneinander auszuspielen. Die im Apothekenurteil angestellten umfangreichen Erörterungen von Tatsachen des Normbereichs werden mit methodischer Präzision damit begründet, es genüge nicht, für die Prüfung der Verfassungsmäßigkeit und Notwendigkeit eines Gesetzes zum Schutz der bürgerlichen Freiheit Ziel und Zweck der gesetzlichen Regelung nur allgemein und schlagwortartig zu bezeichnen und die betreffenden größeren Lebenszusammenhänge begrifflich undeutlich als „Gegenstand“ der Regelung vorauszusetzen. Vielmehr habe das Gericht unter Ausschaltung subjektiver Wertungen Inhalt und sachliche Begründung des zu prüfenden Gesetzes in Einzelheiten zu analysieren. Daher müsse sich das Gericht unbedingt, notfalls mit Hilfe von Sachverständigen, einen möglichst umfassenden Einblick in

tion des Grundgesetzes in der Sicht des Bundesverfassungsgerichts E 2.380. 381.403: zu den die einzelnen Sätze der geschriebenen Verfassung verbindenden, sie „innerlich zusammenhaltenden allgemeinen Grundsätzen und Leitideen, die der Verfassungsgesetzgeber, weil sie das vorverfassungsmäßige Gesamtbild geprägt haben, von dem er ausgegangen ist, nicht in einem besonderen Rechtssatz konkretisiert hat“. Hermeneutischer Subjektivismus mischt sich hier auf bemerkenswerte Art mit postulatorischer Gedankenführung.

[431] Vgl. ferner BVerfGE 11.266.272: Bedeutung der historischen Entwicklung für die Beurteilung gesetzlicher Differenzierungen im „Sachbereich der Wahlen“; hierzu ferner z. B. E 4.375.382 f.; 6.84.94; 6.104.120.

[432] BVerfGE 7.377 (Urteil vom 11. Juni 1958) Ls 4.

die durch das Gesetz zu ordnenden Lebensverhältnisse verschaffen[433]. Daß diese Lebensverhältnisse nicht nur durch das Gesetz zu ordnen sind — dies entspricht ihrer abstrakten Betrachtung als „Gegenstand", die das Gericht soeben verworfen hat —, sondern auch mit den Grundzügen ihrer Sachstruktur als Normbereich die Normativität der Vorschrift mitprägen, wird unausgesprochen aus dem weiteren Vorgehen der Entscheidung ersichtlich. Gerade die ins einzelne gehende Analyse des Normbereichs solle die größeren Lebenszusammenhänge, bislang als „Gegenstand" des Gesetzes unklar verdinglicht, in einzelne klarer erfaßbare Sachverhalte auflösen und sie damit für die Zwecke richterlicher Beurteilung optimal rationalisieren[434]. Das Apothekenurteil münzt, dem konkreten Fall entsprechend, diese methodischen Überlegungen auf einen möglichen Eingriff in den Wesensgehalt eines Grundrechts. Es trifft aber damit einen Punkt, der für alle Konkretisierung von Rechtsnormen von grundsätzlicher Bedeutung ist. Wegen der Eigenart der Verfassungsnormen wird er bei deren Konkretisierung allerdings besonders deutlich; er kann in der hier untersuchten Rechtsprechung des Bundesverfassungsgerichts unter wechselnden Bezeichnungen und mit schwankender Folgerichtigkeit vielfach nachgewiesen werden. Das Gericht stellt klar, daß die Auffassungen des Gesetzgebers, der legitim auch andere Ziele als den Schutz der Grundrechte verfolge, nicht ohne weiteres hinzunehmen seien. Nicht nur die Wertungen, sondern auch die Erfahrungsgrundlagen und die Fakten müßten rational differenziert und nachgeprüft werden, die im Normbereich die Wahrscheinlichkeit hypothetischer Kausalverläufe beurteilen lassen, sofern sie der Regelung zugrunde liegen[435].

Die Rolle der einzelnen Rechtsvorschriften eines Normenkomplexes, genauer: ihrer normativen Leitgedanken für die Differenzierung der einzelnen Sachverhalte (also der Normbereiche) wird auch an dieser Stelle nicht klar genug hervorgehoben. Dagegen ist mittelbar die Funktion des Normbereichs gegenüber dem normativen Leitgedanken zutreffend erfaßt, wenn es heißt, der Gesetzgeber sei bei Art. 12 Abs. 1 nicht so frei wie etwa bei der Anwendung des allgemeinen Gleichheitssatzes des Art. 3 Abs. 1 GG. Dieser nämlich stelle einen allgemein für die öffentliche Gewalt geltenden Rechtsgrundsatz dar, dessen konkreten Gehalt „der Gesetzgeber erst für bestimmte Lebensverhältnisse unter Berücksichtigung der für sie jeweils geltenden Gerechtigkeitsgesichtspunkte zu bestimmen" habe[436]. Das heißt mit den hier gewählten Begriffen: Art. 3 Abs. 1 GG verfügt über ein (formales) Normprogramm, aber noch nicht

---

[433] BVerfGE 7.377.411 f. 412.
[434] BVerfGE 7.377.410 ff. 412.
[435] BVerfGE 7.377.412. — Daß die Rechtsprechung auch hier die funktionellrechtlichen Grenzen richterlicher Kontrolle zu beachten hat, ist eine Frage für sich.
[436] BVerfGE 7.377.404.

über einen Normbereich. Dieser muß von Fall zu Fall aus der Struktur der an Art. 3 Abs. 1 GG zu messenden Normen, also aus deren normativen Leitgedanken und Normbereichen erarbeitet und mit dem Normprogramm des Art. 3 Abs. 1 vermittelt werden. Der allgemeine Gleichheitssatz wird jeweils erst durch diese hermeneutische Operation zur Rechtsnorm im vollen Sinn. Dagegen verfügt Art. 12 Abs. 1 GG neben seinen das Normprogramm bildenden einzelnen normativen Leitgedanken über einen, wenn auch sehr weiten und nur allgemein strukturierten Normbereich, der dem Gesetzgeber mehr Widerstand entgegensetzt, obgleich auch er — wie im Apothekenurteil — mit den jeweils konkreteren Normen einschließlich ihrer Normbereiche angereichert werden muß.

In noch stärkerem Maß gelten diese Gesichtspunkte und ihre Differenzierung für die Rechtsprechung. Überhaupt ist die hermeneutische Differenzierung von Recht und Wirklichkeit zu Normstruktur und Normativität vor allem auf die Normkonkretisierung und weniger auf die Maßstäbe der Gesetzgebung zugeschnitten. Das zeigt sich auch in der Rechtsprechung des Bundesverfassungsgerichts zur Rechtsfindung anhand normativ vermittelter Tatsachenanalysen. Das Bundesverfassungsgericht kann die Unvereinbarkeit einer überkommenen Rechtsnorm mit einem Grundrecht und ihre daraus folgende Nichtigkeit erklären. Die Entscheidung darüber, ob diese Norm durch eine andere ersetzt werden soll, liegt einschließlich der damit zusammenhängenden etwa politischen und wirtschaftlichen Erwägungen beim Gesetzgeber. Insoweit sind die von ihm vorgenommenen oder unterlassenen Überlegungen auch in objektiver Fassung richterlich nicht nachprüfbar. Sie sind es erst dann, wenn ein Gesetz erlassen wurde, dessen Normbereiche sich auf sie stützen[437]. Ebensowenig ist der Gesetzgeber beispielsweise verpflichtet, faktische Verschiedenheiten in der soziologischen Struktur der politischen Parteien in Richtung auf eine Gleichheit der Wettbewerbschancen auszugleichen; insofern darf das Bundesverfassungsgericht keine rechtlichen Schlüsse aus der Feststellung solcher Tatsachen ziehen. Hat hingegen der Gesetzgeber eine Regelung getroffen, die eine schon bestehende faktische Ungleichheit der Wettbewerbsaussichten der Parteien verschärft, dann muß das Gericht die Sachstruktur der betreffenden Normbereiche in die Nachprüfung der Frage einschalten, ob die Regelung zwingend begründet ist[438].

Im Rahmen einer geltende Normen voraussetzenden Konkretisierung hat das Bundesverfassungsgericht in einer Reihe von Fällen versucht, die tatsächliche Struktur der Sachbereiche in die Norm und zugleich ihre Analyse in die Normkonkretisierung hermeneutisch einzufügen. Die Vorstellung eines „vorverfassungsmäßigen" Bildes vom Normbereich ist

---

[437] Vgl. BVerfGE 11.255.261.

[438] Vgl. hierzu BVerfGE 8.51, Ls 3 und 65 ff. 67.

allerdings wegen ihrer Nähe zu den Motivationen des historischen Gesetzgebers und damit zur subjektiven Auslegungstheorie zumindest unglücklich formuliert[439]. Die historisch überkommenen und vom (Verfassungs-)Gesetzgeber vorgefundenen Strukturelemente des Normbereichs sind Momente aktueller Konkretisierung; dies aber als verfassungsmäßige, da sie von der aktuell geltenden und in ihrem objektiven Sinngehalt zu verstehenden Norm als Bestandteile konkreter Normativität getragen werden. Die Analyse des Normbereichs beschränkt sich auf dessen Gestalt im Rahmen der geltenden Verfassungsordnung. Ähnlichen Mißverständnissen setzt sich die Feststellung des Bundesverfassungsgerichts aus, die politischen Parteien seien durch Art. 21 GG „aus dem Bereich des Politisch-Soziologischen in den Rang einer verfassungsrechtlichen Institution erhoben worden“[440]. Wenn sie damit zu integrierenden Bestandteilen des verfassungsrechtlich geordneten politischen Lebens geworden sind, ist das eine eher verfassungsgeschichtliche als hermeneutische Anmerkung. Die Metapher der „Erhebung“ ist von der vergangenen historischen Lage des Verfassunggebers her gesehen. Für die Verfassungskonkretisierung ist der Normbereich des Art. 21 GG in seiner aktuellen Struktur rational zu erfassen, die zwar geschichtlich hergebrachte Momente enthält, welche aber im Licht gegenwärtiger Normativität zu bewerten sind. Schon weil die Erscheinung der politischen Parteien nicht nur zum Normbereich des Art. 21 GG, sondern auch zu denjenigen anderer Verfassungssätze wie der Art. 9, 20, 38 GG gehört, ist das „Erheben“ der Parteien in den Rang einer verfassungsrechtlichen Institution durch Art. 21 GG nicht so zu verstehen, als seien die Parteien allein durch diese Vorschrift verfassungsrechtlich relevant geworden. Art. 21 GG hat in diesem Zusammenhang nur die gegenseitige materielle Angewiesenheit von Regelung und Regelungsbereich durch eine grundsätzliche normative Aussage bekräftigt. Die systematischen Beziehungen, die von rechtlicher Konkretisierung stets zu aktualisieren sind, werden durch das hermeneutische Prinzip der Normbereichsanalyse nicht etwa isolierend unterbrochen, sondern sachlich präzisiert.

Auf der anderen Seite steht die Normbereichsanalyse nicht ohne weiteres einer mit ihrer Hilfe vorzunehmenden Güterabwägung offen. Wenn das Bundesverfassungsgericht die „Abwägung“ zwischen verschiedenen Grundrechten nicht im Raum abstrakter Schlagwörter, sondern gestützt auf faktische Strukturüberlegungen vornimmt[441], so ist damit die Möglichkeit verbaler Postulate durch Festhalten an rationalisierbaren Ein-

[439] Vgl. BVerfGE 14.197.216 zum Normbereich von Art. 88 GG: Umfang des Aufgabenkreises der Währungs- und Notenbank; vgl. auch schon BVerfGE 2.380.403.

[440] BVerfGE 11.239.241 im Anschluß an E 2.173; 5.85.133; vgl. auch E 1.208.225.

[441] Wie z. B. in BVerfGE 14.263 (Feldmühle-Urteil), z. B. 281; vgl. auch schon E 7.377.

zelheiten eingeengt; über die grundsätzliche Unbedenklichkeit einer Güterabwägung ist damit jedoch noch nichts gesagt. Die Analyse des Normbereichs eröffnet einen Weg, in kontrollierbarer Form die für die Norm zu findende spezifische Sachgerechtigkeit in Entsprechung zu den normativen Leitgedanken herauszuarbeiten[442]. Die zum Irrationalen neigende „abwägende" Entscheidungsweise steht dazu eher in einem Gegensatz. Es ist fraglich, ob von sachlicher Eigenart geprägte Normativität, zu leicht befunden, im Einzelfall einfach zu weichen hat. Gleichfalls im Sinn ungeschmälerter Normativität liegt das Bedenken, die interne Sachdifferenzierung eines zu weit gefaßten Normbereichskomplexes (wie etwa: „Gesamtgebiet des Verkehrs", „Einheit des Verkehrs") dürfe nicht nur nach empirischen und pragmatischen Gesichtspunkten vorgenommen werden, sondern müsse in der Auswahl der jeweils als wesentlich geltenden Aspekte in erster Linie den normativen Leitgedanken der beteiligten Vorschriften folgen[443]. Das Differenzierungsgebot kann nur *norm*bezogen, das heißt aber im hier vorgetragenen Sinn: auf den Normbereich und auf das Normprogramm bezogen verstanden werden. Die von den Leitgedanken gesteuerte Untersuchung des Normbereichs kommt in aller Regel nicht ohne die zusätzlichen methodischen Hilfsmittel im Sinn begrenzter Gesichtspunkte der Rationalisierung aus. Die canones wie die jeweils problem- *und* normbezogenen topoi der Konkretisierung haben hier ihre legitime Stelle und machen vielfach das Normprogramm und die Struktur des Normbereichs erst für die Entscheidung verwertbar. Eine Hierarchie oder auch nur eine durchschnittlich empfehlenswerte Rangfolge der einzelnen Hilfsaspekte können nach der erörterten, absolute Objektivität oder wertungsfreie Rationalität nicht zulassenden Eigenart von Recht und Rechtswissenschaft nicht aufgestellt werden.

Die herkömmlichen Hilfsmittel allein sind oft nicht imstande, die mit konkreter Normativität unausweichlich gegebenen Sachprobleme hinreichend in den Griff zu bekommen. So hat das Bundesverfassungsgericht in einem kennzeichnenden Urteil zum Allgemeinen Kriegsfolgengesetz[444] zuerst das Versagen grammatischer, systematischer und genetischer Auslegungshilfen festgestellt und hierauf die Lösung des Falles „aus der Natur des zu regelnden Gegenstandes", nämlich des Staatsbankrotts des Deutschen Reiches hergeleitet, wobei es — der Formulierung, nicht aber der Sache nach wiederum mißverständlich auf die Vorstellungen des Verfassunggebers zurückverweisend — zu der Überzeugung gelangte, diese Lösung ergebe sich „zwingend aus der Sachproblematik, vor die Art. 134 gestellt war" und die nur durch ein Regelungsgesetz

[442] Zu allgemein noch in BVerfGE 13.331.345: Herleitung der Sachgerechtigkeit der Norm „aus dem Sinn des Gesetzes".

[443] Vgl. hierzu etwa BVerfGE 11.168 Ls 1.185.

[444] BVerfGE 15.126 Ls 2.133 f. 134: zur Auslegung von Art. 134 Abs. 4 GG.

habe gelöst werden können[445]. Dabei wird mittelbar die Rolle des normativen Leitgedankens von Art. 134 Abs. 4 GG (in Verbindung mit denen von Art. 134 Abs. 1—3) eindrucksvoll hervorgehoben. Einfachen Gesetzen im Rang gleichstehende Rechtsgedanken, wie die Grundsätze der Vermögensübernahme, der Funktionsnachfolge und der Identität durch Interpretation unbesehen in den Rechtsstaatsgedanken hineinzutragen und hieran die Regelung des Art. 134 GG zu messen, sei unzulässig. Solche die normativen Leitgedanken des Rechtsstaatsprinzips unversehens auffüllende „Integration" sei schon im Grundsatz bedenklich und verallgemeinere auf unzulässige Weise hermeneutische Aushilfswege, die von der Judikatur nur in Fällen unabweisbarer Entscheidung bei mangelnder gesetzlicher Regelung und stets nur materiell begrenzt gebraucht worden seien[446].

Auf der anderen Seite gibt es Entscheidungen, in denen das Bundesverfassungsgericht die Strukturanalyse des Normbereichs zunächst rein empirisch anhand traditioneller Gestaltungen durchführen will, um erst im Anschluß daran aus den besonderen Wertentscheidungen des Bonner Grundgesetzes weitere Elemente des „institutionellen Gehalts" zu ermitteln. So soll sich „zunächst aus der außerrechtlichen Lebensordnung" ergeben, welche Strukturprinzipien den Normbereich des Art. 6 Abs. 1 GG, also die Institute von Ehe und Familie bestimmen[447]. Beide Institute seien von Alters her überkommen und in ihrem Kern unverändert geblieben. Der materielle Gehalt der Institutsgarantie aus Art. 6 Abs. 1 GG stimme insoweit mit dem hergebrachten Recht überein. Als für das allgemeine Rechtsbewußtsein unantastbarer und „insoweit" auch der grundgesetzlichen Garantie entnehmbarer Ordnungskern werden für die Ehe „die Vereinigung eines Mannes und einer Frau zur grundsätzlich unauflöslichen Lebensgemeinschaft", für die Familie „die umfassende Gemeinschaft von Eltern und Kindern, in der den Eltern vor allem Recht und Pflicht zur Pflege und Erziehung der Kinder erwachsen", angegeben[448]. Andere Bestandteile des institutionellen Gehalts dieser Normbereiche ergäben sich insbesondere aus dem umfassenden Gleichberechtigungsgebot des Art. 3 Abs. 2 und 3 GG[449]. Die hermeneutische Vermittlung des Normbereichs mit den normativen Leitgedanken könnte rational einsehbarer als in diesem Urteil vorgenommen werden. Die „zunächst" empirische Analyse ist schon deshalb fiktiv, weil auch die Normbereiche von Ehe und Familie zum einen historisch entscheidend von der Rechtsordnung, für den aktuellen Verfassungszustand vor allem

---

[445] BVerfGE 15.126.134 mit weiteren faktischen Erörterungen.

[446] BVerfGE 15.126.145 f.

[447] BVerfGE 10.59.66 f. (zur Verfassungswidrigkeit von §§ 1628, 1629 Abs. 1 BGB).

[448] BVerfGE 10.59.66.

[449] BVerfGE 10.59.67 mit Bezug auf E 3.225.242.

vom Bürgerlichen Recht geprägt sind, und weil sie zum andern nur in verfassungsrechtlicher Fragestellung, nämlich als die den Garantien von Art. 6 Abs. 1 GG zugehörigen Lebensordnungen, in den Blick kommen. Es ist eben nicht eine „außer"rechtliche Ordnung, durch welche die Strukturprinzipien von Ehe und Familie festgelegt erscheinen, sondern eine rechtlich mitgeprägte und vor allem durch rechtliche Fragestellung im Rahmen einer geltenden Verfassungsnorm erfragte Ordnung. Der Normbereich ist, hermeneutisch gesehen, ein Teil der Norm. Die rechtstheoretische Abstraktion der „Norm" von der „Wirklichkeit", wie sie zumindest die Sprachform der Argumentation des Gerichts nahelegt, führt zu Ungereimtheiten. Entweder sind die genannten Strukturprinzipien wirklich solche einer außerrechtlichen Ordnung; dann fragt es sich, warum sie wiederum mit dem „hergebrachten Recht" der Ehe und Familie gleichgesetzt werden, warum der materielle Gehalt der Institutsgarantie des Art. 6 Abs. 1 GG insoweit ohne nähere Begründung mit ihnen übereinstimmen soll und warum nicht die erheblichen Strukturverschiebungen dieser Institute in der modernen Industriegesellschaft gleichfalls erwähnt werden. Statt dessen gibt das Bundesverfassungsgericht für den jeweiligen „Ordnungskern" Gehalte an, die zwar in ihrer allgemeinsten Grundstruktur empirisch abgestützt, zugleich aber durch rechtliche Wertung und normative Auslese der Aspekte kräftig gestrafft sind, zum Teil auch ganz bestimmte Rechtsgehalte fixieren. Was hier in Wahrheit „zunächst" untersucht wird, ist der, wenn auch nur kursorisch gestreifte, normativ erfragte Normbereich von Ehe und Familie, der als solcher gerade keine außerrechtliche, sondern eine rechtliche Größe darstellt. Auch hier ist der sachliche Ansatz seiner sprachlichen Einkleidung voraus. Die hermeneutische Grundfigur des Verhältnisses von Recht und Wirklichkeit ist noch nicht theoretisch geklärt, bringt sich aber in den Einzelheiten der Konkretisierung vielfach zur Geltung. Der Ertrag der besprochenen Entscheidungen für die Lösung der ihnen vorliegenden Fälle läßt die zum Teil geäußerte Skepsis gegen diesen Zug der Rechtsprechung des Bundesverfassungsgerichts als unbegründet erscheinen[450].

Wird der dort zu verfolgende Gedanke der Differenzierung nach Lebensbereichen ausschließlich vom Gleichheitssatz her gesehen, so endet die Kritik angesichts der inhaltlichen Unbestimmtheit des Willkürverbots leicht in Resignation. Diese Art der Differenzierung verlagert aber nicht nur die Gleichheitsprüfung auf die Ebene der Abgrenzung zwischen den einzelnen Lebensbereichen, ohne hierfür andere Kriterien angeben zu können als die bisherige Gesetzgebung und die herkömmlichen Anschauungen der Beteiligten[451]. Sie verhilft dem in der Tat formalen

---

[450] Vgl. aber *Fuß*, Normenkontrolle und Gleichheitssatz, JZ 1962, 565 ff., 595 ff. (Anm. 390), bes. 601 f., und v. *Pestalozza*, Grundrechtsauslegung, in: Der Staat, Bd. 2, 425 ff. (Anm. 122), 440 ff., 442, ohne eindeutige Stellungnahme.

[451] So *Fuß* (Anm. 390), JZ 1962, 595 ff., 600.

allgemeinen Gleichheitssatz, auch seiner Form des Willkürverbots, besser zu im Einzelfall umgrenzbaren Normbereichen, als dies mit den herkömmlichen Mitteln der Textauslegung allein möglich wäre. Hierzu bedarf es diskutierbarer und kontrollierbarer — wenn auch nicht unfehlbarer — Auslegungshilfen, wie sie die Einbeziehung sozialer Lebensbereiche in die Konkretisierung mit ihrem Rückgriff auf norminhaltsbestimmende, rationalisierbare empirische Sozialstrukturen bieten kann. Dieser Ansatz ist übrigens auch in der Rechtsprechung des Bundesverfassungsgerichts nicht auf die Gleichheitsproblematik beschränkt. Schon die Verlagerung der Gesichtspunkte ist wegen der Verschiebung der Fragerichtung ein hermeneutischer Fortschritt. Sie zwingt zur Untersuchung sachlicher Gegebenheiten in normativer Sicht und verhilft damit zu Einzelgesichtspunkten, die weniger pauschal und stärker in der Sache befestigt sein können als die Argumente subjektiver Wertung, abstrakter Begriffsdeduktion oder rein philologischer Textentfaltung. Die materielle Anreicherung des hermeneutischen Normbegriffs darf aber nicht auf Kosten der normativen Kraft der zu konkretisierenden Vorschrift gehen. Im übrigen gehören geltende unterverfassungsrechtliche Regeln sowie die Rechtstradition und der Konsens der Beteiligten zu den hier erfaßten Faktoren des Normbereichs. Die Norm erscheint im Vorgang praktischer „Anwendung" weder als perfekter Befehl noch als logifiziertes hypothetisches Urteil, sondern als sachbestimmtes, die empirischen Gegebenheiten selbständig normativ überformendes, sie damit aber nicht beseitigendes Ordnungsmodell. Darin ist das auch vom Bundesverfassungsgericht mehrmals bekräftigte Gebot materialer Gerechtigkeit als „Sachgerechtigkeit" im Sinn einer sachrichtigen Orientierung der juristischen Hermeneutik enthalten. Eine normativ reflektierte Einstellung auf den so verstandenen Normbereich kann auch zur Rationalisierung des allgemeinen wie des verfassungstheoretischen Vorverständnisses beitragen. So enthält die Vorstellung des Normbereichs für die Grundrechte durchaus einen negatorischen Kern. Die jeweilige Eigenart der Sachstruktur etwa von Ehe und Familie, freier Wissenschaft, freien Gewerkschaften läßt eine gleitende Relativierung der grundrechtlichen Geltungssubstanz im Sinn der sogenannten relativen Theorien zu Art. 19 Abs. 2 GG nicht zu und steht mit ihren Differenzierungen im Dienst sachlich geprägter „letzter unantastbarer Bereiche menschlicher Freiheit"[452].

Auf der anderen Seite läßt es die in aller Regel rechts- und traditionsgeprägte Struktur der Normbereiche von Grundrechten als übertrieben erscheinen, diese „in erster Linie" als Abwehrrechte des Bürgers gegen den Staat einzustufen, wenn auch damit hier weniger eine „objektive

---

[452] Vgl. BVerfGE 6.32.41.

Wertordnung"[453] als vielmehr die verfassungsrechtlich anerkannte und gewährleistete Eigenart der Grundrechtsbereiche gemeint ist. Das Einbeziehen der Struktur und des sachlichen Gewichts ihrer Normbereiche erweist die Grundrechte als rechtliche Garantien eigengeprägter Ordnungen und Erscheinungen des individuellen und sozialen Lebens von stets gleichrangig fundamentaler Bedeutung auch für die Gesamtordnung des Gemeinwesens. Selbst wenn der Charakter der Grundrechte als staatsabwehrender Rechtspositionen des Bürgers in der geistesgeschichtlichen Entwicklung des Grundrechtsgedankens wie in den geschichtlichen Vorgängen, die zur verfassungskräftigen Positivierung einzelner Grundrechte führten, im Vordergrund stehen sollte[454], wäre damit über eine zwingende Verbindlichkeit für heutige Grundrechtskonkretisierung noch nichts gesagt. Der hermeneutische Begriff des Normbereichs macht deutlich, daß konkret geltende, konkret normative Grundrechte nicht als Garantien abstrakter, isolierter, „natürlicher" Freiheitssphären verstanden werden können. Grundrechtsnormbereiche sind weder rechtsleer noch sachleer, vielmehr *als* Normbereiche geltender Garantien rechtlich konstituiert und sachlich strukturiert, wobei die Verfassungsordnung mehr oder weniger regelnd tätig wird, sich einer Regelung mehr oder weniger enthält. Beides geschieht im Rechts- und Verfassungsstaat nicht um eines ungeschichtlichen Wertsystems, sondern um der garantierten Sache willen. Solche Grundzüge einer hermeneutisch erarbeiteten Verfassungstheorie und Rationalisierung von Vorverständnissen zeigen sich vielfältig in den untersuchten Entscheidungen des Bundesverfassungsgerichts. Auch weitere Elemente der Rechts- und Verfassungstheorie müssen ohne idées préconçues angesichts der Konkretisierungsprobleme bestimmter positiver Normen entwickelt werden, wenn nicht die hermeneutische Differenzierung von Normstruktur und Normativität in abstrakte Figuren von „Recht" und „Wirklichkeit" zurückfallen soll. Diese Differenzierung, von den erörterten allgemeinen Fragestellungen der Rechtstheorie verfehlt, sich jedoch in der Rechtsprechung des Bundesverfassungsgerichts der Sache nach schon vielfach herausarbeitend, ist grundsätzlich allen Rechtsdisziplinen als Aufgabe gestellt. Diese Aufgabe mag je nach der hermeneutischen Eigenart ihrer charakteristischen Normtypen für die einzelnen Disziplinen von verschiedener Dringlichkeit sein. Im Verfassungsrecht dürfte sich wegen ungenügender Abstraktionen in der Staats- und Verfassungstheorie wie angesichts der Sachprobleme verfassungsgerichtlicher Rechtsprechung ein hermeneutisch entwickeltes, die Praxis verwertendes und die ver-

---

[453] BVerfGE 7.198 Ls 1, 204.205: „objektive Wertordnung", „Wertsystem".

[454] So das BVerfGE 7.198.204 f. Entscheidende Abschnitte der Grundrechtsgeschichte vor allem im anglo-amerikanischen Raum sind noch nicht hinreichend geklärt, um solche Schlußfolgerungen rechtfertigen zu können; vgl. hierzu F. *Müller*, Korporation und Assoziation (Anm. 243), 21 ff., 24 ff.

streuten Aspekte nach Möglichkeit rational formendes Normverständnis als fruchtbar herausstellen. Vom Ansatz her erscheint die damit angesprochene Verbindung von Verfassungstheorie und Verfassungshermeneutik als Verfassungshermeneutik mit verfassungstheoretischer Funktion, weniger[455] als Verfassungstheorie mit verfassungshermeneutischer Relevanz.

[455] Wie bei *Ehmke*, VVDStRL 20, 53 ff. (Anm. 1), 64; allerdings kann Verfassungshermeneutik auch im hier festgehaltenen Verständnis „zur materialen Verfassungstheorie werden", *Ehmke*, ebd., 64, was von der Überzeugungskraft der einzelnen hermeneutischen Sachlösungen abhängt. Überhaupt kann nach dem hier entwickelten Verständnis die Rechts- und Verfassungstheorie durch die Hermeneutik nur fruchtbar ergänzt und präzisiert, nicht etwa aber ersetzt werden.

X. Normtext und Norm

Ist der Normbereich hermeneutisch ein Bestandteil der Norm, dann kann diese nicht mit ihrem Normtext gleichgesetzt werden. Diese Folgerung ergibt sich aus dem bisherigen Ansatz. Sie ist noch weiter zu erläutern. Nur der konsequente rechtswissenschaftliche Positivismus konnte sich darauf verlassen, das Gesetz „anzuwenden", indem er dessen Wortlaut als Obersatz behandelte und den zu beurteilenden Sachverhalt scheinbar logisch, in Wahrheit begriffs- und damit sprachgebunden auf dem Weg des Syllogismus „subsumierte". Das noch immer vorherrschende Verständnis der Norm als eines fertigen Befehls ist in Zusammenhang mit seinem positivistischen Hintergrund gleichfalls in Gefahr, Norm und Normtext zu verwechseln oder jedenfalls davon auszugehen, die Geltungssubstanz der Vorschrift sei im Wortlaut grundsätzlich adäquat und ausreichend anwesend, sei also mit der Sprachgestalt der Vorschrift „gegeben". Einer so isolierten „Norm" kann dann „die" Wirklichkeit als rechtlich ungeordnetes, vom Normbefehl zu bändigendes Konglomerat heterogener Elemente entgegengesetzt werden. Der nicht als hermeneutischer Normbestandteil erkannte Normbereich gehört dann unterschiedslos zur abstrakt gesehenen Welt der Tatsächlichkeit. Der Normlogismus neigt dazu, die Normlogik im Sinn einer Logik des Normtextes und seines sprachlichen und begrifflichen Kontextes zu sehen. Die „reine Norm" ist ohne konkrete Normativität, da ohne Sachgehalt und Sachbestimmtheit. Sie ist nur Normtext; im Sinn des hier entwickelten Normbegriffs allerdings nicht einmal das, sondern nur ein Text, dem anzusehen ist, daß er als sprachliche Gestalt einer Norm gemeint ist oder gemeint war.

Eine „reine Norm" ist beispielsweise eine Rechtsvorschrift Hammurabis. Ihr ist der Normbereich abhanden gekommen. Sie „gilt", „normiert" nicht einmal mehr ideell, weil das hermeneutische Problem nicht ein solches von „Idee" und „Wirklichkeit" ist, sondern weil Normativität, Norm und rechtliche Geltung sich auf eine Daseinsart beziehen, die überhaupt nur bei vorgängigem Einbeziehen der normativ geformten realen Sachstruktur vorliegt. Auch die „Idee" von Normativität setzt das Einbezogensein des Normbereichs voraus. Die Vorschrift Hammurabis ist heute nicht einmal mehr Normtext, sondern bloßer Sprachtext. Nach seiner Grundhaltung faßt rechtswissenschaftlicher Positivismus gerade in seiner Steigerung zum Normlogismus aktuell geltende Vorschriften der gegenwärtigen Rechtsordnung als Texte ohne Normbereich auf, als von aller Erdenschwere befreite reine Normen.

Es ist bemerkenswert, daß nicht nur der ältere Positivismus mit seinen Kaschierungen sachlicher, politischer und subjektiver Wertung durch klassische „Methoden", vor allem durch die jeder Berücksichtigung des Normbereichs Raum lassende teleologischen Auslegung, sondern daß auch die Reine Rechtslehre hermeneutisch nicht konsequent sein kann. Kelsen unterscheidet die generelle von der individuellen Rechtsnorm. Diese ist die Individualisierung oder Konkretisierung der durch ein Gericht im Einzelfall „angewendeten" generellen Rechtsnorm. Hermeneutische Einzelheiten dieses Vorgangs werden nicht erläutert; doch können generelle Rechtsnormen die Setzung individueller durch die rechtsanwendenden Organe niemals vollständig vorausbestimmen. Die nur begrenzte Voraussehbarkeit der Entscheidungen, im Dienst der Rechtssicherheit an sich möglichst vollständig zu wünschen, und die Notwendigkeit, den Organen einen Spielraum des Ermessens zu belassen, gründen sich darauf, „daß vor allem eine in menschlicher Sprache ausgedrückte generelle Norm fast immer verschiedene Interpretationen erlaubt"[456]. Metasprachlich nicht logifizierbare Sprachgebilde, einschließlich juristischer Begriffe, sind formallogischen Anforderungen nicht gewachsen. Die Reine Rechtslehre wird allerdings trotz dieses Zugeständnisses nicht revidiert, obwohl gerade ihr hermeneutisches Scheitern die Grundkonzeption als fragwürdig erweist. Norm und Normtext sind hier insoweit gleichgesetzt, als die aufgrund eines und desselben Normtextes nebeneinander möglichen Interpretationen „logisch" gleichwertig sein und nur durch metajuristische, rechtspolitische Entscheidung des rechtsanwendenden Organs zu einer konkreten Lösung sollen gebracht werden können[457].

Dagegen folgt die vorliegend gemeinte Unterscheidung von Norm und Normtext der hermeneutischen Differenzierung der Normstruktur in Normprogramm und Normbereich. Beide Momente konkreter Normativität sind je nach dem Normtyp in verschiedenem Verhältnis im Normtext abgebildet. Allgemein und ohne solche Differenzierung werden „Buchstabe" und „Geist" der Rechtsvorschrift schon überall dort auseinandergehalten, wo der Boden des naiven Positivismus oder des Normlogismus verlassen ist[458].

---

[456] *Kelsen*, neuerdings in: Was ist juristischer Positivismus?, JZ 1965, 465 ff. (Anm. 20), 466, 468.

[457] Vgl. *Kelsen*, Reine Rechtslehre, 2. Aufl (Anm. 45), 346 ff., 350 f.

[458] Vgl. z. B. nur *Ehrlich*, Grundlegung der Soziologie des Rechts (Anm. 33), 393 ff.; *Heller*, Staatslehre (Anm. 93), 255, 257; *Husserl*, Recht und Zeit (Anm. 18), 22; *Bobbio*, Über den Begriff der „Natur der Sache", ARSP XLIV (1958), 305 ff., 316; *Forsthoff*, Lehrbuch des Verwaltungsrechts I (Anm. 96), 151 (158). Vgl.

In diesem Sinn findet sich der bloße Text, also der „Schein des Gesetzes" von seinem „wirklichen Inhalt" bereits bei Savigny unterschieden[459]; allerdings schon hier mit praktischer Nutzanwendung für den Unterschied zwischen eigentlicher Auslegung und der von Savigny in diesem Zusammenhang abgelehnten Rechtsfortbildung. Überall dort in der neueren juristischen Hermeneutik, wo Auslegung zugleich als Anwendung, wo Interpretation als von Rechtsfortbildung untrennbar erkannt wird, tritt die Unterscheidung der Norm von ihrer sprachlichen Formulierung mit hermeneutischer Funktion auf. Für eine mit Grundsatz und Norm arbeitende Topik heißt Interpretation wechselseitige Einpassung von Prinzip und Text, da beide je für sich fragmentarisch sind. Weder ist das „Vernünftige", „Sachgerechte" aus sich heraus einsichtig, noch kann das konkret Angeordnete ohne Maßstäbe für den Ordnungszweck funktionieren[460]. Beide Probleme werden im Rahmen der hier entwickelten topischen Hermeneutik mit der hermeneutischen Differenzierung der Normstruktur in die Aspekte der normativen Leitgedanken und des Normbereichs beantwortet. Ferner sind bisher auch im Verfassungsrecht das „Wort- und Satzgebilde" einerseits, das „Sinngebilde objektiven Geistes" andererseits unterschieden und ist allgemein Auslegung als „Ergänzung des Geschriebenen" erkannt worden[461]. Alles dogmatische Gewicht bei der Frage der Rechtssatzbestandteile zu versammeln, deren begriffliche Elemente in Kategorien zu gliedern und von hier aus den Umfang gerichtlicher Kontrollmöglichkeiten zu umschreiben, führt im Verwaltungs- und im Verfassungsrecht häufig nicht weiter, als „das Vorgefühl als Ergebnis logischer Deduktion herauszubringen"[462]. Die von der rechtssatzorientierten begrifflichen Methode nicht bewältigten Pro-

auch Th. *Geiger*, Vorstudien (Anm. 69), 58, 61 ff., 79, zur Unterscheidung von Norm und Normsatz, von subsistenter Norm und Verbalnorm als Einsichten der Rechtssoziologie.

459 v. *Savigny*, System I (Anm. 34), 322.

460 *Esser*, Grundsatz und Norm (Anm. 1), 262; vgl. ferner ebd., 85 Anm. 244; 70: „law in the books" und „law in action", 71; 124 ff., 283.

461 Hans *Huber*, Probleme des ungeschriebenen Verfassungsrechts, in: Zeitschrift des Bernischen Juristenvereins, Band 91 bis, 1955, 95 ff., 107; vgl. auch ebd., 116 f.: im Verfassungsrecht sei „die Bindung an das Wort" geringer als im Privatrecht. Vgl. ferner zur Unterscheidung von Norm und Normtext auf dem Boden der Topik im Verfassungsrecht: *Bäumlin*, Staat, Recht und Geschichte (Anm. 112), 33 f.; *Ehmke*, Grenzen der Verfassungsänderung (Anm. 19), 18; ders., Wirtschaft und Verfassung (Anm. 36), z. B. 50, 52; ders., VVDStRL 20, 53 ff. (Anm. 1), 78; v. *Pestalozza*, Grundrechtsauslegung, in: Der Staat, Bd. 2, 425 ff. (Anm. 122), 425, 427 Anm. 9; zum Versagen der rechtssatzorientierten begrifflichen Methode im Verfassungsrecht auch *Lerche*, Übermaß und Verfassungsrecht (Anm. 106), 325 f., 335 ff.

462 *Lerche*, Übermaß und Verfassungsrecht (Anm. 106), 326; zum folgenden ebd., 335 und ff. Vgl. allg. zur verwaltungsrechtlichen Hermeneutik z. B. *Scheerbarth*, Ist im Verwaltungsrecht die Hermeneutik auf Abwegen?, DVBl. 1960, 185 ff.; *Haueisen*, Zur Rechtsfindung auf dem Gebiet des Verwaltungsrechts, DVBl. 1960, 350 ff.

bleme beginnen weniger beim Normtext als bei „den ‚Sachverhalten', die den verfassungsrechtlichen Begriffen den Stoff liefern"[463]. Wenn sich demnach aber die Aufmerksamkeit von der begrifflichen Gestalt des Normtextes auf eine Typologie der Sachverhalte verlagern soll, auf die „Strukturen des Materials, das vom Rechtssatze erfaßt wird"[464], so ist noch die hermeneutische Folgerung zu ziehen, den Normbereich nach der Struktur sachbestimmter Normativität nicht nur als von der Norm oder gar nur vom Normtext erfaßtes Material zu behandeln, als Stoff liefernden Sektor der Wirklichkeit, sondern als Bestandteil der zu konkretisierenden Rechtsvorschrift.

Die so begründete Differenz von Normtext und Norm meint nicht nur jene allgemeinere von Buchstabe und Geist[465]; auch trifft sie sich nicht mit einer auf konkretes Naturrechtsdenken gegründeten Unterscheidung von Recht und Gesetz[466], die nicht nur über den Normtext, sondern über die positive Gesetzesnorm in den Bereich konkreten Rechts hinausgreift[467]. Recht steckt nicht allein in der Verbalnorm, ist nicht aus ihr mit Hilfe rein logischer Verfahren, wie der Subsumtion im Wege des syllogistischen Schlusses, zu gewinnen. Recht ist nicht mit dem Wortlaut der gesetzlichen Vorschrift identisch; doch ist es nicht das Ziel der hier entwickelten hermeneutischen Prinzipien, einen wesensmäßigen, ontologischen Unterschied zwischen Gesetz und Recht im Sinn der Unterscheidungen zwischen Potenz und Akt, zwischen Möglichkeit und Wirklichkeit, zwischen dem „Gesetz" als einer abstrakten, ungeschichtlichen und übergeschichtlichen Größe und einem ursprünglich seinshaften „Recht" zu statuieren[468]. Der vorliegende Ansatz beschränkt sich auf Untersuchungen zur Hermeneutik des positiven Rechts. Für diese ist die unverkürzt in sachbestimmter Normativität erfaßte Rechtsvorschrift, nicht aber deren Sprachfassung Bezugspunkt der Konkretisierung. Für das Verfahren der Konkretisierung erscheint die Norm nach Normbereich und nach den normativen Leitgedanken des Normprogramms differenziert. Vor allem im Verfassungsrecht sind die Gesichtspunkte der Konkretisierung oft nur zu einem geringen Teil dem Normtext zu entnehmen. Applikation weist daher entscheidend über den Normtext hinaus,

---

[463] *Lerche*, Übermaß und Verfassungsrecht (Anm. 106), 335.

[464] *Lerche*, Übermaß und Verfassungsrecht (Anm. 106), 335, 336; 337: „Sachverhalt" im Sinn der Sachverhaltstypik als das dem Richter vorliegende jeweilige „Gesetzesmaterial".

[465] Vgl. noch A. *Kaufmann*, Analogie und „Natur der Sache" (Anm. 124), 29.

[466] Hierzu vor allem A. *Kaufmann*, Zur rechtsphilosophischen Situation (Anm. 284), JZ 1963, 137 ff., 139.

[467] A. *Kaufmann*, Gesetz und Recht (Anm. 71), Festschrift für Erik Wolf, 357 ff., 390.

[468] So A. *Kaufmann*, Gesetz und Recht (Anm. 71), 380 ff., unter Berufung auf Thomas von Aquin; es bleibt fraglich, ob Gesetz und Sprachgestalt des Gesetzes hier genügend deutlich unterschieden werden.

nicht aber über die Norm, deren konkrete Normativität gerade erst für den Einzelfall herausgearbeitet werden soll. In dieser Frage trennt sich das Verfahren topischer Hermeneutik vom reinen Problemdenken, insofern es die (jeweils erst zu konkretisierende) Norm als verbindliches Kriterium für die Auswahl der topoi beibehält. Da die Norm aber auch in dieser Funktion von der Hermeneutik nicht einfach als vorgegeben angenommen werden kann, steckt der Normtext jedenfalls die äußerste Grenze möglicher Hypostasierungen ab. Hier besteht eine Verbindung zu den auf rechtsstaatliche Klarheit zielenden Elementen des wissenschaftlichen Positivismus.

Dieser hat im übrigen, seinem Ausgangspunkt zuwider, in der Praxis der Gesetzesauslegung zahlreiche Sachgesichtspunkte im Gewand der klassischen Auslegungshilfen zur Geltung gebracht. Wie gezeigt wurde, enthalten bereits die canones typisierte Fragerichtungen bestimmter sachlicher, über philologische Textauslegung hinausgehender Struktur. Auch bei grammatischer Auslegung ist im Grunde die Norm, nicht deren Wortlaut gemeint. Grammatische Auslegung muß oft zwischen verschiedenen, sachlich je anders aufgefüllten Wortbedeutungen, Bedeutungsnuancen desselben Wortes unterscheiden und ist dabei notwendig auf die Differenzierung und juristisch-normative Bewertung der ihnen beigegebenen, sprachlich wie sachlich bestimmten Assoziationsfelder angewiesen. Die Praxis des hermeneutischen Geschäfts setzt, genau besehen, auch bei grundsätzlich konservativer methodischer Haltung der Sache nach die Differenz von Norm und Normtext und die nur indikative Bedeutung des Normtextes für den entscheidenden rechtlichen Sinn der Norm, das heißt für die im Einzelfall konkretisierte Geltungssubstanz der Vorschrift voraus. Dabei steht diese hermeneutische Differenz ausschließlich im Dienst praktischer Rechtskonkretisierung, nicht in dem allgemeiner Rechtstheorie oder auf die Rechtsordnung gerichteter Ideologiekritik[469].

Sie ist hier auch nicht im Sinn einer Rechtssoziologie entworfen, die das Recht allein als Tatsachenzusammenhang, nicht auch als normativ Gesolltes begreift[470]. Will man nicht die Beziehungsmöglichkeiten von Wirklichkeit und Recht hermeneutisch typisieren, sondern soziologisch Recht nur *als* Wirklichkeit untersuchen, so erscheint der Normbereich ebensowenig als Bestandteil der Norm wie für normlogistisches Denken. Allerdings ist auch der Normbereich im Wortlaut der Vorschrift nicht vorgegeben, sondern in aller Regel nur unvollkommen angedeutet. Als bloß sprachliches Gebilde genommen, markieren die begrifflichen Zu-

---

[469] Vgl. zu dieser *Topitsch*, Die Menschenrechte. Ein Beitrag zur Ideologiekritik, JZ 1963, 1 ff., 2, 4.

[470] Hierzu Th. *Geiger*, Vorstudien (Anm. 69), z. B. 277.

sammenhänge des Normtextes nur Bezugspunkte für konkrete Lebensverhältnisse, für einzelne Sachverhalte. Sie haben keine autonome Geltungssubstanz, keinen in der Wirklichkeit determinierten Bedeutungsumfang im Verhältnis zu konkreten Tatbeständen. Nicht der Normsatz ist verbindlich, sondern die Norm, die seinen Aussageinhalt ausmacht[471]. Der Spielraum der begrifflichen Beziehung des Normtextes zu einzelnen konkreten Tatbeständen und der für sie jeweils zu konkretisierenden sachbestimmten Normativität der Vorschrift ist zunächst durch die sprachliche Konvention[472], dann aber vor allem durch schon teilweise durch die herkömmlichen canones erfaßte, überwiegend aus Rechtsprechung, Rechtslehre und der positiven Rechtsordnung stammende topoi eingeengt. Für die Rechtssoziologie ist die generelle Rechtsnorm nichts anderes als ein abstrakt-begrifflicher Typus, mit der begrifflichen Wortnorm, dem Normtext identisch. Nur die im Einzelfall konkretisierte Wortnorm gilt als für den wirklichen sozialen Geschehensablauf maßgebender konkret-inbegrifflicher Typus, als subsistente Norm.

Wird hingegen von der juristischen Hermeneutik das Recht als normativ Gesolltes verstanden, wird die Norm nicht abstrakt einer pauschal verdinglichten Wirklichkeit gegenübergestellt, sondern wird die Struktur rechtlicher Normativität unter den Aspekten von Normbereich und Normprogramm differenziert, so ist schon die generelle Norm als gesolltes, den Normbereich gedanklich antizipierendes, ihn konturierendes und normativ überformendes Ordnungsmodell mehr als ihr Text. Der Normbereich als hermeneutischer Bestandteil der Rechtsnorm ist ein im Bereich des Realmöglichen typisierender Entwurf dessen, was real als Einzelfall im Geltungsbereich der konkretisierten Norm geregelt erscheint. Auch außerhalb prozessualer Anwendung gibt es Modi des Geltens der positiven Rechtsnorm, so ihre Bedeutung für systematische Interpretation anderer Vorschriften oder ihr prozessuale Auseinandersetzung im vorhinein verhinderndes Befolgen. Die im Rahmen der Rechtstradition den normativen Spielraum fundierenden topoi sind Momente der Normativität, die ebensowenig wie die im Einzelfall konkretisierte Norm vom Wortlaut der Vorschrift voll repräsentiert, sondern nur angezeigt werden. Wenn topische Hermeneutik jede deduktive Systemgläubigkeit strikter Axiomatik vermeiden, dennoch aber die (erst zu konkretisierende) Norm als verbindlichen Bezugspunkt des Konkretisierungsverfahrens festhalten will, so erweist sich daran, daß auch sie dem hermeneutischen Zirkel nicht entkommt. Entscheidend ist, daß die Norm nicht als austauschbarer Teilfaktor im Dienst angemessener Problemlösung, sondern als Ziel der methodischen Bearbeitung „problematischer"

---

471 Th. *Geiger*, Vorstudien (Anm. 69), 84 ff.; bes. 211 ff., 212, 261 ff.; zur Rechtskonkretisierung vgl. auch 242 ff., 246.

472 Th. *Geiger*, Vorstudien (Anm. 69), 261 f.

Sachaspekte gilt. In der Praxis sind allenfalls Akzentunterschiede festzustellen. Axiomatisches und problematisches Denken sind nicht nur aufeinander angewiesen, sondern auch nicht durch eindeutige Linien voneinander abgrenzbar, was bereits die komplexe hermeneutische Struktur der Norm zeigt. Nur positivistisches Selbstbewußtsein konnte auf absolute Grenzbestimmungen vertrauen. Nichtpositivistische Hermeneutik verzichtet auf diesen Anspruch und entlastet sich damit von unfruchtbaren Fiktionen. Es widerspräche der Sachaussage der Topik wie der topischen Hermeneutik, diese Sichtweisen wiederum zu absoluten, ausschließlich gültigen „Methoden" zu stempeln. Allgemein ist das gegenseitige Ergänzungsverhältnis von Topik und Axiomatik je nach dem zu konkretisierenden Normtypus verschieden. Je spezieller eine Vorschrift gefaßt ist, um so leichter sind, wie das herkömmlich geschieht, Norm und Normtext gleichzusetzen, wenn sie auch außer in numerisch bestimmten Grenzfällen (Vorschriften über Fristen, Termine, Altersgrenzen) nie als wirklich identisch behandelt werden können. Allerdings ist der Begriff des „technischen" Rechts bisher wenig verläßlich[473]. Er muß hermeneutisch präzisiert werden. Je genauer und umfassender der Normtext sowohl den Normbereich als auch den oder die normativen Leitgedanken der Vorschrift begrifflich erfaßt, desto stärker kann sich methodische Konkretisierung auf den Text stützen. Für zahlreiche Grundbestimmungen des Verfassungsrechts ist das nicht der Fall. Dennoch ist es fraglich, ob die geschriebene Verfassung schon deshalb vor allem als Dokument und Appell und weniger als normierendes Gesetz soll verstanden werden können[474]. Auch das hermeneutisch differenziert behandelte Gesetz ist mehr auf Vermittlung und nachvollziehbar rationalisierte Konkretisierung angewiesen als auf nur nachvollziehende rechtslogische Interpretation[475]. Schon die grundsätzliche Unterscheidung von Normtext und Norm hindert den Interpreten daran, sich auf „Auslegung" als auf rein philologische Textentfaltung zu beschränken. Die Illusion, durch philologische oder vorgeblich rein logische Auslegungsverfahren Wirklichkeit und Norm zureichend vermitteln zu können, war nur angesichts hochspezialisierter Vorschriften vertretbar, deren Konkretisierung sich einer „Anwendung" annähert, ohne allerdings je zum Bestandteil eines prinzipiell abschließbaren axiomatischen Systems werden zu können[476]. Die rechtsstaatliche Notwendigkeit möglichst klarer Formtypik ist damit in keiner Weise angezweifelt. Sie ist aber schwieriger zu verwirklichen und komplexer zu verstehen, als positivi-

---

[473] Hierzu *Leisner*, Verfassungsauslegung (Anm. 35), DÖV 1961, 641 ff., 648, 651.

[474] Wie *Lerche* annimmt, Stil, Methode, Ansicht (Anm. 2), DVBl. 1961, 690 ff., 692.

[475] Zu *Lerche*, Stil, Methode, Ansicht (Anm. 2), DVBl. 1961, 692.

[476] Vgl. *Bäumlin*, Staat, Recht und Geschichte (Anm. 112), 33 und f.

stisches Denken annimmt. Die Verfassungsgeschichte des Rechtsstaatsgedankens zeigt, daß die Formtypik vielfach nichts anderes als eine begrifflich und systematisch entwickelte Typik sachlicher Gehalte, politischer Forderungen, staats- und verfassungstheoretischer Grundvorstellungen von nur relativer Autonomie und nur relativer Geschichtsüberlegenheit ist. Die Beschränkung des Blicks auf die Normtexte formaler Vorschriften, rechtsstaatlicher Sicherungen, prozessualer Garantien verstellt die Sicht auf die Sachgesetzlichkeit ihrer Normbereiche und auf deren geschichtlichen Wandel.

Eine Norm kann ohne Änderung ihres Wortlauts, auch ohne formelle Aufhebung obsolet werden, das heißt aufhören, eine Norm zu sein. Die so entstandene „reine" Norm ist nur noch Text. Ihr ist nicht nur ihr bestimmter, sondern auch jeder mögliche Normbereich abhanden gekommen. Anders steht es mit geltenden allgemeinen Rechtsgrundsätzen oder mit Verfassungsgrundsätzen wie dem allgemeinen Gleichheitssatz des Art. 3 Abs. 1 GG. Für ihre geltenden, auf mögliche Normbereiche zielenden normativen Leitgedanken sind jeweils im Einzelfall, beziehungsweise sind für verschiedene Sachverhaltstypen typisch rationalisierte Normbereiche zu entwickeln. Die obsolete „Norm" ist noch als Text philologisch auslegbar, allgemein geisteswissenschaftlich, etwa historisch verstehbar, aber nicht mehr juristisch konkretisierbar. Obwohl ihr Wortlaut unversehrt ist, bietet er keinen rechtshermeneutischen Anhalt mehr. Auch eine obsolete Norm nimmt im Rahmen sprachlicher Vermittlung das Vorverständnis des Verstehenden in Anspruch, rückt ihn in das Überlieferungsgeschehen ein, bewirkt hermeneutische Aktualität[477]. Der Eigencharakter der Rechtswissenschaft als normativer Wissenschaft und ihrer Hermeneutik als einer praktisch wie normativ ausgerichteten Konkretisierungslehre läßt dagegen bei der obsoleten Norm Aktualität im Sinn juristischer Hermeneutik nicht mehr erkennen. Entsprechend wird die geltende Norm, die auch als generelle Norm von ihrem Wortlaut zu unterscheiden ist, im Einzelfall anhand des Normtextes und anderer topoi des Normprogramms und des Normbereichs zur konkreten Normativität des law in action integriert. Konkretisierende Rechtsfortbildung ist im Normtext nicht bereits vorgegeben[478]. So wenig ein Normtext ohne seine sachliche Verbindung zu Normbereich und Normprogramm (neben dem sprachlich-begrifflichen Kontext systematischer Auslegung) als Norm verständlich ist, so wenig kann Normkonkretisierung, die Auslegung und Anwendung im herkömmlichen Sinn umfaßt

---

[477] Im Sinn von *Gadamer*, Wahrheit und Methode (Anm. 1), z. B. 290 ff., 293, 312 ff., 323, 381, 365 f., 375 ff.; auch 275 ff, 279, 280 ff.; zum hermeneutischen Zirkel 250 ff.

[478] *Esser*, Grundsatz und Norm (Anm. 1), 260 und f.; vgl. ferner ebd., 90, zum Verhältnis von Rechtsprinzip und Text.

und häufig zur Normergänzung oder Normbildung werden muß, allein auf der Ebene des Normtextes erfolgen. Um so dringlicher wird die Rationalisierung ihrer Elemente, die sie möglichst nachprüfbar und für die Rechtsgemeinschaft diskutierbar macht. Die Eigenart vor allem von Verfassungsrecht und Verfassungsinterpretation schränkt die Funktion von Art. 79 Abs. 1 Satz 1 GG als Grundsatz der Verfassungsklarheit[479] erheblich ein, und zwar für die zahlreichen Fälle materieller Verfassunggebung oder Verfassungsänderung, die sich nicht zum Text des Grundgesetzes in Widerspruch setzen.

Grundsätzlich ist jedoch die klärende und stabilisierende Funktion des Normwortlauts im demokratischen Rechtsstaat unersetzlich. Während die Rechtssoziologie[480] den Einfluß der Wortnorm auf die Rechtsgesellschaft vor allem von der psychologischen, suggestiven Wirkung der autoritativen und programmatischen Forderung her sieht und daneben ihre Funktion als eines ausdehnungslosen Bezugspunkts für konkrete Tatbestände hervorhebt, treten für die juristische Hermeneutik andere, zum Teil schon erörterte Momente hervor. Auch Texte von der Art einzelner Grundrechtsnormen, die an „pseudo-normative Leerformeln" grenzen[481], sind mit den Mitteln topischer Hermeneutik prinzipiell konkretisierbar, wenn auch der den Normtexten entsprechende begrenzte soziale Spielraum[482], der Umfang des vom Wortlaut ausgehenden Rückgriffs „auf soziale Verfassungswirklichkeit schlechthin"[483] bisher offen blieben und erst mit Hilfe der hermeneutischen Aspekte des Normbereichs und des Normprogramms näher präzisiert werden müssen. Insofern der Normbereich hermeneutisch integral zur Norm gehört, ist es mißverständlich, mit Popper und Topitsch von einem „logischen" Spielraum auszugehen, den der Normtext bieten soll, und sodann auf hermeneutisch ungeklärte Weise die Auffüllung aus sozialen Gehalten folgen zu lassen. Auch erschöpfen sich diese nicht als nur „sozialer Spielraum" der Auslegung in den in der jeweiligen Sozialstruktur und in den handelnden Individuen vorhandenen moralisch-politischen Wertideen sowie den ihnen entsprechenden gesellschaftlichen Sanktionsmechanismen[484].

---

[479] So *Ehmke*, Noch einmal: Die Verfassungsnovelle vom 26. März 1954, DÖV 1956, 449 ff., 452; hierzu *Krüger*, Verfassungsänderung und Verfassungsauslegung (Anm. 128), DÖV 1961, 721 ff., 723.

[480] Hierzu Th. *Geiger*, Vorstudien (Anm. 69), 79, 84 ff., 261 ff.

[481] Vgl. *Topitsch*, Die Menschenrechte (Anm. 469), JZ 1963, 1 ff., im Anschluß an *Popper*, Was ist Dialektik?, jetzt in: Logik der Sozialwissenschaften (Anm. 245), 263 ff.; vgl. auch *Topitsch*, Über Leerformeln, in: Probleme der Wissenschaftstheorie, Festschrift für Victor Kraft, 1960, 233 ff.; ders., Sachgehalte und Normsetzungen (Anm. 220), ARSP XLIV, 189 ff.; auch v. *Pestalozza*, Grundrechtsauslegung, in: Der Staat, Bd. 2, 425 ff. (Anm. 122), 440. Vgl. ferner *Messner*, Öst. Ztschr. f. Öff. Recht, 1965, 163 ff.

[482] Hierzu *Topitsch*, Die Menschenrechte (Anm. 469), JZ 1963, 1 ff., 3 f.

[483] v. *Pestalozza*, Grundrechtsauslegung, ebd. (Anm. 122), 440.

[484] So *Topitsch* (Anm. 469), JZ 1963, 1 ff., 3 ff.

Reale Sachstrukturen, zumeist bereits in rechtlich mitgeformtem Zustand, konstituieren zu einem wesentlichen Teil die Normbereiche, machen positivrechtliche Normativität von vornherein zu sachbestimmter Normativität und lassen eine Abspaltung rein logischer Konkretisierungsphasen nicht zu. Auch Normtexte allgemeinster Fassung, wie die von Generalklauseln, bestimmten Grundrechtsnormen oder Bestandteilen von Präambeln, entfalten einen konkretisierbaren oder zumindest für die Konkretisierung anderer Vorschriften verwertbaren Regelungswert[485]. Der Normtext ist selbst bei unklarer Formulierung und trotz der grundsätzlichen Verschiedenheit von Norm und Wortlaut in aller Regel der erste Ansatz- und Richtpunkt der Konkretisierung. Die Formulierung des Normtextes gibt zumeist wichtige Hinweise auf den oder die normativen Leitgedanken der Vorschrift und damit auf die Fragerichtungen, unter denen der Normbereich zu berücksichtigen ist. Dieser ist im Normtext oft kaum angedeutet und oft, wie bei den meisten Grundrechten, nur durch ein Stichwort evoziert („Ehe und Familie", „Kunst und Wissenschaft, Forschung und Lehre", „Vereine und Gesellschaften", „Eigentum und Erbrecht"). Leichter bestimmbar ist er typisch in Fällen, in denen er selbst rechtserzeugt ist, so bei prozessualen oder organisatorischen Vorschriften. Als hermeneutischer Ansatzpunkt, als Faktor der Rechtssicherheit, der Publizität und Normklarheit in der rechtsstaatlichen Demokratie ist der Normtext zwar nur von begrenzter Verläßlichkeit; teilt die der Rechtswissenschaft eigentümliche Relativierung der Methodik, ohne aber dadurch entbehrlich oder zweitrangig zu erscheinen. Seine genannten Funktionen machen ihn ferner zu einer Grenze möglicher Konkretisierung.

Zwischen geschriebenem Recht und Gewohnheitsrecht besteht insoweit kein grundsätzlicher Unterschied. Auch ungeschriebenes Recht ist normativ, kann hermeneutisch unter den Gesichtspunkten von normativem Leitgedanken und Normbereich gegliedert werden und ist sprachlich formuliert. Allerdings gibt es nicht selten mehrere Formulierungen des Normtextes nebeneinander, deren größere oder geringere Authentizität zu ermitteln nicht durch eine autoritär gesetzte Wortnorm erleichtert wird. Deren wichtige Rolle für das geschriebene Recht zeigt sich an der vom Bundesverfassungsgericht bestätigten gesteigerten Schwierigkeit, ungeschriebene Normen zu konkretisieren[486].

---

[485] Vgl. *Bäumlin*, Staat, Recht und Geschichte (Anm. 112), 33 f., unter den Gesichtspunkten der „Verhaltensentwürfe" und einer in der „Situation" aufgegebenen topischen Synthese.

[486] BVerfGE 15.226, Beschluß vom 19. 12. 1962 (zu Art. 12 Abs. 1 GG — Entziehung der Verteidigungsbefugnis); 233: Art. 12 Abs. 1 GG kann grundsätzlich durch vorkonstitutionelles Gewohnheitsrecht eingeschränkt werden; 233 f: auch Gewohnheitsrecht ist auslegbar und analog anwendbar, wenn auch nur mit besonderer Zurückhaltung. — Die Grenze zwischen Auslegung und Schaf-

Ebenso wirft der Wortlaut in seiner Funktion als äußerste Grenze möglicher Konkretisierung für ungeschriebenes wie für geschriebenes Recht im Grundsatz dieselben Probleme auf. Zwar ist auch in dieser Frage die Klarheit der gesetzten Wortnorm im Sinn der Eindeutigkeit ihrer sprachlichen Fassung größer als beim Gewohnheitsrecht, nicht aber im Sinn der Verläßlichkeit der Formulierung für die objektive Geltungssubstanz der Vorschrift. Diese Tatsache schränkt die Möglichkeiten des Wortlauts als Grenze zulässiger Konkretisierungsergebnisse erheblich ein.

Zunächst muß auch hier die Norm von ihrem Text unterschieden werden. Konkretisierung ist nicht an den Text, wohl aber im Sinn des hermeneutischen Zirkels an die schrittweise zu konkretisierende Norm als verbindlichen Bezugspunkt gebunden. Daß diese Bindungsvorstellung überhaupt beibehalten wird, statt zugunsten einer möglichst angemessenen Problemlösung aufgegeben zu werden, hängt mit dem verfassungsrechtlichen Ausgangspunkt topischer Hermeneutik und zugleich mit dem Einbeziehen des Normbereichs in die hermeneutisch differenzierte Normativität zusammen. Als „Probleme" erscheinen nur Rechtsprobleme. Probleme an sich, außerhalb der Rechtsordnung, treten hermeneutisch nicht in Erscheinung. Herkömmlich gesprochen, stellen sich Probleme nie ohne vorgängigen Bezug zu einem „Sollen" und damit zugleich zu einem dieses Sollen mitkonstituierenden Sachbereich. „Sollen" und „Sache" werden hermeneutisch zu den beiden Hauptaspekten konkreter Normativität selbst, zu Normbereich und Normprogramm. Nur innerhalb von deren hermeneutischen Möglichkeiten stellen sich bestimmte Fragen als Rechtsprobleme; nur innerhalb ihrer Geltungskraft, das heißt aber in grundsätzlicher Bindung an die zu konkretisierende Norm, sind die Rechtsprobleme lösbar. Die methodisch verfehlte Sicht des Positivismus von bloßer Anwendung der Vorschrift macht den Anspruch der Rechtsnorm deutlich, nicht als ein austauschbarer topos neben anderen behandelt und gegebenenfalls ohne weiteres übergangen werden zu können. Die Maßstäbe der Konkretisierung können ebensowenig wie juristische Hermeneutik überhaupt als rechts- und gesetzestranszendent entworfen werden[487]. Warum die Auslegungslehre einer „apriorischen Rechtslehre" als einer der Rechtswissenschaft vorgeordneten Stufe an-

fung eines neuen Tatbestandes ist allerdings nicht nur bei erweiternder Auslegung gewohnheitsrechtlicher Sätze, sondern bei aller Normkonkretisierung von einiger Schwierigkeit kaum zu ziehen; vgl. hierzu ebd., 233. Grundsätzliche Bedenken des Gerichts gegen Gewohnheitsrecht im formstrengen Prozeßrecht ebd., 233 und schon in E 9.109.117.

[487] Wie dies von *Stern* behauptet wird, Interpretation — eine existentielle Aufgabe der Jurisprudenz, NJW 1958, 695 ff., 697. Stern engt den Zweck juristischer Interpretation darauf ein, „die Rechtssinnverdunkelung aufzuhellen", 695. Die Forderung, „nur e i n e Methode" solle in allen Rechtszweigen herrschen, 695 und f., wird nicht präzisiert.

gehören und warum die Gesetze, von denen die Normkonkretisierung beherrscht wird, „Naturgesetze und keine Rechtsnormen“ sein sollen[488], harrt noch der Begründung. Juristische Hermeneutik meint gerade keine apriorische, absolute Methodik, die von außerhalb der Rechtswelt bezogen werden könnte. Die Rechtswissenschaft muß sich über praktisch brauchbare und rational zu verantwortende Weisen ihres Vorgehens selbst klar werden. Vom Problemdenken der Topik wird dieser Ausgangspunkt nicht in Frage gestellt. Was es von topischer Hermeneutik unterscheidet, ist das Normverständnis. Dem Grundsatz nach fragt diese nicht „hinter das Gesetz zurück und über es hinaus“[489], wohl aber hinter seinen Wortlaut zurück und über ihn hinaus. Das heißt nicht, der Wortlaut sei für das Ergebnis der Konkretisierung belanglos. Der Abstand zwischen Topik und topischer Hermeneutik drückt sich gerade in der von dieser festgehaltenen Funktion des Normtextes als einer äußersten Grenze möglicher Sinndeutung aus. Falls diese Funktion genauer angegeben werden kann, so ist es sie, welche für die Praxis den Bezugspunkt normativer Verbindlichkeit markiert. Diese Präzisierung ist um so wichtiger, als die materiell verbindliche Größe, die Norm in ihrer konkreten, sachbestimmten Normativität, jeweils erst erarbeitet werden muß. Sollte nun die Grenzfunktion des Normtextes positiv umschreibbar sein, so müßte der grammatischen Auslegungsmethode, also dem topos sprachlicher Konkretisierung besondere hermeneutische Verläßlichkeit zukommen. Das ist nach den bisherigen Untersuchungen nicht der Fall. Auch dieser topos taugt nicht zur schlechthin evidenten, gleichsam mathematisch eindeutige Ergebnisse erbringenden „Methode“. Gerade weil er auf Entfaltung und Bewertung sprachlichen Sinnes angewiesen ist, sind die Möglichkeiten seiner Objektivität besonders eng begrenzt. Sie gründen sich angesichts der Unverwertbarkeit etymologischer Befunde für die Konkretisierung aktuell geltenden Rechts im wesentlichen auf die herrschende allgemeine oder rechtswissenschaftliche Sprachkonvention. Zudem sind zahlreiche Vorschriften mangelhaft formuliert. Auch bei klarer Wortfassung jedoch reicht nur in ganz seltenen, numerisch fixierten Grenzfällen der Wortlaut dafür aus, Einzelfälle konkret normativ zu regeln[490]. Hermeneutisch wiegen der Wortlaut und der topos sprachlicher Konkretisierung nicht schwerer als andere zulässige topoi, wenn auch der Normtext zumeist den ersten Anhaltspunkt der Interpretation darstellt.

Die Grenzfunktion des Wortlauts ergibt sich vielmehr aus seinen genannten Wirkungen für Rechtssicherheit, Normklarheit, Publizität und

[488] So *Stern*, NJW 1958, 695 ff., 697.

[489] So *Ehmke*, VVDStRL 20 (Anm. 1), 53 ff., 54.

[490] Ein anderes Beispiel als Vorschriften numerischen Inhalts bietet etwa Art. 22 GG. Von mathematisch zwingender Eindeutigkeit ist auch in den genannten Grenzfällen, wie die Praxis zeigt, kaum die Rede.

für die Unverbrüchlichkeit der Verfassungsordnung im demokratischen Rechtsstaat. Gerade wenn juristische Hermeneutik nicht im Sinn mißverstanden absoluter Methodik genommen wird, sind ihre Elemente in Berührung mit anderen Grundfragen der Verfassung, vor allem mit deren hier ins Spiel zu bringenden normativen Grundbestimmungen zu sehen. Die nur relative Sicherheit jedoch, die der Wortlaut gewährt, verbietet es, seine Grenzfunktion für die Konkretisierung positiv dahin zu fassen, als normgemäß könnten nur solche Hypostasierungen gelten, die im Wortlaut der zu interpretierenden Norm eine Rechtfertigung fänden[491]. Wohl ist es möglich, juristische Interpretation dahin zu definieren, sie enthalte sich aller normfremden Hypostasierungen. Dann aber muß das Normverständnis hermeneutisch differenziert sein. Ein Gesichtspunkt ist noch nicht deshalb normfremd, weil er nicht aus dem Normtext begründet werden kann. Der praktischen Behandlung nach werden hier Norm und Normtext einander zu stark angenähert, wenn nicht sogar gleichgesetzt. Schon die Savignyschen Auslegungsregeln und vollends die zwar bei Savigny nicht empfohlene, gleichwohl als klassische Methode geltende teleologische Auslegung führen üblicherweise zu Ergebnissen, die aus dem Normwortlaut als einer sprachlichen Gegebenheit nicht herzuleiten sind, die sich aber gleichwohl im vertretbaren Sinnbereich, im Rahmen des objektiven Geltungsgehalts der Vorschrift bewegen. Gewiß darf der Positivismus nicht durch Preisgabe der Positivität des Rechts „überwunden" werden[492]; doch ist die Positivität des Rechts nicht identisch mit jener der Normtexte. Die grundsätzlich unverzichtbare Grenzfunktion des Wortlauts muß vielmehr negativ dahin bestimmt werden, daß über den Spielraum, den der klare Wortlaut läßt, nur dann hinausgegangen werden darf, wenn dieser nachweislich fehlerhaft oder mißverständlich ist[493]. Solange die Konkretisierung ergibt, daß der Normtext den hermeneutischen Spielraum für den normativen Sachgehalt der Vorschrift sprachlich zutreffend ausdrückt, darf das praktische Ergebnis den in diesem Spielraum verbleibenden Möglichkeiten nicht zuwiderlaufen. Daß dieser normative Spielraum seinerseits nicht ohne Rücksicht auf den Wortlaut bestimmt werden kann, macht rationale Unterscheidung und Entscheidung zwischen den nicht immer konformen Einzelfaktoren schwieriger, wenn auch nicht illusorisch. Auch herkömmlichem Methodendenken ist es unmöglich, eine verbindliche Rangfolge der canones zu erarbeiten. Selbst bei Beschränkung auf grammatische, historisch-genetische, systematische und auf die Vielzahl teleologischer topoi

---

[491] So *Forsthoff*, Die Umbildung des Verfassungsgesetzes, Festschrift für Carl Schmitt, 35 ff. (Anm. 36), 39; ebd., zum folgenden.

[492] *Forsthoff*, Die Umbildung des Verfassungsgesetzes (Anm. 36), 39.

[493] Nicht schon dann, wenn er, vor allem bei jungen (Verfassungs-)Gesetzen, „keinen Ansatzpunkt für eine sinnvolle Problemlösung bietet", *Ehmke*, VVDStRL 20, 53 ff. (Anm. 1), 60.

bleibt es im praktischen Fall dem Richter überlassen, die Einzelaspekte zu sinnvollen Begründungszusammenhängen zu ordnen, ihr sachliches Gewicht gegenseitig abzuschätzen und gegebenenfalls gegen den Wortlaut zu entscheiden. Insofern trifft Savignys Verhältnisbestimmung der von ihm entwickelten grammatischen, logischen, historischen und systematischen Elemente der Auslegung unverändert den Kern des Problems: sie sind nicht verschiedene Arten der Auslegung, unter denen beliebig zu wählen wäre, sondern unterschiedliche, aber aufeinander angewiesene Teilmomente des Auslegungsgeschäfts, Fragestellungen, von denen „bald die eine, bald die andere wichtiger sein und sichtbarer hervortreten" wird, „so, daß nur die stete Richtung der Aufmerksamkeit nach allen diesen Seiten unerläßlich ist"[494].

Mit diesen in der Sache liegenden Vorbehalten begrenzen die sinnvollen Verständnismöglichkeiten des Normtextes den Bereich legitimer Konkretisierungsergebnisse. Der Wortlaut schließt eine Lösung nicht schon dann aus, wenn sie sich aus ihm nicht herleiten läßt, sondern nur bei eindeutigem Widerspruch zu den möglichen Textgehalten; also nur dann, wenn *so* der Wortlaut jedenfalls nicht verstanden werden *kann*. In der Praxis wird sich topische Hermeneutik um so weniger vom Verfahren der Topik unterscheiden, je seltener dieser Fall eintritt. Vor allem im Verfassungsrecht, so bei der Konkretisierung der Grundrechte, wird mit dieser äußersten Grenzbestimmung für die Lösung des Falles oft nicht viel gewonnen sein. Die komplexen hermeneutischen Probleme liegen innerhalb des Spielraums, den der Normtext verschiedenen Verständnismöglichkeiten offen läßt. Immerhin ist in den genannten Grenzfällen der so verstandene Wortlaut auch für die Frage maßgeblich, welche Sachstrukturen der in Rede stehenden Normbereiche in concreto als wesentlich gelten sollen und damit zu normgesteuerten topoi der Konkretisierung zu machen sind. Der rechtsstaatliche Gedanke der Unverbrüchlichkeit von Recht und Verfassung, wie er sich in Form der Normklarheit in Art. 79 Abs. 1 Satz 1 GG findet, gilt damit auch für rechtsschöpferische Applikation außerhalb der Gesetzgebung insoweit, als konkretisierende Rechtsfortbildung sich nicht in nachweisbaren Gegensatz zu den Verständnismöglichkeiten des Verfassungstextes setzen darf[495]. Solange diese Grenze gewahrt bleibt, widerspricht es topischer Hermeneutik nicht, grundlegende Rechtsregeln vor allem des Verfassungsrechts auch ohne

---

[494] v. *Savigny*, System I (Anm. 34), 215; vgl. ferner ebd., I, 320.

[495] Vgl. auch *Krüger*, Verfassungsänderung und Verfassungsauslegung (Anm. 128), DÖV 1961, 721 ff., 723; und vor allem *Hesse*, Grundzüge des Verfassungsrechts der BRD (im Erscheinen): Verfassungsmaßstäbe der Relevanz der topoi für „richtige" Problemlösung und Konkretisierung (Maßstab integrierender Wirkung, Prinzip der Einheit der Verfassung, Maßstab praktischer Konkordanz, Maßstab funktioneller Richtigkeit, normative Kraft der Verfassung; als mittelbares Prinzip der Verfassungsinterpretation: verfassungskonforme Auslegung).

positive Stütze in ihrem vielfach nur sehr allgemein gehaltenen Normtext zu konkretisieren und für verschiedene Falltypen praktisch zu machen. Wenn solche Regeln, wie zum Beispiel der allgemeine Gleichheitssatz[496], in ihrem Text keine Hinweise auf einen Normbereich geben, nach ihrem formalen normativen Leitgedanken auch keinen aktuellen Normbereich aufweisen und erst je im Einzelfall zur Norm im vollen Sinn ergänzt werden müssen, können durchaus einzelne dieser Sachverhaltstypen entwickelt werden, ohne daß dafür der Wortlaut eine Rolle spielt. Verfassungsrecht begründet die Gesamtordnung und trägt die Rechtsordnung des Gemeinwesens. Hierin liegt der materielle Grund dafür, warum in seinem Bereich auf die prinzipielle Normbindung nicht verzichtet werden kann und warum die rechtsstaatlichen Gebote der Publizität, Normklarheit und Unverbrüchlichkeit der Verfassung auch in hermeneutischen Fragen festzuhalten sind. Auf der anderen Seite läßt der grundlegende Charakter der Verfassungsvorschriften diese vielfach nicht so behandeln, als seien Normprogramme und Normbereiche im Normtext ähnlich konkret abgebildet wie bei Spezialvorschriften enger umgrenzter Rechtsgebiete.

Die Grenzfunktion des Wortlauts setzt in allen genannten Fällen voraus, daß der Text sinnvolle Verständnismöglichkeiten umschreibt[497].

Selbst für die Reine Rechtslehre muß es bei einer möglichen Diskrepanz „zwischen dem sprachlichen Ausdruck der Norm und dem dadurch auszudrückenden Willen der normsetzenden Autorität"[498] offen bleiben, diesen „Willen" aus anderen Quellen als aus dem sprachlichen Ausdruck zu gewinnen. Der Normtext ist in diesem Fall kein zuverlässiger Rahmen logischer Möglichkeiten der Anwendung. Für topische Hermeneutik, die sich von der Sicht der „Anwendung" des Gesetzes gelöst hat, wird immer dann unzulässig gegen den Normtext entschieden, wenn die Lösung allen von ihm erfaßten sinnvollen Verständnismöglichkeiten hinreichend deutlich widerspricht. Dabei sind die sprachkonventionellen

---

[496] Zum Schweizer Gleichheitssatz, Art. 4 BV, im Zusammenhang derselben Problematik Hans *Huber*, Probleme des ungeschriebenen Verfassungsrechts (Anm. 461), 109.

[497] Vgl. hierzu *Bachof*, Auslegung gegen den Wortlaut und Verordnungsgebung contra legem?, JZ 1963, 697 ff., 699, 700 m. Nw.: keine Verbindlichkeit des Normtextes, wenn wörtliche Auslegung zu einem unsinnigen, unbefriedigenden oder schlechterdings unverständlichen Ergebnis führt. Das Merkmal „unbefriedigend" wird neben den beiden anderen keine selbständige Gültigkeit beanspruchen können. Vgl. auch ders., Die Rechtsprechung des Bundesverwaltungsgerichts, JZ 1966, 11 ff., 15 f. m. Nw., 16: von zulässiger Auslegung ist dann keine Rede mehr, wenn einer „eindeutigen Vorschrift" ein mit Wortlaut und Sinn nicht zu vereinbarender Inhalt unterlegt werde. Hier sollte besser vom Spielraum möglichen Verständnisses als von juristisch ohnehin nur auf Kosten fiktiver Vorgriffe anzunehmender „Eindeutigkeit" gesprochen werden. Im genannten Zusammenhang ist Bachofs Kritik allerdings berechtigt.

[498] *Kelsen*, Reine Rechtslehre, 2. Aufl. (Anm. 45), 348; die fraglichen hermeneutischen Möglichkeiten bleiben allerdings „durchaus dahingestellt", ebd.

Zusammenhänge verwandter Begriffe und ihr Umkreis sachbestimmter sprachlicher Assoziation zu berücksichtigen; die Untersuchung braucht sich nicht in Buchstabenfetischismus zu verlieren[499]. Andernfalls würde auf diesem Teilgebiet der Konkretisierung, für die Grenzfunktion des Wortlauts, der Normtext mit der Norm verwechselt. Das Verhältnis von Norm und Normtext, also in hermeneutischer Aufgliederung dasjenige von Normbereich, normativen Leitgedanken und ihrem sprachlichen Ausdruck im Wortlaut der Vorschrift, ist zumeist komplizierter. Je genauer und vollständiger Normprogramm und Normbereich im Normtext sprachlich erfaßt sind, desto stärker kann sich die Konkretisierung an die begriffliche Analyse des (herkömmlich vielfach als „die Norm" mißverstandenen) Wortlauts halten. Auch die gewohnte Deutung der Rechtsnorm als einer von „der" Wirklichkeit und ihren Sachstrukturen getrennten Größe kann sich vor allem auf die Textstruktur relativ „technischer" Vorschriften stützen. Bei weitgehend spezialisierten Vorschriften, deren Text in Einzelheiten geht, vor allem auch bei rechtserzeugten Normbereichen, ist die Struktur des Normbereichs weitgehend in den Normtext übernehmbar und häufig übernommen. In solchen Fällen kann auch in bezug auf den Normbereich die Vorstellung „rein juristischer" Interpretation genährt werden, durch „rein logische" Auslegungsmanipulationen die Wirklichkeit des zu entscheidenden Falles zureichend normativ regeln zu können. Daß diese verallgemeinerte Normvorstellung hermeneutisch grundsätzlich nicht haltbar ist, hat sich bei Generalklauseln, bei Normen mit weitem, sachlich dichten und im Normtext nur unzulänglich angedeuteten Normbereich, also zum Beispiel in zahlreichen Bereichen des Verfassungsrechts und vor allem in der Praxis der Konkretisierung der Grundrechte schon immer gezeigt. Hingegen sind, aller hermeneutischen Schwierigkeiten im einzelnen ungeachtet, bei durchschnittlich detaillierten Vorschriften wie Art. 77 GG oder § 242 StGB sowohl der normative Leitgedanke (oder eine Mehrzahl von ihnen, das hier so genannte Normprogramm) als auch die Grundstruktur des die Norm mitbegründenden Bereichs sachlicher Gegebenheiten, des Normbereichs, so weitgehend im Normtext abgebildet, daß das Mißverständnis des Normtextes als einer gegenüber der Wirklichkeit autarken und autonomen „Norm" sich für besonders normativ halten konnte. Die Eigenart verfassungsrechtlicher und besonders grundrechtlicher Vorschriften war von hier aus nur in so unbestimmten Wendungen wie „weit, vage, unbe-

---

[499] So widerspricht in dem hier verstandenen Sinn die begrenzte Erstrekkung der Regelungsbefugnis auch auf die Berufswahl als Beginn der Berufsausübung durch das Bundesverfassungsgericht in E 7.377.401 noch nicht dem Wortlaut von Art. 12 Abs. 1 GG. Zum Festhalten an einer sinnvollen Verständnismöglichkeit des Normtextes auch gegen die Behauptung andersartiger „Absicht" des Gesetzgebers vgl. z. B. BVerfGE 13.261, U. v. 19. Dezember 1961, 267 f. im Anschluß an E 11.126.129 f.

stimmt, generalklauselartig" zu fassen. Im Grund gehen auch solche Qualifizierungen von einer Gleichsetzung von Norm und Normtext aus und bescheinigen beiden zugleich undifferenziert vagen Charakter.

Auch weniger problematische Vorschriften wie Art. 77 GG, § 242 StGB oder etwa ins einzelne gehende technische Organisationsnormen sind rein logisch nicht konkretisierbar. Begriffsrealismus hat eine begrenzte Reichweite. Die Analyse von Worten und logischen Verknüpfungen liefert nicht ohne weiteres Informationen über die Tatsachen oder Strukturen, die von ihnen sprachlich indiziert, nicht aber substantiell repräsentiert werden können. Diese Ungenauigkeit im Unterscheiden der Ebenen, auf denen die Argumentation sich bewegt, entspricht der Ungenauigkeit im Bezeichnen „der" Wirklichkeit, die „der" Norm in hermeneutisch unbrauchbarer Abstraktion entgegengesetzt wird. „Wirklichkeit" im Sinn dieser hier verlassenen Sicht umfaßt einmal den Normbereich, also den Bereich des Realmöglichen, der nicht nur genuiner Sinn- und Anwendungsbereich der Vorschrift ist, sondern dessen Grundstruktur die sachbestimmte Normativität der Vorschrift mitkonstituiert; zugleich aber unterschiedslos auch der Norm widerstreitende Fakten innerhalb des Normbereichs, rechtlich indifferente Faktoren an seiner Peripherie und schließlich von der betreffenden Vorschrift gar nicht erfaßte und erfaßbare Sachverhalte. Der speziell hermeneutische Gedanke des Normbereichs ist hingegen vom Normprogramm her verengt. Beide zusammen bieten sich dem Interpreten in wechselnden Mischungsverhältnissen und mit sehr verschiedenen Graden der Genauigkeit im Normtext dar. Schon dieser zeigt ganz allgemein, daß „Wirklichkeit" hier nicht als Konglomerat heterogener Faktoren verstanden werden kann, sondern nur als der Ausschnitt aus den tatsächlichen Gegebenheiten, für den die Norm und der damit auch für die Norm bestimmend ist. Bei Vorschriften von durchschnittlicher Präzision des Wortlauts sind sowohl der normative Leitgedanke als auch der Normbereich sprachlich umschrieben oder zumindest angedeutet. Über die Art der normativen Richtung, die der Leitgedanke dem Normbereich gibt, ist damit noch nichts gesagt. Ob in Art. 102 GG stände: Die Todesstrafe wird wieder eingeführt, oder ob in ihm steht: Die Todesstrafe ist abgeschafft; in beiden Fällen ist der Problemkreis „Todesstrafe" mit allen faktischen, etwa kriminalstatistischen oder kriminalpsychologischen Zusammenhängen, mit rechtlichen Verflechtungen und wertbestimmten Überzeugungen in dem betreffenden Gemeinwesen der Normbereich der Vorschrift. Das Vereinswesen in seinen strukturellen Grundzügen, Voraussetzungen und Wirkungen ist Normbereich des Art. 9 Abs. 1 GG wie auch etwa einer Vorschrift, die anordnet, Vereine dürften nur nach dem Konzessionssystem gebildet werden. Für die hermeneutische Unterscheidung von Normprogramm und Normbereich und für beider Auftauchen im Normtext ist der konkrete normative Gehalt der

Vorschrift grundsätzlich ohne Belang, wenn auch die Erfassung des Normbereichs in der Regel schwieriger ist als die der Leitgedanken. Diese kommen, ihrer Funktion normativer Anordnung entsprechend, zumeist deutlicher im Wortlaut zum Ausdruck als der Normbereich. Eine ontische oder ontologische Trennung beider erweist sich aber auch hier als hermeneutisch nicht durchführbar.

Im Rahmen des sprachlichen Ausdrucks kann der Grad der Konkretion beider Elemente voneinander abhängen. Die Genauigkeit des Normprogramms leidet unter mangelnder Präzisierung des Normbereichs im Normtext. So wird beispielsweise ein Leitgedanke von Art. 5 Abs. 3 Satz 1 GG von der überwiegenden Meinung zutreffend dahin konkretisiert, Kunst und Wissenschaft, Forschung und Lehre sollten in ihrer Eigengesetzlichkeit sich frei entfalten können. Solange aber diese Eigengesetzlichkeit nicht als die Grundstruktur der jeweiligen Normbereiche analysiert ist, bleibt dieser Leitgedanke in seinem normativen Gehalt für die Lösung einzelner Fälle abstrakt, weil sachlich nicht umschrieben. Der Text der grundrechtlichen Garantie gibt auch hier nicht mehr Anhaltspunkte, als die Normbereiche stichwortartig zu nennen. Es kommt hinzu, daß die grammatische Anordnung des Wortlauts hier Normbereiche und normative Leitgedanken auseinanderhält. Dies ist ein Kennzeichen relativ rechtsunabhängiger, das heißt in ihrer sachlichen Eigenart relativ wenig vom Recht mitkonstituierter Normbereiche, die insofern vom Normtext des Art. 5 Abs. 3 Satz 1 GG zutreffend behandelt werden. Beides erschwert die Konkretisierung. Die weitgehende sachliche Autonomie der Normbereiche entspricht innerhalb des sprachlichen topos der Auslegung der Unmöglichkeit, aus der Fassung des Normtextes die Normbereiche mit Hilfe der Formulierung der normativen Leitgedanken sachlich genauer zu umschreiben, ohne in wertende Postulate zu verfallen. Anders liegt die Problematik etwa bei Art. 9 Abs. 1 GG. Hier kann die Benennung des Normbereichs („Vereine und Gesellschaften") Rückschlüsse auf einen der normativen Leitgedanken in dem Sinn erleichtern, dieser verbiete nicht Zwangszusammenschlüsse von verhältnismäßig unpersönlicher Art der Mitgliedschaft und in traditionellen rechtlichen Grenzen, insbesondere nicht die Zwangseingliederung in öffentlich-rechtliche Verbände im Rahmen der „verfassungsmäßigen Ordnung" des Art. 2 Abs. 1 GG[500].

Diese Beispiele mögen zugleich für die allgemeine Beobachtung stehen, daß im Verfassungsrecht und hier vor allem bei der Konkretisierung von Grundrechten die Normbereiche und ihre hermeneutische Bewältigung stark in den Vordergrund treten, was auch der herrschenden

[500] Vgl. BVerfGE 10.89 Ls 3 und 102; 11.105.126; ferner E 10.354.361 ff. 362 und 12.319.323 f.

Interpretationslehre als die weitgehend „untechnische" Natur der Grundrechtsauslegung vertraut ist. Der Normbereich liefert hier mit hermeneutischer Notwendigkeit besonders viele Gesichtspunkte bei der Aufgabe, ihn mit den normativen Leitgedanken und mit der sachlichen Problematik des zu lösenden Falles, des rechtlich zu beurteilenden oder zu regelnden Ausschnitts historischer Tatsächlichkeit in Einklang zu bringen und zu konkreter, sachbestimmter Normativität zu ergänzen. Deren Unmöglichkeit kann zwar nicht aus der Struktur des Textes allein, wohl aber zum Beispiel schon aus der Gegenstandslosigkeit des Normbereichs im Rahmen sprachlicher Auslegung erkennbar sein. Der hier konstruierten Norm Hammurabis fehlen heute jeder staatliche Geltungszusammenhang und Geltungsgrund. Das Normprogramm ist nach wie vor im Wortlaut ausgedrückt. Dagegen ist der gleichfalls sprachlich gefaßte Normbereich, wie oft schon ein erster Rückgang auf die Sachstruktur innerhalb des sprachlichen topos zeigen kann, als realmöglicher nicht mehr gegeben. Mit dem Verlust des Normbereichs hat die Vorschrift ihre Normativität verloren, ist der ursprüngliche Normtext nur noch Sprachtext, obwohl Leitgedanken und Normbereich nach wie vor rein sprachlich vorliegen und obwohl der normative Leitgedanke nicht verändert wurde, wenn man ihn sachunabhängig als „reines Sollen" verstehen wollte. Hermeneutisch sind Normprogramm und Normbereich nur als integrale Elemente der Norm sinnvoll, sind also auch je für sich untereinander als Normelemente konstitutiv. Das konstruierte Beispiel mag zugleich zeigen, daß zur Grundlage auch des Normbereichs die rechtliche Präsenz des Normgebers und der Geltungszusammenhang der Gesamtrechtsordnung gehören.

Wiederum besonders deutlich wird dieser Tatbestand im Verfassungsrecht, das von der jeweiligen geschichtlichen Einheit seines Gemeinwesens maximal abhängig ist[501]. Hermeneutisch ist es auch stärker als andere Rechtszweige vom Sachgehalt der Normbereiche abhängig, was in rechtstheoretischer Terminologie als „Weite" und „Dynamik" seines Gegenstandes[502], hier als das sich hermeneutisch ins Spiel bringende Gewicht des Normbereichs als eines Bestandteils seiner Normativität erscheint. Die verfassungsrechtlichen, vor allem die grundrechtlichen Normbereiche können wegen ihrer für das ganze Gemeinwesen grundlegen-

---

[501] Vgl. hierzu allg. *Ehmke*, VVDStRL 20 (Anm. 1), 65, 66, 100 f.; vgl. auch *Leisner*, Verfassungsauslegung (Anm. 35), DÖV 1961, 641 ff., 648 ff., zum „staatsgrundlegenden Charakter" von Verfassungsrecht.

[502] *Ehmke*, ebd. (Anm. 1) 65, 100; vgl. dagegen als Beispiel unkritischer Konservierung auch zivilrechtlich veralteter Kategorien die Darstellung von *Erbel*, Inhalt und Auswirkungen der verfassungsrechtlichen Kunstfreiheitsgarantie, 1966, 35 f., nach der sich der heutige Stand der Verfassungsauslegung im Gegensatz einer objektiven und einer subjektiven Variante der „willensjuristischen Methode" erschöpfen soll.

den Bedeutung, ihrer häufig eigengeprägten Qualität als relativ autonomer Bereiche des sozialen Lebens nur minimal konkretisiert in den Normtexten auftauchen. Die Normkonkretisierung im ganzen muß bei den Grundrechten und bei anderen verfassungsrechtlichen Grundbestimmungen zum einen besonders weitgehend auf die Sachstruktur der Normbereiche zurückgreifen, dies aber zum andern wegen der allenfalls andeutenden Art der Sprachformulierung weitgehend außerhalb des Normtextes, ohne positiven Rückhalt im topos sprachlicher Auslegung bewältigen. Spezialisierte Normtexte technisierbarer Rechtsgebiete haben ihre Normbereiche häufig so weitgehend im Normtext formuliert, daß dem Interpreten seine Rückgriffe auf sachliche Gegebenheiten nicht auffallen, daß die Vorstellung rein begriffstechnischer „Anwendung" entstehen kann[503]. Hingegen spiegeln diese beiden strukturellen Hauptschwierigkeiten der Grundrechts- (und vielfach auch sonstiger Verfassungs-)konkretisierung im Hermeneutischen das wider, was rechtstheoretisch allgemein als der „politische" Charakter von Verfassungsrecht und als die spezielle Problematik jeder Verfassungsrechtsprechung bekannt ist. Zugleich zeigt die Überlegung, daß die Grundrechte entgegen der vorherrschenden Auffassung nicht mit Generalklauseln gleichgesetzt werden können. Generalklauseln wie die §§ 242 oder 826 BGB bestehen nur aus Normprogrammen, denen im Einzelfall die Normbereiche der im vollen Sinn erst vom Richter zu bildenden Normen hinzugefügt werden müssen. Daß Generalklauseln im Lauf längerer Rechtstradition durch Lehre und Rechtsprechung typisierte Normbereiche oder Normbereichskomplexe „anwachsen", ist eine andere Frage. Hingegen verfügen die Grundrechte über sogar besonders gewichtige Normbereiche. Bei der häufig unbewußten Behandlung des Normtextes als Norm ist der geringe Konkretisierungsgrad grundrechtlicher Normbereiche die wichtigste Fehlerquelle für das Mißverständnis der Grundrechte als Generalklauseln. Schon nach dem bisher Gesagten machen allerdings die Art. 2 Abs. 1[504] und 3 Abs. 1 als in der Tat generalklauselartige Sätze davon eine Ausnahme. Verfassungs- und Grundrechtsauslegung machen die hermeneutische Struktur der Normativität und die Verschiedenheit der Mischungsverhältnisse von Leitgedanken und Normbereichen im Normtext nur besonders deutlich; sie sind graduell, nicht aber grundsätzlich von der Konkretisierung außerverfassungsrechtlicher Vorschriften verschieden[505]. In den Kategorien allgemein rechtstheoretischer Reflexion taucht diese Einsicht in der Form auf, technisierbare Rechtsgebiete wie das Wechsel- oder Prozeßrecht könnten auch in der Rechtsanwendung

[503] Vgl. allgemein *Esser*, Grundsatz und Norm (Anm. 1), z. B. 102, 254, 261 f.

[504] In der Auffassung des Bundesverfassungsgerichts seit E 6.32 ff.

[505] Zu Hans *Huber*, Probleme des ungeschriebenen Verfassungsrechts (Anm. 461), 108 f.

mehr als in sich geschlossene Systeme behandelt werden, im Verfassungsrecht und seiner Anwendung müsse dagegen die ambiance mehr zur Geltung gebracht, müßten die Vorschriften als Faktoren unter anderen Faktoren des sozialen Ganzen ausgelegt werden[506]. Hermeneutische Typisierung von Normen wird nicht nur die verschiedenen Aufnahmegrade von Leitgedanken und Normbereich im Normtext berücksichtigen müssen, sondern auch Unterscheidungen nach geringerer oder größerer Technisierbarkeit der Normbereiche etwa zwischen Wertpapierrecht und Familienrecht, innerhalb dessen zwischen personenrechtlichen und vermögensrechtlichen Verhältnissen; ferner nach primärer Ausrichtung an der Einzelfallgerechtigkeit des Zivilrechts oder an dem für das Gemeinwesen grundlegenden Charakter des Staats-, Verfassungs- und Verwaltungsrechts; innerhalb des Verfassungsrechts beispielsweise nach größerer oder geringerer Rechtsabhängigkeit der Normbereiche (Organisationsnormen — Grundrechte), innerhalb der Grundrechte etwa nach dem Grad juristisch-objektiver Erfaßbarkeit, Kontrollierbarkeit, Konsensfähigkeit der Sachstrukturen der Normbereiche, um deretwillen die Garantien von Verfassungs wegen gegeben werden (zum Beispiel Art. 4 Abs. 1—Art. 10 GG).

Absolute Differenzen aufdecken zu wollen, ist auch in der Hermeneutik nicht sinnvoll. Immer werden sich die Unterschiede als graduell herausstellen. Das genügt, unterschiedliche Normtypen oder durch sie gekennzeichnete verschiedene Rechtsdisziplinen in ihrer relativen Eigengesetzlichkeit zu untersuchen und die Aufgabe hermeneutischer Differenzierung der Normativität nach Normbereich und Normprogramm vielleicht nicht für alle Disziplinen so dringlich erscheinen zu lassen wie für das Verfassungsrecht. Es genügt aber auch dafür, diese Aufgabe allen Rechtsdisziplinen als Frage zu stellen.

---

[506] Vgl. *Schindler*, Verfassungsrecht und soziale Struktur (Anm. 91), 92 ff., 95: Kompensation zahlreicher staatsrechtlicher Normen „im Außerrechtlichen"; 98 und f.

XI. Die Norm als sachbestimmtes Ordnungsmodell

Das der hier entwickelten Frage zugrunde liegende Normverständnis ist insofern hermeneutisch, als es versucht, die Strukturen von Rechtsnorm und rechtlicher Normativität von den Problemen praktischer Konkretisierung her zu erhellen. Die Norm ist nicht als Grenze[507], sondern als Element des Wirklichkeitsbezugs zu erfassen. Es genügt nach den bisherigen Überlegungen für diese Aufgabe nicht, Recht nur als Beurteilungsnorm und als daher niemals mit den von ihm zu beurteilenden Verhältnissen zusammenfallend zu betrachten[508]. Die Frage nach „Recht und Wirklichkeit" oder nach „Verfassung und Verfassungswirklichkeit" ist unter anderem so lange ohne hermeneutischen Sinn, als mit „Wirklichkeit" undifferenziert neben den Normbereichen auch normwidrige oder normindifferente Ausschnitte aus tatsächlichen Strukturen umfaßt werden. Es entspricht dieser Denkrichtung, mit der kategorialen Scheidung von Sollen und Sein ein hermeneutisch einheitlich zu begreifendes Ordnungsphänomen, die nach Normbereich und Normprogramm zu akzentuierende Rechtsnorm, in verdinglichte Abstraktionen auseinanderzureißen, in der Praxis der Konkretisierung aber unausgesprochen die Norm mit ihrem Text gleichzusetzen und sachliche Implikationen von Lösungsweg und Lösung als aus seinen Begriffen gewonnen auszugeben. Die Differenzierungen, die den hermeneutisch nicht zu leugnenden Sachgehalt aller Normkonkretisierung rational greifbar machen können, sind nicht rein soziologisch, sondern nur von der Normstruktur aus zu erarbeiten. Damit soll zum einen das Mißverständnis vermieden werden, Sachnähe sei als Hypostasierung von Legitimität in bloß vorhandene Gegebenheit gemeint, als die zwingende Existentialität dezisionistisch verstandener Konkretion. Zum andern ist damit klargestellt, daß die Überwindung eindimensionalen Denkens[509] nicht erst im weiteren Verlauf der Theoriebildung durch zuordnende Korrekturen einer im Ansatz übernommenen Dichotomie, sondern bereits beim Normverständnis einsetzen muß. Der aus dem Spätkonstitutionalismus überkommene Gesetzesbegriff mit seiner Sicht des „Rechtssatzes" als inhaltlich nicht näher

---

[507] Vgl. in diesem Sinn *Leibholz*, Verfassungsrecht und Verfassungswirklichkeit (Anm. 94), 278 f., 279, der von der Möglichkeit ausgeht, den einer Verfassungsnorm „immanenten" Sinngehalt „phänomenologisch oder geistesgeschichtlich eindeutig" eruieren zu können.

[508] Zu dieser Sicht G. *Jellinek*, Allgemeine Staatslehre (Anm. 13), 355.

[509] Hierzu die klassische Diagnose bei E. *Kaufmann*, Kritik der neukantischen Rechtsphilosophie, 1921, z. B. 65 ff. und passim.

qualifizierter Willensmacht, als eines Befehls[510] ist ebenso aufzugeben wie die positivistische Gleichsetzung von Norm und Normtext und die normlogistische Auffassung der Rechtsvorschrift als eines logifizierten und umgekehrt auch zum Zweck der „Anwendung“ logifizierbaren Begriffsgebildes. Auch soweit die Norm nicht als perfekte Figur im Sinn endgültiger Abgeschlossenheit behauptet, sondern als für mehrere logisch gleichwertige Möglichkeiten vorgegebener Rahmen verstanden wird[511], trägt sie wegen der damit vorausgesetzten Trennung von Logik und Sachgehalten, von Sollen und Sein nichts zu der von topischer Hermeneutik versuchten Strukturdifferenzierung der Normativität bei. Das allgemeine Schema, nach dem sich generelle und individuelle Normen, im Rechtssatz enthaltene allgemeine und konkrete richterliche Entscheidungsnormen auseinanderhalten lassen, kann ebensogut mit dem Normlogismus der Reinen Rechtslehre wie mit einer die faktisch-gesellschaftlichen Gegebenheiten entscheidend betonenden Rechtssoziologie verbunden werden[512], ohne hermeneutisch näher anzugeben, wieweit und wieweit nicht neues Recht unter Aufnahme tatsächlicher, normativ herausgehobener Sachstrukturen in das Gesetz eingebaut werden könne. Auch die Probleme und Maßstäbe der Rechtsfortbildung sollten sich durch die hermeneutische Unterscheidung von Normprogramm und Normbereich in gewissem Umfang rational aufgliedern lassen. Wird Normativität auf solche Weise aufgefaßt, so kann auch das Mißverständnis eines „juristische Auslegung“ mit „metajuristischen“ Begriffen bei der Rechtssetzung verknüpfenden, bei der Rechtsanwendung das Metajuristische dann hilfsweise heranziehenden Methodensynkretismus[513] nicht aufkommen. Die Normativität der Norm meint die realen und als realmöglich formulierten Sachstrukturen des Normbereichs immer schon mit, ist als sachbestimmte Normativität von ihnen schon immer mitgeprägt und mitbegründet. Solche nicht naturalistische, sondern hermeneutisch vermittelte Einbeziehung realmöglicher Strukturen in die Geltungssubstanz der Norm ist weder methodisch noch synkretistisch, sondern strukturell vom Vorgang der Rechtskonkretisierung aus erarbeitet. Ein Synkretismus „juristischer“ und „metajuristischer“ Faktoren ist von vornherein gegenstandslos, wenn Recht und Rechtswissenschaft so befragt werden

---

510 Hierzu kritisch *Ehmke*, Wirtschaft und Verfassung (Anm. 36), 61 und ff.

511 *Kelsen*, Reine Rechtslehre, 2. Aufl. (Anm. 45), 346 ff., 347; vgl. auch *Leisner*, Verfassungsauslegung (Anm. 35), DÖV 1961, 641 ff., 642: das zu Interpretierende als „Rahmen“ vor allem im Verfassungsrecht; ebd., 647 u. ö.: Norm als Befehl, Verfassung als punktueller „Willensausdruck“.

512 Vgl. *Kelsen*, Was ist juristischer Positivismus?, JZ 1965, 465 ff. (Anm. 20), 465, 466; *Ehrlich*, Grundlegung der Soziologie des Rechts (Anm. 33), z. B. 97 ff., 138 ff., 140; 151: die aus den Entscheidungsnormen gebildeten Rechtssätze bauen das Gesetz nicht aus, „sie bauen vielmehr neues Recht in das Gesetz hinein“.

513 Hierzu *Jesch*, Gesetz und Verwaltung, 1961, 40 ff., 62; mit Recht kritisch *Lerche*, Stil, Methode, Ansicht (Anm. 2), DVBl. 1961, 690 ff., 696 Anm. 59.

wie hier. Das Verhältnis des Ordnenden zu dem, was geordnet wird, erscheint dann auch nicht länger nur als allgemeiner Sinnzusammenhang[514], sondern als intern-struktureller Zusammenhang von Normativität überhaupt.

Es ist nicht nur so, daß Recht die außerrechtliche Ordnung ergänzt, sichert und modifiziert. An die Stelle dieser allgemein sozialwissenschaftlich sinnvollen Aussage tritt hier die hermeneutische Perspektive, nach der das rechtlich Geordnete nicht nur vom rechtlichen Normierungsanspruch im Sinn eines isolierten, sprachlich übertragenen Befehlsverhältnisses erfaßt ist, sondern mit seiner sachlichen Eigenart ein notwendiges Element der jeweiligen rechtlichen Teil-Ordnung bildet. Es reicht nicht aus, nur das Recht in konkreter inhaltlicher Fülle, das Gesetz hingegen in der kahlen Abstraktion seiner Begrifflichkeit zu sehen[515]. „Zwischen" der Wortnorm und dem einen bestimmten Einzelfall gestaltenden law in action hat das weder ganz abstrakte noch ganz konkrete, vielmehr typologisch arbeitende hermeneutische Verständnis der Norm als eines sachbestimmten, nach Normprogramm und Normbereich akzentuierten Modells selbständige Berechtigung. Die Rechtsnorm als nicht nur bei der Rechtssetzung faktisch provozierter, nicht nur positivrechtlich im Bereich der Sozialordnung faktisch wirkender, sondern in seiner inhaltlichen Normativität gleichfalls sachlich mitbegründeter Entwurf einer partiellen Ordnung beschränkt sich nicht auf das „Daß" des gesetzlichen Befehls, weist nicht nur dem imperativischen Akzent der Rechtsvorschrift, sondern auch ihrem Sachgehalt ursprünglich normative Kraft zu[516]. Hermeneutisch gesehen, müssen Einzelfolgerungen aus der Erkenntnis gezogen werden, alle Rechtsgeltung sei Hingeltung, Sein und Sollen seien korrelativ aufeinander bezogen. Die Rechtsvorschrift umfaßt als verbindliche, konkretisierungsbedürftige Regelung in gleicher Weise Regelndes und (als realmöglich formuliertes) Geregeltes. Sie wird als Ordnungsentwurf gleich integral vom Ordnenden wie vom (im Normbereich typologisch erfaßten) Geordneten, zu Ordnenden begründet. Rechtstheoretisch erscheint die Rechtsordnung im ganzen als eine Teilordnung unter anderen innerhalb der Gesamtordnung menschlicher Gemeinschaft[517]. Verfassungstheoretisch stellt sich die Verfassung eines Staatswesens als „vom Gegenstand her bestimmte, d. h. sachliche Gesamtord-

---

[514] Wie bei *Drath*, Zur Soziallehre und Rechtslehre vom Staat (Anm. 76), Festgabe für Smend, 41 ff., bes. 45.

[515] So aber A. *Kaufmann*, Analogie und „Natur der Sache" (Anm. 124), z. B. 39.

[516] Verfassungstheoretisch wurde der untrennbare Zusammenhang von Wirklichkeitsbedingtheit und Normativität der Verfassung vor allem von *Hesse*, Die normative Kraft der Verfassung (Anm. 83), 6 ff., 16 f. und passim herausgearbeitet.

[517] Hierzu G. *Husserl*, Recht und Zeit (Anm. 18), 22.

nung konkreter Lebensverhältnisse" dar[518]. Hermeneutisch ist jede Rechtsnorm als verbindlich statuiertes, nähere Konkretisierung voraussetzendes Modell einer realmöglichen Teilordnung zu behandeln. Ein Nichtbefolgen der Vorschrift, ihr Obsoletwerden betreffen eine Diskrepanz von normativen Leitgedanken und Normbereich und damit die Teilordnung in ihrer eigenen Struktur, die Normativität selbst; nicht aber einen vieldeutigen Zwischenbereich von Sein und Sollen. Was bisher als Spannung „zwischen" beidem vielfältiges Thema der Rechtslehre war, wird zum integralen, sachbestimmte Normativität mitbegründenden Faktor der Teilordnung selbst.

Damit ist das Problem nicht nur in die Normimmanenz verschoben oder umbenannt, sondern auf einer anderen Ebene, der hermeneutischen, neu gestellt. Die bislang nur allgemein festzustellende und rechtstheoretisch aufzufüllende „Spannung" ist hier nicht Aufgabe der Begriffsanalyse, der Soziologie oder der Rechtspolitik, sondern der von Rechtsprechung und Rechtslehre zu leistenden praktischen Normkonkretisierung. Die Sachbestimmtheit von Normativität und Normgeltung und ihre allgemeine Akzentuierung im Sinn von Normbereich und Normprogramm sind Ausgangspunkt juristischer Hermeneutik; deren konkrete Ausarbeitung und typologische Formung im Einzelfall wie für Fallgruppen ist ihre weitere Aufgabe. Auch und gerade die Norm als Modell einer Teilordnung ist, da als sachbestimmt konzipiert, normativ ausgerichteter und zugleich rechtsfortbildender Konkretisierung zugänglich und bedürftig. Diese ist nicht im Sinn von Anwendung, sondern nur von Applikation möglich[519]. Diese Sicht gründet sich als hermeneutische trotz mancher Berührungspunkte nicht auf den Versuch der Rechtstheorie, Recht als immer konkrete geschichtliche Größe zu erfassen, die in ihrer Normativität um des zu Ordnenden und um seines sachlichen Gewichts willen da ist; nämlich für die Wirklichkeit des immer wieder zu richtenden, in Richtung auf die nie problemlos voraussetzbare materiale Gerechtigkeit zu ordnenden und in Ordnung zu haltenden geschichtlich begrenzten und gefährdeten Lebens und Zusammenlebens der Menschen. Normativität

---

[518] *Hesse*, Die normative Kraft der Verfassung (Anm. 83), 11 f. — Vgl. für das Zivilrecht zur Berücksichtigung der sozialen Wirklichkeit ohne Kapitulation vor ihr: *Esser*, Wertung, Konstruktion und Argument (Anm. 1), z. B. 8 ff., 12.

[519] Applikation wird hier jedoch nicht zur „Normstruktur" wie bei v. *Pestalozza*, Grundrechtsauslegung, in: Der Staat, Bd. 2, 425 ff. (Anm. 122), 425, 427, 449. „Normstruktur" meint im Text vielmehr den hermeneutisch bestimmbaren Zusammenhang von normativen Leitgedanken und Normbereich im Verhältnis zum sprachlichen topos und in gleicher Weise zu den anderen topoi der Konkretisierung. — Aus der bisherigen Untersuchung ergibt sich ferner, daß das Verständnis der Rechtsvorschrift als einer Teilordnung nicht im rechtssoziologischen Sinn eines aus Realordnung, Normgefüge und Ordnungskontrolle bewerkstelligten Ordnungsmechanismus gemeint ist; zu dieser Konzeption Th. *Geiger*, Vorstudien (Anm. 69), 57 ff., bes. 58.

ist nicht reine Form, nicht logifizierte Figur, kein an sich bestehender und auf sich beschränkbarer Imperativ, der Bereichen der „Wirklichkeit" als „Norm" übergestülpt werden könnte. Sie ist das Entwerfen sachlich geprägter, aber in der Sachgegebenheit nicht aufgehender Ordnung. Die so verstandene Norm ist so wenig Selbstzweck, als die „reine" Norm normativ sein kann. Gerade die Kontingenz und Bedingtheit wirklichen geschichtlichen Lebens ist der Wirkungsraum von Normativität, macht diese notwendig. Eine rein juristische Methode gibt es ebensowenig wie einen rein juristischen Bereich sozialer Sachverhalte.

Auch die Konzeption der Norm, wie sie hier entwickelt wird, ist kein belegbares Faktum, keine verdinglichte Gegebenheit, sondern eine mögliche, allerdings hermeneutisch geforderte Sichtweise. Damit kann auch die Unterscheidung von Normbereich und Normprogramm als hermeneutische Differenzierung dieser Sichtweise keine dingliche Strukturiertheit meinen, sondern nur die begriffliche Abkürzung und Präzisierung der von ihrer praktischen Konkretisierung her erfaßten Struktur rechtlicher Normativität. Ideelle Ordnung darf nicht mit realer Organisation verwechselt werden[520]. Allerdings ist die Norm als verbindlicher Entwurf, als ein Ordnungsmodell mit realmöglich erfaßten, auf die Erkenntnis realer Gegebenheiten gegründeten Strukturen durchsetzt. Wirkliche Zusammenhänge sind historischer Anlaß, gesellschaftliche Bedingung und praktisches Feld der Verwirklichung des verbindlichen Entwurfs. Darüber hinaus prägt ihre als realmöglich formulierbare Struktur, soweit sie zum Normbereich gehört, jeweils in Entsprechung zur Leitfunktion der normativen Ordnungsvorstellung die Normativität, die Geltungssubstanz der Vorschrift. Die so erfaßte „Sache" unterwandert nicht, sondern befestigt konkrete Normativität. Der Normbereich wird um der normativen Geltung willen als Bestandteil der Norm behandelt, auch wenn die bisherige Rechtsprechung die sachlicher Analyse zu verdankenden Ergebnisse als begrifflicher Analyse entsprossen ausgibt. Teilordnung kann so nicht als nur empirisch ermitteltes Geordnetsein, sondern nur als kraft positiver Setzung „geltendes", als verbindliches Modell für bestimmte Sachverhalte, Sachstrukturen, Sachbereiche der sozialen Welt erscheinen. Da alles „Gelten" hier als Hin-Gelten verstanden wird — wenn auch nicht auf dem Hintergrund der Zweiweltentheorie Lasks oder in Radbruchs idealisierender Fassung von der „Stoffbestimmtheit der Idee" —, ist das, was dem Geltungsgehalt notwendig seine sachliche Struktur vorgibt, als Normbereich integraler Bestandteil hermeneutischer Bemühung. Der Normbereich als Ordnungsteil der Teilordnung kann nicht mehr als „Gegenstand" des normativen Leitgedankens gemeint sein; andernfalls wäre die Frage nach „Recht und Wirklichkeit"

---

[520] Hierzu *Heller*, Staatslehre (Anm. 93), 42, gegen Kelsen.

ohne grundsätzlichen Fortschritt in der Sache bloß verbal „in" die Norm verlagert, wäre das Normprogramm der umbenannte „Befehl" der älteren Normauffassung. Als Entwurf einer realmöglichen, weil aus der Analyse der Realität gewonnenen und als einer solchen die normative Aussage der Vorschrift mitprägenden Struktur wirkt der Normbereich bei „Auslegung" und „Anwendung" in der Praxis als heuristisches Prinzip differenzierend und rationalisierend. Die der Norm zugehörige Teilwirklichkeit wird als Teil der Norm behandelt.

Dieses hermeneutisch legitime „Als-ob" entspricht dem Ausgangspunkt, daß die Norm nicht Abbildung eines faktischen Geordnetseins, sondern im ganzen nur verbindliches Modell zu verwirklichender Ordnung sein kann. Solange „Norm" im überkommenen Sinn verstanden wird, genügt es daher nicht, Wesensgehalte oder institutionelle Komplexe nur im Sinn von Normenkomplexen zu entwerfen, deren Abstützung durch reale Strukturen im einzelnen aber methodisch offen zu lassen[521]. Über allgemein entwickelte Zuordnung von Norm und Wirklichkeit hinaus muß diese Antwort auf abstrahierend eindimensionales Denken ins Normative gewendet werden; das aber dort, wo auch die allgemeine Normtheorie praktisch werden muß: bei den Problemen ihrer Konkretisierung, in der Hermeneutik. Diese ist juristische Hermeneutik, nicht sozialwissenschaftliches, philologisches oder irgendwie synkretistisches Verfahren. Ist die Norm von vornherein als geschichtlich wie gesellschaftlich determinierter, wenn auch nicht in diesen Bedingtheiten aufgehender Ordnungsentwurf vom zu Ordnenden her sachlich mitbestimmt, so ist der Normbereich nicht metanormativ, seine hermeneutische Erfassung und Analyse im Dienst praktischer Konkretisierung nicht metajuristisch. Die eingangs erörterte Eigenart rechtswissenschaftlicher Objektivität und Allgemeinheit steht als „absolut" mißverstandenen naturwissenschaftlichen Maßstäben nicht offen. Die Norm ist nicht ein fertig Gegebenes, das ohne Schwierigkeiten grundsätzlicher Art anwendbar wäre. In der Sprache der Karikatur: sie ist keine logische Falle, die zuschnappt, sobald ein nach Größe und Beschaffenheit passender Fall auftaucht, der „subsumiert" wird. Vielmehr stehen normative Leitgedan-

[521] Vgl. etwa *Lerche*, Übermaß und Verfassungsrecht (Anm. 106), z. B. 240 ff. zu Art. 19 Abs. 2 GG; *Häberle*, Wesensgehaltgarantie (Anm. 94), z. B. 212. In der Bedeutung für die Hermeneutik vgl. hierzu auch die Auffassungen von *Heller*, Staatslehre (Anm. 93), 255, zur ambiance im Anschluß an *Schindler*, Verfassungsrecht und soziale Struktur (Anm. 91), z. B. 93; ferner *Heller* ebd., 256 f.: materielle Verweisungen der Grundrechte auf ethische Rechtsgrundsätze; *Krüger*, Verfassungsauslegung aus dem Willen des Verfassungsgebers (Anm. 212), DVBl. 1961, 685 ff., 688 Anm. 18: zur Verfassung gehörender „Hof" von Konventionen, Gewohnheiten; *Ehmke*, VVDStRL 20, 53 ff. (Anm. 1), 63; so schon *Scheuner*, VVDStRL 10 (1952), 46: die notwendig unvollständigen Verfassungsnormen seien „von einem Kranze von Regeln des Herkommens, von Konventionen des politischen Verhaltens und Verfahrens umgeben".

ken und Normbereich schon von vornherein — sowohl mit der generellen Konzeption und Positivierung der Vorschrift im Hinblick auf die Struktur möglicher Fälle als auch jeweils in concreto — im Spielraum eines sie und die Struktur des möglichen und des wirklichen Falles umgreifenden sachbestimmten Problemfelds. Das ist der hermeneutische Grund für die Bezeichnung der normativ übernommenen Sachstruktur als Norm„bereich", der gerade kein isolierter „Gegenstand" ist, sondern im sprachlichen Bild den Spielraum andeutet, auf den praktische Konkretisierung immer angewiesen bleibt.

XII. Abgrenzung der hermeneutischen Normauffassung von der „Natur der Sache", von institutionellem und geschichtlichem Rechtsdenken

Das hier entwickelte Normverständnis unterscheidet sich von der Lehre einer „Natur der Sache", von institutionellem und von geschichtlichem Rechtsdenken durch seinen hermeneutischen Ansatz. Auf diese Differenz der Fragestellungen war hier schon mehrfach hinzuweisen. Sie meint keine Trennung von Rechtstheorie und juristischer Hermeneutik. Die Hermeneutik muß ihre Grundsätze und Verfahrensweisen ständig an den Problemen und Ergebnissen juristischer Grundlagenforschung im Sinn der Rechtstheorie und Rechtsphilosophie überprüfen. Diese wiederum, wie auch jede Theorie der Rechtswissenschaft, würden ihren Gegenstand verfehlen, wollten sie das Praktisch-werden-können, das die Bestimmung gerade der im Dienst normativer Ordnung stehenden Jurisprudenz ausmacht, nicht ständig mitbedenken. Rechtsphilosophie und Rechtstheorie werden in der Hermeneutik praktisch. Die erarbeiteten Grundzüge hermeneutisch erfragter Normstruktur sind für sie zumindest als Fragestellung von Belang. Dennoch hat sich die relative Eigenständigkeit beider Problemkreise in der Untersuchung des Verhältnisses von Recht und Wirklichkeit auf Schritt und Tritt ergeben. Die Strukturanalyse des Vorgangs praktischer Normkonkretisierung erweist sich auch bei diesem Thema als näher an der juristischen „Empirie"[522]. Die hermeneutische Sicht ist in ihrer Arbeitsweise selbständig, muß aber ihre Ergebnisse mit diesem methodischen Vorbehalt an denen allgemein rechtstheoretischer und rechtsphilosophischer Reflexion überprüfen, so wie diese hier auf ihre hermeneutische Verwertbarkeit geprüft wurde.

Das hermeneutische Normverständnis verengt und präzisiert zugleich die Probleme der „Natur der Sache", der „Sachlogik" oder der „sachlogischen Strukturen". Es führt zur Untersuchung von Normbereichen und damit zu Strukturen der Wirklichkeit, die in ihrer Relevanz und in ihrem gegenständlichen Umfang von der zu konkretisierenden Rechtsnorm her gebunden und umschrieben sind. Das Wirkliche erscheint nicht länger als undifferenziert umgreifende Gegebenheit, sondern es kommt

---

[522] Zur Möglichkeit, Gerichtsentscheidungen als „das Erfahrungsmaterial des Juristen, das die Rechtswissenschaft zu sammeln und zu analysieren habe", anzusehen, vgl. mit Bezug auf Langdell: *Raiser*, Die Rechtswissenschaft im Gründungsplan für Konstanz, JZ 1966, 86 ff., 88 mit Anm. 5. Hierzu kritisch *Lange*, JZ 1966, 344 und ff.; vgl. a. schon ders., JZ 1965, 737 ff.

überhaupt nur im Rahmen normativen Geltungsanspruchs in den Blick, ohne dadurch in der Grundstruktur seiner tatsächlichen Erscheinung verfälscht werden zu können. Dies ist intentional schon deshalb nicht möglich, weil die Normbereichsanalyse normativ gesteuerte hermeneutische, nicht aber ontologische oder bloß ontische Befunde erbringt. Das Normprogramm mag die Grundstruktur seines Normbereichs ausdrücklich anerkennen und garantieren, es mag sie indifferent behandeln oder sie in bestimmter Hinsicht zu verändern sich vornehmen; immer ist die Analyse des Normbereichs nur in der Auswahl der Fragerichtungen, nicht aber in einer vorgängigen Bewertung oder materiell deutenden Veränderung des strukturellen Befundes von den normativen Leitgedanken gesteuert. Sonst käme Ideologie als verschwiegene Implikation ins Spiel, die durch die Rationalisierung der hermeneutischen Gesichtspunkte gerade zurückgedrängt werden soll. Bei aller Bemühung um nachprüfbare Rationalität enthält die zu allgemein, weil unhermeneutisch angesetzte Frage nach „Recht und Wirklichkeit" auch in den Doktrinen zur Sachlogik stets die positive Rechtsordnung überschreitende spekulative Elemente. Diese mögen für die Rechtsethik unverzichtbar sein: juristische Hermeneutik gerät damit wieder in die schon von Savigny bekämpfte, rational im einzelnen kaum auflösbare Vermischung positivrechtlich-hermeneutischer mit überpositiv-spekulativen Faktoren[523]. Normbereich und Normprogramm sind hingegen keine Begriffe von spekulativem Anspruch, sondern Hilfsgesichtspunkte der Interpretation und Applikation rechtlicher Vorschriften. Die Frage nach „Recht und Wirklichkeit" ist damit gebunden und funktionalisiert, von der praktischen Aufgabe der Jurisprudenz her und auf sie hin gesehen. Neben oder „zwischen" dem nur als abstrakt-begriffliche Sprachgestalt verstandenen „Gesetz" und der in die Unmittelbarkeit geschichtlich-wirklichen Lebens eingetauchten konkreten „Natur der Sache"[524] macht sich die hermeneutisch verstandene Rechtsnorm als sachbestimmter Typus konkreter Normativität geltend, als Komplex normativer und realmöglicher Gehalte, angesichts dessen die enge Angewiesenheit von Rechtspraxis und Rechtslehre besonders deutlich wird. Als hermeneutische Figur ist die so verstandene Norm weder eine ontologische Größe, noch will sie eine solche aufdecken. Sie bildet den nach Normbereich und Normprogramm akzentuierten Hintergrund für die topische Vermittlung von Normtext und konkretem Fall. Sie kann sich damit als wirksamerer Orientierungs- und Stabilisierungsfaktor praktischer Konkretisierung erweisen, als es die allgemeine Relationsformel oder die für diesen Zweck allzu allgemeinen Grundlinien konkreten und relativen Naturrechts sind, zu denen die

---

[523] v. *Savigny*, Juristische Methodenlehre (Anm. 34), 47, auch 48 ff.

[524] Vgl. hierzu A. *Kaufmann*, Gesetz und Recht, Festschrift für Erik Wolf (Anm. 71), 391 f.

Lehren von der „Natur der Sache“ oder von den „sachlogischen Strukturen“ gelangen[525].

Wäre der Fragenkreis dieser Versuche hier nicht von vornherein vermieden, müßte der terminologischen Klarheit halber bemerkt werden, daß die „Sache“ hier vom Normbereich ersetzt wird, die „Natur“ dessen unter den Aspekten der normativen Leitgedanken selektiv erfragte Grundstruktur meint. Wenn Art. 5 Abs. 3 Satz 1 GG die Wissenschaft für „frei“ erklärt, so hat die Normbereichsanalyse zu erforschen, was angesichts der rationalisierbaren Grundstruktur von „Wissenschaft“ diese „Freiheit“ rechtlich bedeuten kann. Unter dem zum Beispiel darunter fallenden Teilaspekt „wissenschaftliche Produktivität“ wird dann die Behauptung ebenso unrichtig sein, Produktivität sei hier ausschließlich subjektiv, intuitiv begründet und nicht objektivierbar, wie die Meinung, sie sei vollständig planbar und etwa auch politisch funktionalisierbar. Eine nicht ideologische Normbereichsanalyse erweist beide Extreme als unrichtig, mag auch der zunächst inhaltlich noch weitgehend unbestimmte normative Leitgedanke schöpferischer Freiheit vom Interpreten in dieser oder in der anderen Richtung verstanden werden. Als ein Hilfsaspekt unter anderen kann die hermeneutische Unterscheidung von Normprogramm und Normbereich weder einen Automatismus sicherer noch eine Gewähr richtiger Entscheidungen zustande bringen, wohl aber ein zusätzliches Element der Rationalisierung und des detaillierten Begründungszwangs bilden. Anders ist auch eine Graduierung der „sachlogischen Strukturdichte von Sachen“[526] nicht in Angriff zu nehmen, wenn nicht juristische Hermeneutik in Rechtssoziologie aufgehen soll. Bei diesen Aufgaben müssen die Untersuchung des Normbereichs und die sie begründende hermeneutische Normauffassung auf die Konkretisierung geschriebenen wie ungeschriebenen positiven Rechts verpflichtet bleiben; sie dürfen sie nicht — wie eine naturrechtlich fundierte „Natur der Sache“ — „aus einem Etwas außerhalb der positiven Rechtssatzung“[527] bestimmen wollen.

Sie müssen ferner als Elemente aller Interpretation und Applikation genommen werden, nicht als grundsätzlicher hermeneutischer Begründung entbehrende Aushilfen in besonders unklaren Fällen im Sinn einer „ultima ratio der Auslegung und Vervollständigung des Gesetzes“[528]. In Grenzfällen, so bei Normen, deren Inhalt numerisch fixiert ist,

---

[525] Vgl. die kritische Bilanz bei *Wieacker*, Gesetz und Richterkunst (Anm. 1), 13 f.

[526] Allgemein gefordert von *Ballweg*, Zu einer Lehre von der Natur der Sache (Anm. 18), 47 ff., 48.

[527] So *Maihofer*, Die Natur der Sache, ARSP XLIV (1958) (Anm. 276), 156.

[528] So aber *Radbruch*, Die Natur der Sache als juristische Denkform, Festschrift für Laun (Anm. 264), 162 f.

treten Normbereich und normative Leitgedanken zusammen mit den anderen topoi der Konkretisierung (mit Ausnahme des sprachlichen) hinter ein Verfahren zurück, das mit Anwendung und Subsumtion Ähnlichkeit hat. In Fällen normaler Schwierigkeit waren sie hingegen schon in der bisherigen Rechtsprechung so gut wie regelmäßig wirksam, wenn auch unter den verschiedensten Verkleidungen anderer topoi, so vor allem der systematischen und der teleologischen Interpretation, oder unter funktionell ungeklärten Vorstellungen von „Natur der Sache", „Wesen des Rechtsinstituts", „Berücksichtigung sozialer und politischer Gegebenheiten" und ähnlichen verbalen Behelfen. Möglichkeiten und Grenzen ihrer realen Funktion sind im ganzen Umfang der Normkonkretisierung in der Rechtspraxis und — nur graduell davon abgehoben — auch in der Rechtslehre aktuell.

Mit ihrer hermeneutischen Begründung unterscheidet sich diese Normsicht in gleicher Weise vom institutionellen Rechtsdenken[529]. Der Normbereich ist nicht institutionell gedacht, ist nicht damit gekennzeichnet, als relativ stabile wie relativ dynamische Gestalt in der Zeit, als „Ineinander" und „Wechselbezüglichkeit von objektiven (versachlichten) und personalen Momenten", als Zustand und Vorgang zugleich eine verfaßte Gegebenheit rechtlicher und tatsächlicher Daseinsweise zu sein[530]. Auch mit der Auffassung der Rechtseinrichtung als des die Freiheit ermöglichenden Normenkomplexes[531] ist, wie schon gezeigt wurde, der Normbereich nicht zureichend erfaßbar. Daß Grundrechte unter dem Bonner GG stets zugleich die Komponenten subjektiver Berechtigung und objektivrechtlicher Verbürgung ohne Einbuße für die rechtlichen Möglichkeiten individueller Freiheit aufweisen[532], ist das Ergebnis einer die Sachstrukturen des Normbereichs ebenso wie den Gehalt des Normprogramms zutreffend vermittelnden Konkretisierung, macht damit aber den Normbereich noch nicht zur „institutionellen" Erscheinung. Als solche sind die meisten Normbereiche der Rechtsordnung im Sinn der verschiedenen Richtungen institutionellen Denkens nicht zu verstehen. Die Grundstruktur des Normbereichs macht nicht freiheitsprägende Substanzen der einzelnen Lebensgebiete zum Thema, meint nicht die „Freiheit als Institut",

---

529 Eine knappe Übersicht über neuere Bemühungen in dieser Richtung bei *Häberle*, DVBl. 1966, 120 m. Nw.; vgl. auch ders., Wesensgehaltgarantie (Anm. 94), 70 ff.

530 Vgl. *Häberle*, Allgemeine Staatslehre, Verfassungslehre oder Staatsrechtslehre?, Ztschr. für Politik, 1965, 381 ff., 390 ff.

531 Vgl. *Lerche*, Übermaß und Verfassungsrecht (Anm. 106), 241 f. Anm. 336, 242; von der Soziologie her kritisch zu dieser Auffassung *Luhmann*, Grundrechte als Institution (Anm. 87), 12 f.

532 So z. B. *Bachof*, VVDStRL 22 (1965), 184, im Anschluß an *Scheuner*, Pressefreiheit, ebd., 1 ff., bes. 33 ff., auch 95; vgl. weiter zur Pressefreiheit etwa BVerfGE 15.223.225 und schon BVerfGE 10.118.121: individuelle und institutionelle Seite.

die der individuellen Freiheit entsprechend der Eigenart des jeweiligen Bereichs „objektiviert als etwas Gegebenes und Ausgestaltetes" gegenübertrete, kraft derer die individuelle Freiheit in die Grundrechte als Institute, als in objektive Lebensverhältnisse „eingebunden" sein soll[533]; sie meint überhaupt nicht anthropologische, ethische oder ontologische Verständnismöglichkeiten von Freiheit. In bewußter Beschränkung auf die hermeneutische Frage gibt die Grundstruktur des Normbereichs sachlich gegründete, bestimmbar geordnete Zusammenhänge an, die den Sachgehalt einer von Rechtsprechung oder Rechtslehre zu konkretisierenden Norm möglichst weitgehend zu differenzieren und zu rationalisieren helfen. Im Unterschied zu der Lehre von der vieldeutigen, neben ihrem einleuchtendsten Paradigma, Ehe und Familie, auf eine schwer begrenzbare Vielzahl sozialer Figuren projizierbaren „Institution" ist daher das hermeneutische Normverständnis nicht um Selbstbezeichnung verlegen. Sofern alle Grundrechtskonkretisierung in Lehre und Praxis durch hermeneutische Überlegung gegangen sein muß und alles Grundrechtsvorverständnis durch sie zu klären ist, erscheint der hermeneutisch konzipierte Normbereich als rationalere, stärker begrenzte, dafür aber vielleicht auch stärker präzisierbare Materie der Freiheit[534].

Die Fruchtbarkeit dieser zunächst hermeneutisch geforderten und entwickelten Hilfsaspekte der Konkretisierung für Fragen der Rechtstheorie kann sich jeweils nur in konkreter Erörterung und auch hier wieder nur im Durchgang durch die Anstrengung des Verstehens, durch im Einzelfall geleistete Hermeneutik ergeben. Dies folgt auch aus dem Ansatz, nicht „die" in diesem oder jenem Sinn verstandene Freiheit rechtstheoretisch vorauszusetzen und zu begründen, sondern die Normbereiche, die allein hermeneutisch in den Blick kommen, in Vermittlung mit den in normgebundener Topik zu präzisierenden Normprogrammen zur jeweils konkreten Normativität von Grundrechten zu konturieren. Die Grundrechte erscheinen damit als einzelne und konkrete, nicht unbedingt auf einen durchgehenden rechtstheoretischen Nenner zu bringende, sachlich strukturierte und in bestimmter Weise funktionalisierbare oder nicht funktionalisierbare Freiheiten, durch, mit und auch gegen deren verfassungsmäßige Verwirklichung der offene politische Le-

---

[533] *Häberle,* Wesensgehaltgarantie (Anm. 94), 96 ff., 98 ff., 99, 100 und ff.; 101 wird individuelle Freiheit als „personale Freiheit" gegenüber einer „Freiheit zur Beliebigkeit" abgehoben; mit Recht zur graduellen Abstufung institutioneller Gehalte im Rahmen auch dieser Konzeption ebd., etwa 101; jetzt auch ders., Allgemeine Staatslehre, Verfassungslehre oder Staatsrechtslehre?, Ztschr. für Politik (Anm. 530), v. a. 394 f. Vgl. schon *Hamel,* Die Bedeutung der Grundrechte im sozialen Rechtsstaat, 1957, z. B. 1 ff., 18 ff. — Kritisch zum Freiheitsverständnis etwa *Denninger,* JZ 1963, 424.

[534] Dieser Ausdruck bei *Krüger,* Der Wesensgehalt der Grundrechte im Sinne des Art. 19 Abs. 2 GG, DÖV 1955, 597 ff., 600; hierzu auch *Häberle,* Wesensgehaltgarantie (Anm. 94), 101, Anm. 213.

bensprozeß des Gemeinwesens verläuft. Ihre normative, sachgeprägte Kraft hat sich gerade an den gegenläufigen, unrechtlichen Tendenzen der Wirklichkeit zu bewähren, die kaum „institutionell", wohl aber hermeneutisch erfaßbar und qualifizierbar sind. Ein solches Verständnis der Grundrechte ist weder „formal" noch „inhaltlich". Es ist eben von einer nicht rechtstheoretischen Fragestellung her im einzelnen erarbeitet, mag es auch Folgerungen für die Probleme der Grundrechtstheorie nach sich ziehen. Die Bewertung als „formal", „inhaltlich" oder beides „dialektisch" umgreifend wird der vom realen (und als realer zu rationalisierenden) Vorgang der Konkretisierung aus entwickelten Sicht nicht gerecht. Daß Momente der hermeneutischen Normauffassung, wie etwa die zugleich faktische und rechtliche Strukturiertheit der Normbereiche, in ähnlicher Form auch für die verschiedenen Spielarten institutionellen Denkens konstitutiv sind, zeigt nur die Verfehltheit jenseits beider Auffassungen liegender Abstraktionen, nicht schon Gemeinsamkeiten der Arbeitsweise. Hermeneutisch hat sich im Verlauf dieser Untersuchung weniger die Notwendigkeit gezeigt, formale und inhaltliche, seins- und sollensbestimmte, sachgeprägte und normative Momente zugleich wechselbezüglich oder dialektisch zu fassen, als vielmehr eine gewisse Überflüssigkeit solcher allgemein rechtstheoretischen Kategorien angesichts der Einzelprobleme einer Normkonkretisierung, die immer schon sachbestimmte Normativität zu bewältigen hat. Der hermeneutische Normbegriff ist vor jeder abstrakten Unterscheidung von Sein und Sollen angesiedelt, während auch ein subtil ausgearbeitetes Denken in Institutionen[535] auf nicht näher rationalisierte „Brückenschläge" zwischen Sein und Sollen, Norm und Faktum angewiesen bleibt. Der Hinweis auf die von jeder Institution zu erfüllende soziale Funktion leidet unter der Mehrdeutigkeit des Funktionsbegriffs[536] ebenso wie an dem Mangel einer strukturellen Überwindung der im Grundsatz auch hier übernommenen Abstraktion. Das von der Rechtstheorie bisher als schlechthin außernormativ behandelte „Faktum" wird, als Konstituens rechtlicher Normativität erkannt, von der hermeneutischen Normsicht ebenso verändert wie diese selbst. Bereits von diesem Ausgangspunkt her, in den praktischen Einzelheiten der Konkretisierung ferner wegen der Abhängigkeit der Normbereichsanalyse von den Direktiven des Normprogramms, sind die an der Realität ermittelten, hermeneutisch als realmögliche Strukturen formulierten Bestandteile des Normbereichs kein durch funktionelle Brücken, erst recht nicht durch bloß verbale Vermittlungen einzufangendes „Faktum".

---

[535] Vgl. *Häberle*, Wesensgehaltgarantie (Anm. 94); hierzu z. B. 45, 215 und ders., Allgemeine Staatslehre, Verfassungslehre oder Staatsrechtslehre (Anm. 530), Ztschr. für Politik, 1965, 381 ff., 392 und f.

[536] Hierzu etwa *Luhmann*, Grundrechte als Institution (Anm. 87), z. B. 38 Anm. 1, 38 f. Anm. 2, 39; 60.

Sie bilden relativ stabilisierende Faktoren, die zum Teil in den Ansätzen rechtsphilosophisch begründeten geschichtlichen Rechtsdenkens vernachlässigt werden. Dort wird Recht nur vom Vorgang seiner umfassend verstandenen Verwirklichung her gesehen[537], gilt besonders das Verfassungsrecht nur als insoweit bestehend, als es „Inhalt aktueller, auf die Idee des Richtigen bezogener und in dieser Eigenschaft zu bestimmter Zeit und an bestimmtem Ort sozial glaubhafter Entscheidung der das Verfassungsleben bestimmenden Personen" sei[538]. In einem Staat, der nicht nur vom Pluralismus der Wert- und Weltanschauungen, sondern auch vom Kampf politischer Dogmen geprägt ist, dessen Verfassung widerstreitende Tendenzen zu umschließen und in den Bahnen des Rechts zu halten hat, ist auf aktualistisch gesehene, rechtsethischen Anforderungen genügende Entscheidungen allein kein Verlaß[539]. Staatliches Handeln verwirklicht täglich Recht wie Unrecht. Gerade für den zweiten Fall gilt die Forderung nach haltbaren Richtlinien, über die Situation hinausgehenden, oft notwendig vereinfachenden und feste Grenzen ziehenden Maßstäben, nach typologisch verallgemeinernder Rationalität. Das Recht, allgemein als Inbegriff entwurfshafter Teilantworten bestimmbar[540], wird von topischer Hermeneutik, unter dem Primat anordnender und ordnender sachgeprägter Normativität, von den Strukturen des Normbereichs her im einzelnen rationalisiert. Hermeneutisch jedenfalls kann Recht nicht nur als Entwurf für Verhalten genommen, muß die relative Eigenständigkeit und verstetigende Wirkung von Form, Struktur und Organisation entscheidend mit in Rechnung gestellt werden.

Daß auch solche Bestimmungen, bis auf ihren jeweiligen historisch-isolierten Endpunkt verfolgt, sich in „Verhalten" aktualisieren müssen, ändert nichts an der Berechtigung hermeneutischer wie dogmatischer Zwischenstufen, die von der Jurisprudenz um der Unverbrüchlichkeit des Rechts gerade auch im Konfliktsfall und um der Nachprüfbarkeit seiner Konkretisierung gerade auch im Zweifelsfall willen zu erarbeiten sind. Sonst zeigt sich auch in geschichtlichem Rechtsdenken das für die allgemeine Fragestellung der Rechtsphilosophie und Rechtstheorie kennzeichnende Vernachlässigen der hermeneutischen Perspektive. Die undeutlich in Sprache gefaßten Begriffe der Verfassungsnormen sind Momente nicht nur einer in der „Situation" aufgegebenen topisch zu bewältigenden Synthese[541], sondern auch einer normativ gelenkten, weil vom

---

537 *Bäumlin*, Staat, Recht und Geschichte (Anm. 112), z. B. 37: positives Recht ist identisch mit dem Prozeß seiner Verwirklichung; vgl. auch ebd., 26.

538 *Bäumlin*, Staat, Recht und Geschichte (Anm. 112), 18; vgl. auch 47 f., 48: Teilnahme an der Rechtsverwirklichung als Aufgabe des einzelnen.

539 Kritisch auch *Hesse* (Anm. 158), JZ 1963, 485 ff.

540 *Bäumlin*, Staat, Recht und Geschichte (Anm. 112), 27.

541 So *Bäumlin*, Staat, Recht und Geschichte (Anm. 112), 34.

Normprogramm herausgehobenen Bereichsdogmatik und einer ihr zugrunde liegenden, weder ganz abstrakten noch ganz konkreten, sondern typologischen[542] Rationalisierung der Geltungssubstanz der Vorschrift. Andernfalls vernachlässigt die Rechtstheorie in gleicher Weise wie die Rechtssoziologie diese selbständige Zwischenstufe typologischer Hermeneutik der Rechtsnorm zugunsten eines Schemas, an dessen einem Ende nur die im geschichtlichen Einzelfall, in der „Situation“ konkretisierte rechtliche Synthese, an dessen anderem Ende allein die abstrakte Wortnorm steht.

Die hermeneutische Vorstellung der Norm als eines sachbestimmten Ordnungsmodells, als des verbindlichen, gleichwohl mit Hilfe von Normprogramm, Normbereich und anderen topoi zu konkretisierenden Entwurfs einer Teilordnung, steht insbesondere einem Verfassungsdenken entgegen, das alles Verfassungsrecht auf „Verhaltensnormen“[543], das die rechtliche Substanz des Bonner Grundgesetzes und besonders seiner Grundrechtsgarantien auf den Gedanken der „Privatautonomie“ und damit auf eine „von unten nach oben sich aufbauende Sozialordnung“ reduzieren möchte[544]. Das unter anderem durch Art. 1 Abs. 3 und 19 Abs. 2 GG ausgedrückte Maß-Geben der Grundrechte für die verfassungsmäßige Gesamtordnung und ihre rechtliche Struktur ist mit der individualistischen Vorstellung von „Verhaltensnormen“ nicht angemessen erfaßbar. Ebensowenig können die „politischen“ Grundrechte als zu den Garantien eigenverantwortlicher Lebensgestaltung der einzelnen „hinzukommend“ verständlich sein. Genuin institutionelles Denken kann diese Aspekte, kann die individualrechtliche Seite wie die Gehalte an objektivrechtlicher Verbürgung in allen grundrechtlichen Freiheiten[545] nicht voneinander isolieren. Noch weniger kann das Gelten der Grundrechte und anderer Verfassungsnormen auf den die Güterabwägung überdauernden Saldo im Einzelfall eingeschränkt werden[546]. Die Feststellung, Rechtssätze könnten nicht „in abstracto“, sondern „nur in Beziehung auf ganz bestimmte Lebenssachverhalte“ gelten[547], verkennt die

---

[542] Zum Begriff des Typus grundlegend A. *Kaufmann*, Analogie und „Natur der Sache“ (Anm. 124), bes. 37 f. Die Verbindung typologischen Denkens mit einer konkret-naturrechtlichen „Natur der Sache“ wird im vorliegenden Text nicht übernommen.

[543] Vgl. *Nawiasky*, VVDStRL 4 (1928), 90 f.; ihm folgend Eike v. *Hippel*, Grundrechte (Anm. 172), 49.

[544] Eike von *Hippel*, Grundrechte (Anm. 172), 49; ebd., zum folgenden.

[545] Hierzu *Häberle*, Wesensgehaltgarantie (Anm. 94), 70 ff., 116 ff.; *Scheuner*, VVDStRL 22 (1965), 1 ff. (Anm. 532), 33 ff.; *Bachof*, ebd., 184.

[546] So aber Eike v. *Hippel*, Grundrechte (Anm. 172), z. B. 14, 18, 19: die Grundrechtsnormen „als Hinweise für Interessenbewertungen“; 26.

[547] v. *Hippel*, Grundrechte (Anm. 172), 14.

Unverzichtbarkeit wie die Eigenständigkeit hermeneutischer Normbehandlung „zwischen“ den rechtstheoretischen Endpunkten des Normtextes und des zu regelnden Einzelfalls und schränkt Rechts- und insbesondere Verfassungsgeltung auf letztlich oft maßstablose, nicht hinreichend rationalisierbare „Abwägung“ von Gütern oder Interessen ein.

XIII. Normprogramm, Normbereich und praktische Konkretisierung

Als methodische Zwischenstufe[548] typologischen Charakters übt die hermeneutische Normauffassung Zurückhaltung gegenüber allen Arten der Interpretation und Fallentscheidung, die allzu unmittelbar von allgemeinen Grundlagen oder rechtsphilosophischen Thesen her konkreteste Lösungen zu erzielen versuchen. Sie rationalisiert die Applikation von Normen vor allem dadurch, daß sie die Zahl begründungsbedürftiger hermeneutischer Gesichtspunkte vermehrt, deren Struktur möglichst genau umschreibt und sie an die zu konkretisierende Norm bindet. So bedeutet ihr der normative Leitgedanke nicht etwa ein Leitmotiv in einer die Auslegung begründenden „Hierarchie der Werte"[549], sondern einen hermeneutischen Hilfsgesichtspunkt, der auf die Art eines die topoi auswählenden Akzents den relativ selbständig zu konkretisierenden Sinn, den Geltungsgehalt des Normprogramms in bezug auf den Normbereich umschließt.

Wegen dieser Aufgliederung der hermeneutischen Hauptgesichtspunkte können die normativen Leitgedanken auch nicht mit dem verfassungsmäßigen „Leitbild" etwa eines jeden Grundrechts[550] gleichgesetzt werden, das ohne eigentlich hermeneutische Differenzierung der als „normativ" und „faktisch" grundsätzlich getrennt belassenen Sachelemente die Grundzüge des Grundrechtskomplexes im ganzen meint. Dies erhellt auch daraus, daß eine leitbildgerechte Ausgestaltung der Grundrechte durch den Gesetzgeber diese dank der entstehenden Normenkomplexe und Rechtsinstitute erst mit ihrem jeweiligen Wesensgehalt ausstatten soll, während die normativen Leitgedanken nur zur Präzisierung der einzelnen, von ihnen zugleich in ihrer Relevanz herausgehobenen und begrenzten topoi der Applikation beitragen. Daß auf diesem Weg durch

---

[548] Zu deren Notwendigkeit allg. *Lerche*, Stil, Methode, Ansicht (Anm. 2), DVBl. 1961, 690 ff., 695, im Anschluß an *Esser*, Grundsatz und Norm (Anm. 1), 330 f.; ferner *Lerche*, ebd. (Anm. 2), 699.

[549] Vgl. hierzu *Kronstein*, Rechtsauslegung im wertgebundenen Recht, 1957, z. B. 15 f., 23, 26. — Der normative Leitgedanke ist auch nicht mit dem „Leitgedanken" (guide) bei *Esser*, Grundsatz und Norm (Anm. 1), z. B. 89, oder mit den allgemeinen Richtgedanken (standards) i. S. von *Scheuner*, VVDStRL 22 (1965) (Anm. 532), z. B. 96 f. Ls II 14, identisch.

[550] Vgl. *Häberle*, Wesensgehaltgarantie (Anm. 94), 182, mit Nachweisen zur Herkunft des Begriffs; vgl. ferner ebd., 210: die Forderung leitbildgerechter Ausgestaltung der Grundrechte; diese stattet die Grundrechte mit ihrem jeweiligen Wesensgehalt aus, ebd., 183 f.

Konkretisierungen von seiten der Rechtsprechung, der Rechtslehre und der Gesetzgebung hermeneutisch faßbare Ergebnisse erbracht werden können, die wiederum die Anstrengungen der Verfassungs- und Grundrechtstheorie unterstützen, ist eine andere Frage.

Normbereich und Normprogramm sind nicht Hilfen dafür, in der Weise des Naturrechts wahre Seinsaussagen von allgemeiner Gültigkeit zu finden; wohl aber helfen sie, die „wahre Bedeutung" der Normtexte im Sinn der bestimmten, juristisch „richtigen" Art des Sprachgebrauchs in dem jeweiligen normativen Kontext zu ermitteln[551]. Die hiermit verbundene Auswahl- und Begrenzungsfunktion des Normprogramms bewirkt, daß die Normbereichsanalyse als integraler Teil der Rechtskonkretisierung die Normativität der Vorschrift als eine sachgeprägte stärkt, anstatt sie im Sinn eines normblinden Soziologismus zu beseitigen. Die hermeneutische Bedeutung der Normbereichsanalyse ändert nichts daran, daß das Normprogramm die Grundstruktur des Normbereichs nicht nur bestätigen und garantieren oder sie indifferent voraussetzen, sondern auch verändern kann. Selbst in diesem Fall prägt die sachliche Eigenart des Normbereichs thematisch, strukturell und funktionell als mitkonstitutiver Faktor die Norm im ganzen. Im übrigen taucht auch im Verfahren topischer Hermeneutik der hermeneutische Zirkel auf. Das erhärtet nur die These, Normbereich und normative Leitgedanken zeigten nicht nur eine sprachliche Verschiebung des Verhältnisses von „Wirklichkeit und Recht" in die Norm selbst an, sondern seien Elemente einer Fragestellung, die von vornherein nicht auf diese Abstraktionen gegründet ist. Schon bei der Gesetzgebung prägen die Strukturen des Normbereichs re vera die Formung des Normprogramms mit, das wiederum sie zu prägen unternimmt.

Dem entspricht es, daß die normativen Leitgedanken bei der Normkonkretisierung im Einzelfall nicht isoliert und abgeschlossen bestimmt und hierauf dem rational erforschten Normbereich ohne weitere Vermittlung oktroyiert werden können. Das Ergebnis der Normbereichsanalyse kann durchaus dahin gehen, bestimmte Sinnvariationen der vorläufigen topischen Sinn-Synthese der normativen Leitgedanken seien dem Normbereich im Licht des konkreten Falles unangemessen. Das schon genannte Beispiel, die Wissenschaftsfreiheit des Art. 5 Abs. 3 Satz 1 GG zu konkretisieren, sei auch hier aufgegriffen. Die Sachstruktur des Normbereichs „Wissenschaft" — mögen auch die einzelnen Richtungen ihrer Analyse von den normativen Leitgedanken rechtlicher Freiheit be-

---

551 Die ganz auf Probleme allgemeiner Rechts- und Staatstheorie konzentrierte Ideologiekritik vernachlässigt insofern den Bereich hermeneutischer Probleme; vgl. zur Vergeblichkeit der Suche nach der „wahren Bedeutung" von Wörtern oder Sätzen: *Weldon*, Kritik der politischen Sprache (Anm. 27), 44, 47.

grenzt werden: was kann „rechtliche Freiheit“ in bezug auf die sachliche Eigenart wissenschaftlicher Produktivität, Meinungsäußerung, Unabhängigkeit der Organisation heißen? und ähnliche Aspekte — bietet mit der Vermehrung begründungsbedürftiger Einzelfragen und mit der Rationalisierung sonst meist pauschal substituierter Werturteile einen relativ verläßlichen Widerstand gegen Ideologisierung der Applikation. Zugleich verdichtet sie das Beziehungsnetz der Argumentation und vermehrt die Anzahl empirisch wenigstens bis zu einem gewissen Grad verifizierbarer topoi. Damit trägt sie dazu bei, auch solche Normen konkretisierbar zu machen, die nach ihrem Wortlaut von nur sehr geringer Dichte sind[552]. Die Möglichkeiten systematischer Interpretation, durch die Aspekte von Normbereich und Normprogramm methodisch aufgeschlüsselt, werden gerade bei dieser Aufgabe in den Vordergrund treten. Es kann sich dann zeigen, daß systematische Konkretisierung in der Praxis neben dem argumentatorisch allein dargestellten Kontext des Wortlauts schon immer auch den Kontext der sachlichen Strukturen umfaßt, der durch die Analyse der Normbereiche systematisch vermittelter Vorschriften nach Möglichkeit zu rationalisieren ist. Die Notwendigkeit, auch andere zur systematischen Interpretation herangezogene Normen topisch auf dem Hintergrund von Normprogramm und Normbereich zu konkretisieren, statt die Vermittlung auf die der Normtexte zu beschränken, kompliziert den systematischen topos, zwingt aber auch dazu, in seinem Rahmen stärker als bei bloßer Textentfaltung von postulierenden zu faktisch belegbaren oder jedenfalls in bezug auf faktische Befunde vertretbaren Schlüssen überzugehen. Für systematische Grundrechtsauslegung ergibt sich die zusätzliche Aufgabe, den normativen Leitgedanken der zu konkretisierenden Garantie weder aus den Strukturen der Normbereiche noch aus dem Gehalt der Normprogramme unterverfassungsrechtlicher Vorschriften unmittelbar aufzufüllen; vielmehr sind diese am Normprogramm und am Normbereich der Grundrechte zu messen und gegebenenfalls zu korrigieren. Daß andererseits das Normprogramm des Grundrechts nicht isoliert ermittelt werden kann und daß ferner die Normprogramme der grundrechtszugehörigen unterverfassungsrechtlichen Vorschriften auch als Elemente rechtlicher Ordnung des grundrechtlichen Normbereichs ins Spiel kommen, macht wieder die Unausweichlichkeit des hermeneutischen Zirkels sichtbar. Topische Hermeneutik im hier verstandenen Sinn kann nicht das Verfahren der Konkretisierung vereinfachen. Sie hat im Gegenteil zum Ziel, die Anforderungen an die Rationalität der

---

[552] Vgl. zu der Aufgabe, „auch in anscheinend nur programmatischen Bestimmungen den rechtlich verbindlichen Kern einer allgemeinen Richtlinie“ aufzufinden, *Scheuner*, Die Auslegung verfassungsrechtlicher Leitgrundsätze, Rechtsgutachten zu Art. 41 HessVerf (als Manuskript gedruckt), 1952, 18; ferner etwa *Bäumlin*, Staat, Recht und Geschichte (Anm. 112), 34, zur Aktualisierung allgemeinster, weiter konkretisierungsbedürftiger Verhaltensentwürfe.

Konkretisierung zu erhöhen, deren einzelne Schritte der Sache nach gerade im Verfassungsrecht oft ungemein vielschichtig sind, wenn sie auch von der Praxis gern in Gestalt zusammenfassender scheinlogischer Schlüsse, mehr ethisch als juristisch fundierter Werturteile oder in sich nicht weiter differenzierter Abwägungen präsentiert werden.

Die Auffassung, die Applikation von Rechtsnormen, zumindest die von Vorschriften des Staats- und Verfassungsrechts, sei grundsätzlich als Wertverwirklichung zu bewältigen, läßt sich nicht über echte Generalklauseln (zu denen die meisten Grundrechte nicht zählen) und über Fundamentalentscheidungen der Rechtsordnung hinaus halten. Auch in diesen Fällen sind weitgehende Differenzierungen notwendig, die von topischer Hermeneutik vor allem mit Hilfe der Grundstruktur der Normbereiche in Angriff genommen werden. Die Normbereichsanalyse muß dabei auch auf „Werte" im Sinn sozial wirksamer Wertauffassungen und auf solche Strukturen zurückgreifen, die Ausprägung bestimmter Wertvorstellungen sind. Im ganzen umschreibt die Sachstruktur des Normbereichs unter anderem auch den zu verwirklichenden „Wert", der aber auf diese Weise eher rationalisiert werden kann, statt spekulativ oder postulatorisch durchgesetzt zu werden. Die verfassungsrechtliche Legitimität von Wertauffassungen kann auf diese Weise nachprüfbarer in die Normkonkretisierung eingefügt werden als von einem unhermeneutischen Normverständnis her, das die rechtliche Vorschrift entweder als mit ihrem Wortlaut identisch oder als vom „Faktum" kategorial geschieden behandelt.

Der Normbereich bleibt auch in diesem Werte umfassenden Zusammenhang ein Konstituens sachbestimmter Normativität und in ihrem Dienst, nicht in dem von Soziologismus oder Rechtsexistentialismus[552a]. Er ist keine bloße Summe von Tatsachen, sondern ein als realmöglich formulierter Komplex aus der Realität gewonnener Strukturelemente, die in aller Regel schon traditionell rechtlich geformt oder mitgeformt erscheinen. Die Normbereiche sind damit auch keine Sphären „natürlicher" Freiheit und auch nicht als normlose, normkorrigierende oder schlechthin überpositive „Natur der Sache" zu verwenden. Die „Natur" der hier hermeneutisch zu erfassenden Sache meint nur die grundlegende Sachstruktur der normierten, normerfaßten und die konkrete Normativität der Rechtsvorschrift mitbegründenden Sachverhalte der sozialen Welt. Wegen der traditionell rechtlichen Formung ist der Normbereich nicht auf nackte Empirizität eines Ausschnitts der Wirklichkeit beschränkt. Er umfaßt deshalb nicht die summierende Totalität der diesem Ausschnitt tatsächlich zuzurechnenden Fakten, weil er als Bestandteil der hermeneutisch gesehenen Norm nur dann in Frage kommt, wenn das

---

[552a] Für das Zivilrecht vgl. hierzu v. a. *Esser*, Wertung, Konstruktion und Argument (Anm. 1), z. B. 8 ff., 12, 21 f.

Normprogramm im Vorgang der praktischen Interpretation und Applikation von Rechtsnormen die im Hinblick auf den konkreten Fall relevanten Grundstrukturen dieses Normbereichs heraushebt. Es ist auch im Sinn eines hermeneutischen Akzents, wenn auch nicht in dem isolierbarer perfekter Sinnerfassung, das Normprogramm, das angibt, ob und inwieweit diese Grundstrukturen in ihrem Befund belassen und geschützt oder verändert werden sollen.

Eine „normative Kraft des Faktischen" kommt in dieser Konzeption nicht zur Sprache. Soweit im Tatsächlichen abgestützte, hermeneutisch erwiesene und vermittelte Elemente legitim normative Kraft entfalten, können sie das nur insoweit, als sie sich in der Normkonkretisierung rational als Bestandteile rechtlicher Normativität erwiesen haben; das heißt aber, insoweit sie nicht mehr „faktisch", sondern vielfach durch normative Formung und juristische Reflexion hindurchgegangen sind und interne Faktoren des Rechts als konkreten Rechts bilden. Aus diesen hermeneutischen Gründen können auch die Normbereiche der Freiheitsrechte nicht länger als Reservate von einer für die Rechtsordnung an sich undurchdringlichen Qualität verstanden werden[553]. Als hermeneutischer Gesichtspunkt steht der Normbereich am wenigsten für verräumlichendes Denken.

Dasselbe gilt für die Vorstellung der Norm als eines verbindlichen Entwurfs einer Teilordnung, als eines Modells, das mit real abgestützten Sinnbestandteilen durchsetzt ist. Auf der einen Seite ist dabei der Normbereich ein Hilfsgesichtspunkt der Konkretisierung: die der Norm im Rahmen ihrer Normativität untrennbar zugehörige, die ihr normativ einverleibte Wirklichkeit wird hermeneutisch notwendig als Bestandteil der Norm verstanden. Andererseits stützt sich der Aspekt des Normbereichs auf einen realen Sach- und Problemkreis, der nicht nur in der Modalität eines „Als-ob", sondern unmittelbar die Normativität der Norm in ihrer geschichtlichen sozialen Umwelt mitbestimmt. In diesem grundsätzlichen Zusammenhang liegt eine notwendige Verbindung von Rechtstheorie und Hermeneutik, die den methodischen Eigenwert hermeneutischer Überlegung gleichwohl bestehen läßt. Das gilt auch für Gegebenheiten, die nach der geläufigen Unterscheidung der individuellen Sphäre der Rechtsgenossen zugehören. Da sie nicht in schlichter Gegebenheit, sondern nur in ursprünglich rechtlichem Bezug als Bestandteile eines Normbereichs erscheinen können, läßt sich dieser allgemein als ein realmöglich formulierter Zusammenhang vom Normprogramm hermeneutisch herausgehobener und zum Bestandteil rechtlicher Normativität gemachter Strukturen der sozialen Wirklichkeit kennzeichnen.

---

[553] So zu Recht allg. *Hesse*, VVDStRL 17 (1959), 11 ff., 43 Anm. 92; *Häberle*, Wesensgehaltgarantie (Anm. 94), 225 Anm. 536.

Dabei ist zwischen der hier nicht erörterten, vorwiegend rechtspolitischen Frage, welche Strukturelemente sozialer Tatsächlichkeit der Gesetzgeber überhaupt normativ erfassen, welche von diesen er anerkennen oder verändern solle[554], und dem untersuchten hermeneutischen Problem zu unterscheiden. Hermeneutisch sind die in den Einzelfällen mit der Besonderheit des Falles in Einklang zu bringenden Strukturen der Normbereiche als typologische Zwischenglieder vor allem nach Fallgruppen zu erarbeiten, wie es der typologischen Natur des hermeneutischen Normverständnisses im allgemeinen entspricht. Dabei ist, gleichfalls typologisch, zu berücksichtigen, daß die Normbereiche von sehr verschiedenem Umfang, sehr verschiedener sachlicher Eigenständigkeit und Dichte sein können. Auch werden ihre Einzelheiten nicht selten unklar, schwierig zu erfassen, umstritten sein und Richtigkeit der Rechtsentscheidung in nicht grundsätzlich höherem Maß gewährleisten können als andere topoi. Doch sind sie in der Regel besser nachprüfbar, rationalisierbar und diskutierbar als die Elemente einer Auslegung, die sich auf der Ebene nur sprachlicher Entfaltung des Normtextes bewegt oder deren Wert- und Güterabwägungen es nach den Erfahrungen der Praxis schwer haben, über das Stadium tautologischer oder affirmativer Darlegung in eines von größerer, weil stärker sachhaltiger Nachprüfbarkeit zu gelangen.

Die Analyse der Normbereiche läßt auch deutlicher als rechtsphilosophische Überlegung angeben, in welchen Fällen und in welchem Umfang Recht nur unter Mithilfe der Rechtssoziologie erkennbar wird[555]. Die auswählende Steuerung der Normbereichsanalyse durch den oder die normativen Leitgedanken stellt zugleich klar, daß es sich dabei um die besondere Aufgabe handelt, nach Maßgabe normativer Gesichtspunkte und Fragerichtungen rechtssoziologisch zu arbeiten. Das gilt zum Beispiel für Familien- oder Wirtschaftssoziologie, für sozialgeschichtlich und soziologisch fundierte Rechtsgeschichte und Rechtsvergleichung in Zusammenhang mit der Konkretisierung zivilrechtlicher Normen; für die Aufhellung strafrechtlicher Normbereiche durch Kriminalsoziologie, Kriminalpsychologie und die anderen kriminologischen Hilfswissenschaften, die nicht nur als Zuträger von Daten zu technisch-kriminalistischen Verfah-

---

[554] Hierzu grundsätzlich *Hesse*, Die normative Kraft der Verfassung (Anm. 83), z. B. 6 ff., 10 ff., 13 ff., 16 und ff.

[555] Hierzu allg. *Fechner*, Rechtsphilosophie (Anm. 12), 265 ff., 266: auch Rechtsphilosophie als idealistische Philosophie sei auf rechtssoziologische Untersuchung angewiesen, müsse „irgendwann das Recht in seiner faktischen Gestalt“ in die Betrachtung einbeziehen, müsse „in jedem Fall irgendwann und mindestens zu einem Teil wesentlich auch Rechtssoziologie“ sein. Die Häufung sprachlicher Unbestimmtheit ist für eine ganze Literatur kennzeichnend, die hermeneutische Fragen vergeblich mit unhermeneutisch allgemeinen Figuren der Rechtstheorie oder Rechtsphilosophie in den Griff zu bekommen sucht.

rensproblemen für die Strafverfolgungsbehörden und zu rechtspolitischen Zwecken für den Gesetzgeber anzusehen sind, sondern auch als Quellen normrationaler Strukturanalyse strafrechtlicher Normbereiche für Rechtsprechung und Strafrechtslehre; es gilt im Öffentlichen Recht, in Staatslehre und Verfassungslehre für die Beiträge der Verwaltungswissenschaft, Politikwissenschaft, politischen Soziologie und Verfassungsgeschichte, die gleichfalls nur beispielhaft angeführt werden. Die steuernde Funktion des Normprogramms darf nicht zu einer Verfälschung der Befunde der Normbereichsanalyse führen. Sie ist auswählend und begrenzend, nicht aber inhaltlich umwertend konzipiert. Sie muß daher auch Veränderungen der Grundstruktur des Normbereichs zur Kenntnis nehmen und zu tragenden Bestandteilen der Fallösung machen, wie es das Bundesverfassungsgericht schon mehrmals zutreffend, wenn auch hermeneutisch unreflektiert getan hat[556]. Der spekulative Blick auf eine sachlogisch gegründete „Konstanz der unveränderlichen Grundstruktur einer in ihren Erscheinungsbildern wechselnden Wirklichkeit"[557] ist topischer Hermeneutik im vorgetragenen Verständnis verwehrt; dies wiederum deshalb, weil es ihr um die Rationalisierung der Einzelfragen jeder Normkonkretisierung statt um Allgemeingültigkeit beanspruchende Seinsaussagen geht. Die sozusagen zuständliche Realität, welche die Norm in ihrem Normbereich hat, ist hermeneutischer, nicht ontologischer Art.

Dasselbe gilt für die Entlastungs- und Prägungsfunktion des Normbereichs. Der Normbereich mit seiner sachlichen Eigenart begründet nicht nur zusammen mit anderen Elementen die rechtliche Normativität, sondern ist auch immer schon normgeformt, normativ erfragt und differenziert. Auch darin liegt eine Form realer Zuständlichkeit der Norm; ein Reales, das in real begründete, als realmöglich erfaßte Formen hinein entlastet worden ist und das in diesen hermeneutischen Objektivationen relativ selbständig von unablässig aktualisierenden Bewußtseinsstiftungen bleibt, wie sie geschichtliches Rechtsdenken[558] voraussetzen muß. Die in den Normbereichen hermeneutisch formulierten Objektivationen des Normativen prägen vielfach die von aktualistischem Rechtsverständnis in den Vordergrund gerückten Bewußtseins- und Handlungsakte in der „Situation" und schon vorgängig dadurch, daß sie ihnen die Richtung weisen oder ihnen zumindest Alternativen vorstellen.

---

[556] So in BVerfGE 2.380.401; 3.407.422; 7.342.351; vgl. auch 12.341.353 f.; 16.130.

[557] So *Ballweg*, Zu einer Lehre von der Natur der Sache (Anm. 18), 47.

[558] Im Sinn von *Bäumlin:* Staat, Recht und Geschichte (Anm. 112), passim. In: Der schweizerische Rechtsstaatsgedanke, Ztschr. d. Bern. Juristenvereins, Bd. 101, 81 ff. (Anm. 162), z. B. 90, wird der Staat von Bäumlin vor allem als Verantwortungszusammenhang von der Idee der Rechtsgemeinschaft her kraft Tradition, Anknüpfen am Vorhandenen, Zusammenwirken in der Gleichzeitigkeit und vom Kompromißcharakter der Rechtsstaatlichkeit aus verstanden, vgl. ferner ebd. (Anm. 162), v. a. 91 und ff., 100.

Die Normbereiche sind jedoch keineswegs immer auf solche Art eigenständig sachgeprägt. Außerhalb des Staats- und Verfassungsrechts dürfte wohl die Mehrzahl der Vorschriften positiven Rechts einer Normbereichsanalyse keine hermeneutisch selbständigen Anhaltspunkte bieten; so zum Beispiel bei zahlreichen Verfahrensvorschriften, bei Verweisungsvorschriften, Auslegungshinweisen, Legaldefinitionen, bei rechtsdogmatisch-begrifflichem Norminhalt wie etwa in § 119 BGB und in der Mehrzahl der Fälle mit rechtserzeugtem Normbereich. Immer dann verschwindet die Struktur des Normbereichs mehr oder weniger weitgehend in den normativen Leitgedanken und läßt die Normkonkretisierung mit den in seinem Bereich liegenden dogmatischen Mitteln bewältigen. Auf der anderen Seite kann sich, so im Verfahrens- und Organisationsrecht, eine Normbereichsstruktur auch als gemeinsamer Bestandteil eines Normenkomplexes aus systematischen topoi ergeben und auf diesem Weg auch für die Konkretisierung einzelner Vorschriften verwertbar sein. Je sachgebundener die Normen sind, desto mehr Zwischenglieder der Konkretisierung werden erforderlich. Das gilt besonders für Verfassungsvorschriften, deren Normtext notwendig unzulänglicher ist als der von Vorschriften ohne selbständigen oder mit rechtserzeugtem und leichter überschaubarem Normbereich. Je stärker sachgebunden die Norm ist, um so mehr bedarf die Konkretisierung vermittelnder Bilder, um ihre Einzelschritte darstellen zu können[559]; desto mehr aber bedarf sie zugleich der Ergebnisse von Normbereichsanalysen, um diese Bilder mit rechtlichem Inhalt zu füllen, statt sie nur als sprachliche Formeln für rational ungeklärte hermeneutische Operationen zu benutzen. Bei Grundrechten und anderen staats- und verfassungsrechtlichen Vorschriften sind die Normbereiche in der Regel besonders ergiebig, weshalb solche Normen dann als besonders „abstrakt" erscheinen, wenn sie mit ihrem Normtext gleichgesetzt werden. Nur dieser ist in Wahrheit abstrakt. Neben ihm und der konkretisierten Entscheidungsnorm ist die hermeneutische Normvorstellung typologisch zu erarbeiten, deren realmöglicher Normbereich die der Norm zugeordneten Fälle potentiell, weil strukturell umfaßt.

Auch in der Hermeneutik erweist sich der Typus als „die Mittelhöhe zwischen dem Allgemeinen und dem Besonderen"[560]. Der Normbereich bezeichnet als typologische Zwischenstufe einen realmöglichen Strukturbereich für potentiell der Vorschrift zuzuordnende reale, vereinzelte Fälle. Topische Hermeneutik vermittelt über die Zwischenstufe der nach Normprogramm und Normbereich akzentuierten Konkretisierungstypik „den Fall" mit „der Norm", die beide nicht isolierte Endpunkte der

---

[559] Vgl. allg. hierzu Hans *Huber*, Probleme des ungeschriebenen Verfassungsrechts (Anm. 461), 113, und *Lerche*, Übermaß und Verfassungsrecht (Anm. 106), 315 f.

[560] A. *Kaufmann*, Analogie und „Natur der Sache" (Anm. 124), 37 und f.

Applikation bilden, sondern in diese integral einbezogen sind. So gesehen und herkömmlich ausgedrückt, wird nicht nur die Norm auf den Fall, sondern auch dieser auf die Norm angewandt. Mit der typologischen Entwicklung von Normbereich und Normprogramm liegt die rechtliche Geltungssubstanz der Vorschrift nicht endgültig fest, da die Verteilung beider Aspekte zusammen mit den anderen topoi je nach der Genauigkeit ihres Zutreffens im Einzelfall verschieden ist. Das, was die Vorschrift gerade für den jeweils zu entscheidenden Fall vorschreibt, wird immer erst in Auseinandersetzung mit dessen sachlicher Problematik unter Festhalten am Normprogramm und unter Beachtung der verifizierbaren Grenzen seines normierenden Sinnes ermittelt. So umfaßt die Konkretisierung der Norm notwendig sowohl deren „Auslegung“ und „Anwendung“ wie damit die Lösung des Rechtsfalls. Erweist sich in concreto, daß ein Fall strukturell und nach dem Sinngehalt des Normprogramms nicht zum Normbereich gehört, so ist weder die Norm auf den Fall noch dieser auf die Norm gemünzt. Das Nicht-Anwenden einer Vorschrift präzisiert ihre Geltungssubstanz ebenso[561], wie ihr Anwenden sie inhaltlich anreichert und damit ihre sachbestimmte Normativität erhöht. Das Phänomen des Richterrechts ist ein umfassender Beleg für diesen Vorgang.

Die hermeneutische Ausarbeitung eines typologischen Normmodells einzelner Vorschriften erhellt zugleich die vor allem im Öffentlichen Recht über judizielle Applikation im Einzelfall weit hinausgehende Geltung grundlegender Normen wie der Grundrechte als wichtiger Konstitutionsfaktoren der Gesamtordnung des verfaßten Gemeinwesens.

Sie hilft ferner die schon lang erkannte enge Zusammengehörigkeit von Rechtsprechung und Rechtslehre in dem Sinn klären, daß die hermeneutische Typisierung realmöglicher Fälle und ihrer jeweiligen strukturellen Zusammenhänge als „generelle Konkretisierung“, eben als Typus, eine methodische Zwischenstufe beider bildet. Der Normbereich beispielsweise wird für die Rechtsprechung eher am Anfang, für die Dogmatik am Ende ihrer Bemühungen liegen, doch arbeiten beide notwendig applikativ mit nur aus der jeweils graduell verschiedenen Aufgabe kommenden graduellen Unterschieden. Damit ist für die Hermeneutik begründet, warum und inwieweit die Staatsrechtswissenschaft sowohl normwissenschaftlichen wie wirklichkeitswissenschaftlichen Charakter entsprechend dem auch rechtstheoretisch formulierbaren Zusammenhang von Normativität und Wirklichkeitsgehalt des Rechts aufweist[562].

---

[561] Vgl. Th. *Geiger*, Vorstudien (Anm. 69), 242 ff., 250 f., 251: jede Entscheidung, die die Norm anwendet oder nicht anwendet, gibt „mindestens potentiell der verbindlichen Substanz der Norm eine neue Fassung“. Maßgebende Analysen des Richterrechts etwa bei *Esser*, Grundsatz und Norm (Anm. 1), und bei *Wieacker*, Gesetz und Richterkunst (Anm. 1).

[562] Zur Rechtstheorie vgl. bes. *Hesse*, Die normative Kraft der Verfassung

Dieser Zusammenhang hat sich hermeneutisch als die Komplementarität integraler Normbestandteile herausgestellt. Er ist von der Rechtssetzung und ihren Bedingungen her schon vielfach beobachtet worden. So gründet Savigny sein Verständnis des historischen und des systematischen Elements der Gesetzesauslegung jeweils auf den Zeitpunkt der Gesetzgebung und erfaßt mit dem für jenen Zeitpunkt „für das vorliegende Rechtsverhältnis durch Rechtsregeln bestimmten Zustand" und dessen innerer Verknüpfung mit anderen Rechtsregeln und Rechtsinstituten die Tatsache, daß die zu setzende Norm schon immer durch die Eigenart ihres Normbereichs gefordert, mitgeformt, mitproduziert ist. Die entscheidende Entdeckung liegt in der unverzichtbaren Bedeutung dieser Tatsache für die Rechtsauslegung[563]. Daß Savigny hier nur die normativ geformte Seite des Normbereichs in den Blick nimmt, erklärt sich aus seinem auf den Rekonstruktionsgedanken, auf die Auslegung als Sinnentfaltung aus dem Normtext begrenzten Ansatz wie aus seiner Beschränkung auf das durch die Rechtstradition weitgehend vorgebildete Zivilrecht seiner Zeit unter Ausschluß des Öffentlichen Rechts. Dennoch ist auch für Savigny der daran hermeneutisch wichtige Aspekt die Einbeziehung der Grundstruktur dessen, was hier als Normbereich entwickelt wird, in die Auslegung des Gesetzes. Rechtssetzung knüpft regelmäßig an Gegebenheiten der sozialen Wirklichkeit an, von denen ausgehend sie bestimmte typische Fälle und Fallgruppen gedanklich vorentwirft und mit bestimmten Rechtswirkungen ausstattet. Gesetzgebung nimmt, wie die Existenz des Normativen überhaupt, ein Stück Zukunft vorweg[564]. Der das Normprogramm bestimmende Vorentwurf der Wirklichkeit verändert die aus der sozialen Realität herausgehobenen Strukturen zu eigenen, nämlich hermeneutisch qualifizierbaren, gedanklich erfaßten realmöglichen Gebilden. Von der Normativität her ergibt sich das schon daraus, daß die Strukturen des Normbereichs im Fall ihrer Änderung oder indifferenten Behandlung durch das Normprogramm zu normativen Strukturelementen von Rechtsnormen, im Fall ihrer Anerkennung und Gewährleistung, wie bei den Freiheitsrechten, darüber hinaus zur sachlichen Grundlage von Rechten werden. Sachstrukturen, die als Bestandteile eines Normbereichs auftauchen, sind nicht „natürlich" im Sinn der Vorstellung von vorstaatlicher, außerrechtlicher Freiheit.

Daher ist auch die Unterscheidung des „Rechtssachverhalts" vom „außerrechtlichen Sinneskern", die beispielsweise bei der Ehe (im Ge-

(Anm. 83), 18 und f.

[563] Vgl. v. *Savigny*, System I (Anm. 34), 214; vgl. auch I, 221: periphere Gegebenheiten, Anlässe und Wirkungen sind, auch wenn sie den Anstoß zur Gesetzgebung gebildet haben mögen, zur Auslegung nicht heranzuziehen.

[564] Hierzu G. *Husserl*, Recht und Zeit (Anm. 18), 27 f.; vgl. zum folgenden ebd., 28, auch 77.

gensatz zu einem Rechtsanspruch) möglich erscheint[565], hermeneutisch mißverständlich. Im Licht der Normkonkretisierung ist vom Normprogramm der Normbereich zu unterscheiden, dieser aber gleichfalls als rechtliche, nicht als außerrechtliche Größe. Die Eigenart des Normbereichs von Art. 6 Abs. 1 GG, Ehe und Familie, ist außerrechtlich begründet, wenn auch schon traditionell rechtlich mitgeformt und als Grundrecht von der positiven Verfassungsordnung konstituiert. Der Normbereich des Art. 6 Abs. 1 GG als hermeneutischer Faktor der Konkretisierung dieser Garantie ist hingegen ein Bestandteil juristischer Verfassungsinterpretation, nicht bloße soziale, rein soziologisch erforschbare Gegebenheit. Der „Sinn des Rechtsgebotes" und der „zu regelnde Tatbestand der Gesellschaft"[566], der zugleich notwendig die ihn regelnde Vorschrift sachlich mitprägt, können nicht mehr voneinander isoliert werden, sobald sie hermeneutisch als Normprogramm und Normbereich und damit als gleichermaßen für die Normativität grundlegende Momente in den Blick gekommen sind. In der Fragestellung der Rechtstheorie erscheint eine Norm zutreffend überhaupt nur dadurch als Norm, daß sie in Relation auf eine zu gestaltende Wirklichkeit steht[567]. Diese Relation kann aber sehr verschieden akzentuiert werden, solange sie nicht hermeneutisch differenziert ist.

Erst durch diesen Versuch können die dem Positivismus wie dem Soziologismus, dem Normlogismus wie dem Dezisionismus vorausliegenden Abstraktionen vermieden werden, die in dieser Frage aus den genannten Auffassungen Beispiele für die hermeneutische Unzulänglichkeit des bisherigen Normverständnisses machen. Daß diese Lehren in dem Ergebnis übereinkommen, das Recht ohne Abstützung in dem konzipieren zu wollen, um dessentwillen es als Recht da ist, wird von hier aus begreiflich. Die Wirklichkeit des immer neu zu ordnenden und in Ordnung zu haltenden geschichtlichen Zusammenlebens der Menschen ist nicht Objekt, sondern Grundlage und Bestandteil normativer Struktur. Solange nicht die Norm als ein Ordnendes und zu Ordnendes umfassender verbindlicher Entwurf verstanden und rational typisiert wird, kann der Soziolo-

---

[565] Vgl. G. *Husserl*, Recht und Zeit (Anm. 18), 38 f., 40 f.

[566] Diese Begriffe bei Hans *Huber*, Probleme des ungeschriebenen Verfassungsrechts (Anm. 461), 107.

[567] *Schindler*, Verfassungsrecht und soziale Struktur (Anm. 91), 15; allerdings nur in dem Sinn, daß die Norm zugleich als Träger immanenter Sinngesetzlichkeit und als eine Wirklichkeit des äußeren Seins erscheint; vgl. hierzu ferner ebd., 18; 32: nur „notwendige Korrelation" der Norm zur Wirklichkeit, die „ihrerseits auf das Recht irgendwie zurück" wirke; die Korrelation wird nur darin gesehen, daß die Wirklichkeit die Möglichkeit der Normfremdheit wie jene der Normentsprechung in sich schließen müsse, 32; die Rückwirkung der Wirklichkeit auf den Norminhalt soll nur in der Notwendigkeit dieses Spannungsverhältnisses bestehen, 33; vgl. z. B. auch ebd., 62 ff., und *Heller*, Staatslehre (Anm. 93), z. B. 184 f., 255 ff.

gismus das eigenwertige Normprogramm und kann der positivistische Normlogismus den eigenwertigen Normbereich zu kurz kommen lassen, wird der Dezisionismus beides in der übermächtigen Existentialität der souveränen Entscheidung verschwinden lassen und werden die Vermittlungsversuche auf dem Boden der ursprünglichen Trennung von Sein und Sollen weiterhin am bloßen Gegenüber orientiert sein und auch in der Metaphorik ihrer Theoriebildung linear verfahren.

Für die Bewegung der Gesichtspunkte, Fragestellungen und Teilergebnisse topisch arbeitender Hermeneutik ist hingegen die bildliche Hilfsvorstellung der „Ellipse" mit den Brennpunkten Normprogramm und Normbereich angemessen. Metaphorische Hilfsvorstellungen sind in der Rechtswissenschaft als abkürzende Verständnishilfen so lange zulässig, als sie im Bewußtsein ihrer Relativität verwendet werden, ohne als ontologische Vorgegebenheit, als zwingende logische Figur oder als ontische Befunde aufzutreten. Schon die Struktur der Sprache ist vielfach metaphorisch, was sich in der herkömmlichen Ausdrucksweise auch der Rechtswissenschaft auf Schritt und Tritt erweist. Für die Klärung des sachlichen Kerns einer Vorstellung wie für größere Klarheit der Darstellung können Bilder im Rahmen juristischer Argumentation relativen Erkenntniswert entfalten. In den besprochenen Lehren wie in der hier entwickelten Auffassung ständig vorkommende Ausdrücke wie „im Rahmen", „ineinander", „Bezug", „wechselseitig", „Spannung", „Zuordnung", „Korrelation", „polar" und auch „dialektisch", soweit im methodischen Sinn gebraucht, sind Metaphern, die als reflektierte oder nicht reflektierte unweigerlich metaphorisch geprägte und begrenzte Assoziationen hervorrufen. Soweit sie nicht zur formalen Karikatur oder zur inhaltlichen Hypostasierung entarten, können sie legitim als einprägsame und bildhafte Abkürzungen für bestimmte methodische Haltungen dienen. Ein Geflecht von Dualismen, ein System von „Polaritäten" innerhalb der sozialen Gebilde anzunehmen[568], ist mit diesen verallgemeinerten abstracta und mit der Voraussetzung ihres wesentlich polaren Auftretens für das positive Recht zu stark auf einen metaphysischen Vorgriff gestützt, für juristische Hermeneutik zu wenig differenziert.

Das Bild einer Ellipse, die nicht Seinssachverhalte, sondern hermeneutische topoi vermittelt, richtet sich gegen die dualistischen und linearen Metaphern, die für die hier als hermeneutisch unzulänglich bewerteten Sichtweisen von „Recht und Wirklichkeit" stehen. Es ersetzt ferner in diesem besonderen Zusammenhang die allgemein diskutierbare Vorstellung von der Gegenstandsbezogenheit der Methode und der Methodenabhängigkeit des Gegenstandes. „Gegenstand" und „Methode" im

---

[568] Wie *Schindler*, Verfassungsrecht und soziale Struktur (Anm. 91), etwa 10 ff.

Sinn isolierter und erst im nachhinein verbundener Gegebenheiten werden von der hermeneutischen Normsicht nicht zum Thema gemacht. Mit ihrer Assoziation eines Spielraums entspricht die Vorstellung der Ellipse besser dem praktischen Vorgehen bei der Konkretisierung von Rechtsnormen als der „hermeneutische Zirkel", der zwar eine Grundgegebenheit aller Hermeneutik zutreffend andeutet, aber für spezifisch juristische Hermeneutik weniger erhellend ist. Der hermeneutische „Zirkel" entspricht besser dem allgemein geisteswissenschaftlichen, vor allem dem philologischen Problem des Verstehens, dem Verfahren der „Auslegung" als der an die Sprachgestalt gebundenen Textentfaltung. Die Ellipse ist, um im Bild zu bleiben, dort nur deshalb zum Kreis, also zu einer geometrischen Figur mit nur einem Brennpunkt (dem Kreismittelpunkt) geschrumpft, weil dem „hermeneutischen Zirkel" das Verständnis von Auslegung als einer Textfrage zugrunde liegt. Die Normwissenschaft der Jurisprudenz kann sich im Namen sachbestimmter Normativität der zu applizierenden Vorschriften mit solcher Verengung ihres Problemfelds nicht bescheiden. So war es hier schon die jedenfalls für Staats- und Verfassungsrecht als unverzichtbar angenommene Rolle des Normprogramms, die den Ausschlag gegen reine Topik zugunsten topischer Hermeneutik gegeben hat. Daß das „Problem" über den konkreten Fall hinausgeht und daß es nur in seiner normativen Perspektive in den Blick zu nehmen ist, wird aus der Fassung des Begriffs „Normbereich" in der hier entwickelten Sicht deutlich. Die elliptische Vermittlung zulässiger topoi mit den Akzenten Normprogramm und Normbereich soll ohne fiktives Streben nach perfekter und fixierender Sinnerfassung die hermeneutisch begründungsbedürftigen Gesichtspunkte vermehren und damit helfen, die Auffüllung des Ordnungsrahmens der zu konkretisierenden Vorschrift rational durchsichtiger zu machen, als dies mit Argumenten im nur sprachlichen oder nur subjektiv wertenden und wägenden Bereich möglich sein dürfte. Die Ellipse deutet die Bewegung der Maßstäbe an, die sich „zwischen" die abstrakte Wortnorm des Rechtssatzes und die konkretisierte Entscheidungsnorm „einschieben". Im Sinn einer hermeneutischen Zwischenstufe erscheint die Rechtsnorm als ein unter den Leitmotiven Normprogramm und Normbereich aufzuschlüsselndes Modell einer sachbestimmten Teilordnung, das für die konkret zu entwickelnden Entscheidungsnormen einen sachlich mehr oder weniger dichten, sprachlich mehr oder weniger vollkommen formulierten Rahmen abgibt.

Wegen der für jeden Falltyp und Normtyp, in concreto auch für jede Norm und jeden Fall wechselnden Sachproblematik normativer Geltungssubstanz wird die elliptisch verlaufende Konkretisierung nicht im Sinn einer auf abstrakte Ausgangspunkte gegründeten Dialektik verstanden, die beide Pole als „korrelative Glieder einer innern Einheit" in sich tragen soll[569]; ebensowenig in Richtung einer Dialektik, die nur formal „als notwendige Beziehung der getrennten Sphären und Aufnahme jedes Pols in den entgegengesetzten" gilt[570]. Die hermeneutische Normauffassung geht in bezug auf ihre Komponenten nicht von der Vorstellung getrennter Sphären, polar sich gegenüberstehender Setzungen aus. Im übrigen geht auch die Figur der „Aufnahme" jedes dieser Pole in den entgegengesetzten für die sich im Zwischenfeld abzustufender Sachprobleme bewegende juristische Hermeneutik zu weit. Der Normbereich gibt dem Normprogramm strukturelle, in der Sache begründete Alternativen seiner bestätigenden oder verändernden Entwürfe. Das Normprogramm wählt die Fragestellungen der Normbereichsanalyse aus. Von einer „Aufnahme" ist bei aller Notwendigkeit ständiger gegenseitiger Korrektur und Präzisierung nicht zu sprechen. Eine solche Behauptung liefe bereits wieder auf den Anspruch hinaus, in unhermeneutischer Fixierung das „Wesen", die „Natur" von Norm, Normativität, Rechtsgeltung, Normkonkretisierung als schlechthin wahre Seinsaussage zu umschreiben, während hier nur die reale Struktur der Applikation rechtlicher Vorschriften und damit die Modalitäten der notwendig schöpferischen Leistung des Richters oder des konkretisierenden Theoretikers differenziert und rationalisiert werden sollen. Hermeneutisch gewonnene absolut gültige „Wesens"aussagen werden hier vollends dadurch fragwürdig, daß auch der zu lösende Rechtsfall in seiner sachlichen und rechtlichen Eigenart mitkonstitutiv für die rechtsfortbildende Applikation ist. Während Auslegung als „das richtige In-die-Entsprechung-bringen von Norm und konkreter Situation" erscheinen mag[571], schiebt topische Hermeneutik zwischen die abstrakte Wortnorm und die konkrete geschichtliche „Situation" hermeneutisch typisierende Stufen ein. Das Allgemeine des konkreten Falles muß als Teil der Struktur des Normbereichs bereits integral zur Norm selbst hinzugebracht werden, so wie das Besondere der abstrakten Norm als Normprogramm topisch präzisiert und aktualisiert wird. Da Normbereich und Normprogramm so gut wie nie zureichend im Normtext abgebildet sind, müssen diese Zwischenstufen über die Mittel sprachlicher Auslegung hinaus mit allen zulässigen topoi ermittelt werden. Die konkrete Entscheidungsnorm als konkretisierte Teilordnung wird als Faktor materialer Gerechtigkeit erst im Einzelfall und durch Vermittlung mit ihm herausgearbeitet. Die Vorschrift ist auf den Fall nur dann „anwendbar", wenn seine Struktur bereits im Normbereich typologisch vorentworfen und aus ihm als einem

---

569 So *Schindler*, Verfassungsrecht und soziale Struktur (Anm. 91), 8 und ff., im Anschluß an N. *Hartmann* und bes. an Th. *Litt*, Individuum und Gemeinschaft, 3. Aufl. 1926, v. a. 1 ff.

570 Nach *Cohn*, Theorie der Dialektik, 1923, 52 ff., 264 f., 287; ihm folgend *Heller*, Staatslehre (Anm. 93), z. B. 191.

571 So A. *Kaufmann*, Gesetz und Recht (Anm. 71), 390.

Bestandteil der Norm konkretisierbar ist. Normprogramm und Normbereich sind im Hinblick auf den Einzelfall, der sie im Wortsinn „provoziert", auch aneinander zu korrigieren. Nicht nur die typologische Normsicht der hermeneutischen Theorie, sondern auch die konkrete Entscheidungsnorm erscheint so nicht als angewandtes logisches Urteil, nicht als ausgeführter Imperativ, sondern als partielle, Realität real beeinflussende Ordnung, als Regelung des zu ordnenden, zu regelnden Rechtsfalls. Je nach der Weite, Objektivierbarkeit und sachlichen Dichte des Normbereichs und je nach der Grundsätzlichkeit des Normprogramms sind beide mehr oder weniger vollständig vom Normtext formulierbar. Je vollständiger dies möglich ist, um so mehr tritt die hermeneutische Bewegung der „Ellipse" zugunsten eines annähernd „subsumierenden" Verfahrens in den Hintergrund. In graduell weniger technisierbaren Rechtsbereichen wie im Staats- und Verfassungsrecht spielen die entwickelten Hilfsaspekte topischer Hermeneutik eine relativ große Rolle, wie es die Verfassungsrechtsprechung vor allem zu den Grundrechten vielfältig belegt.

Diese Hilfsaspekte isolieren die Einzelnorm nicht auf die elliptische Verarbeitung nur ihres Normprogramms und ihres Normbereichs. Der systematische topos wird von ihnen vielmehr nach Sprachkontext und Sachkontext weiter differenziert. Für die Konkretisierung von Grundrechten hat das die Notwendigkeit zum Inhalt, auch die grundrechtszugehörigen Vorschriften des Unterverfassungsrechts in elliptischer Vermittlung ihrer Normprogramme und Normbereiche untereinander und am Maßstab der Grundrechtsnorm zu konkretisieren. Dabei darf diese nicht durch verschwiegene Unterstellung unterverfassungsrechtlicher Geltungsgehalte zu deren Disposition gestellt werden[572]. Der im umfassenden Sinn systematische, systembildende Charakter elliptischer Vermittlung von Normprogramm und Normbereich meint nach deren Voraussetzungen nicht ein System im Sinn deduktiv zu handhabender Axiomatik oder wertbetonter Hierarchie, sondern den in der hermeneutischen Sicht der Rechtsnorm begründeten notwendigen Zusammenhang sachbestimmter Normativität mit normbegründender Wirklichkeit.

Dieser Ansatz kann auch für die Erörterung des Verhältnisses von Staatsrecht und Politikwissenschaft fruchtbar gemacht werden. Das beide Disziplinen nicht wie nach herrschender Auffassung trennende, sondern sie verbindende Phänomen ist das der Rechtsnorm und ihrer Normativität. Damit ist nicht gemeint, daß die Wissenschaft von der Politik als auch normativ im Sinn der herkömmlichen Normsicht zu gelten hätte[573]. Vielmehr zeigt die hermeneutische Normauffassung, daß

[572] Das ist der hermeneutische Grund für die im Ergebnis gleichsinnige Warnung, die das Bundesverfassungsgericht in BVerfGE 7.377, z. B. 403, ausspricht.

[573] Vgl. hierzu etwa *Fraenkel*, Die Wissenschaft von der Politik und die

eine wissenschaftstheoretische Trennung oder entgegensetzende Unterscheidung beider Forschungszweige nach den Kriterien „normativ" und „nicht normativ" ebenso wenig sinnvoll ist wie die Qualifizierung beider als an Normen orientierter Wissenschaften im Sinn der „Norm" als eines prinzipiell vom „Faktum" abgesetzten Imperativs. Während die Thematisierung von Spannungslagen, von zuordnenden oder dialektischen Lösungen im hier untersuchten Zusammenhang noch im Bereich linearer Metaphorik bleibt und diese auch auf das Verhältnis von Staatsrecht und Politik zu übertragen pflegt, zeigt juristische Hermeneutik, daß eine Rechtsnorm stets nur durch Aufnahme von Strukturen der Wirklichkeit in ihrer Normativität als Rechtsnorm konstituiert ist. Die Metapher der „Ellipse" als abkürzende Vorstellungshilfe für das Verhältnis der Politikwissenschaft zur Staatsrechtswissenschaft führt auch hier nicht zu substantiellen Fixierungen, so wie sie in der juristischen Hermeneutik immer unter dem Vorbehalt je anderer Verteilung der Sachgewichte topischer Argumentation im Einzelfall steht. In diesem so veränderten Sinn sind die Wissenschaften vom Staats- und Verfassungsrecht und von der Politik mit verschiedener Akzentuierung je nach den Typen ihrer Arbeitsweise und je nach dem konkreten Sachproblem normative Disziplinen, sind sie im Dienst sachgerechter Normativität und guter Ordnung des Gemeinwesens aufeinander angewiesen.

Eine unmittelbare Berührung zeigt sich zum Beispiel bei der Aufklärung der Staatsverständnisse als umfassender Vorverständnisse der Normkonkretisierung, die dem Interpreten einen Horizont des Verstehens vorgeben können und um der Rationalität willen vor allem an den Befunden der Normbereichsanalyse zu erproben sind[574]. Die elliptische, die topische Vermittlung von Normbereich und Normprogramm kann mit Aussicht auf relativ größere Rationalität, als sie sprachlicher Auslegung möglich ist, zu der Klärung des allgemein vorauszusetzenden wie für die Entwicklung des reflektiert verfassungs- und staatstheoretischen

---

Gesellschaft, in: Gesellschaft—Staat—Erziehung, 1963, 273; *Hennis*, Politik und praktische Philosophie (Anm. 150); *Maier*, Zur Lage der Politischen Wissenschaft in Deutschland, Vierteljahreshefte für Zeitgeschichte 1962, 225; *Oberndörfer*, Politik als praktische Wissenschaft, in: Wissenschaftliche Politik. Eine Einführung in Grundfragen ihrer Tradition und Theorie (Hrsg. Oberndörfer), 1962; *Sontheimer*, Politische Wissenschaft und Staatsrechtslehre, 1963; *Voegelin*, Die neue Wissenschaft der Politik, 1959; vgl. ferner den Überblick über die neueren Tendenzen bei *Grimm*, Politische Wissenschaft als normative Wissenschaft, JZ 1965, 434 ff. m. w. Nw. — Vgl. allg. noch z. B. *Sartori*, Polit. Wissenschaft und Naturwissenschaft, Polit. Viert.J.Schr. 1 (1960), 14.

[574] Vgl. den sachlich benachbarten Versuch, an dem allerdings nicht ganz einleuchtend explizierten Beispiel der Bundestreue eine funktionale Ansichtenverbindung als Vorstufe dogmatischer Bewältigung durchzuführen: *Lerche*, Stil, Methode, Ansicht (Anm. 2), DVBl. 1961, 690 ff., 697. Es fragt sich vor allem, inwieweit die Mühelosigkeit der Ableitung, so *Lerche*, ebd., als zureichendes Kriterium für die vordogmatische „Richtigkeit" eines Begriffs oder einer Vorstellung dienen kann.

Vorverständnisses beitragen. Beide Arten von Vorverständnis werden aus Gegebenheiten der Normbereiche mitgespeist. Beide sind in häufig ungeklärter Form als Faktoren der Applikation wirksam, können aber nur als möglichst rationalisierte und rational dargestellte zur Methodenklarheit beitragen. Auch die Rolle des Vorverständnisses ist nicht unbegrenzt zu verallgemeinern; sie wird je nach der Eigenart des zu lösenden Falles verschieden sein und damit in die hermeneutisch zu erarbeitende Norm- und Falltypologie als Bestandteil eingehen. Die kritische Klärung des Vorverständnisses muß im Vorgang der Konkretisierung selbst erfolgen[575], wenn nicht eine abstrakt verallgemeinernde und damit apokryphe Begriffsbildung an die Stelle offengelegter Voraussetzungen der Bewertung rechtlicher Probleme treten soll. Die nach Normprogramm, Normbereich und Fallstruktur zu differenzierenden Inhalte des Vorverständnisses vergrößern die Anzahl der begründungsbedürftigen Gesichtspunkte, machen es möglich, inhaltliche Implikationen zu benennen, die traditionell unter dem Vorwand rein juristischer Methodik unausgesprochen blieben, und lassen genauer unterscheiden, welche tragenden Gründe der Lösung des Falles rational entwickelt und welche, wie oft unvermeidlich, aus irrationaler Bewertung gewonnen wurden. Auch sie können dazu beitragen, den Blick „auf die Sachen selber" zum Blick auf die nachprüfbar objektivierte Geltungssubstanz der Rechtsnorm zu machen, die Möglichkeiten einer verschleierten Mischung objektiver Rechtserkenntnis mit privater Überzeugung — soweit zwischen beiden ein rechtlich relevanter Unterschied besteht — zu vermindern und den Interpreten nach dem Grundgebot aller auslegenden Applikation[576] gegen seine unreflektierten Denkgewohnheiten und gegen nur subjektiv gültige Entwürfe von Sinn und Bedeutung abzuschirmen. Das Vorverständnis als unreflektierter, zum großen Teil sprachlich vermittelter Komplex von Haltungen, Meinungen, inhaltlichen Vorgriffen wie auch das vom Interpreten zu entwickelnde verfassungstheoretische Vorverständnis betreffen die Konkretisierung der Rechtsnorm und zugleich die damit untrennbar zusammenhängende des zu lösenden Rechtsfalls. Deshalb ist es auch die Analyse der Normbereiche, welche die Sachfragen des Problems als Rechtsfragen behandeln läßt und für den Aufbau des verfassungstheoretischen Vorverständnisses neben den vor allem sprachlich wirksamen topoi sachlich-strukturelle zur Diskussion stellt.

Ohne abstrahierende Verallgemeinerung, auf der Zwischenstufe hermeneutischer Typologie, seien einige weitere „generell konkretisierte" Beiträge zum Vorverständnis der Grundrechte angedeutet.

---

[575] Hierzu allgemein *Ebeling, Art.* Hermeneutik, RGG 3. Aufl. III, Sp. 242 ff. (Anm. 136), 257; *Weischedel*, Metaphysik (Anm. 136), 36 ff., 38; *Gadamer*, Wahrheit und Methode (Anm. 1), z. B. 275 ff., 314 f.

[576] Vgl. hierzu allg. *Gadamer*, Wahrheit und Methode (Anm. 1), 250 ff.

XIV. Zur Konkretisierung und zur Verfassungstheorie der Grundrechte

Schon eine erste typologische Untersuchung der in den Art. 1 bis 19 GG normierten Garantien zeigt, daß allenfalls die Sätze der Art. 2 Abs. 1 (in der Auslegung durch das Bundesverfassungsgericht seit dem Elfes-Urteil) und 3 Abs. 1 GG als Generalklauseln verstanden werden können. Die allgemeine Gleichsetzung der Grundrechte mit Generalklauseln[577] verkennt die Unterschiede in der hermeneutischen Struktur beider Normtypen. Grundrechte enthalten mehr an hermeneutisch typisierbarer Geltungssubstanz. Zwar lassen sich Generalklauseln nicht nur als freie Weisungen an den Richter verstehen, selbständig und ohne nachprüfbare normative Bindung eine Entscheidungsnorm zu finden[578]. Generalklauseln enthalten als normatives Element ein zumeist recht weit formuliertes Normprogramm, zu dem der Richter im Entscheidungsfall einen nicht etwa beliebigen, sondern vom Normprogramm her in weiten Grenzen auszuwählenden Normbereich zu finden hat; genauer: einen Regelungsbereich für die damit erst vom Richter im Einzelfall vollendete Rechtsnorm. Der vom Normtext zumeist nur in allgemeiner Formulierung genannte, aber gleichfalls nicht willkürlich zu unterlegende normative Leitgedanke ist mit einem erst im konkreten Fall zu umschreibenden Normbereich zu vermitteln. Insofern ist die Entscheidung durchaus nicht ganz der freien richterlichen Rechtsschöpfung überlassen. Die Normprogramme von Generalklauseln verweisen mit Stichwörtern wie „gute Sitten" oder „Treu und Glauben" auf ethische Prinzipien, gesellschaftliche Konventionen, handelsübliche usancen und ähnliche in gewissem Grad konkretisierbare Vorstellungen, die entsprechende Normbereiche entwickeln helfen; zum Teil auch über systematische topoi auf positives Recht. Die Rede von der „Abstraktheit" der Generalklauseln ist mißverständlich, weil sie sich auf die abstrakte Fassung des Normtextes gegenüber einer hermeneutisch typisierbaren Norm zu gründen scheint. In

---

[577] Etwa bei Eike v. *Hippel*, Grundrechte (Anm. 172), z. B. 16, Anm. 14; *Häberle*, Wesensgehaltgarantie (Anm. 94), der vom „Generalklauselcharakter der Grundrechte und Verfassungsrechtssätze" als einer Bedingung ihrer Konkretisierbarkeit und Konkretisierungsbedürftigkeit durch den Gesetzgeber spricht, 186, Anm. 367. — Auch auf die grundrechtlichen Gewährleistungen der Art. 33 Abs. 1—3, 38 Abs. 1, 101 Abs. 1, 103 und 104 will die Behandlung als Generalklauseln nicht passen.

[578] So *Ehrlich*, Grundlegung der Soziologie des Rechts (Anm. 33), 140: die Generalklausel überlasse „die Entscheidung ganz dem freien richterlichen Ermessen".

Wahrheit ist eine solche Norm im Fall der Generalklauseln noch nicht vorhanden. Sie muß vom Normprogramm aus erst für den Einzelfall entwickelt werden. Nicht nur die weitere Konkretisierung von Normprogramm und Normbereich in Hinblick auf den Entscheidungsfall und seine sachliche Eigenart werden dem Richter im Fall der Generalklauseln abverlangt, sondern die strukturelle Ergänzung des Normprogramms zur Norm unter gleichzeitiger Konkretisierung für die praktische Rechtsfrage. Im Lauf rechtlicher Tradition wachsen den Normprogrammen der Generalklauseln durch Richterrecht falltypologisch unterschiedene Normbereiche an, die genau genommen eine ganze Reihe von Normen unter dem einen Normtext versammeln und die den diskretionären Raum richterlicher Entscheidung mit wachsender Präzision der Typologie verengen. Damit stimmt es überein, daß sich für das kontinentale Recht das Rechtsprinzip von der Rechtsnorm nicht durch seine „Abstraktheit", sondern durch die der Norm zukommende Bestimmbarkeit der Anwendungsfälle unterscheidet. Das Prinzip erscheint auch gegenüber der Generalklausel nicht als bestimmte oder je bestimmbare Weisung, sondern als deren Grund, Kriterium und Rechtfertigung[579]. Die Grundrechte enthalten in gegenüber den Generalklauseln höherem normativen Dichtegrad einen sachlich meist besonders stark ausgeprägten Normbereich, um dessentwillen sie als verfassungskräftige Garantien überhaupt gewährt werden. Grundrechte sind hermeneutisch Normen im vollen Sinn, mag auch ihre Konkretisierung Schwierigkeiten eigener Art mit sich bringen. Diese ergeben sich unter anderem daraus, daß sachlich umfassende, stark eigengeprägte und zum Teil nicht genuin rechtserzeugte Normbereiche wie Glaube, Gewissen und Bekenntnis, Kunst und Wissenschaft, Ehe, Familie, Vereinswesen und Eigentumsordnung einschließlich ihrer sie gewährleistenden und anerkennenden Normprogramme in einem Normtext nur ungenau und stichwortartig festzuhalten sind. Der geringe Grad der Konkretisierung vor allem des Normbereichs im grundrechtlichen Wortlaut dürfte zusammen mit der unbewußten Gleichsetzung von Norm und Normtext der Hauptgrund für das Mißverständnis der Grundrechte als generalklauselartiger Sätze sein.

Dieses rechtstheoretisch geprägte Vorverständnis hält somit schon der grundsätzlichen Differenzierung der Norm nach Normprogramm und Normbereich nicht stand. Auch die Grundrechte verweisen wie General-

---

[579] *Esser*, Grundsatz und Norm (Anm. 1), 51: neben kasuistischen Fixierungen der Anwendungsbereiche auch institutionelle, konventionelle, dogmatische und solche durch kollektive Werturteile wie „Treu und Glauben" — also Elemente, die im Sinn der hier gebrauchten Begriffe sich bei hinreichender Konkretisierung als Strukturen von Normbereichen herausstellen können. Vgl. auch *Esser*, ebd., 150 f.; ferner *Wieacker*, Zur rechtstheoretischen Präzisierung des § 242 BGB (Anm. 53), z. B. 8 ff.; A. *Kaufmann*, Gesetz und Recht, Festschrift für Erik Wolf (Anm. 71), 385 f.

klauseln[580] materiell auf ethische Rechtsgrundsätze, doch gründet sich ihre hermeneutisch zu aktualisierende Beziehung zur wirklichen Totalität der politischen Gesamtverfassung nicht nur auf solche Verweisungen, sondern vor allem auf die Sachhaltigkeit ihrer Normbereiche. Als gesteigert sachgebundene Normen zwingen die Grundrechte zu gesteigerter Individualisierung ihres Sachgehalts im Einzelfall und machen damit hermeneutische Zwischenstufen erforderlich, die weit stärker als bei echten Generalklauseln[581] aus der Strukturanalyse ihrer Normbereiche — „Bekenntnis", „Wissenschaft", „Vereinswesen" — gewonnen werden können.

In diesem Sinn sind die Grundrechtsnormen keine Ausnahmeerscheinungen im Staats- und Verfassungsrecht. Dessen Problemstrukturen lassen sich wegen der gesteigerten Sachgebundenheit seiner Vorschriften angemessener durch sachtypologische Teiltheorien aufgrund von Fallgruppen und Normgruppen als durch einen notwendig abstrakt verallgemeinernden oder inhaltlich pauschal bewertenden durchgängigen theoretischen Nenner erfassen. Die hier entwickelte Kritik der nicht hermeneutischen Fragestellungen hat dies vielfach belegt. Die Eigenart des Verfassungsrechts läßt sich folglich kaum dahin umschreiben, es stehe typisch in einem Komplementärverhältnis zum „Außerrechtlichen", während im Bürgerlichen Recht und im Völkerrecht überwiegend Parallelität zwischen Rechtlichem und Außerrechtlichem in dem Sinn zu finden sei, daß das Recht hier die außerrechtlichen Faktoren fortsetze, sichere, verstärke und organisch zusammenfüge[582]. In dem für Öffentliches Recht kennzeichnenden Komplementärverhältnis soll sich die Polarität des Sozialen in einer Polarität von Strukturen, wie Freiheit und Bindung, Individualismus und Kollektivismus, Überordnung und Unterordnung, Gleichheit und Differenzierung sowie in solchen der Funktionen, wie Tradition und Spontaneität, integrierend und desintegrierend, Rechtsanwendung und Rechtsschöpfung ausdrücken, die im lebensfähigen sozialen Gebilde gleichzeitig vorhanden und dabei korrelativ aufeinander bezogen seien. Für das hier erörterte Thema zeigt die letztgenannte dieser Polaritäten beispielhaft, wie wenig allgemeine Fragestellungen dieser Art zur Normkonkretisierung, zu ihrem Grundverständnis und zu den beherrschenden Bestandteilen ihres praktischen Verfahrens beitragen können. Rechts„anwendung" und Rechtsschöpfung sind so wenig abstrakt polarisierbar wie die Sachgegebenheiten öffentlichrechtlicher Normbereiche, die von juristischer Hermeneutik besten-

---

[580] Hierzu vor allem *Heller*, Staatslehre (Anm. 93), v. a. 256 f. und allg. 249 ff., 255.

[581] Zu deren verschärfter Individualbezogenheit in der Konkretisierung vgl. *Lerche*, Übermaß und Verfassungsrecht (Anm. 106), 150, Anm. 162.

[582] So *Schindler*, Verfassungsrecht und soziale Struktur (Anm. 91), 70 ff., 71; ebd., zur Polarität der Strukturen und Funktionen.

falls im einzelnen rationalisiert und damit relativ überprüfbar und diskutierbar gemacht werden können. Die Gegenstandsbezogenheit der Methode[583] führt sich selbst in ihr Gegenteil, wenn sie ihren Gegenstand zu weit und zu abstrakt faßt, wie dies bei Schindler mit dem sozialen Leben im ganzen als Erkenntnisobjekt der Fall ist. In hermeneutischer Perspektive wird der rechtstheoretische Ansatz einer Wechselbezüglichkeit von Methode und Gegenstand durch das elliptische Zusammenspiel von Normprogramm und Normbereich im Verfahren topischer Hermeneutik ersetzt. Von hier aus erscheint die von den Grundrechten gewährleistete Freiheit nicht als allgemein zu deutender Gehalt, sondern als ein Nebeneinander konkreter sachlicher Freiheitsgarantien, die nicht aus einer einheitlichen Substanz abzuleiten, wohl aber im Rahmen der geltenden Verfassungsordnung sinnvoll aufeinander zu beziehen sind. Die Garantien meinen auch nicht eine Freiheit der Leere, sondern sachbezogene, um dieser Sache und ihrer freien Lebensfähigkeit willen auch im Hinblick auf das demokratische Gemeinwesen anerkannte, geschützte und auch durch andere Vorschriften und Einrichtungen der Rechtsordnung abgestützte Freiheiten. Wenn es schon zu den Möglichkeiten rechtssoziologischer Betrachtung im allgemeinen gehört, die rechtliche Freiheit in der Sache zu befestigen[584], so vergrößert das Einbeziehen des Normbereichs in die Konkretisierung der Grundrechte die Aussicht, durch größere Rationalität und Methodenklarheit der juristischen Hermeneutik auch ein gesteigertes Maß an realer Freiheit zu verwirklichen. Die Analyse der Normbereiche liefert sachgebundene Gesichtspunkte und Maßstäbe als Voraussetzung dafür, die Grundrechte nicht mißverständlich wie spezialgesetzliche Normen technisierter Rechtsgebiete „anwenden" zu wollen[585]. Sie gibt nachprüfbare Argumente für die Aufgabe an die Hand, in der Rechts- und besonders in der Grundrechtskonkretisierung sich zeigende allgemeine Antinomien wie: Individuum und Gemeinschaft, Personalismus und Transpersonalismus in erster Linie nicht als ein Wert-, sondern als ein Strukturproblem zu bewältigen[586]. Sie kann dazu beitragen, die Grundrechtsnormen als besondere Verstärkungen der Sicherung bestimmter, von der Sache her gegenständlich begrenzter sozialer Lebensbereiche, ihres geschichtlich wie systematisch jeweils auf einen sachgeprägten Geltungsraum beschränkten Schutzes[587] hermeneutisch zu glie-

---

[583] Von der *Schindler* für seine Fragestellung zu Recht ausgeht, vgl. Verfassungsrecht und soziale Struktur (Anm. 91), 3.

[584] *Fechner*, Rechtsphilosophie (Anm. 12), 270; vgl. auch 268.

[585] Vgl. schon *Smend*, Verfassung und Verfassungsrecht (Anm. 28), in: Staatsrechtliche Abhandlungen, 119 ff.; 260 ff., 263, 266 f.

[586] Nach *Smend*, Verfassung und Verfassungsrecht (Anm. 28), ebd., 125.

[587] So *Scheuner*, VVDStRL 22 (1965), 1 ff. (Anm. 532), 33 ff., 94: die geschichtlich und systematisch bestimmte innere Begrenzung des Grundrechts setzt „seinem Geltungsraum eine Mitte und eine bestimmte Ausdehnung". Ebd., die Verbindung dieser Sicht mit der Lehre vom Wesensgehalt der Grund-

dern und im einzelnen nach Möglichkeit zu rationalisieren. Die Untersuchung der Normbereiche als integraler Bestandteile sachbestimmter grundrechtlicher Normativität erscheint um so notwendiger, als neben ihren Funktionen als subjektive Rechte und wertende Grundprinzipien jedenfalls alle Grundrechtsnormen als sichernde Verstärkungen persönlicher Lebensbereiche oder sozialer Teilordnungen verstanden werden können, denen in der sozialen Wirklichkeit bestimmte Sachgegebenheiten und angebbare Strukturen entsprechen. Von einer „hohen Abstraktion" der Grundrechtsnormen[588] läßt sich nur dann ausgehen, wenn Norm und Normtext nicht genügend unterschieden werden.

Die hermeneutische Berücksichtigung der grundrechtlichen Normbereiche trägt sachgemäßer zur Objektivierung von Fallösungen bei, als es der Konstruktion von „Idealfiguren" im Sinn von Richtmaßen der Auslegung möglich ist. Der „gebildete, für den Gedanken des Natur- und Landschaftsschutzes aufgeschlossene Betrachter" oder „das Empfinden jedes für ästhetische Eindrücke offenen Betrachters" sind angesichts ihrer allzu pauschalen Typisierung eher suggestive Verschleierungen privater Werturteile als orientierende und objektivierende Personifikationen[589]. Auch die Konstruktion eines durch die Momente von Wirklichkeit, Staatlichkeit und konstitutivem Verfassungstelos gekennzeichneten „gegenwärtigen Verfassungsgebers und seines Willens"[590] muß die entscheidende, nachprüfbarer und diskutierbarer Objektivierung vorausliegende Frage ausdrücklich offen lassen, wieweit und auf welche Weise im einzelnen „Wesen und Tendenz der Wirklichkeit" für die Verfassungsauslegung maßgeblich sein sollen. Die Analyse des Normbereichs bietet genauere Ansatzpunkte, mag es sich um die Konkretisierung von Grundrechtsnormen oder von organisatorischen Vorschriften der Verfassung handeln.

Auch Organisations- und Verfahrensrecht läßt sich insofern materiell deuten, als zwischen formellem und materiellem Recht nur graduelle, nicht absolute Unterschiede bestehen[591]. Auch Formalvorschriften sind von materiellen Gegebenheiten, sachlichen Strukturen, inhaltlichen Rechtsprinzipien gefordert, begrenzt und auf sie hin gerichtet. Deshalb vermitteln auch die vorwiegend rechtserzeugten Normbereiche zu kon-

---

rechte und mit der Unmöglichkeit, die Einzelgarantien aus einem „Hauptgrundrecht" ableiten zu wollen, 33 ff., 94 f.; ebd., zur „institutionellen Seite" aller Grundrechtsnormen. Vgl. schon den Begriff des „sachlichen Kulturgebiets" bei *Smend*, Verfassung und Verfassungsrecht (Anm. 28), 260 ff., 264.

[588] So v. *Hippel*, Grundrechte (Anm. 172), 15 und f.

[589] Vgl. zu dieser Frage *Krüger*, Verfassungsauslegung aus dem Willen des Verfassungsgebers (Anm. 212), DVBl. 1961, 685 ff., 687.

[590] *Krüger* (Anm. 212), DVBl. 1961, 685 ff., 689; vgl. ferner ebd., bes. 687, 688.

[591] Vgl. auch *Bäumlin*, Staat, Recht und Geschichte (Anm. 112), 36 ff., der eine „grundsätzliche Unterscheidung" von materiellem und formellem Recht ablehnt.

kretisierender Verfahrens- und Organisationsvorschriften sachliche Gehalte; daher sind auch sie mittelbar sachbezogen und unterscheiden sich nur graduell von denen der Grundrechtsgarantien. Der Hauptunterschied zwischen Grundrechten, die institutionelle Garantien oder Gewährleistungen grundlegender Ordnungen des Gemeinschaftslebens enthalten, und bloßen Kompetenzbestimmungen im Sinn der Art. 73 ff. GG liegt in der Richtung der Normprogramme, die sich hier auf die Verteilung der Gesetzgebungszuständigkeiten zwischen Bund und Ländern bezieht. Die Zuweisung der Materie der Kriegsbeschädigtenversorgung an den Bund in Art. 74 Nr. 10 umschließt noch keine verfassungskräftige Gewähr dieser Versorgung selbst[592]. Eine nicht garantierende, hermeneutisch jedoch selbständig zu berücksichtigende Form der Kenntnisnahme der Verfassung von diesem Sachbereich liegt in seiner Ausprägung als Normbereich in der grundgesetzlichen Kompetenzbestimmung; liegt darin, daß diese Materie als ein in bezug auf die einfache Gesetzgebung realmöglicher Garantiebereich angesehen wird, als ein Bereich, der von der Verfassung her als Aufgabe legitim ergriffen werden kann. Wird die Kompetenznorm nicht nur im Sinn eines formalistischen Voluntarismus, sondern in hermeneutischer Differenzierung ihrer Aspekte verstanden, so ergeben sich auch in dieser Frage Ähnlichkeiten der Normstrukturen wie der hermeneutischen Behandlungsweise. Daß überhaupt Gesetzgebungskompetenzen nach Sachzusammenhängen geordnet werden, entspringt nicht nur und nicht in erster Linie Gesichtspunkten der Formulierungstechnik, sondern der Anerkennung relativ eigenständiger, in den Sachgegebenheiten der sozialen Wirklichkeit begründeter Teilordnungen. Das kommt in Vorschriften wie Art. 74 Nr. 11 a, 13, 16, 17, 19 unmittelbar zum Ausdruck, die über die Kompetenzzuweisung hinaus allgemeine sachliche Grundzüge der inhaltlichen Gestaltung ihrer Normbereiche enthalten und insoweit nicht nur zur Konkretisierung von Grundrechten herangezogen werden können, sondern selbst von gleicher Tragweite wie grundrechtliche Normen sind[593]. Auf der anderen Seite besteht ein hermeneutisch unmittelbar zu aktualisierender Zusammenhang auch bei einer anderen Funktion der Grundrechte, als Elemente objektiver Ordnung zugleich als negative Kompetenzbestimmungen für die staatliche Gewalt zu wirken. So findet etwa die Kompetenz des Art. 75 Nr. 2 (i. V. mit Art. 72, 70 Abs. 1) GG ihre innere Grenze am Grundrecht der Pressefreiheit des Art. 5 Abs. 1 Satz 2 GG[594].

---

[592] Hierzu *Scheuner*, Die institutionellen Garantien (Anm. 121), in: Recht—Staat—Wirtschaft, IV 1953, 88 ff., 93 f., 94.

[593] Hierzu *Scheuner*, VVDStRL 20 (1963), 125 f., 126. Vgl. ferner zur Sachgebundenheit von Kompetenzvorschriften *Ballweg*, Zu einer Lehre von der Natur der Sache (Anm. 18), 52, 53 ff., 54; *Hesse*, Grundzüge des Verfassungsrechts der BRD (Anm. 495).

[594] Zu den Grundrechten als negativen Kompetenzbestimmungen grund-

Aus dem Gedanken grundrechtlicher Normativität als sachbestimmter Normativität ergeben sich allgemeine Grenzen ihrer Konkretisierung dort, wo hermeneutische Figuren über den Sachgehalt eines den Rechtsfall treffenden Grundrechts schlechthin hinweggehen. So ist der Wesensgehalt im Sinn von Art. 19 Abs. 2 GG nicht nur als Normenkomplex im Sinn des geläufigen Normverständnisses aufzufassen, sondern auch als realmöglich-gedankliche Fassung wirklicher Sacheigentümlichkeiten, empirisch nachweisbarer Strukturen von sachlichem Eigengewicht. Das ist der Grund dafür, daß private Grundrechtsbereiche[595] und neben den für das Gemeinwesen und den demokratischen Prozeß konstituierenden Funktionen auch die Normbereiche primär „politischer" Grundrechte um ihrer selbst willen geschützt sind. So wie sich die Spezialität der Einzelverbürgungen der Art. 2 Abs. 2 ff. GG hermeneutisch aus der „Spezialität" ihrer Normbereiche, aus der sachlichen Eigenwertigkeit der ihnen zugrunde liegenden Sachstrukturen begründen läßt, so ist es einer nur abwägenden Grundrechtsinterpretation verwehrt, über die grundrechtlichen Sachgehalte im Sinn der sogenannten relativen Theorie zu Art. 19 Abs. 2 GG im Einzelfall allein auf Grund pauschaler „Höher"bewertung hinwegzugehen[596]. Die hermeneutische Fragestellung zeigt, daß nicht nur ein Denken in fragwürdiger Verräumlichung der Grundrechtssicht, sondern auch rationale Strukturanalyse der von ihrer Konkretisierung her differenzierten Grundrechtsnormen im Ergebnis die Grundrichtung der sogenannten absoluten Theorie in Verbindung mit dem Gebot der Verhältnismäßigkeit teilen kann. Nur im Rahmen unhermeneutisch allgemeiner Problematik läßt sich eine Alternative zwischen naiver Substanzialisierung und durchgehender Güterabwägung aufstellen.

---

sätzlich *Ehmke*, Wirtschaft und Verfassung (Anm. 36), 29 f., ferner 56 ff., und ders., VVDStRL 20 (Anm. 1), 89 ff., zum Kompetenzgedanken als Verbindung zwischen Grundrechtsteil und anderen Verfassungsvorschriften; allgemeine Skepsis in dieser Richtung bei *Luhmann*, Grundrechte als Institution (Anm. 87), 12.

595 Zu diesen *Häberle*, Wesensgehaltgarantie (Anm. 94), 17 ff., 20; vgl. auch ders., DVBl. 1965, 788 f. (Anm. 223), 789, zum „implicite" den gesellschaftlichen Sachverhalten nach Maßgabe des Grundrechts mitgewährten Schutz.

596 Zum Streitstand vgl. z. B. *Lerche*, Übermaß und Verfassungsrecht (Anm. 106), 34 ff., 236 ff.; v. *Hippel*, Grundrechte (Anm. 172), 53 ff.; vgl. ferner etwa BGH DÖV 55, 729 ff.; BGHSt 4.375.377; BVerfG 1.269.273 f.; BVerfGE 2.266.285; 6.32.41; 7.377.411; gegen die „relative Theorie" ferner z. B. *Krüger* (Anm. 534), DÖV 1955, 597 ff., 598; *Dürig*, AöR 81 (1956), 135; *Bachof*, JZ 1958, 469; *Denninger*, Zum Begriff des „Wesensgehalts" in der Rechtsprechung (Art. 19 Abs. II GG), DÖV 1960, 812 ff.; vgl. auch den Vorschlag eines „quantitativen Kernbereichdenkens" bei *Leisner*, Verfassungsauslegung (Anm. 35), DÖV 1961, 641 ff., 649. Dagegen soll nach *Häberle*, Wesensgehaltgarantie (Anm. 94), 124 f., 125, dann, wenn der grundrechtsbegrenzende Gesetzgeber gewissen materiellen Anforderungen genügt, auch eine im Einzelfall „restlose" Entziehung des Grundrechts legitim sein.

Hermeneutisch ist dagegen der Gedanke der Güterabwägung[597] in mehrfacher Hinsicht fragwürdig, von den zu Recht bestehenden rechtsstaatlichen Einwänden gegen die mit der Güterabwägung einhergehende Rechtsunsicherheit und die Gefahr subjektiver Werturteile ganz abgesehen. Die allzu große Nähe zu einer nicht genuin öffentlichrechtlichen Einzelfallgerechtigkeit wird an dem von der Rechtsprechung des Bundesverfassungsgerichts praktizierten Grundsatz sichtbar, zwischen dem in Frage stehenden Grundrecht und entgegenstehenden Gesichtspunkten im konkreten Fall „eine wohlverstandene Abwägung"[598] vorzunehmen. Diese kann von ihrer Voraussetzung her nicht leicht zu einem genaueren Prinzip führen als etwa dem auf die Meinungsfreiheit gemünzten Satz, es sei „bei der großen Bedeutung des Grundrechts aus Art. 5 GG . . . dessen Berücksichtigung im Rahmen des Möglichen geboten"[599]. Hermeneutisch müßte zunächst im Sinn der typologischen Stufe zwischen abstrakter Wortnorm und der jeweiligen Konkretisierung im Einzelfall zunächst nicht nach dem hier jeweils „Möglichen", sondern nach der rationalisierbaren Geltungssubstanz der Meinungsfreiheit für bestimmte Fallgruppen gefragt werden. Diese Aufgabe könnte vor allem von einer Analyse des Normbereichs im hier entwickelten normativ gesteuerten Sinn nachprüfbare Sachgesichtspunkte erwarten. Eine differenzierende Weiterentwicklung der Verfassungshermeneutik, unabhängig von den miteinander kaum zu vereinbarenden Positionen eines Denkens allein in „Eingriffen" und „Schranken" wie eines Immanenz- und Identitätsdenkens, könnte zunächst die Zahl der Fälle vermindern, in denen Abwägung statt rationaler Abgrenzung notwendig erscheint. Die Mühelosigkeit, mit

[597] Vertreten z. B. von *Smend*, Das Recht der freien Meinungsäußerung (Anm. 108), jetzt in: Staatsrechtliche Abhandlungen, 89 ff., z. B. 97 f. Vgl. ferner z. B. BVerfGE 6.32.43; 7.198.207 ff.; 7.230.234; 7.377.397 ff.; 12.113.124 ff.; 13.97.104 ff. 113; 15.226.234; 15.288.294; 16.214.217 ff.; 16.194.200 ff.; 17.108.117 f. Aus den Entscheidungen BVerfGE 13.97.105; 15.288.296; 15.226.234; 16.194.201; 17.108.117; 17.306.313 f. geht hervor, daß das Bundesverfassungsgericht allen Güterabwägungen einen angeblichen „grundsätzlichen Vorrang des Freiheitsrechts" zugrunde legt. — In der Rechtsprechung des Bundesverwaltungsgerichts wird im Sinn der Güterabwägung die Grenze der Grundrechte in ganz allgemeiner Formulierung und ohne weitergehende hermeneutische Analyse dort gesehen, wo ihre Ausübung gegen vordringliche Gemeinschaftsgüter verstoßen würde, z. B. BVerwGE 1.48.52; 1.92.94; 1.165.166 f.; 1.303.307; 2.89.94; 2.295.300; 2.345.346; 3.21.24; 4.95.96; 4.167.171; noch 5.153.159. Kritisch z. B. *Bachof*, Zur Rechtsprechung des Bundesverwaltungsgerichts, JZ 1957, 334 ff., 337, 340. Seit dem Urteil in BVerfGE 7.377 wendet das Bundesverwaltungsgericht sinngemäß die Schrankentrias des Art. 2 Abs. 1 GG auf die Einzelgrundrechte an, vgl. BVerwGE 7.358.361. — Beispiele für Güterabwägung in der Rechtsprechung des Bundesgerichtshofs bieten etwa BGHSt 3.375.376 f.; 4.385.392 und BGHZ 24.72; 31.308.312 f.; 35.363.368; 36.77.83. Eindrucksvoll zu den Gefahren unbegrenzter Güterabwägungen des Gesetzgebers mit Grundrechtsbeschränkungen zugunsten angeblicher Allgemeininteressen: BGH DÖV 1955, 729, 730.

[598] BVerfGE 15.288.297.

[599] BVerfGE 15.288.295.

der in der genannten Rechtsprechung zum Teil nach diesem sprachlichen Muster der „Abwägung" vorgegangen wird, mahnt zu großer Zurückhaltung[600].

Die Abwägung verschiedener Gesichtspunkte der Normkonkretisierung darf die Anstrengung der Interpretation nicht ersetzen. Sie setzt sie voraus. Das gilt vor allem für die Grundrechte, damit nicht eine Mischung aus sachlichen Aspekten und sprachlicher Suggestion, aus ungeklärtem Vorverständnis und affektiver Beteiligung am konkreten Rechtsproblem zu Lasten realer Freiheit kaum kontrollierbar gegeneinander „abgewogen" wird und so ohne Verwirklichung rechtsstaatlichen Begründungszwangs das „Übergewicht" oder die „Höherwertigkeit" des einen der beteiligten Sach- und Normkomplexe mehr behauptet als einsichtig macht. Werden pauschale Bestimmungen wie „Sittengesetz", „öffentliche Sicherheit", „Kunstwert", „Interesse des Verkehrs" unvermittelt und ohne nähere, norm- wie fallbezogene Typisierungen und Differenzierungen zu Komponenten der Abwägung gestempelt, so kann schwerlich mehr als ein Wort (mit in concreto ungeklärt belassenem Sach-, Begriffs- und Assoziationsfeld) gegen ein anderes Wort gehalten werden, so wird sich das Übergewicht des einen Faktors auch kaum anders als affirmativ versichern lassen.

Werden dagegen abwägbare Einzelgesichtspunkte gesucht, so müssen sie, soweit das Gewicht von Grundrechten und sie begrenzenden Rechtsgütern in Rede steht, allein „von der Verfassungsebene aus" bestimmt

---

600 Gegen das allgemeine Prinzip der Güterabwägung etwa *Lerche*, Übermaß und Verfassungsrecht (Anm. 106), 22, 157, 224, 244, 292 ff. und bes. 129 und ff.: der Grundrechtsteil der Verfassung gerate „wachsend in Gefahr, auf Kosten der in ihm enthaltenen formalen Elemente in ein Geflecht von Güterabwägungen gepreßt zu werden, das im Grunde nicht aus der Verfassung abgeleitet werden kann", 129; und ebd., 150: die Forderung einer Güterabwägung in jedem einzelnen Anwendungsfall mache aus dem Gesetzesvorbehalt (hier: in Art. 5 Abs. 2 GG zu den „Vorschriften der allgemeinen Gesetze") einen Urteilsvorbehalt. Ferner *Leisner*, Grundrechte und Privatrecht, 1960, 371 f., 391, 393 f.; J. H. *Kaiser*, VVDStRL 22 (1965), 178: Abgrenzung der Grundrechte aus ihren sich aus den Normtexten ergebenden Rechtsgütern, nicht durch Ableitungen „aus einem System vorgestellter Werte"; *Ehmke*, VVDStRL 20 (Anm. 1), 78 ff., 80, 81, gegen eine „Hierarchie" der Verfassungsnormen; *Schnur*, Pressefreiheit, VVDStRL 22 (1965), 101 ff., 121 f., 127 f.; A. *Arndt*, Das Werbefernsehen als Kompetenzfrage, JZ 1965, 337 ff., 341: Abwägung im Bereich von Art. 5 GG auf Art. 5 Abs. 2 GG („allgemeine Gesetze") beschränkt; v. *Pestalozza*, Grundrechtsauslegung, in: Der Staat, Bd. 2, 425 ff. (Anm. 122), 446 ff., 448, 449; *Luhmann*, Grundrechte als Institution (Anm. 87), z. B. 59 f., Anm. 18, 60; 207 f., 208, Anm. 11. Sehr kritisch zur Güterabwägung in der Rechtsprechung des Bundesverfassungsgerichts: *Bettermann*, Die allgemeinen Gesetze als Schranken der Pressefreiheit, JZ 1964, 601 ff. Gegen Güterabwägung im Grundrechtsbereich im Gewand der „Drittwirkung": *Ramm*, Die Rechtsprechung des Bundesarbeitsgerichts, in: JZ 1964, 494 ff., 582 ff., bes. 583 ff.; JZ 1966, 214 ff., bes. 219 f. — Vgl. ferner *Arndt*, Zur Güterabwägung bei Grundrechten, NJW 1966, 869.

werden[601]. Die Praxis wird dieser allgemeinen Forderung bisher kaum gerecht; so wenn zum Zweck der „Abwägung der sich gegenüberstehenden Interessen" aus dem Grundrecht auf freie Äußerung politischer Meinungen (Art. 5 Abs. 1 GG) und aus privatrechtlichen Abwehrrechten gegen Eigentumsstörungen (§ 1004 BGB) nicht etwa typische Kollisionslagen unter Erarbeitung des Geltungsgehalts und der sachbestimmten Begrenzungen des Grundrechts erörtert werden, sondern Begleitumstände der folgenden Qualität: die Art der Meinungsäußerung (Größe der Wahlplakate, Stifte an der Außenmauer)[602], die subjektive Motivation zu dieser Eigentumsstörung; die Tatsache, daß der Mieter nicht versuchte, den Eigentümer zuvor um Erlaubnis zu fragen[603]; die Selbstbeschränkung des Hauseigentümers darauf, von seinem Abwehrrecht Gebrauch zu machen; Störung auf Grund politischer Demonstration bei nur geringer technischer Beschädigung der Hauswand; die Tatsache, daß der Eigentümer unwiderlegt behauptet hatte, nicht aus politischer Gegnerschaft, sondern nur zur Erhaltung des Friedens innerhalb der Hausgemeinschaft das Anbringen der Plakate untersagt zu haben; ferner das Fehlen einer „eigenen Note" der vom Mieter versuchten Propaganda, die sich etwa auf seine eigene Wiederwahl zur Bürgerschaft oder sonst auf die besonderen Umstände seines Wohn- oder Wahlbezirks bezogen hätte[604]; die für reine Wohngegenden konstatierte Unüblichkeit dieser Form der Meinungsäußerung, „von einer Mietwohnung aus für die eigene politische Meinung in dieser Form zu werben"; das Fehlen einer entsprechenden Verkehrssitte und die wegen des politischen Anlasses größere Gefahr einer Störung des Hausfriedens im Gegensatz zu den Bräuchen bei Prozessionen; keine ernstliche Behinderung des Beschwerdeführers darin, seine politische Meinung zu äußern[605]. Schließlich soll es trotz der vom Gericht mehrfach betonten Geringfügigkeit der Eigentumsstörung entscheidend[606] zugunsten des Eigentümers ins Gewicht fallen, „daß er nicht auf die Wahrung seiner formellen Eigentümerbefugnisse pocht, sondern auf Grund von Beschwerden anderer Mieter die Störung zur Erhaltung des Hausfriedens abwehren will, also in dem Bestreben, den rechten sozialen Gebrauch von seinem Eigentum zu machen". Falls diese Rechtsfragen überhaupt verfassungsrechtliche sein sollen, falls es sich, wie das

---

[601] *Häberle*, Wesensgehaltgarantie (Anm. 94), 32.

[602] BVerfGE 7.230.234 ff. — Von dem höchst fragwürdigen Ausgangspunkt des Gerichts, trotz der rechtlichen und faktischen Gleichordnung der streitenden Parteien handle es sich um eine Grundrechtsfrage, soll im vorliegenden Zusammenhang nicht gehandelt werden.

[603] Hierzu und zum folgenden BVerfGE 7.230.235.

[604] BVerfGE 7.230.236: „Er hat nur die allgemeinen Wahlplakate seiner Partei angebracht".

[605] BVerfGE 7.230.237: „Da er für eine große politische Partei kandidiert, steht ihm deren Propagandaapparat zur Verfügung".

[606] Hierzu a.a.O., 237, auch 235; zum folgenden 237.

Bundesverfassungsgericht voraussetzt, wirklich um eine durch Abwägung zu lösende Kollision zwischen den Grundrechten der Art. 5 Abs. 1 und 14 Abs. 1 GG handeln soll, ist hier von einer Argumentation auf Verfassungsebene nichts zu spüren. Periphere unterverfassungsrechtliche oder überhaupt nicht rechtliche Gesichtspunkte verdrängen jede Fragestellung, die auf Klärung der grundrechtlichen Inhalte und Geltungsgrenzen gerichtet sein könnte. Die einzigen Bezugnahmen auf die wichtige Rolle des Grundrechts der freien Meinungsäußerung in der freiheitlichen Demokratie und auf den grundrechtlichen Schutz des Eigentums[607] gehen auf die primäre Frage, ob überhaupt und inwieweit die angezogenen Grundrechte hier den Fall treffen, nur unzulänglich ein und sind im übrigen widersprüchlich und von einer Verwaschenheit, die für den größten Teil der Rechtsprechung zu diesem Fragenkreis kennzeichnend ist.

Dieser Tatbestand ist verständlich. Die Theorie hat der Praxis bisher kaum verwertbare Hinweise darauf gegeben, wie die abzuwägenden Größen rational umschrieben, auf nachprüfbare und intersubjektiv wirklich diskutierbare Weise in ihrem „Gewicht" abgeschätzt werden könnten. Dies wäre auch nur durch hermeneutisch erfragte Aussagen möglich. Solange die Güterabwägung im Ergebnis dazu dient, hermeneutische Differenzierungen zu umgehen, anstatt sie abschließend miteinander in Einklang zu bringen und im Hinblick auf den konkreten Fall zu aktualisieren, wird mit ihrem Verfahren weder der juristischen Hermeneutik noch der rechtsstaatlich geforderten Klarheit der Normkonkretisierung gedient sein. Von hier aus wird die Frage der Güterabwägung sachlich fast nur noch als Kompetenz- und Verfahrensproblem in Hinblick darauf erkennbar, welches Staatsorgan den Beurteilungs- und Kontrollspielraum für sich in Anspruch nehmen dürfe und wie die verfassungsentworfene Verfahrenstypik für die gesetzgeberische Behandlung von Grundrechtsfragen auszusehen habe[608]. Demokratische Legitimation steht wohl dem Gesetzgeber, nicht aber dem unversehens subjektive Werterwägungen substituierenden Interpreten zur Seite. Auch eine verfassungstheoretisch reflektierte Lehre von der Güterabwägung, die dieses Verfahren als verfassungsimmanentes Prinzip mit den Aufgaben der Inhaltsbestimmung und Grenzbestimmung der Grundrechte und der Konfliktslösung „zwischen den nebeneinanderstehenden Verfassungsrechtsgütern" betrachtet, nach der Grundrechte nur „zum Schutze von verfassungsrechtlich gleich- oder höherwertigen Rechtsgütern" begrenzt

---

[607] BVerfGE 7.230.233 f. 235: das Eigentum sei grundrechtlich geschützt „und es müssen gewichtige Interessen entgegenstehen, wenn die natürlichen (?) Eigentümerbefugnisse zurücktreten sollen"; Fragezeichen nicht im Original. Das Gericht kann allenfalls naturrechtliche Rechtstitel meinen.

[608] Hierzu *Lerche* (Anm. 191), DÖV 1965, 212 ff., 213.

werden dürfen und die den Sinn der Güterabwägung darin sieht, die Grundrechte als subjektiv öffentliche Rechte zu begrenzen und zugleich „als Institute" im einzelnen von anderen Lebensbereichen und Rechtsgütern zu scheiden[609], bedarf der hermeneutischen Präzisierung, wenn die Forderung nach sorgfältigen Typisierungen der „immanenten" Grundrechtsgrenzen, der verfassungsmäßigen Zuordnungen verschiedener Rechtsgüter und der gesetzgeberisch legitimen Grundrechtsbegrenzung und Grundrechtsausgestaltung[610] praktisch zu verwirklichen sein soll. Solche Präzisierung wird nicht ohne ein neues, ein hermeneutisches Normverständnis und ohne das integrale Einbeziehen der Normbereichsanalyse in das konkretisierende Verfahren topischer Hermeneutik zu leisten sein.

Von dieser notwendigen Rationalisierung des Verfahrens im einzelnen abgesehen, ist es noch ungeklärt, wieweit die Elemente hermeneutischer Normsicht lediglich als Ergebnisse auf die Probleme der Güterabwägung im Rahmen eines Grundrechtsverständnisses übertragen werden können, das seinerseits von der überkommenen Normauffassung ausgeht. Die Einsicht in die — allerdings zu differenzierende — sachliche Eigenwertigkeit grundrechtlicher Normbereiche steht ihrer verbalen „Abwägung", steht der Möglichkeit, das eine der beteiligten Rechtsgüter jeweils ganz zurücktreten zu lassen, es im Einzelfall grundsätzlich ohne Rest zum Verschwinden zu bringen, und steht überhaupt schon der These entgegen, eine materielle „Höherwertigkeit" einzelner Normgehalte gegenüber anderen Normgehalten der Verfassung rational begründbar feststellen zu können. Die durch Analyse der Normbereiche versachlichte Konkretisierung wird in vielen Fällen, in denen bisher eher metaphorisch eine Kollision vorausgesetzt wird, zu dem Ergebnis kommen, der Rechtsfall sei strukturell kein solcher des Normbereichs; die Norm (deren Normativität durch den Sachgehalt des Normbereichs mitkonstituiert wird) sei somit gar nicht „anwendbar" und daher auch nicht in eine rechtlich relevante „Kollision" verwickelt. In Fällen, die durch sachlich-strukturelle Abgrenzung der beteiligten Geltungsgehalte nicht einsichtig lösbar sind, werden die irrationalen Komponenten, die alle Rechtskonkretisierung nach dem hier entwickelten Verständnis von Rechtswissenschaft mitbegründen, stärker in den Vordergrund treten. Die dann zu Recht anzu-

[609] *Häberle*, Wesensgehaltgarantie (Anm. 94), 31 ff., 36 f., 58 ff., 67 ff., 124 f. und passim; vgl. schon *Hamel*, Die Bedeutung der Grundrechte im sozialen Rechtsstaat (Anm. 533), 38 ff., 41 ff., und ders., Das Recht der freien Berufswahl, DVBl. 1958, 37 ff., 41 ff.; ders., Glaubens- und Gewissensfreiheit, in: Die Grundrechte, IV 1, 37 ff., 58 ff., 64, mit einseitig inhaltlicher Fixierung des Grundrechts. Ferner etwa *Nipperdey*, Freie Entfaltung der Persönlichkeit, GR IV/2 1962, 741 ff., 788. Diese Auffassung in verallgemeinerter Form auch bei v. *Hippel*, Grundrechte (Anm. 172), passim; Nw. ebd., 27 und ff.

[610] Hierzu *Häberle*, Wesensgehaltgarantie (Anm. 94), z. B. 38 ff., 53, 188 ff., 193 f., 202 ff., 210 ff.

nehmende Kollision mag oft nur durch abwägende Erörterung der Frage zu beheben sein, welche der möglichen Lösungen besser vertretbar erscheint. Abwägung in diesem eingeschränkten Sinn muß gleichwohl darauf bedacht sein, ihre Voraussetzungen nach Möglichkeit zu rationalisieren, muß sich insbesondere zu ihrem nicht rationalisierten Bestandteil unmißverständlich bekennen.

Das praktische Ergebnis kann jedoch auch in diesen Fällen meist nur durch verhältnismäßige Begrenzung beider, beziehungsweise aller beteiligten Normgehalte erzielt werden, durch eine Zuordnung der verschiedenen Komplexe sachbestimmter Normativität in bezug auf die Eigenart des Rechtsfalls; nicht aber dadurch, daß grundsätzlich der eine der in Frage stehenden Normgehalte — ein „Zutreffen" von Fall und Norm aufeinander vorausgesetzt — pauschal zurücktreten muß. Der Grundgedanke „des nach beiden Seiten hin schonendsten Ausgleichs"[611], eine Auslegung der Grundrechte „auf Harmonisierung und gegenseitige Ergänzung" hin[612], der „Maßstab praktischer Konkordanz" als Verhältnis optimaler Realisierung der beteiligten verfassungsrechtlichen Norminhalte[613] werden der Struktur sachbestimmter Normativität, dem hermeneutischen Eigenwert der Normbereiche und der verfassungstheoretischen Zielvorstellung der Auslegung der Verfassung als einer materialen Einheit besser gerecht als abwägende Durchsetzung der einen Norm auf Kosten der anderen. Die harmonisierende Auslegung der Grundrechte versucht, die Norm- und Sachgehalte der Grundrechtssätze zu einer sinnvollen Ordnung zusammenzufügen; nicht aber, sie als Wertsystem vorauszusetzen, aus dem deduktiv abgeleitet werden könnte[614]. Gerade deshalb und ferner zur sachlichen Begründung und sachbestimmten Differenzierung hermeneutischer Richtgedanken als Prinzipien der Grundrechts- und Verfassungskonkretisierung kommt der normativ gesteuerten Normbereichsanalyse im Rahmen topischer Hermeneutik erhöhte Bedeutung zu, wenn nicht die Praxis bei einer die Normgehalte verkürzenden Harmonisierung von Normtexten halt machen soll. Erhöhte Sorgfalt ist dort geboten, wo die Harmonisierung als „Auslegung der Einzelnorm aus der Totalnorm" verstanden werden soll[615]. Eine in-

---

[611] So *Lerche*, Übermaß und Verfassungsrecht (Anm. 106), 153; vgl. ferner ebd., 98 ff., 117 ff., 125 ff., 130 ff., 134 ff.; grundsätzlich 19 ff. — Vgl. a. *Ossenbühl* DÖV 1965, 657 f.

[612] *Scheuner*, VVDStRL 22 (1965), 1 ff. (Anm. 532), 33 ff., 95; ferner 178; auch schon ders., DVBl. 1958, 845 ff., 849; VVDStRL 20 (1963), 125 f.; hierzu auch v. *Pestalozza*, Grundrechtsauslegung, in: der Staat, Bd. 2, 425 ff. (Anm. 122), 438 m. w. Nw.

[613] *Hesse*, Grundzüge des Verfassungsrechts der BRD (Anm. 495).

[614] *Scheuner*, VVDStRL 22 (1965), 1 ff. (Anm. 532), 33 ff., 178; zu den Richtgedanken (standards) ebd., z. B. 97.

[615] Hierzu v. *Pestalozza*, Grundrechtsauslegung (Anm. 122), 438 m. Nw.; vgl. auch *Leisner* (Anm. 35), DÖV 1961, 641 ff., 645: Harmonisierung zweier Normen als „Grenzbestimmungsauslegung".

terpretatorisch begründete und nachprüfbare Konkordanz eigengeprägter Normbereiche stellt höhere Anforderungen an die Rationalität und an die gegenseitige Abstimmung der einzelnen Begründungsaspekte als die Konkordanz der „Normen" im herkömmlichen Verständnis, deren tertium comparationis nicht selten die Normtexte und ihre sprachliche Dehnbarkeit bilden müssen.

Diese Anforderungen aus der Einsicht in die Sachbestimmtheit rechtlicher Normativität und im besonderen in jene der grundrechtlichen Geltungsgehalte sind schon vom Ansatz her vernachlässigt, wenn Rechtsgeltung grundsätzlich auf den im Einzelfall die Abwägung überstehenden Saldo irrational behaupteten Übergewichts beschränkt wird; wenn speziell die Grundrechtsnormen wegen ihrer vom Normtext her konstatierten „hohen Abstraktion" nur als Richtlinien verstanden werden, als Hinweise darauf, „daß bestimmten Freiheitsinteressen . . ., kurz dem Gedanken individueller Selbstbestimmung, bei der Ordnung der Lebensverhältnisse und der Lösung von Konfliktsfällen ein besonderes Gewicht beizumessen ist"[616]. Der Weg zum bloßen Urteilsvorbehalt erscheint hier zu Ende gegangen. Bisher ist nicht dargetan worden, wie auf dem Boden solcher Fragestellung rechtsstaatlich diskutable, rational typologische, wenigstens ein Mindestmaß an Normklarheit und Rechtssicherheit verbürgende Richtlinien, standards, Differenzierungen nicht nur gefordert, sondern auch für die Praxis erarbeitet werden können. Besonders schwer wiegt dabei der Mangel an sachlicher Abstützung in den sozialen Regelungsbereichen der Grundrechtsnormen. Selbst rein grammatische Aus-

---

[616] Eike v. *Hippel*, Grundrechte (Anm. 172), 15; ebd., 16, Anm. 14: Grundrechte als „Generalklauseln"; auch 19: „Grundrechtsnormen als Hinweise für Interessenbewertungen". Seinem „elementaren" Satz: „Jede Grundrechtsnorm gilt nur, wenn und soweit dem geschützten Freiheitsinteresse keine höherwertigen Interessen (Rechtsgüter) entgegenstehen", z. B. 26, 29, attestiert v. *Hippel* „unausweichliche, naturrechtliche Richtigkeit" für die gesamte Rechtsordnung, erkennt ihn aber auch zugleich als „völlig formal", 31, und als noch nicht fähig, die „Schrankenfrage" zu lösen, 47. Dennoch und trotz der zugegebenen Unmöglichkeit, die zur Bestimmung der „Rangfolge" der einzelnen Rechtsgüter auf Grund der behaupteten „Wertordnung" unumgänglichen Wertungen zu rationalisieren (40), wird dem Gesetzgeber ohne weiteres die Befugnis eingeräumt, „auch ohne ausdrücklichen Vorbehalt, ein Freiheitsinteresse (zu) beeinträchtigen, wenn und soweit dies zum Schutze von Interessen erforderlich ist, die nach der objektiven Wertordnung der Verfassung als höherwertig anzusehen sind", 40. Dasselbe soll für den Richter gelten. Weil v. *Hippel* keine „unbefriedigenden Ergebnisse in Kauf nehmen" will, will er „einen gewissen Zuwachs an Richtermacht in Kauf nehmen", indem er auf das Erfordernis spezieller Ermächtigungsnormen zur Grundrechtsbeschränkung verzichtet und „den mehrfach genannten elementaren Satz als ausreichende Ermächtigungsgrundlage" anerkannt sehen möchte, 45. Abgesehen von den grundsätzlichen rechtsstaatlichen und hermeneutischen Einwänden, darf daran erinnert werden, daß es primär nicht um das „Interesse des Gesetzgebers" im Sinn der Entlastung von detaillierten Regelungen für die Zukunft geht (43), sondern um die Unverbrüchlichkeit der Verfassungsrechtsordnung. Allg. zum Geltungsproblem jetzt Schreiber, Die Geltung von Rechtsnormen, 1966.

legung, also bereits der sprachliche topos der Konkretisierung zeigt, daß die Abstraktion der Grundrechtsvorschriften beispielsweise zwischen der Freiheit der Wohnung und derjenigen der Wissenschaft, zwischen der Freizügigkeit und der Freiheit von Glauben, Gewissen und Bekenntnis bemerkenswerte Graduierungen aufweist, die letztlich auf die sachlichen Verschiedenheiten der garantierten Materien und ihrer realen Strukturen, ihrer Objektivierbarkeit, auf den Grad ihrer Rechtserzeugtheit und rechtlichen Gestaltbarkeit zurückführen; also auf den jeweiligen Normbereich. Auch nach dessen Eigenart richtet sich die Bedeutung des einzelnen Grundrechts und seiner Rolle im demokratischen Rechtsstaat. Schon erste Überlegungen, wie die Einsicht in die neben individueller Berechtigung auch transpersonalen (was nicht heißen muß: „institutionellen") Gehalte etwa der Art. 4 Abs. 1 und 2, 5 Abs. 1 Satz 2 und Abs. 3 Satz 1, 6 Abs. 1, 9 Abs. 1 und 3, 12 Abs. 1, 14 Abs. 1, 33 Abs. 2 und 3, 101 und 103, machen deutlich, daß die Grundrechte ebensowenig auf den Gedanken individueller Selbstbestimmung reduzierbar sind, wie verfassungsrechtliche Vorschriften als Verhaltensnormen voll begreiflich werden. Daß in der Praxis nicht zuletzt auch mangels ausreichender Entwicklung der Verfassungshermeneutik irrationale Abwägung der Entscheidungskomponenten häufig zu beobachten ist, bietet noch keinen zureichenden Grund, Güterabwägung als Allheilmittel der Normkonkretisierung anzusehen, während die Problematik für die hier nicht untersuchte Gesetzgebungspolitik etwas anders liegt. Richterliche Not darf nicht in rechtliche und rechtstheoretische Notwendigkeit umgedeutet werden.

Güterabwägung darf rationale Konkretisierung nicht ersetzen wollen; Konkretisierung wird aber Güterabwägung nicht selten als entbehrlich erscheinen lassen. In den Fällen der Unumgänglichkeit einer Abwägung muß die Rationalisierung jedenfalls so weit gehen, auch in der Darstellung der Gründe die rationalen von den irrational wertenden Momenten der Entscheidung abzusetzen. Die bei verfassungsrechtlichen Fragen verbindliche Verfassungsebene der Argumentation darf dabei allgemein nicht durch zu weitgehenden Einbezug des Unterverfassungsrechts praktisch und materiell zur „Ebene" der verfassungsmäßigen Rechtsordnung werden; sonst wäre die Aufgabe, die Grundrechtsnormen speziell zu konkretisieren, auch in bezug auf Art. 1 Abs. 3 GG weitgehend umgangen. Dabei ist die wichtige Rolle des Unterverfassungsrechts bei der Konkretisierung von Grundrechten nicht verkannt, doch muß sie hermeneutisch kontrolliert bleiben. Je nach Normprogramm und Normbereich des Grundrechts und nach dem Grad ihrer Konkretisierbarkeit kann die Untersuchung der normativen Leitgedanken und Normbereiche der grundrechtsbezogenen unterverfassungsrechtlichen Vorschriften mehr oder weniger im Vordergrund stehen. Dem entspricht es, daß Grundrechte mit rechtserzeugtem Normbereich, wie Prozeßgrundrechte und Verfahrensgarantien, in der Regel einer gesetzlichen Ausgestaltung in weit höherem Grad bedürftig sind als etwa die Glaubensfreiheit oder die Freiheit der Kunst. Durch Abwägung unterverfassungsrechtlicher Gesichtspunkte, wie zum Beispiel in BVerfGE 7.230, ist jedoch die Interpretation der Grundrechtsnorm in keinem Fall ersetzbar. Es ist der Mangel sachbegründeter topoi der Grundrechtskonkretisierung, der die Rechtsprechung nicht selten in das Unterverfassungsrecht und sein dichter geknüpftes Gefüge ausweichen läßt.

Das nach Normprogramm und Normbereich akzentuierte Vorgehen topischer Hermeneutik kann die Einzelgesichtspunkte auch grundrechtlicher Normativität in größere Nähe zu den erörterten Sachverhalten bringen, sie enger, damit überschaubarer und kontrollierbarer umschreiben als primär sprachliche Argumentation. Es kann damit die Genauigkeit auch der übrigen topoi der Konkretisierung erhöhen helfen. Dieses Vorgehen erweist in vielen Fällen auch die Voraussetzung vorgegebener „Güter" als zu wenig differenziert. Es zeigt ferner, daß die hermeneutischen, hier im Bild der „Ellipse" veranschaulichten Zusammenhänge zwischen Normprogrammen und Normbereichen des Grundrechts und des ihm zugeordneten Unterverfassungsrechts zu verwickelt sind, um durch eine Abwägung zureichend erfaßt werden zu können, die nach dem aut-aut-Schema im Ergebnis den einen der beteiligten Komplexe von Normgehalten von der Fallösung ausschließt, den oder die anderen „schwerer" wiegen läßt. Schon die nicht grundsätzliche Trennbarkeit von Rechtsanwendung und Rechtsfortbildung deutet an, daß zumindest in schwierigeren Fällen keine Norm den konkreten Fall vollständig und ausschließlich bewältigen kann, ohne selbst in ihrer Geltungssubstanz verändert zu werden. Topische Hermeneutik wird daher im Fall der Normenkonkurrenz nach zuordnender Konkretisierung im Sinn harmonisierender Interpretation und praktischer Konkordanz streben.

Sie hat sich damit auch von der Vorstellung der Grundrechte als von einem geschlossen vorgegebenen System gelöst. So unbestritten es sein kann, daß das Bonner Grundgesetz keine wertneutrale Ordnung errichtet habe, sondern daß das Verständnis seiner Grundrechte als Bestandteile einer objektiven Wertordnung die Geltungskraft der Grundrechte im ganzen prinzipiell verstärkt[617], so wenig muß hieraus der Schluß auf ein „Wertsystem" gezogen werden, das als „verfassungsrechtliche Grundentscheidung für alle Bereiche des Rechts" gelten soll, alle Vorschriften der Rechtsordnung zumindest ex negativo, auf dem Wege der Auslegung aber auch positiv prägt[618] und damit auf ungeklärte Weise die Problematik der Drittwirkung mit dem das Gemeinwesen grundsätzlich mitkonstituierenden Charakter der Grundrechte vermischt. Die Grundrechte

---

[617] So z. B. BVerfGE 7.198.205 im Anschluß an E 2.1.12; 5.85.134 ff. 197 ff.; 6.32.40 f.

[618] BVerfGE 7.198.205.

des Grundgesetzes sind nicht als aus historischen Gründen zufällig zusammengekommene Mehrheit positiver Vorschriften, sondern als sinnvoll zusammengehörige, materiell aufeinander beziehbare Ordnung je für sich eigengeprägter Garantiebereiche zu verstehen, die neben den unverkürzten und durch diese Sicht an Geltungskraft noch verstärkten subjektiven Berechtigungen auch die Bedeutung überindividueller, objektiver, das Ganze der verfassungsmäßigen Ordnung entscheidend mitprägender Normgehalte haben. Von einem „System" braucht deshalb noch nicht ausgegangen zu werden. Dieser Begriff umschließt in eigentlicher Bedeutung mehr als jener der soeben umschriebenen objektiven Wertordnung. Bereits das Lüth-Urteil selbst zeigt, indem es die Grundrechte in erster Linie als einzelne Abwehrrechte des Bürgers versteht[619], daneben aber den Gedanken des „Wertsystems" betont, daß der Systemgedanke nicht im eigentlichen Sinn aufgegriffen und zwingend durchgeführt, sondern nur als Synonym für die Gesichtspunkte überindividueller Ordnung gebraucht wird.

Wenn aus dem Gedanken objektiver Ordnung ein weiterführendes Kriterium zu gewinnen sein soll, dann ist es weder das eines die Eigengesetzlichkeit der Normbereiche abstrakt nivellierenden, vorgeblich lückenlosen, „logisch" geschlossenen Grundrechtssystems noch das einer fixierten, überpositiv vorgegebenen, das Verfassungsrecht außerpositiv dominierenden „natürlichen" oder sonst übergeschichtlichen Rangordnung absoluter Werte. Die praktische Behandlung der Grundrechte durch das Bundesverfassungsgericht läßt vielmehr die Möglichkeit offen, die Grundrechtsnormen als eine in sich sinnvoll zu legitimierende Reihe verfassungskräftiger Verbürgungen zu verstehen, die als Grundrechte rechtlich konstituiert, zugleich vom Eigenwert ihrer Normbereiche aus sachlich strukturiert und in ihrer Gesamtheit auf Zuordnung ihrer Normgehalte gerichtet sind oder Zuordnung jedenfalls prinzipiell zulassen. Mangels eines formallogisch oder naturrechtlich konzipierten eigentlichen Systemdenkens kann man dem Bundesverfassungsgericht auch nicht die Rezeption eines vor- oder außerrechtlichen „Wert"begriffs unterstellen, sondern wiederum nur unbedachte Wortwahl vor dem Hintergrund eines Wertverständnisses im Sinn von Rechtsgütern[620]. Diese sind, wie sie vom Gericht in praktischer Konkretisierung behandelt werden, recht-

[619] BVerfGE 7.198 Ls 1.204 f. — Vgl. dagg. zum politischen Grundrechtsverständnis im Frühliberalismus F. *Müller*, Korporation und Assoziation (Anm. 243), 282 ff.

[620] In diese Richtung geht auch der Wertbegriff bei *Smend* und *Litt;* vgl. *Smend*, Das Recht der freien Meinungsäußerung (Anm. 108), jetzt in: Staatsrechtliche Abhandlungen, 89 ff., z. B. 92, zum „Kultursystem". Zu der ganzen Frage vor allem *Hollerbach*, AöR 85, 241 ff. (Anm. 3), 253 ff., 255: „Wertsystem" meine „nicht einen abstrakten, kryptonaturrechtlichen, nach bestimmten Gesetzen und Notwendigkeiten funktionierenden Schematismus von intransigenter Geschlossenheit".

lich zur Kenntnis genommene und auf verschiedene Weise, in verschiedenem Grad anerkannte und gewährleistete Sachbereiche. Die Schwer- und Kernpunkte ihrer Sachstruktur erscheinen vor allem dann, wenn sie sinngemäß oder bereits nach dem Wortlaut der Grundrechtsnormen in ihrer eigenen Sachgesetzlichkeit voll garantiert werden, als besonders herausgehobene, von der Verfassung selbst zum Thema gemachte „Werte" im Umkreis des geregelten Lebensbereichs, des grundrechtlichen Unterverfassungsrechts und schließlich der verfassungsmäßigen Gesamtordnung. Der hermeneutische Ansatz erfaßt diese Sachstrukturen als Bestandteile des Normbereichs in seinem Bezug zum Normprogramm und macht damit für seinen Problemzusammenhang den mehrdeutigen Terminus „Wert" entbehrlich. Dasselbe gilt für das noch leichter mißverständliche „Wertsystem". Statt seiner kann das Verständnis der Grundrechte als einer rechtlichen Ordnung sachbestimmter Garantien von jeweils sachgeprägten Möglichkeiten der Freiheit mit fundamentaler Bedeutung für das verfassungsrechtlich gegründete Gemeinwesen festgehalten werden.

Damit ist zugleich bezweifelt, daß sich die Grundrechte als Rechte einer „natürlichen Sphäre" verstehen lassen. Theoretisch abstrahiert diese Auffassung von der geschichtlichen Bedingtheit der Freiheit im menschlichen Zusammenleben, hermeneutisch vernachlässigt sie die normative Gegründetheit der Normbereiche, insofern diese Bestandteile konkreter rechtlicher Normativität bilden. Der fragile Gedanke „natürlicher" Berechtigung kann gegen seine Intention die Verwirklichung realer Freiheit unter den unzulänglichen Bedingungen wirklicher Geschichte und Gesellschaft schwächen. Auch der „Rechtsraum" eines von seinem Normbereich her besonders stark eigengeprägten, besonders schwer objektivierbaren Grundrechts wie der Glaubensfreiheit[621] ist rechtlich begründet und rechtlich umschrieben, wenn auch nicht inhaltlich verrechtlicht. Die Freiheit der Glaubensentscheidung, die Möglichkeiten und Grenzen ihrer Betätigung erhalten durch die Überwachung dieser Grenzen auf dem Boden der Verfassungsordnung rechtliche Konturen, wenn auch die tatsächlich verwirklichten Inhalte und die Form ihrer Verwirklichung in weitem Umfang differieren dürfen. Dem entspricht es, daß dem vorbehaltlos garantierten Grundrecht des Art. 4 Abs. 1 GG nur die inneren Grenzen seiner sachlichen Reichweite von der Verfassungsordnung formuliert werden können: freie Betätigung im „Rechtsraum" des Art. 4 Abs. 1 GG ist nur diejenige, „die sich bei den heutigen Kulturvölkern auf dem Boden gewisser übereinstimmender sittlicher Grundanschauungen . . . herausgebildet hat"[622]. Mag man über die vorläufige Präzisierung dieser „allgemeinen Wertordnung des Grundgeset-

[621] Hierzu BVerfGE 12.1 ff.; zur religiösen Neutralität des Staates unter dem Bonner GG vgl. ferner BVerfGE 18.385.386; BVerfG NJW 1965, 1427 f.; BVerfG, U. v. 14. 12. 1965, in: DVBl. 1966, 26 ff.

[622] BVerfGE 12.1.4.

zes" noch streiten können, so ist hier doch die Einsicht entscheidend, daß die Mißbrauchsgrenze und ihre Realisierung durch staatliche Gerichte kein Usurpieren angemaßter Kontrollgewalt gegenüber „natürlicher" Freiheit ist, sondern die Formulierung eines den Normprogrammen der Grundrechte gemeinsamen Gedankens. Auch das Eigentumsrecht, das naturrechtlicher Argumentation besonders zugänglich ist, wird vom Bundesverfassungsgericht unter die Rechte gezählt, die der Staat „selbst erst geschaffen hat"[623].

Ungereimtheiten, die sich für die Rechtstheorie aus allgemeinen, nicht mit dem Normverständnis vermittelten Ergebnissen etwa der Soziologie, der Geschichtswissenschaft und Ethnologie gegenüber dem Rigorismus staatlicher Rechtsbegründung scheinbar ergeben mögen, sind hermeneutisch beantwortbar. Auch Grundrechte sind als Rechte vom Staat „geschaffen", indem zu dem oft „vorstaatlichen" Normbereich das Normprogramm „hinzukommt" und erst damit die Sachgegebenheiten der Normbereichsstruktur mit konstitutiver Wirkung zur Rechtsnorm ergänzt. Weniger naiv und chronologisch gesprochen: die zur sachgeprägten Normativität beispielsweise der Grundrechte integral gehörigen Normbereiche sind in ihrer Eigenart vielfach nicht rechtserzeugt, wenn auch in aller Regel traditionell vom Recht mitgeformt. So wenig aber ein Normprogramm ohne realmöglichen Normbereich als normativ behandelt werden kann — das Normprogramm ist dann, wie im Fall der obsoleten Vorschrift, nur noch Sprachtext —, so wenig kann das sachliche Eigengewicht des Normbereichs allein gegen das Normprogramm und damit auch gegen positive rechtliche Normativität im ganzen ausgespielt werden. Für eine unhermeneutische Betrachtungsweise kann das vor allem bei im Grund nicht rechtserzeugten, nur mehr oder weniger rechtlich überformten Normbereichen wie Glaube und Bekenntnis, Ehe und Familie, Wissenschaft und Kunst verhältnismäßig nahe liegen. Als Bestandteilen geltender Rechtsnormen ist den normativen Leitgedanken der Grundrechte (wie auch denen anderer Normen) der Faktor immanent, nicht Reservate „vor", „außerhalb" oder „über" des positiven Rechtsordnung anzuzielen.

Innerhalb der Rechtsordnung verhindert es die Sachgeprägtheit grundrechtlicher Normativität, die sich hermeneutisch in der Notwendigkeit der Normbereichsanalyse ausdrückt, die Grundrechte etwa durchgängig demokratisch zu funktionalisieren, sie als stringentes „System" deduktiv-axiomatisch zu behandeln oder sie als nur voluntaristisch statt sachlich begründete Privilegien zu deuten. Der Systemgedanke kann nur im uneigentlichen Sinn als die Vorstellung einer sachlich und rechtlich gegründeten, material sinnvoll deutbaren Zusammenordnung eigenwerti-

---

[623] BVerfGE 2.380.401. — Zum Grundrechts-Positivismus im Vormärz F. *Müller*, Korporation und Assoziation (Anm. 243), 273 ff.

ger Gewährleistungen aufrecht erhalten werden. Begrenzte Systematisierungsmöglichkeiten hermeneutischer Art ergeben sich im Rahmen systematischer topoi, die durch die elliptische Vermittlung von Normprogrammen und Normbereichen verschiedener Verfassungsnormen und der zugehörigen unterverfassungsrechtlichen Vorschriften genauer zu fassen sind. Das so verstandene Grundrechtssystem ist nicht geschlossen, durch Verfassungskonkretisierung auch nicht abschließbar. Es ist entscheidend auf die Zielvorstellung der Einheit der freiheitlich-demokratischen Grundordnung bezogen. Eine Einheit der nebeneinander grundrechtlich gewährleisteten sachbestimmten Realstrukturen des sozialen Lebens, die hermeneutisch als Normbereiche erscheinen, ist nur hierin und ferner auch in Hinblick auf den Grundsatz der Rechtsstaatlichkeit und seine die Freiheit der Bürger sichernde und ausgestaltende Differenzierung und Zuordnung von Funktionen begründet[624].

Nicht nur die Systematisierbarkeit der Grundrechtsnormen, auch der Versuch aktiv gemeinschafts- und staatsbezogener Integration aller Grundrechtsgehalte steht unter dem Vorbehalt, nicht über die Eigengesetzlichkeit ihrer Normbereiche hinweggehen zu dürfen. Normbereiche wie jene der Art. 4 Abs. 1, 5 Abs. 3 Satz 1, 6 Abs. 1 und 2, 140 GG sind im engeren Sinn demokratischer Willensbildung nicht politisierbar. Dieses Ergebnis darf auch nicht durch unkontrollierbare, irrational wertende und daher im Grund auswechselbare außerverfassungsrechtliche Optionen der Verfassungsauslegung erzielt werden. Die Verfahrensweise topischer Hermeneutik wird vor allem durch Rationalisierung grundrechtlicher Normbereiche die Gehalte, Bedingungen und Grenzen auch der nicht demokratisch zu funktionalisierenden Normbereiche erarbeiten müssen und damit die Möglichkeiten außerverfassungsrechtlicher Wertvorgriffe einschränken. Dieses Verständnis der nicht politisierbaren Normbereiche und die aus ihm zu ziehenden hermeneutischen Folgerungen für die Grundrechtskonkretisierung sprengen nicht die interpretatorische Zielvorstellung einer materiellen Einheit der Verfassung, stellen nicht die normative Eigenart von Staats- und Verfassungsrecht in Frage. Das könnte dann der Fall sein, wenn Glaube und Bekenntnis, Kunst und Wissenschaft, Ehe, Familie, Schule, Kirche jeweils als aliud im Sinn des Verfassungsrechts und der Verfassungstheorie vom politischen Gemeinwesen getrennt würden. Sie werden jedoch als rechtlich anerkannte Gebilde kraft rechtlicher Leistung des Staates in die Verfassung aufgenommen und kraft Fortgeltung der stetig zu konkretisierenden Verfassung

---

[624] Hierzu vor allem *Ehmke*, VVDStRL 20 (Anm. 1), 53 ff., bes. 82 ff., 85, 89, 91. Dieser Ansatz bewahrt auch vor den verräumlichenden Mißverständnissen einer übertrieben quantifizierenden Grundrechtsgeographie. Vgl. bei A. *Arndt*, Werbefernsehen (Anm. 600), JZ 1965, 337 ff., 337, zur Warnung, die Kompetenzkataloge des Grundgesetzes nicht als Mosaik aus scharf abgegrenzten Flächen zu behandeln.

in der von dieser geordneten Wirklichkeit gewährleistet. Das geschieht mit größerem oder geringerem Grad staatlicher Ingerenz in ihre sachlich begründete Eigengesetzlichkeit. Als rechtlich durch die Staatsverfassung konstituierte, als durch die Verfassungskonkretisierung und durch staatliche Kontinuität geschichtlich erhaltene und stabilisierte Rechtsgebilde sind die diesen Normbereichen zugrunde liegenden realen Bereiche der sozialen Welt kein aliud im Verfassungsleben. Eine andere Frage ist die nach dem Grad ihrer rechtsunabhängigen Eigenstruktur. Die Selbstverwaltung der Gemeinden und Gemeindeverbände ist ein sachlich eigengeprägter, aber gleichwohl rechtserzeugter Bereich. Glaube und Gewissen, Kunst und Wissenschaft sind weder rechtserzeugt noch in ihren sachlichen Kernbereichen rechtlicher Ausgestaltung bedürftig. Sie müssen an ihren Grenzen in Einklang mit der allgemeinen Rechtsordnung gehalten werden, sind keine privilegienhaften Reservate, keine „höheren", wohl aber sachlich spezifische und in ihrer sachlichen Besonderheit verfassungsrechtlich anerkannte Bereiche. Zwischen diesen Beispielen stehen Sektoren des sozialen Lebens, die wie Schule, Kirchen, Ehe und Familie gleichfalls rechtlicher Gründung nicht in dem Maß bedürftig sind wie etwa Selbstverwaltung und Wahlrecht, die aber stärker als die Freiheiten von Kunst und Wissenschaft, Glaube und Gewissen rechtlicher Ausgestaltung nicht nur an ihren Grenzen, sondern auch in inhaltlichen Grundzügen zugänglich, zum Teil auch bedürftig sind.

Bereiche dieser Art machen deutlich, daß der Gesamtbereich der konkreten Verfassung nicht nur im Vorgang der Macht- und Willensbildung und seiner Voraussetzungen und Modalitäten zu sehen ist. Sie schaffen für die Verfassung als sachbestimmte Gesamtordnung zusätzliche Legitimierungsgrundlagen. Insofern konkrete Verfassungslehre auch Interpretationslehre sein soll[625], zeigt die hermeneutische Differenzierung verfassungsmäßiger Normativität unter den Aspekten von Normprogramm und Normbereich praktische Handhaben dafür, die beiden aufeinander verwiesenen Fragerichtungen von Hermeneutik und Verfassungslehre nicht nur in der Figur der „Ellipse" bildlich zu umschreiben, sondern im einzelnen möglichst zu rationalisieren. Von der Hermeneutik her zeigt die Qualität des Normbereichs als eines Bestandteils positiver Normativität, daß auch das Ausklammern eigengesetzlicher Freiheitsbereiche aus dem politischen Raum der Gesamtverfassung eine politisch wie rechtlich legitimierende Leistung des Staates und seiner Verfassung ist, wenn auch der im engeren Sinn politische Prozeß der das Gemeinwesen grundlegende Interaktionsvorgang bleibt. Ehe, Familie, Kirche sind Gegebenheiten, die als Normbereiche von Rechtsvorschriften nicht primär rechtserzeugt, wenn auch traditionell rechtlich geordnet erscheinen. Glaube

---

[625] *Ehmke*, VVDStRL 20, 53 ff. (Anm. 1), 64, 66.

und Gewissen, Kunst und Wissenschaft, die Normbereiche der Art. 4 Abs. 1 und 5 Abs. 3 Satz 1 GG, teilen mit ihnen die Eigenschaft, nicht rechtserzeugt zu sein, sind aber darüber hinaus in ihrem produktiven Kernbereich auch nicht rechtlich vorgeformt, jedenfalls nur minimal rechtlich formbar. In dieser Perspektive ihrer Grundstruktur werden die genannten Normbereiche von den sie betreffenden Grundrechtsgarantien anerkannt, nicht aber aus Bereich und Begriff der Verfassung ausgeschaltet. Dem liegen zwar empirisch verifizierbare Struktureinsichten zugrunde, doch ist die normative Aussage keine ontologische oder ontisch-statistische Feststellung. Vielmehr sollen diese Normbereiche nach dem Geltungsgehalt der grundrechtlichen Gewährleistungen von Staats und Rechts wegen als nicht politisch funktionalisierbar und inhaltlich überfremdbar behandelt werden. Auch im Freigeben dieser Normbereiche konstituiert das Grundgesetz den von ihm verfaßten Staatsverband als den einer freiheitlichen Ordnung[626]. Je weniger ein grundrechtlicher Normbereich politisch funktionalisiert und außerhalb seiner Eigengesetzlichkeit objektiviert werden kann, desto mehr nähert er sich kraft grundrechtlicher Garantie dem Moment des abwehrenden „Rechtsraumes“[627]. Das Bundesverfassungsgericht erkennt aber auch den politisch und rechtlich legitimierenden Charakter dieser Freistellung, wenn es zugleich von „dieser im Grundgesetz getroffenen politischen Entscheidung“ spricht.

[626] Hierzu grundlegend *Ehmke*, Grenzen der Verfassungsänderung (Anm. 19), bes. 94 ff., 96 f. Vgl. den Gedanken in allgemeinerer Form schon bei *Mirbt*, Glaubens- und Gewissensfreiheit, in: Die Grundrechte und Grundpflichten der Reichsverfassung (Hrsg. Nipperdey), Bd. II, 1930, 319 ff., 325; ferner *Krüger*, Art. Verfassung, HdSW Bd. 11, 72 ff., 75; *Bäumlin*, Staat, Recht und Geschichte (Anm. 112), 11; ders., Der schweizerische Rechtsstaatsgedanke (Anm. 162), bes. 99; vgl. auch schon *Heller*, Staatslehre (Anm. 93), 187, zu „ursprünglich durch staatlich nichtorganisierte gesellschaftliche Kräfte“ erzeugten Gebilden wie Besitz, Vertrag, Ehe und Familie.

[627] Hierzu BVerfGE 12.1.3; zum folgenden ebd., 4.

Sachregister

Wegen des einheitlichen Gedankengangs der Untersuchung kann ein Register hier nur begrenzt von Nutzen sein.

Aufgenommen sind die wichtigeren Stichwörter und Fundstellen aus Text und Anmerkungen. Kursivzahlen verweisen auf Hauptfundstellen.

FSC
www.fsc.org
MIX
Papier | Fördert gute Waldnutzung
FSC® C083411

Kolibri 360 GmbH
Ferdinand-Jühlke-Straße 7
99095 Erfurt, Deutschland
produktsicherheit@kolibri360.de

Druck:
CPI Druckdienstleistungen GmbH
im Auftrag der
Kolibri 360 GmbH
Ferdinand-Jühlke-Str. 7
99095 Erfurt